DIE BIBLIOTHEK DER ALTEN WELT

BEGRÜNDET VON KARL HOENN
HERAUSGEGEBEN VON CARL ANDRESEN, OLOF GIGON,
ERIK HORNUNG UND WALTER RÜEGG

MCMLXXIII

GRIECHISCHE REIHE

HERODOT

GESCHICHTEN UND GESCHICHTE

BUCH 1–4

ÜBERSETZT VON WALTER MARG

ARTEMIS VERLAG ZÜRICH
UND MÜNCHEN

SATZ UND DRUCK: GENOSSENSCHAFTSDRUCKEREI ZÜRICH
PRINTED IN SWITZERLAND
ISBN 3 7608 3565 1

MEINEN FREUNDEN UND WEGGENOSSEN

DEN ALTHISTORIKERN

ALFRED HEUSS

HERBERT NESSELHAUF

HERMANN STRASBURGER

VORWORT

Herodot hat seinem Werk keinen Titel gegeben. Der Tradition der Prosaliteratur gemäß eröffnet es ein Titelsatz. Er nennt den Autor und kennzeichnet den Anspruch des Werks als Darlegung seiner Erkundung, das heißt dessen, was er gesehen oder durch Befragen erfahren hat. Da wir für ein Buch einen Titel brauchen, habe ich «Geschichten und Geschichte» gewählt. Denn zwischen diesen beiden bewegt sich Herodots Darlegung, sie ist auf dem Übergang von Geschichten zu Geschichte. Wie in der einzelnen Geschichte erst durch die Formung des Erzählers aus einem Geschehen eine Einheit wird, die reizvoll und denkwürdig ist und weitergegeben wird, so wird aus der Folge überlieferter Fakten, wie Königslisten oder Kriegszügen oder Schlachten, erst durch die Darstellung der sinnvolle Zusammenhang der Geschichte. Geschichten haben ihr eigenes Recht, aber sie können auch für einen größeren Zusammenhang sprechend sein und in historischen Konstellationen stehen, wie die von Kyros' Anfang und Ende. Herodot ist zugleich Geschichtsschreiber und Erzähler. Und dazu ist er noch einiges andere, so der Berichterstatter über ferne Länder und Städte, fremde Menschen und Sitten, Seltsamkeiten und Sehenswürdigkeiten. Und er ist vor allem der Darsteller und Deuter des unheimlichen Wesens Mensch, wie die homerische Dichtung und die Tragödie. So voll von bunter Welt sein Werk ist, so sicher wird man, bei allen Umwegen, geleitet. Der Berichtende und Erzählende bleibt immer spürbar, auch wo er nicht selber hervortritt. Man ist mit ihm unterwegs. Die Darstellung bedient sich bestimmter Formen. Sie sind zahlreich und sind sehr mannigfaltig ausgestaltet, die

Grundformen kehren aber immer wieder. Da gibt es die angehängte Notiz, die reihende Aufzählung vom kürzesten Steckbriefstil bis zum großen Katalog, das knapp umrissene Ereignis und die verweilende, aber eigentlich nie breit auserzählte Geschichte, das einzelne Dictum mit seinem Anlaß, das Gespräch und die ausschwingende Rede. Die Stücke, kleine und große, sind bei aller Verklammerung und Verschlingung voneinander abgesetzt und reihen sich wie einzelne Nummern aneinander. Bei den Mitteln, mit denen diese Abschnitte ausgestaltet werden, herrscht eine Einfachheit vor, die sich bisweilen dem Naiven nähert, aber auch kraftvoll erfüllt sein kann. Diese Einfachheit sieht natürlich und oft wie selbstverständlich aus. Erst bei genauerem Zusehen merkt man auch da, wie abgestimmt, berechnet und geformt alles ist. Herodots Sprache ist weitgehend eine gesprochene, man muß ihr zuhören, sie mit dem Ohr aufnehmen, nicht bloß mit dem Denken. Herodot ist, wie gesagt, in besonderer Weise Erzähler. Die schlichte Geschmeidigkeit seines Stils kann leicht darüber täuschen, daß hier eine künstlerische Prosa von hohen Graden vorliegt. So wie man ihn für einen leichten Autor halten kann, während er doch ein hintergründiger ist. Beides hängt miteinander zusammen.

Herodot zu übersetzen ist demgemäß eine Aufgabe von besonderem Reiz und besonderer Schwierigkeit. Es gibt Partien, wo die reine Mitteilung im Vordergrund steht, etwa im vierten Buch die Aufzählung der skythischen Völker und ihrer Nachbarn, der Flüsse Skythiens, der Völker und Landstriche Libyens. Hier liegt es einfach, und die Wahl zwischen verschiedenen Möglichkeiten der Wiedergabe ist nicht so wichtig. Der Vergleich zwischen den vorliegenden Übersetzungen zeigt es, die eine ist nicht viel besser oder schlechter als die andere. Wichtig ist auch hier, daß gewisse formale Bindungen wie die Katalogform und ihre Variationen nicht verwischt werden, sondern in der Formulierung heraustreten. In dem weitaus überwiegenden Teil von Herodots Werk aber kommt es darauf an, wie es gesagt ist, und oft greift die Formung unmittelbar in die Substanz der Aussage ein. Zwar bleibt noch viel von Herodot übrig, wenn ein Übersetzer durchgehend den Blick vor allem auf die Mitteilung als solche richtet und versucht, sie in geläufigen Ausdrücken und möglichst nah der gewohnten Abfolge des deutschen Satzes wiederzugeben, mit erweiternden Umschreibungen, Kürzungen und stärkeren Umstellungen. In diese Richtung gehen einige der neueren deutschen Übersetzungen, zur Bequemlichkeit des eiligen Lesers. Aber es geht viel, zuviel von Herodot verloren, wenn solche Opfer für die Geläufigkeit des Deutschen nicht überlegt und mit sorgfältigem Abwägen von Gewinn und Verlust vorgenommen werden. Oft scheint zum Beispiel ein abschließender und überleitender Satz etwas müßig und ohne jedes Gewicht, gibt man sich aber nicht zu rasch zufrieden, wenn man sich selber auf eine Formulierung festlegen muß, so wird man aufmerksam auf die Bezüge und Verteilung der Akzente und versteht jetzt erst richtig und versucht, Äquivalentes zu finden. Die Schwierigkeit liegt gerade in dem Unaufdringlichen und Schlichten des Ausdrucks und der Art, wie Abfolge und Zusammenhang das Einzelne trägt und beleuchtet.

Ein Hauptanliegen des Übersetzers sollte es sein, einen Eindruck von der Mündlichkeit von Herodots Sprechweise zu vermitteln. Sie gilt nicht überall, manches trägt die Kennzeichen des Geschriebenen, das heißt des für das Gedenken Aufgezeichneten. Beides durchdringt sich auch zuweilen. Aber vorherrschend ist doch das Gesprochene. Man soll der Übersetzung zuhören, wie ja Herodot selber nach guter Überlieferung Teile seines Werkes öffentlich vorgetragen und Preise dafür gewonnen hat. Thukydides macht seinem großen Vorgänger dieses Rücksichtnehmen auf das Gefallen beim Zuhören zum Vorwurf. Auch die Übersetzung sollte sich dem Vortrag stellen; oder entsprechend unsern Gegebenheiten dem Vorlesen in kleinerem Kreis. Dazu gehört viel. Die Diktion darf nicht sperrig und ungewöhnlich sein, aber auch nicht zu glatt. Sie sollte reizvoll sein. Dazu gehört vor allem, daß sie einen Rhythmus hat. Analysiert man Stücke des griechischen Textes, ob Rede, Erzählung oder Bericht, so findet man, daß der unmittelbar hörbare Rhythmus aufgebaut ist im Satz vor allem aus Stellung und Folge der kurzen Glieder und innerhalb dieser Glieder aus der Abfolge der Worte. Aus der Zahl von Silben und Wörtern, aus der Verteilung der tontragenden Silben ergeben sich die Kurven im Kleinen, deren Abstimmung aufeinander Sprachmelodie und Rhythmus im Größeren ergibt. Herodots Prosa ist eben weit entfernt davon, einfach ungebundene Rede zu sein. Die rhythmischen Bindungen sind nur viel mannigfaltiger als im Vers und viel verhaltener als in der späteren Kunstprosa. Entsprechungen im Einzelnen sind für die Übersetzung bei der Andersartigkeit des deutschen Sprachbaus nicht möglich, aber ein vergleichbarer Sprachrhythmus ist anzustreben. Dafür ist wichtig, daß auch im Deutschen der Satz möglichst in kürzere Glieder unterteilt wird. Die Wortstellung trägt viel dazu bei, und da wird man die im Deutschen relativ großen Freiheiten möglichst ausnutzen, stark Befremdendes aber meiden. Weiter gehört dazu, daß die Wortzahl beschränkt bleibt. Ohne erweiternde Umschreibungen ist zwar oft nicht auszukommen, und ohnehin braucht man mehr und dazu kürzere Wörter als das Griechische. Aber die Sätze sollten nicht breiig zerfließen, sondern Gehaltenheit und Gespanntheit erkennen lassen. Herodot ist knapper, als man denkt. Das merkt man erst richtig beim Übersetzen. Im Weg stehen im Deutschen zum Beispiel die vielen Hilfszeitwörter; ab und zu darf man sie wohl weglassen, auch um den Preis einer leisen Altertümlichkeit.

Schwierig ist es mit den Partizipien. Die Griechen sind Verehrer des Partizipiums, und Herodot ist es im besonderen. Im Deutschen ist es nur in wenigen Fällen verwendbar, und so müssen eigene Sätze gebildet werden, in der Regel mit «und» nebengeordnete Hauptsätze, um den Fluß der Darlegung, für Herodot so wichtig, zu erhalten. Die rhythmische Untergliederung größerer Einheiten ist damit sehr eingeschränkt. Ersetzen wir die Partizipien durch Nebensätze, so kommt störend hinzu, daß das oft schwebende und mehrseitige Verhältnis zueinander – wenn es mehrere Partizipien sind – und zum Prädikat einseitig verengt wird. Den Vorrang sollte im Deutschen eine möglichst ungezwungene Zuordnung und Verbindung haben. Das gilt auch für die Verbindung der Sätze. Wir haben nicht die nuancierte Fülle von Partikeln, die Herodot dafür zur Verfügung stehen, aber besser noch das wiederholte «und» und «aber» als zuviel abgehackte Sätze. So wird auch deutlich, daß in besonderen Lagen des Stils der unverbundene Neueinsatz eigene Aussagekraft hat.

Herodot hat sehr verschiedene Stile zur Verfügung, so verwandt sie auch wieder sind. Je nachdem, ob es eine kurz skizzierte oder eine auserzählte Geschichte, ein intimes Gespräch oder eine Rede, eine Darlegung von Sitten oder ein bedeutungsschweres Geschehen ist, wechselt der Ton. Er ändert sich auch in großen Zusammenhängen: die Persergeschichten von Kambyses und dem Aufstand der sieben Verschworenen etwa haben einen drängenderen Tonfall und auch eine andere Ausdrucksweise als die Geschichten des Anfangs, und die Steigerung des gesamten Stils mit dem Beginn des großen Xerxeszuges im siebenten Buch fällt sofort stark ins Ohr. Im Ganzen werden sich die verschiedenen Tonlagen bei sorgfältiger Übersetzung von selbst einstellen, aber man muß sie doch auch ins Auge fassen und sie vor allem mit der Wortwahl stützen. Das Finden angemessener Wörter und Wendungen ist eine der wichtigsten und schwierigsten Aufgaben des Übersetzers von Herodot. Es geht weniger ums Begriffliche als um die Nuancierung. Herodots Ausdrucksweise ist sehr zurückhaltend, eher unterkühlt als sprudelnd, und sehr sparsam im Schmuck. Der Übersetzer muß sich hüten, zu farbig zu werden. Er muß dem, was unausgesprochen zwischen den Zeilen steht, sein Recht lassen. Und das ist viel bei Herodot. Auch die Pointen und das Geistreiche dürfen nicht überbetont werden. Die Ausdrücke dürfen in der Regel nicht ungewohnt, aber auch nicht gewöhnlich und abgegriffen sein. Vulgarismen sind zu meiden, aber die Rede soll sich einem ungezwungenen Sprachton zuneigen und einfach und dabei wendig sein. Ein Hauptreiz der herodoteischen Sprache ist der Hauch von unverbrauchter Frische. Der wird sich bei der Lage unserer Sprache nur unzureichend andeuten lassen. Ein leichter Schimmer altertümlicher Sprechweise kann hilfreich sein, zu starkes Archaïsieren bringt einen fremden Ton hinein. Herodots Sprache war zu seiner Zeit durchweg nicht altertümlich, sondern eher modern in der Fülle ihrer Möglichkeiten. Auf eins muß die Übersetzung ganz verzichten, den Reiz des Dialekts. Das Jonische von Herodots Prosa ist kein reiner Dialekt, sondern ein gemischter Literaturdialekt, bedingt durch die Tradition der frühen griechischen Prosa. Dieser Dialekt gibt der naiven und doch eleganten Schlichtheit ihre besondere Färbung. Davon kann also die Übersetzung keine Vorstellung geben. – Im Ganzen gilt als Forderung an das Deutsch der Übersetzung: Es sollte schlicht sein, aber aufhorchen lassen. Es sollte Leichtigkeit, aber auch das Gespannte der Durchformung zeigen. Und es sollte erfreuen, soweit es geht. Antike Literaturkritik hat Herodot nachgerühmt, daß er immer zu weiterem Lesen verlocke.

Es gibt im Deutschen eine ganze Reihe von Übersetzungen Herodots, auch aus neuerer Zeit. Ist eine weitere berechtigt, besteht ein Bedürfnis danach? Daß ich diese Frage mit Ja beantworte, zeigt mein Unternehmen. Das Bedürfnis kommt aus der Herausforderung dieses ersten Werkes der griechischen Historiographic und zugleich des ersten großen und meisterhaften europäischen Kunstwerkes in Prosa. Grade heute, wo die Kenntnis des Griechischen so jäh abnimmt, wäre eine Übertragung erwünscht, die auch von der Kunst in Herodots Prosa eine Vorstellung zu übermitteln versucht. Mich hat eine alte Liebe zu Herodot bewogen, neu an seine Übersetzung zu gehen, nicht der Wunsch dieser Reihe, ihren eigenen Herodot zu haben; wenn dann auch dieser Wunsch des Verlages im Verlauf der Arbeit ermunternd und drängend zur Seite stand. Sooft ich im Einzelfall vom Original zu den Übersetzungen kam und sie verglich, stiegen neben der Zustimmung immer wieder Bedenken auf, wie es so zu gehen pflegt, und damit der Wunsch, mehr zu gewinnen, und nach der Zustimmung anderer schließlich der Entschluß, mich an das Ganze zu wagen.

Mit *einer* Übersetzung ist der Wettbewerb am schwersten zu bestehen, der von Friedrich Lange. Dieser Gelehrte, seinerzeit Königlich Preußischer Consistorialrat und Schulrat in Koblenz, hat vor über 150 Jahren in der Nachbildung herodoteischer Sprachgestik Erstaunliches erreicht. Seine Herodotübersetzung ist eine der besten Übersetzungen aus dem Griechischen überhaupt. Sie schöpft aus einer Fülle von deutschen Ausdrucksmöglichkeiten, um das Einfache und Lebendige griechischer Wendungen wiederzugeben. Vor allem aber, sie fließt, der Zusammenhang trägt das Einzelne mit, und sie hat ihren Rhythmus. 1811/12 erschienen, in zweiter, verbesserter Auflage 1824, hat sie dann verdiente Verbreitung dadurch erfahren, daß sie 1885 in die Reclam-Ausgabe übernommen worden ist. Freilich ist die dortige Bearbeitung durch Otto Güthling im Stilistischen eher ein Abstieg gewesen. Daß

Langes vorzügliche Übersetzung heute zwar noch für den Feinschmecker ein Genuß ist, aber nicht mehr für ein größeres Publikum als die erwünschte gelten kann, liegt an der überalterten Sprache. Sie stützt sich vor allem auf Luthers Bibeldeutsch und hat auch sonst schon für ihre Zeit eine stark altertümliche Färbung gehabt. Herodot hat aber für seine Zeitgenossen keineswegs altertümlich oder gar veraltet geklungen. Und dann gibt Lange sein Bestes in schlichteren Partien, bei gesteigerten läßt er zu wünschen übrig. Manches ist auch unscharf, einiges unrichtig. Wir verstehen Herodot besser, die Forschung hat ihren Ertrag. Ich habe lange Zeit an eine Neubearbeitung von Lange gedacht, bin dann aber davon abgekommen, da die Elemente sich nicht recht mischten. Wenn ich beim Zufassen im Einzelnen mich von Lange löste, mußte ich freilich oft genug feststellen, daß ich den vermeintlichen Vorteil mit Verlusten gegenüber Lange erkauft hatte und der Gewinn zweifelhaft war. So mußte ich es weiter versuchen, oft aber beließ ich es, wenn es mir angängig schien, bei Langes Wendungen und Sätzen. Der Nachprüfende wird sie oft genug antreffen, der Leser hoffentlich keine Diskrepanzen im Ton bemerken.

Hervorzuheben ist noch die Übersetzung von Heinrich Stein, 1875 erschienen. Sie hat ihren großen Wert in der Verläßlichkeit, mit der dieser gelehrte Kenner von Herodots Sprache die Aussagen festlegt und näher bestimmt. Wohl alle späteren Übersetzer haben neben seinem Kommentar auch seine Übersetzung für das Verständnis des Textes herangezogen. Ich mache keine Ausnahme und habe auch manche Wendung von ihm übernommen. Seine Übersetzung ist zwar in vielem richtiger als die Langes – die er durchweg benutzt –, aber sie läuft und klingt nicht so, sie wendet sich nicht an das Ohr, es fehlt am Gestrafften und am Rhythmus, die Formulierungen und der Satzbau fallen oft etwas umständlich und steif aus. Was man erst recht gewahr wird, wenn man das Original daneben hält; denn lesbar ist diese Übersetzung durchaus. Aber auch ihre Sprachform ist heute überaltert, in mancher Hinsicht sogar mehr als die von Lange.

Erwähnt sei als ein Sonderfall noch die Übersetzung von Eberhard Richtsteig, 1953/54 erschienen, wenig verbreitet. Sie versucht, die Wendungen möglichst wörtlich wiederzugeben und auch die Stellung weitgehend zu übernehmen. Das ergibt zwar kein Deutsch und zuweilen auch keinen klaren Sinn, macht aber doch durch das Befremdende auf Eigenarten der Formung aufmerksam. Ich habe diese Übersetzung beim Suchen nach dem Gemeinten und der Verteilung der Akzente im Text gern und mit Nutzen eingesehen. Im Gegensatz zu dieser Übersetzung legt die englische von Harry Carter, 1958 zuerst erschienen, das Gewicht auf eine verdeutlichende Bestimmung des Mitgeteilten, besonders im Zusammenhang, oft unter stärkerer Umformung im Einzelnen. Auch sie habe ich herangezogen, nicht selten mit Gewinn bei zweifelhaften Stellen. Eingesehen habe ich meistens auch die andern deutschen Übersetzungen, so die von Chr. Bähr (1859), A. Horneffer (1911; ²1955), Th. Braun (1927; ²1956), J. Feix (1963), aber nicht häufig eine so geglückte Wendung gefunden, daß sich ihre Übernahme empfahl.

Ein Wort noch zu der Schreibweise der Namen. Einheitlichkeit ist nicht angestrebt und meines Erachtens auch nicht erwünscht. Im Regelfall übernehme ich den griechischen Lautbestand, sage also Aioler, Lakedaimonier, Dareios, in einigen Fällen wähle ich die eingebürgerten Formen und sage Ägypter, Phönizier, Kaukasus, Nil. Ob man nun lieber Maiandros und Boiotien oder Mäander und Böotien einsetzt wie ich, darüber läßt sich streiten.

Der Übersetzer ist besonders der Kritik ausgesetzt. Das Sprachgefühl ist verschieden, was dem einen zu ungewohnt ist, stört den anderen gar nicht. Im Einzelnen wird manche Lösung nicht gefallen und dem Kenner sich eine bessere anbieten. Mir selbst ist es beim Überarbeiten immer wieder so gegangen. Ich finde auch, daß manche größeren Partien hinter anderen zurückbleiben. Ich habe viel Mühe und viel Zeit auf dies Geschäft verwendet. Der Autor verdient es. Ob es gelohnt hat, müssen andere beurteilen.

Mainz, Mai 1973 Walter Marg

ERSTES BUCH

Dies ist die Darlegung der Erkundung des Herodot aus Halikarnaß, auf daß, was von Menschen geschehen, nicht mit der Zeit verblasse, noch Taten, groß und des Staunens wert, vorgewiesen von Hellenen wie von Barbaren, ihres Ruhmes verlustig gehen – manches andere und so auch, warum sie Krieg geführt miteinander.

Wie nun bei den Persern die Kundigen zu erzählen wissen, 1
sind an der Zwietracht schuld die Phönizier. Als die nämlich von dem Meer, das man das Rote nennt, zu diesem Meer hergekommen seien und sich niedergelassen hätten an dem Platz, den sie noch jetzt bewohnen, hätten sie sich alsbald auf weite Seefahrten verlegt, und beladen mit ägyptischen und assyrischen Waren seien sie viel herumgekommen und so auch nach Argos. Dies Argos aber war zu jener Zeit groß vor allen in dem Land, das jetzt Hellas heißt. Wie da nun diese Phönizier zum besagten Argos kamen, stellten sie ihre Waren zur Schau. Am fünften Tag nun oder sechsten nach ihrer Ankunft, als fast alles schon verkauft war, kamen viele Frauen ans Meer und darunter denn auch des Königs Tochter. Deren Name sei gewesen – und da stimmen sie mit den Hellenen überein – Io, Tochter des Inachos. Die traten an das Heck des Schiffes und kauften von den Waren, wonach sie am meisten gelüstete; und die Phönizier machten einander Mut und stürzten sich auf sie. Die meisten Frauen entflohen freilich, Io aber mit einigen andern ergriffen sie, warfen sie ins Schiff und fuhren davon nach Ägypten. So sei Io nach Ägypten gekommen, 2
erzählen die Perser, anders als die Hellenen, und das wäre der

Gewalttaten Anfang und Beginn. Nach diesem Ereignis aber, behaupten sie, hätten von den Hellenen einige – einen Namen nämlich können sie nicht beibringen – Kurs auf Tyros in Phönizien genommen und des Königs Tochter geraubt, Europa. – Das mögen wohl Kreter gewesen sein.

Soweit also habe es bei ihnen gleich zu gleich gestanden, dann aber hätten die Hellenen sich schuldig gemacht mit einer zweiten Gewalttat. Auf einem Kriegsschiff seien sie nach Aia in Kolchis und zum Phasisstrom gefahren, und von dort hätten sie, als sie das sonstige, weswegen sie gekommen, erledigt hatten, des Königs Tochter entführt, Medea. Der Kolcherkönig habe einen Herold nach Hellas gesandt, Buße für den Raub gefordert und seine Tochter zurückverlangt. Doch die hätten zur Antwort gegeben, auch sie hätten ja im Fall der Argiverin Io keine Buße für den Raub gezahlt; drum würden sie auch ihnen keine zahlen.
3 In der zweiten Generation danach, so stellen sie es dar, als Alexandros, Priamos' Sohn, das hörte, bekam er Lust, sich eine Frau aus Hellas durch Raub zu beschaffen, völlig überzeugt, daß er keine Buße zu zahlen brauche; hatten doch auch jene keine gezahlt. Als er in diesem Glauben nun Helena raubte, beschlossen die Hellenen zuerst, Unterhändler zu senden, um Helena zurückzufordern und Buße für den Raub zu verlangen. Jene aber hielten ihnen, als sie solche Forderungen vorbrachten, Medeas Raub vor: Sie hätten ja selber keine Buße gezahlt und sie auf ihr Verlangen nicht herausgegeben; nun aber wünschten sie, von andern Buße zu erhalten.

4 Bis dahin hätte es sich immerhin nur um Fälle gegenseitiger Entführung gehandelt, von nun ab aber hätten sich die Hellenen gewaltig ins Unrecht gesetzt; denn sie hätten den Anfang gemacht und seien gegen Asien in den Krieg gezogen, vor ihnen mit ihrem Zug gegen Europa. Ihre Meinung sei, Frauen entführen, das sei die Art von gewalttätigen Män-

nern, deren Entführung aber mit allem Ernst zu rächen suchen, die von unvernünftigen; vielmehr, sind sie einmal entführt, sich überhaupt nicht darum zu scheren, das zeige Besonnenheit. Denn es sei doch klar: hätten die nicht selber gewollt, wären sie auch nicht entführt worden. Sie also, die Leute aus Asien, sagen die Perser, hätten nun kein Aufhebens gemacht wegen der entführten Frauen, die Hellenen aber hätten wegen der Frau aus Lakedaimon einen riesigen Heerbann versammelt, und dann wären sie nach Asien gezogen und hätten Priamos' Macht zerstört. Seit der Zeit hätten sie stets für ihren Feind gehalten, was hellenisch ist. Asien nämlich und die darin wohnenden Völker eignen sich die Perser zu, Europa aber und die hellenische Welt ist nach ihrer Auffassung davon abgesondert.

So sagen die Perser, und so sei es gekommen, und sie finden 5
heraus, die Einnahme von Ilion sei es, womit ihre Feindschaft gegen die Hellenen begann. Was aber die Io betrifft, so stimmen nicht überein mit den Persern die Phönizier. Sie hätten sie nämlich, sagen die, gar nicht geraubt, damals, als sie sie nach Ägypten brachten, vielmehr habe sie sich in Argos mit dem Kapitän des Schiffes eingelassen; und als sie dann merkte, daß sie schwanger war, sei sie aus Furcht vor den Eltern freiwillig mit den Phöniziern mitgefahren, damit es nicht herauskomme.

Das also bringen sie vor, die Perser dies und die Phönizier das. Ich aber will mich bei diesen Dingen nicht hinstellen und sagen, das ist so oder vielleicht so gekommen; doch den Mann, von dem ich selber weiß, daß er den Anfang gemacht hat mit Unrecht und Gewalt gegen die Hellenen, auf den will ich zeigen und dann weiterschreiten in der Erzählung und dabei der Menschen Stätten besuchen, kleine und große, beide. Denn die vor Zeiten groß waren, von denen sind die meisten klein geworden; und die groß sind zu meiner Zeit, waren früher klein. Und da ich nun weiß, daß der Menschen Glück nie stille steht, werde ich beider gedenken in gleicher Weise.

6 Kroisos war von Geburt ein Lyder, Sohn des Alyattes und Herr der Völker diesseits des Flusses Halys – der fließt von Mittag zwischen Syrern und Paphlagonen und mündet zum Nordwind hin in das Meer, das man das Gastliche nennt. Und dieser Kroisos war der erste unter den Barbaren, soweit wir wissen, der von den Hellenen die einen unterwarf, daß sie Abgaben zahlten, mit anderen aber einen Bund schloß. Unterworfen hat er die Jonier und die Aioler und Dorer in Kleinasien, einen Bund aber schloß er mit den Lakedaimoniern. Vor dieser Herrschaft des Kroisos aber waren sämtliche Hellenen freie Männer. Denn der Kimmerierzug, vor den Zeiten des Kroisos, drang zwar bis nach Jonien vor, brachte aber keine Unterwerfung der Städte, sondern Überfall und Plünderung.

7 Die Herrschaft, vorher in den Händen der Herakliden, war aber auf folgende Weise übergegangen an des Kroisos Geschlecht, genannt die Mermnaden. Es war damals Kandaules, den die Hellenen Myrsilos nennen, Herr über Sardes, ein Nachkomme des Alkaios, des Heraklessohnes. Nämlich Agron, Sohn des Ninons, des Sohnes des Belos, des Sohnes des Alkaios, war in Sardes der erste König von den Herakliden. Kandaules aber, des Myrsos Sohn, der letzte. Die vor Agron König gewesen in diesem Land, waren Nachfahren des Atyssohnes Lydos, nach dem dies Volk in seiner Gesamtheit Lyder genannt ist, während sie vorher Maionier hießen. Von diesen also überkamen die Herakliden die Herrschaft und behielten sie, nach einem Göttterspruch, sie, die von einer Sklavin des Iardanos und Herakles abstammten, und sie herrschten zweiundzwanzig Generationen, fünfhundert und fünf Jahre, und der Sohn übernahm die Herrschaft immer vom Vater, bis auf Kandaules, Myrsos' Sohn.

Dieser Kandaules also war heftig verliebt in seine eigene 8
Frau, und in seiner Verliebtheit meinte er, er besitze weitaus
die schönste Frau auf der Welt. So meinte er, und nun – hatte
er doch in seiner Leibgarde einen gewissen Gyges, Daskylos'
Sohn, den er ganz besonders mochte – diesem Gyges also un-
terbreitete Kandaules alle wichtigeren Angelegenheiten und
so denn auch seiner Frau Schönheit, die er ihm über die Ma-
ßen pries. Einige Zeit verging, und er – denn es sollte nun
einmal Kandaules schlecht ergehen – sprach zu Gyges, etwa
so: «Gyges, ich sehe schon, du glaubst mir doch nicht, was
ich dir von der Schönheit meiner Frau sage – denn des Men-
schen Ohren sind eben ungläubiger als seine Augen –, mach,
daß du sie nackt siehst.» Der aber schrie auf und sagte:
«Herr! Was sprichst du da für ein ungesundes Wort und
heißt mich meine Gebieterin nackt betrachten. Legt eine
Frau mit ihren Kleidern doch auch den Respekt ab, der sie
schützt. Längst schon haben die Menschen was recht ist und
gut herausgefunden, woraus man lernen soll. Und eins davon
ist dies: jeder sehe auf das, was sein ist. Und ich glaube ja
gern, daß sie die schönste Frau auf der Welt ist, und bitte
dich, verlange nichts Unrechtes von mir.» Mit solchen Wor- 9
ten wehrte er sich, voller Angst, daraus könnte ihm Schlim-
mes entstehen. Doch der erwiderte wie folgt: «Sei guten
Muts, Gyges, und fürchte nichts, nicht mich, als wollt ich
dich prüfen mit solcher Rede, noch meine Frau, daß dir von
ihr etwa ein Leid widerfahre. Denn ich will es von vornherein
so einrichten, daß sie's gar nicht merkt, daß du sie siehst. Ich
selber nämlich werde dich in das Gemach bringen, in dem wir
schlafen, hinter die geöffnete Tür. Und nach meinem Eintritt
wird bald auch meine Frau zur Nachtruhe erscheinen. Und
dicht beim Eingang steht ein Sessel. Auf ihn wird sie ihre
Kleider legen, Stück für Stück, wie sie sie auszieht, und dir so
die Gelegenheit geben, sie in aller Muße zu betrachten.

Wenn sie aber von diesem Sessel zum Lager hingeht und dir den Rücken zukehrt, von da an ist es deine Sache, dafür zu sorgen, daß du aus der Tür kommst, ohne daß sie dich sieht.»

10 Da konnte er nun nicht mehr ausweichen und war bereit. Und Kandaules führte, als es Zeit schien, zur Ruhe zu gehen, Gyges ins Gemach, und gleich darauf war auch die Frau zur Stelle. Und als sie eintrat und ihre Kleider ablegte, betrachtete Gyges sie. Als aber die Frau zum Bett ging und ihm den Rükken zuwandte, schlüpfte er hervor und ging hinaus. Und die Frau sieht ihn hinausgehen. Sie durchschaute, daß ihr Mann das getan, schrie aber nicht auf in ihrer verletzten Ehre und tat auch gar nicht, als wenn sie's bemerkt; denn sie nahm sich vor, es dem Kandaules heimzuzahlen. Bei den Lydern nämlich und fast allen Barbaren bringt es selbst einem Mann großen Schimpf, nackt gesehen zu werden.

11 Im Augenblick also ließ sie sich, wie gesagt, nichts anmerken und blieb ganz ruhig. Kaum aber war es Tag geworden, stellte sie von den Hofleuten alle, die sie sich besonders ergeben wußte, bereit und ließ den Gyges rufen. Der glaubte, sie wüßte nichts von dem Vorgefallenen, und folgte ihrem Ruf. Pflegte er doch auch sonst jederzeit, wenn die Königin rief, zu kommen. Als Gyges nun zur Stelle war, sprach die Frau: «Jetzt gibt es zwei Wege, Gyges, und ich lasse dir die Wahl, welchen du einschlagen willst. Entweder du tötest Kandaules und hast mich und das Königreich der Lyder, oder du mußt selber hier auf der Stelle sterben, damit du künftig Kandaules nicht in allem zu Willen bist und siehst, was du nicht sollst. Also es muß entweder er fort, der dies ausgedacht, oder du, der mich nackt gesehen und getan hat, was man nicht tut.» Eine Weile verharrte Gyges in Staunen über diese Worte, dann aber legte er sich aufs Bitten, ihn nicht zu fesseln mit dem Zwang, eine solche Wahl zu treffen. Doch bewegte er sie nicht, sondern sah, daß wirklich die Notwendig-

keit vor ihm stand, entweder den Herrn zu töten oder selber von andern getötet zu werden. Er wählt das eigne Überleben. Nun fragte er sie und sprach: «Da du mich denn zwingst, meinen eigenen Herrn zu töten, gegen meinen Willen, nun, so laß mich denn auch hören, auf welche Weise wir Hand an ihn legen wollen.» Und sie gab zur Antwort: «Vom gleichen Ort soll der Angriff kommen, von dem aus jener mich nackt gezeigt hat, und wenn er schläft, soll es über ihn kommen.»

Als sie nun den Anschlag wohl vorbereitet hatten und es 12
Nacht wurde – denn Gyges kam nicht los, und es gab für ihn keinen Ausweg, sondern er selber mußte sterben oder Kandaules –, folgte er der Frau in das Schlafgemach. Und sie gibt ihm einen Dolch und verbirgt ihn hinter der selben Türe. Und darauf, als Kandaules eingeschlafen, schlich er hervor und tötete ihn, und so hatte Gyges Weib und Herrschaft. Ihn hat auch Archilochos aus Paros, der in der gleichen Zeit
lebte, in jambischen Trimetern erwähnt. Er aber hielt das 13
Königtum fest und wurde darin gestützt durch das Orakel in Delphi. Denn als nun die Lyder über Kandaules' Tod aufgebracht waren und in Waffen standen, kamen die Anhänger des Gyges und die übrigen Lyder überein, wenn das Orakel mit seinem Bescheid ihn als König der Lyder bestätige, solle er der König sein, wenn aber nicht, solle er die Herrschaft den Herakliden zurückgeben. Und der Götterspruch erkannte ihn an, und so war Gyges König. Nur das eine sagte die Pythia noch, es würden die Herakliden Buße erhalten von Gyges' fünftem Nachkommen. Dieses Wort beachteten weder die Lyder noch ihre Könige, bis es dann in Erfüllung ging.

Auf diese Art nahmen die Mermnaden den Herakliden die 14
Herrschaft und behielten sie. Und als Gyges Herr war, sandte er Weihgaben nach Delphi, und das nicht wenige,

sondern von den Weihgaben aus Silber stammen sehr viele von ihm, und außer dem Silber weihte er unermeßliches Gold, und von ihm sind unter anderm – und die verdienen besonders in der Erinnerung festgehalten zu werden – goldene Mischkrüge aufgestellt, sechs an der Zahl. Diese haben ein Gewicht von dreißig Talenten und stehen im Schatzhaus der Korinther. Nimmt man es aber mit der Wahrheit genau, ist dies nicht das Schatzhaus der Bürgerschaft von Korinth, sondern des Kypselos, des Sohnes des Eetion. Er also, Gyges, hat als erster der Nichthellenen, soviel wir wissen, Weihgaben nach Delphi gegeben, nächst Midas, des Gordias Sohn, dem Phrygerkönig. Auch Midas nämlich hat etwas geweiht, seinen Königsthron, auf den er sich setzte, wenn er Recht sprach, und der ist sehenswert. Es steht dieser Thron da, wo die Mischkrüge des Gyges stehen. Und all das Gold und Silber, das Gyges geweiht hat, wird von den Delphern Gygesschatz genannt nach dem Namen dessen, der es geweiht hat.

Kriegszüge machte wie seine Nachfolger auch er, als er Herrscher geworden, sowohl gegen Milet wie gegen Smyrna, und die Stadt Kolophon nahm er ein. Aber Großes ist sonst nichts von ihm getan worden, der König gewesen ist achtunddreißig Jahre. Darum nur so viel von ihm und nun weiter.

15 Des Gygessohnes Ardys, der nach Gyges König war, dessen will ich nur kurz gedenken. Er nahm Priëne und zog gegen Milet, und als er Herr war in Sardes, kamen die Kimmerier, von den Wanderskythen aus ihren Wohnsitzen geworfen, und nahmen Sardes, außer der Burg.

16 Und als Ardys neunundvierzig Jahre König gewesen, folgte Sadyattes, des Ardys Sohn, und war König zwölf Jahre, und auf Sadyattes folgte Alyattes. Der führte Krieg mit Kyaxares, Deïokes' Enkel, und den Medern, vertrieb die Kimmerier aus Kleinasien, nahm Smyrna, die von Kolophon besiedelte Stadt,

und machte einen Zug gegen Klazomenai. Von dort aber zog
er ab, nicht wie er's gewünscht, sondern nach großem Verlust.
Was er sonst noch an berichtenswerten Taten aufzuweisen
hat, solange er König war, ist dies: Er führte Krieg gegen die 17
Milesier, einen Krieg, den er von seinem Vater übernommen
hatte. Er zog also aus und belagerte Milet auf folgende Weise:
Sobald die Frucht reif war auf dem Feld, führte er sein Heer
in ihr Land und zog daher unter dem Schall von Flöten und
Harfen und hohen und tiefen Oboen. Waren sie nun in die
milesische Gemarkung gekommen, riß er die Häuser auf dem
Land nicht nieder noch verbrannte er sie, und brach auch die
Türen nicht auf, sondern ließ alles an seiner Stelle stehen;
aber die Frucht der Bäume und die auf den Feldern vernich-
tete er, und dann zog er wieder heim. Zur See nämlich waren
die Milesier Herren, so daß eine Belagerung mit dem Heer
nichts genützt hätte. Die Häuser aber zerstörte der Lyder des-
wegen nicht, damit die Milesier etwas behielten, von wo aus sie
darangehen konnten, das Land zu besäen und zu bestellen,
und er selbst, hatten sie es bestellt, auch etwas zum Verwü-
sten behielte, wenn er einfiel. So machte er es und führte den 18
Krieg elf Jahre; und in diesen erlitten die Milesier zwei
schwere Niederlagen, als sie im Limeneïon, innerhalb ihres
Gebiets, kämpften und dann in der Mäanderebene. Sechs
Jahre von den elfen herrschte noch Sadyattes, des Ardys
Sohn, der so lange auch ins milesische Land einfiel. War doch
er es, der den Krieg angezettelt hatte. Die fünf Jahre aber, die
auf die sechs folgten, führte ihn Alyattes, des Sadyattes
Sohn, und er betrieb den, wie ich eben sagte, vom Vater über-
nommenen Krieg mit allem Eifer. Den Milesiern aber half kein
Mensch von den Joniern diesen Krieg tragen außer allein die
Chier. Die kamen zu Hilfe, um Gleiches mit Gleichem zu ver-
gelten; denn früher hatten die Milesier den Chiern beige-
standen in ihrem Kampf gegen die Erythraier.

19 Im zwölften Jahr nun, als wieder einmal das Feld vom Heer
verbrannt wurde, kam es zu einem Zwischenfall, und zwar
so: Kaum war auf dem Feld das Getreide angesteckt, da
ergriff ein Wind das Feuer, und das kam an den Tempel der
Athene, die den Beinamen Assesia trägt, und der Tempel fing
Feuer und brannte nieder. Und im Augenblick ward das nicht
weiter beachtet, später aber, als das Heer nach Sardes zurück-
kam, wurde Alyattes krank. Als seine Krankheit sich aber
hinzog, schickte er Sendboten nach Delphi, ob nun einer das
riet oder ob er von sich aus darauf kam, zum Gott zu schicken
und anzufragen wegen der Krankheit. Die Pythia aber sagte,
als die nun nach Delphi gekommen, sie werde ihnen keine
Antwort geben, ehe sie nicht den Tempel der Athene wieder
aufgerichtet, den sie verbrannt hätten in Assesos im milesi-
20 schen Land. Das weiß ich von den Delphern, von denen ich
selber hörte, daß es so gewesen ist. Die Milesier aber fügen
dem noch folgendes hinzu: Periandros, Kypselos' Sohn, mit
Thrasybulos, der damals die Macht hatte in Milet, aufs engste
befreundet, habe Kunde bekommen von dem Spruch, den
Alyattes erhalten, und ihn jenem durch einen Boten mitge-
teilt, damit der das vorher wisse und bedenke, was in der Lage
21 zu tun sei. So erzählen die Milesier den Hergang. Alyattes
aber sandte, als ihm dies ausgerichtet wurde, sogleich einen
Botschafter nach Milet aus dem Wunsch heraus, mit Thrasy-
bulos und den Milesiern einen Vertrag zu schließen für eine
Zeit, in der er den Tempel wieder aufbauen könne. Der Ab-
gesandte ging also nach Milet, Thrasybulos aber, da er die
ganze Angelegenheit schon genau gehört hatte und wußte,
was Alyattes vorhatte, trifft folgende Anstalten: Soviel Korn
in der Stadt war, seines wie das der Bürger, das ließ er alles
auf dem Markt zusammenbringen und gebot den Milesiern,
wenn er das Zeichen gäbe, allesamt zu trinken und in festli-
22 chen Schwärmen einander zu besuchen. Das tat und gebot

Thrasybulos in folgender Absicht: Der Botschafter aus Sardes sollte sehen, was da für ein gewaltiger Kornhaufen aufgeschüttet war und wie die Leute es sich gut gehen ließen, und das sollte er dem Alyattes melden. Was dann auch geschah. Als nämlich der Botschafter jenes gesehen und dem Thrasybulos den Auftrag des Lyders ausgerichtet hatte und dann nach Sardes zurückkehrte, kam die Aussöhnung, nach dem, was ich jedenfalls gehört habe, durch nichts als dies zustande. Hatte doch Alyattes erwartet, in Milet herrsche ein großer Nahrungsmangel und das Volk sei erschöpft und im äußersten Elend, und nun hörte er vom Botschafter, der aus Milet zurückkehrte, ganz anderes, gerade das Gegenteil von dem, was er sich gedacht hatte. Und darauf kam es zwischen ihnen zu dem Ausgleich, mit der Abmachung, daß sie miteinander Freunde und Bundesgenossen sein wollten, und Alyattes baute der Athene zwei Tempel statt des einen in Assesos, und er selber genas von seiner Krankheit. So erging es Alyattes mit dem Krieg gegen Milet und Thrasybulos.

Periander aber war des Kypselos Sohn, er, der dem Thrasy- 23
bulos den Spruch des Orakels mitgeteilt hatte. Und dieser Periander war Herr von Korinth. Dem soll nun, wie die Korinther erzählen – und die Lesbier stimmen mit ihnen überein – in seinem Leben etwas höchst Erstaunliches begegnet sein: Es ward beim Vorgebirge Tainaron auf dem Rücken eines Delphins an Land getragen Arion von Methymna, ein Kitharöde, der nicht seinesgleichen hatte zu der Zeit und der als erster auf der Welt, soweit wir Kunde haben, einen Dithyrambos kunstreich gedichtet und benannt und einstudiert hat, in Korinth.

Von diesem Arion erzählt man: Nachdem er die meiste Zeit 24
bei Periander verbracht, hatte er das Verlangen, nach Italien und Sizilien zu fahren; und als er große Reichtümer erworben, wünschte er heimzukehren nach Korinth. Er fuhr nun

ab von Tarent, und weil er keinem mehr vertraute als den Korinthern, hatte er ein Schiff mit korinthischen Männern gemietet. Die aber beredeten sich untereinander, als sie auf hoher See waren, Arion über Bord zu werfen und seine Schätze zu behalten. Der merkte das und legte sich aufs Bitten: seine Schätze könnten sie haben, nur sein Leben sollten sie ihm lassen. Doch drang er damit nicht durch; die Schiffer verlangten vielmehr, entweder solle er sich selber umbringen, daß er ein Grab auf dem Lande bekäme, oder ins Meer springen, auf der Stelle. Als Arion so bedrängt war, ohne Ausweg, tat er die Bitte, wenn dies nun einmal ihr Entschluß sei, doch zu gestatten, daß er sich in all seinem Schmuck aufs hohe Heck stelle und singe. Habe er gesungen, so versprach er, werde er sich selber umbringen. Da kam sie die Lust an, daß sie doch den besten aller Sänger hören sollten, und so wichen sie vom Heck zur Mitte des Schiffs. Er aber legte all seinen festlichen Schmuck an, ergriff seine Kithara, stellte sich aufs Heck und trug die Hohe Weise vor, und als die Weise beendet war, stürzte er sich ins Meer, wie er war, mit all seinem Schmuck. Und die fuhren von dannen nach Korinth, ihn aber nahm, erzählt man, ein Delphin auf seinen Rücken und trug ihn fort zum Tainaron. Er stieg ab und wanderte in seiner Festtracht nach Korinth, und wie er ankam, erzählte er alles was geschehen. Periander aber, der es nicht glauben wollte, setzte Arion fest und ließ ihn nicht weg, hielt aber Ausschau nach den Schiffern. Als sie dann angekommen waren, ließ er sie rufen und erkundigte sich, ob sie nicht etwas über Arion zu berichten hätten. Wie die sagten, der weile wohlbehalten in Italien und sie hätten ihn in guten Umständen in Tarent verlassen, trat Arion vor sie, so angetan, wie er von Bord sprang. Da waren sie entsetzt und konnten, überführt, nun nicht mehr leugnen. Das also erzählen die Korinther wie auch die Lesbier, und von Arion gibt es ein ehernes Weihbild, nicht eben groß, auf dem Tainaron, ein Mensch, der auf einem Delphin reitet.

Alyattes der Lyder hatte also den Krieg gegen die Milesier 25
beendet, und danach stirbt er, und war König gewesen siebenundfünfzig Jahre. Er hat, als er der Krankheit entkommen war, als zweiter aus diesem Haus eine Weihung nach Delphi gemacht, einen großen silbernen Mischkrug und einen Mischkrugständer aus Eisen, zusammengelötet, sehenswert unter all den Weihgaben in Delphi, eine Arbeit des Glaukos aus Chios, der als einziger von allen Menschen das Löten von Eisen erfunden hat.

Als Alyattes gestorben war, übernahm Kroisos, Alyattes' 26
Sohn, das Königreich, im Alter von fünfunddreißig Jahren. Der griff von den Hellenen zuerst die Epheser an. Da weihten die Epheser, von ihm belagert, ihre Stadt der Artemis dadurch, daß sie von dem Tempel ein Seil zogen bis an ihre Mauer. Es beträgt aber die Entfernung von der alten Stadt, die damals belagert wurde, zu dem Tempel sieben Stadien. Die griff also Kroisos zuerst an, dann aber, der Reihe nach, die übrigen Städte der Jonier und Aioler und warf der einen dies, der andern jenes vor. Konnte er größere Beschuldigungen finden, beschuldigte er sie größerer Dinge, einigen aber warf er auch Kleinigkeiten vor.

Und nachdem die Hellenen in Kleinasien unterworfen wa- 27
ren und Tribut zahlten, dachte er nun daran, Schiffe zu bauen, um die Inselbewohner anzugreifen. Schon war alles zum Schiffsbau bereit, da kam nach Sardes Bias aus Priëne – wie die einen sagen, nach andern aber war es Pittakos aus Mytilene –, und als Kroisos fragte, ob es Neues gebe in Hellas, habe der mit folgenden Worten dem Schiffsbau ein Ende gemacht: «Hoher König, die Inselleute mieten sich eine gewaltige Reiterei zusammen, denn sie haben im Sinn, gegen Sardes und dich zu Felde zu ziehen.» Kroisos hoffte, jener spreche

die Wahrheit, und sagte: «Ach, gäben doch die Götter den Inselleuten dies in den Sinn, zu Pferd gegen die Söhne der Lyder zu ziehen.» Jener aber griff das auf und sagte: «Hoher König, von ganzem Herzen wünschest du, wie ich sehe, daß du die Inselleute beritten auf dem Festland zu fassen bekommst, und deine Hoffnung hat ihren guten Grund. Was aber, meinst du, wünschen die Inselleute anderes, seit sie erfuhren, du hättest vor, gegen sie Schiffe zu bauen, als die Lyder nach Herzenslust auf dem Meer zu fassen, um an dir Rache zu nehmen für die Hellenen, die auf dem Festland wohnen und die du zu deinen Knechten gemacht hast?» Diese Folgerung gefiel Kroisos sehr, und er folgte ihm, denn ihm schien angemessen, was er sagte, und stellte den Flottenbau ein. Und so schloß er mit den Joniern auf den Inseln einen Freundschaftsbund.

28 Als einige Zeit vergangen war und fast alle, die diesseits des Halysflusses wohnten, unterworfen waren, denn außer den Kilikern und Lykiern hatte Kroisos die andern alle unterworfen und in seiner Hand – und dies sind die Namen: Lyder, Phryger, Myser, Mariandyner, Chalyber, Paphlagonen, Thraker, und zwar die thynischen und bithynischen, Karer,
29 Jonier, Dorer, Aioler, Pamphyler – als die also unterworfen waren und den Lydern zugeschlagen, kommen nach Sardes, das reich ist und blühend, all die andern klugen Männer aus Hellas, die zu jener Zeit lebten, bald der und bald jener, und so denn auch Solon aus Athen. Der hatte den Athenern auf ihr Geheiß Gesetze gegeben und ging nun zehn Jahre außer Landes und machte eine Reise, um zu schauen und zu lernen; eigentlich aber, damit er nicht genötigt werden könne, eines oder das andere der Gesetze, die er gegeben, wieder aufzuheben. Denn den Athenern selber war es nicht möglich, das zu tun; sie waren nämlich durch starke Eide gebunden, zehn Jahre lang die Gesetze, die Solon ihnen geben würde, anzu-

wenden. Deswegen also und des Schauens wegen ging Solon 30
außer Landes und kam nach Ägypten zu Amasis und dann
also auch nach Sardes zu Kroisos. Und als er angekommen,
wurde er von Kroisos im Palast gastlich bewirtet. Sodann, am
dritten oder vierten Tage, führten die Diener den Solon auf
Kroisos' Geheiß in den Schatzkammern umher und zeigten
ihm all die Pracht und Herrlichkeit. Als er nun das alles gesehen
und nach Lust und Laune betrachtet hatte, stellte
Kroisos folgende Frage: «Mein Gastfreund aus Athen – man
hat uns nämlich schon viel über dich erzählt, von deiner
Klugheit und deinem Umherreisen, daß du aus Freude am
Wissen viele Länder besucht hast, um sie dir anzusehen. Jetzt
ist mich nun das Verlangen angekommen, dich zu fragen, ob
du den schon gesehen, der der glücklichste aller Menschen
ist.» Das fragte er in der Erwartung, selbst der glücklichste
der Menschen zu sein. Solon aber redet ihm nicht nach dem
Mund, sondern hält sich an die Sache und spricht: «Hoher
König, Tellos aus Athen.» Kroisos nahm diese Antwort
wunder, und er fragte gespannt: «Und weswegen hältst du
Tellos für den glücklichsten?» Und der sagte: «Zum ersten
hatte Tellos in einer Stadt, die sich wohl befand, vortreffliche
Kinder und durfte sehen, daß auch sie alle Kinder bekamen
und alle am Leben blieben. Zum andern wurde ihm – bei gutem
Auskommen, jedenfalls nach unsern Verhältnissen – das
herrlichste Ende des Lebens zuteil. Denn als die Athener bei
Eleusis einen Kampf gegen ihre Nachbarn zu bestehen hatten,
kam er zu Hilfe und bewirkte die Flucht der Feinde, und
dabei fand er den schönsten Tod, und die Athener richteten
ihm ein Staatsbegräbnis aus, dort, wo er gefallen war, und erwiesen
ihm große Ehre.»

Mit der Aufzählung von Tellos' so vielfachem Glück hatte 31
Solon Kroisos nur noch ungeduldiger gemacht, und so fragte
der, wen er denn nach jenem als zweiten sehe, in der festen

Erwartung, wenigstens den zweiten Preis davonzutragen. Der aber sagte: «Kleobis und Biton. Die hatten nämlich, in Argos zu Hause, ausreichend zu leben und dazu eine gewaltige Leibesstärke: alle beide waren sie nämlich Preisträger, und dann wird von ihnen auch folgende Geschichte erzählt: Als die Argiver das Fest der Hera feierten, mußte nach dem Brauch ihre Mutter unbedingt auf einem Gespann in das Heiligtum gebracht werden, doch waren die Rinder von der Weide nicht rechtzeitig zur Stelle. Als nun keine Zeit mehr zu verlieren war, spannten sich die Jünglinge selber unters Joch und zogen den Wagen, und auf dem Wagen fuhr ihre Mutter; und als sie diese fünfundvierzig Stadien gezogen, kamen sie zum Heiligtum. Ihnen aber, die solches getan, vor den Augen der ganzen Festgemeinde, wurde das beste Ende des Lebens zuteil, und die Gottheit zeigte darin an, daß tot zu sein für den Menschen wohl besser ist als zu leben. Die Argiver umringten sie nämlich und priesen die Jünglinge und ihre Stärke, die argivischen Frauen aber ihre Mutter, daß ihr solche Kinder zuteil geworden. Aber die Mutter, voller Freude über die Tat wie über das Lob, trat vor das Gottesbild und betete, die Göttin möge Kleobis und Biton, ihren beiden Kindern, die ihr große Ehre erwiesen, das geben, was zu erlangen für den Menschen das beste ist. Und wie sie nach diesem Gebet das Opfer dargebracht und das Mahl gefeiert hatten, legten die Jünglinge sich dort im Heiligtum nieder und standen nicht mehr auf, sondern der Tod umfing sie mit solchem Ende. Die Argiver aber machten Standbilder von ihnen und weihten sie nach Delphi, da sie als Männer ihre Vollendung gefunden.»

32 Diesen also teilte Solon den zweiten Preis im Glück zu, Kroisos aber ward unwillig und sprach: «Gastfreund aus Athen, und unser Glück wirfst du beiseite, wie ein Nichts? So, daß du uns nicht einmal gewöhnlichen Bürgern gleich-

stellst?» Der aber sprach: «Kroisos, mich, der ich weiß, daß die höheren Mächte allesamt eifersüchtig sind und verwirrend, befragst du, wie es steht um der Menschen Dinge. Sieh, die Zeit dauert lang, und da gibt es viel zu sehen, was man nicht mag, und auch viel zu erleiden. Laß mich nämlich die Grenze für ein Menschenleben auf siebzig Jahre ansetzen. Diese siebzig Jahre machen fünfundzwanzigtausend und zweihundert Tage, und da rechne ich noch keinen Schaltmond. Wollen wir aber jedes zweite Jahr noch einen Monat länger machen, damit der Eintritt der Jahreszeiten richtig liegt, dann gibt es, in diesen siebzig Jahren zu schalten, fünfunddreißig Monate, das macht tausend und fünfzig Tage. Von allen diesen Tagen in den siebzig Jahren, das sind also sechsundzwanzigtausend und zweihundert und fünfzig, bringt kein einziger Tag das gleiche wie der andere. So ist denn der Mensch, Kroisos, ganz, was sich mit ihm ereignet. Du bist, das seh ich wohl, gewaltig reich und König über viele Menschen. Doch so, wie deine Frage will, kann ich dich nicht nennen, bevor ich nicht erfahren, daß du dein Leben glücklich geendet. Keinesfalls nämlich ist der sehr Reiche glücklicher als der, der nur sein täglich Brot hat, ist es ihm nicht auch beschieden, im Besitz von all dem Guten und Schönen sein Leben wohl zu beschließen. Denn viele Menschen, die gewaltig reich sind, sind unglücklich, vielen aber, die nur mäßig zu leben haben, geht es wohl. Nun hat, wer sehr reich ist, aber unglücklich, zweierlei voraus vor dem, dem es nur wohl geht, dieser aber vor dem Reichen und Unglücklichen vieles. Jener vermag eher sein Begehren zu erfüllen und einen schweren Schlag, der ihn traf, zu ertragen, dieser aber hat vor jenem das voraus: Schaden tragen und Begehren stillen kann er nicht in gleicher Weise wie jener, doch bedarf er dessen bei seinem Wohlergehen auch nicht, aber er ist gesund an seinen Gliedern, weiß nicht von Krankheit und nicht von Unglück, freut sich seiner Kinder, ist gut anzusehen. Kommt noch dazu, daß er sein Leben gut beschließt, dann ist das der, den du suchst: der es verdient, glücklich genannt zu werden. Vor seinem Ende aber halte man sich zurück und sage nicht, er sei ein glücklicher Mensch, sondern, es gehe ihm wohl. Alles dies nun miteinander zu erlangen ist uns Menschen versagt, wie es auch das Land nicht gibt, das für sich selber an allem genug hat, sondern das eine hat es, das andere fehlt ihm. Das aber das meiste hat, das ist das beste. So ist auch keines Menschen Beschaffenheit allein für sich vollkommen, das eine ist da, am andern fehlt es. Wer aber von den Menschen in der Dauer seines Lebens das meiste hat und dann noch begnadet sein Leben beschließt, der ist nach meiner Einsicht, Herr und König, würdig, diesen großen Namen zu tragen. Und bei jeder Sache soll man das Ende ins Auge fassen, wie sie wohl ausgehen wird. Denn schon so manchem hat der Gott das Glück gezeigt und ihn dann mit seinen Wurzeln umgestürzt.»

33 Kroisos waren solche Worte gar nicht nach dem Sinn, und er würdigt ihn keiner Beachtung, sondern entläßt ihn, einen großen Toren nach seiner Meinung, wenn er das gegenwärtige Glück beiseite schob und bei jedem Ding auf das Ende sehen hieß.

34 Nicht lange aber, nachdem Solon gegangen, traf Kroisos schweres Unglück, gesandt von der erzürnten Gottheit, vermutlich, weil er sich selber für den glücklichsten aller Menschen hielt. Alsbald trat ihn, als er schlief, ein Traum an, der ihm wahrhaft das Unglück anzeigte, das sich mit seinem Sohn ereignen sollte. Es hatte aber Kroisos zwei Söhne; von denen war der eine unbrauchbar, er war nämlich stumm, der andere aber in allem weitaus der Erste unter seinen Kameraden; dieser hieß Atys. Diesen Atys also läßt der Traum Kroisos erscheinen und zeigt an, daß er ihn verlieren wird, durch das Eisen eines Speers. Und als er erwacht und die

Sache bei sich überlegt, versetzt ihn der Traum in Angst und Schrecken, und so wählte er dem Sohn rasch eine Frau aus, ließ ihn, der gewohnt war, die Lyder anzuführen im Felde, überhaupt nicht mehr zu solchen Dingen ausziehen, ja die Speere und Spieße und alles dergleichen, was die Männer brauchen zum Kampf, schaffte er aus den Hallen und stapelte es in den Kammern, daß nicht etwa von der Wand ein Stück auf seinen Sohn fällt.

Als nun sein Sohn eben dabei ist, die Hochzeit zu begehen, 35
kommt nach Sardes ein Mann, vom Unglück geschlagen, mit blutbefleckten Händen, ein Phryger von Geburt, aus dem Königsgeschlecht. Der trat in Kroisos' Haus und bat um Vollzug der Entsühnung nach Landesbrauch, und Kroisos nahm die Reinigung vor. Es ist aber die Reinigung bei den Lydern ganz ähnlich wie bei den Hellenen. Und als Kroisos die Riten vollzogen, erkundigte er sich, wer und woher er sei, und sprach: «Lieber Mann, wer bist du und aus welchem Ort Phrygiens kommst du und setzest dich an meinen Herd? Welchen Mann oder welches Weib hast du getötet?» Der antwortete: «Herr und König, ich bin ein Sohn des Gordias, des Midassohnes, und heiße Adrastos, und habe ohne Absicht meinen eigenen Bruder getötet und komme nun zu dir, von meinem Vater vertrieben und aller Habe beraubt.» Kroisos aber gab ihm zur Antwort: «So bist du befreundeter Männer Sproß, und zu Freunden bist du gekommen; bleibe bei uns, und es soll dir an nichts fehlen. Und trag an deinem Unglück nicht allzu schwer, so machst du noch das Beste daraus.»

Dieser Mann lebte nun bei Kroisos, und eben um diese selbe 36
Zeit stand auf dem mysischen Olympos ein Eber, ein mächtiges Tier; der brach aus diesen Wäldern hervor und verwüstete der Myser Felder. Oft rückten die Myser gegen ihn aus, konnten ihm aber kein Leid antun, sondern erlitten solches

von ihm. Schließlich kamen Abgesandte der Myser zu Kroisos und sagten: «Herr und König, ein Eber, ein gewaltiges Tier, zeigt sich in unserem Land und verwüstet die Felder. Wir hätten ihn gerne erlegt, bringen es aber nicht zustande. Daher bitten wir dich nun, sende deinen Sohn und ausgesuchte junge Männer und Jagdhunde mit uns, daß wir das Tier aus unserm Lande tilgen.» Darum baten sie also, Kroisos aber gedachte der Worte des Traums und antwortete ihnen: «Meinen Sohn schlagt euch nur gleich aus dem Sinn, denn den geb ich euch schwerlich mit; er ist nämlich jungvermählt, und da sind jetzt seine Gedanken. Doch eine ausgesuchte Schar von Lydern und die gesamte Meute will ich mit euch senden und ihnen den Auftrag mit auf den Weg geben, sich anzustrengen, das Tier aus eurem Land zu til-
37 gen.» Dieses war seine Antwort, und die Myser waren damit auch zufrieden.

Da tritt Kroisos' Sohn herzu, der hatte von der Bitte der Myser gehört, und als Kroisos es ablehnt, ihnen seinen Sohn mitzugeben, wendet der Jüngling sich an ihn und spricht: «Mein Vater, sonst war es mein schönstes und edelstes Geschäft, in den Kampf zu ziehen und auf die Jagd und dort meinem Namen Ehre zu machen. Jetzt aber hältst du mich fest und versperrst mir alles beides, und kannst doch nicht sagen, ich sei feige gewesen oder träge. Und jetzt, wo soll ich hinblicken mit meinen Augen, wenn ich in die Versammlung trete oder sie verlasse? Was sollen die Bürger von mir denken? Was meine junge Frau? Was wird die wohl halten von dem Mann, dem sie verbunden ist? Laß du mich also mit auf die Jagd oder aber überzeuge mich mit Gründen, daß solch
38 ein seltsames Verhalten besser ist für mich.» Kroisos' Antwort ist die: «Mein Sohn, nicht weil ich Feigheit oder sonst etwas Häßliches bei dir bemerkt hätte, handle ich so. Aber ein Traumgesicht trat zu mir im Schlaf und sagte, du werdest

nicht lange zu leben haben, denn du werdest umkommen durch eine eiserne Speerspitze. Sieh, um dieses Traumbilds willen hab ich deine Hochzeit beschleunigt und schicke dich nicht aus zu Unternehmungen, sondern stehe auf Wache, ob ich dich nicht glücklich durchbringen kann, solang ich noch am Leben bin. Denn du bist mein einziger Sohn. Denn den andern, den mißgebildeten, kann ich ja gar nicht rechnen.» Des Jünglings Antwort ist die: «Das muß man dir zu- 39
gestehen, Vater, wenn du ein solches Traumgesicht sahst, daß du da für mich sorgst und wachst. Eins aber verstehst du nicht ganz, sondern da verfehlst du den Traum, und das dir zu zeigen ist meine Sache. Wie du erzählst, hat dir der Traum gesagt, durch eine eiserne Speerspitze würde ich sterben. Ein Eber aber, wo hat der die Hände, wo eine eiserne Spitze, die du so fürchtest? Ja, hätte er gesagt, ein Zahn würde mich töten oder doch etwas, was dem ähnlich ist, dann mußtest du tun, was du tust. Aber nun war's eine Speerspitze! Da also der Kampf nicht gegen Männer geht, laß mich ziehen.» Kroisos 40
gibt zur Antwort: «Mein Sohn, da ist etwas daran, wie du den Traum auslegst, das muß ich zugestehen. Ich gebe mich also geschlagen und ändere meinen Entschluß, und du darfst mit auf die Jagd.»

Nach diesen Worten läßt Kroisos den Phryger Adrastos ru- 41
fen, und wie der da war, spricht er so zu ihm: «Adrastos, als du von einem bösen Schicksal betroffen warst, daraus ich dir aber keinen Vorwurf machen will, da war ich es, der dich entsühnte und in sein Haus aufnahm und darin behält und dir alles bietet, was du brauchst. Jetzt also – schuldest du mir doch, wo ich zuerst Gutes für dich getan, Gutes mir zu erwidern – ersuche ich dich, Hüter meines Sohnes zu sein, der auf Jagd auszieht, daß da nicht etwa unterwegs heimtückische Räuber auftauchen und euch Schlimmes antun. Und dann, auch du selber solltest dahin gehen, wo du dich hervortun

kannst durch herrliche Taten. Denn das ist deiner Väter Art,
42 und außerdem hast du auch die Kraft dazu.» Ihm entgegnet Adrastos: «Mein König, unter anderen Umständen und von mir aus zöge ich nicht in solchen Wettstreit; denn auf wem solches Unheil liegt, dem steht es nicht an, sich unter glückliche Kameraden zu mengen, und dann ist auch der Wunsch nicht da, und es gibt vieles, warum ich mich zurückhielte. Nun aber, da du es bist, der mich drängt, und es sich gehört, daß ich dir gefällig bin – schulde ich's doch, dir mit Gutem zu vergelten –, bin ich bereit, das zu tun, und du darfst erwarten, daß dein Sohn, den zu behüten du mich beauftragst, unversehrt, soviel am Hüter liegt, zu dir zurückkehrt.»

43 Das waren seine Worte, die er Kroisos erwiderte, und danach zogen sie ab, gut vorbereitet mit ausgewählten Jungmännern und der Meute. Und als sie zu dem Olymposgebirge gekommen, spürten sie dem Tier nach, fanden es, umstellten es von allen Seiten und warfen ihre Speere. Da wirft der Fremde, er, der von der Blutschuld entsühnt war, der Mann mit dem Namen Adrastos, «Unentrinnbar», den Speer nach dem Eber, verfehlt ihn und trifft Kroisos' Sohn. Der also, von dem Speer durchbohrt, erfüllte die Stimme des Traums; es lief aber einer los, Kroisos das Geschehene zu melden, und als er nach Sardes gekommen, berichtete er ihm vom Kampf
44 und seines Sohnes Ende. Kroisos war außer sich über den Tod seines Sohnes, aber noch wilder war sein Hadern, daß ihn der getötet, den er selbst von Blutschuld gereinigt. Und wund und weh von dem Unglück, wie er war, rief er Zeus den Entsühner herbei und gab ihm Zeugnis, was er von dem Fremden erlitten, und rief herbei den Schirmer des Herdes und Schutzherrn der Freundschaft unter dem Namen des gleichen Gottes; als den Herrn des Herdes rief er ihn an, darum, daß er den Fremdling ins Haus genommen und so, ohne es zu wissen, den Mörder seines Sohnes gefüttert, als den Schirmer der

Freundschaft aber, daß sich der, den er als Beschützer mitgeschickt, als der grimmigste Feind erwiesen.

Bald darauf waren die Lyder da, mit dem Toten auf der 45
Bahre, und hinter ihm ging der Mörder. Der trat nun vor den Leichnam, streckte die Hände hin und übergab sich Kroisos, und er verlangte, ihn über dem Toten als Opfer zu schlachten. Und er zählte auf, was ihn früher getroffen, und daß er dann noch den, der ihn entsühnt, zugrunde gerichtet, und nun könne er nicht mehr leben. Als Kroisos das hört, jammert ihn Adrastos, obwohl er doch selber so tief in eigenem Leid steckt, und er spricht zu ihm: «Ich habe damit, Fremder, die ganze Buße von dir erhalten, da du dich selber des Todes schuldig achtest. Doch bist nicht du mir schuld an diesem Schlimmen, nur daß du, ohne zu wollen, es ausführtest, sondern wohl einer von den Göttern, der mir auch schon lange vorher angezeigt hat, was kommen sollte.»

Kroisos bestattete nun mit allen gebührenden Ehren seinen Sohn. Adrastos aber, der Sohn des Gordias, des Sohnes des Midas, er, der zum Mörder seines eigenen Bruders geworden war und zum Mörder dessen, der ihn entsühnt, da er nun, als die Menschen gegangen und es stille geworden am Grabe, inne ward, daß er von allen Menschen, von denen er wußte, am schwersten vom Unglück geschlagen war, schlachtet auf dem Grabe sich selber.

Kroisos aber saß zwei Jahre lang versunken in tiefer Trauer 46
um den Verlust seines Sohnes. Alsdann aber, als die Herrschaft des Astyages, des Sohnes des Kyaxares, von Kyros, Kambyses' Sohn, gestürzt war und der Perser Macht wuchs, machte das dem Trauern des Kroisos ein Ende und ließ ihn mit Sorgen bedenken, ob er es nicht irgendwie vermöchte, ehe die Perser groß würden, ihrer wachsenden Macht Einhalt zu gebieten. Das waren also seine Gedanken, und darauf machte er sich sogleich an einen Versuch mit den Orakeln, den bei

den Hellenen und dem in Libyen. Und sandte Boten aus, dahin und dorthin; *die* sollten nach Delphi gehen, die nach Abai bei den Phokern, die nach Dodona, andere wurden zu Amphiaraos gesandt und zu Trophonios, wieder andere zu den Branchiden in der Milesier Land. Das sind die hellenischen Orakel, zu denen Kroisos sandte, sie zu befragen. Andere schickte er nach Libyen zu Ammon, dessen Spruch einzuholen. Er sandte die Boten aber aus, um die Orakel zu erproben, wie es mit ihrem Wissen bestellt sei, und finde es sich, daß sie die Wahrheit wüßten, so wollte er zum zweiten Mal senden und anfragen, ob er's wagen solle, gegen die Perser in den Kampf zu ziehn.

47 Und das war sein Auftrag an die Lyder, die er zur Erprobung der Orakel entsandte: Sie sollten den Tag nehmen, an dem sie aufbrachen von Sardes, und von dem an die weiteren abzählen und am hundertsten Tag vor die Orakel treten und die Frage stellen, was gerade jetzt vorhabe Kroisos, Alyattes' Sohn, der Lyder König; und den Bescheid eines jeden Orakels sollten sie aufschreiben und ihm überbringen. Was nun die übrigen Orakel geantwortet, weiß niemand zu sagen; in Delphi aber ging es so: Kaum hatten die Lyder, den Gott zu befragen, die Halle betreten, gab die Pythia im Sechsmaß folgende Antwort:

«Sieh, ich weiß vom Sande die Zahl und die Maße des Meeres,
Auch den Tauben versteh ich, den Schweigenden höre ich reden.
Duft drang mir in die Sinne von hartbeschildeter Kröte,
Die zusammen mit Fleisch vom Lamm im Kessel gekocht wird;
Erz ist untergebreitet und Erz umhüllt sie von oben.»

48 Diesen Spruch der Pythia schrieben die Lyder auf und machten sich wieder auf den Weg nach Sardes. Als nun auch die andern Abgesandten sich eingefunden hatten mit ihren Sprü-

chen, ließ Kroisos die Aufzeichnungen eine nach der andern öffnen und las sie. Und keine von ihnen wollte ihm gefallen; als er aber den Spruch aus Delphi vernahm, erwies er ihm sogleich Reverenz und hieß ihn willkommen, und meinte, allein das delphische sei wirklich ein Orakel, weil es herausgefunden, was er ohne Mitwisser getan hatte. Als er nämlich die Boten ausgesandt hatte zur Befragung der Orakel, paßte er den bestimmten Tag ab und setzte folgendes Ausgefallene ins Werk: Er hatte sich etwas ausgedacht, was man unmöglich herausbekommen konnte und auch nicht erraten: er zerlegte eigenhändig eine Schildkröte und ein Lamm und kochte sie zusammen in einem ehernen Kessel, auf den er noch einen ehernen Deckel deckte. Aus Delphi also erhielt Kroisos diesen Be- 49
scheid; von der Antwort des Amphiaraos-Orakels aber kann ich nicht sagen, was es den Lydern für einen Bescheid gegeben, als sie das Gebräuchliche im Heiligtum verrichtet hatten – denn man weiß von ihm ebensowenig wie von den andern –, nur daß Kroisos glaubte, auch der besitze ein Orakel ohne Fehl.

Darauf suchte er mit gewaltigen Opfern den Gott in Delphi 50
sich gnädig zu machen. Nämlich dreitausend Stück Opfertiere von jeder Art Vieh schlachtete er und schichtete einen gewaltigen Scheiterhaufen auf und verbrannte auf ihm Liegen, mit Gold und Silber überzogen, und goldene Schalen und purpurne Mäntel und Kleider, in der Hoffnung, hierdurch den Gott immer noch mehr zu gewinnen. Und sämtlichen Lydern gebot er, zum Opfer beizutragen, ein jeder nach seinem Vermögen. Und als er das Opfer hinter sich gebracht, schmolz er unermeßliches Gold ein und trieb Halbziegel daraus, jeden sechs Handbreiten in der Länge, drei in der Breite, eine in der Höhe, einhundert und siebzehn an der Zahl, und von ihnen vier aus lauterem Gold, jeder zweieinhalb Talente schwer, die andern Halbziegel aber aus weißem Gold, im

Gewicht von zwei Talenten. Weiter fertigte er das Bild eines Löwen aus lauterem Gold, zehn Talente schwer. Dieser Löwe fiel, als der Tempel in Delphi abbrannte, von den Halbziegeln herunter – auf ihnen war er nämlich aufgestellt –, und jetzt ist er im Korinther-Schatzhaus aufgestellt, und sein Gewicht beträgt noch sechseinhalb Talente, denn dreieinhalb Talente
51 sind weggeschmolzen. Als Kroisos das hatte fertigen lassen, schickte er es nach Delphi, und zusammen damit noch folgende Stücke: zwei Mischkessel von beträchtlicher Größe, einen goldenen und einen silbernen; der goldene stand zur Rechten, wenn man den Tempel betrat, der silberne zur Linken. Wegen des Tempelbrandes sind aber auch sie umgestellt, und der goldene steht im Klazomenier-Schatzhaus – er wiegt achteinhalb Talente und zwölf Minen drüber –, der silberne in der Ecke der Vorhalle des Tempels, und der faßt sechshundert Amphoren; er wird von den Delphern nämlich gefüllt am Fest der Gotterscheinung. Die Delpher behaupten, er sei eine Arbeit von Theodoros aus Samos, und ich glaube das auch; sehe ich doch, daß das nicht eine beliebige Arbeit ist. Auch Faßkrüge aus Silber sandte er, vier an der Zahl, die im Schatzhaus der Korinther stehen, und zwei Weihwasserbecken weihte er, ein goldenes und ein silbernes. Auf dem goldenen steht geschrieben: «Von den Lakedaimoniern», die damit Anspruch auf das Weihgeschenk erheben, zu Unrecht; es kommt nämlich ebenfalls von Kroisos, ein Delpher jedoch, der den Lakedaimoniern einen Gefallen tun wollte, hat die Aufschrift angebracht; dessen Namen weiß ich, will ihn aber nicht nennen. Der Knabe freilich, durch dessen Hand das Wasser fließt, kommt von den Lakedaimoniern, doch keines der beiden Wasserbecken. Und noch viele andere nicht gezeichnete Weihgeschenke schickte Kroisos mit den genannten, so silberne runde Schalen zur Spende, ferner auch das Bild einer Frau aus Gold, drei Ellen hoch, von dem die Del-

pher sagen, es stelle die Frau dar, die Kroisos das Brot bereitete. Dazu weihte Kroisos den Halsschmuck seiner eigenen Frau und ihre Gürtel. Das sandte er nach Delphi; Amphiaraos aber, 52
von dessen Tapferkeit und Unglück er gehört hatte, weihte er einen Schild, bis in alle Einzelheiten von Gold, und einen massiv goldenen Speer, der Schaft ebenso wie die Spitze aus Gold; beides war noch zu meiner Zeit in Theben aufgestellt, und zwar im Tempel des Apollon Ismenios.

Den Lydern nun, die diese Geschenke hinbringen sollten zu 53
den Tempeln, trug Kroisos auf, den Orakeln die Fragen zu stellen, ob Kroisos gegen die Perser in den Streit ziehen und ob er ein verbündetes Heer dazunehmen solle. Als die Lyder nun anlangten, wohin sie gesandt, brachten sie erst ihre Weihgeschenke dar und stellten dann ihre Fragen an die Orakel und sprachen: «Kroisos, der König der Lyder und anderer Völker, überzeugt, daß diese Orakel die einzigen auf der Welt sind, hat euch Geschenke gegeben, wie eure Lösungen sie verdienen, und jetzt fragt er euch, ob er gegen die Perser ziehen und ob er ein verbündetes Heer dazunehmen soll.» So war ihre Frage, und das Urteil beider Orakel lief auf das gleiche heraus: sie sagten Kroisos voraus, wenn er gegen die Perser ziehe, werde er ein großes Reich zerstören. Sie rieten ihm aber, die stärksten unter den Hellenen herauszusuchen und zu Freunden zu machen.

Als Kroisos nun die überbrachten Bescheide erfuhr, freute 54
er sich gewaltig über die Antworten, und in der festen Erwartung, das Reich des Kyros zu zerstören, schickt er erneut nach Delphi und beschenkt die Delpher, deren Zahl er hatte feststellen lassen, Mann für Mann mit zwei Stateren Gold. Dafür verliehen die Delpher Kroisos und den Lydern Vorrang bei der Befragung, Abgabefreiheit, Ehrensitz bei den Spielen und das Recht für jeden, delphischer Bürger zu werden, wann es ihm beliebte, auf ewige Zeiten.

55 Kroisos beschenkte also die Delpher und fragte dann zum dritten Mal an. Denn nachdem er sich einmal von der Untrüglichkeit des Orakels überzeugt hatte, konnte er nicht genug davon bekommen. Er stellte aber die Frage ans Orakel, ob seine Herrschaft lange bestehen werde. Und Pythia gibt ihm zur Antwort:

«Doch wenn einmal gebietet als Mederkönig ein Maultier,
Dann, weichfüßiger Lyder, entlang dem steinigen Hermos
Flieh und bleib nicht und schäme dich nicht, dich feige zu zeigen.»

56 Als diese Worte eintrafen, freute Kroisos sich über sie noch viel mehr als über die andern; nahm er doch an, niemals würde statt eines Menschen ein Maultier König der Meder werden, und so würden er nicht und seine Nachfahren nicht jemals die Herrschaft verlieren.

Hierauf aber trug er Sorge zu erkunden, wer die stärksten wären unter den Hellenen, um sie als Freunde zu gewinnen. Und bei seinen Erkundigungen fand er, daß einerseits die Lakedaimonier, andererseits die Athener herausragten, jene beim dorischen Stamm, diese beim jonischen.

Das waren nämlich die bedeutendsten Stämme, und dieser gehörte vorzeiten zum pelasgischen Volk, der andere zum hellenischen. Dieser jonische Volksteil hatte nie seinen Wohnsitz verlassen, der andere war viel umhergezogen; denn unter dem König Deukalion bewohnten sie das Land Phthiotis, und unter Doros, dem Sohn des Hellen, das Land am Fuß von Ossa und Olymp, Histiaiotis genannt; und als sie aus der Histiaiotis von den Kadmeern verdrängt wurden, wohnten sie beim Pindos und hießen makednisches Volk; von dort siedelten sie dann wieder nach der Dryopis über, und aus der Dryopis kamen sie endlich nach der Peloponnes und hießen nun Dorer.

57 Was für eine Sprache die Pelasger gesprochen, kann ich nicht mit Gewißheit sagen. Wenn man aber einen Schluß

ziehen darf von den jetzt noch vorhandenen Pelasgern, die oberhalb der Tyrsener die Stadt Kreston bewohnen und einst Anrainer der jetzigen Dorer gewesen waren – sie wohnten da in der jetzt Thessaliotis genannten Landschaft –, und von *den* Pelasgern, die in Plakia und Skylake am Hellespont Wohnsitz nahmen, nachdem sie früher mit den Athenern zusammen gewohnt hatten, und von andern eigentlich pelasgischen Siedlungen, die nun aber nicht mehr so genannt werden – wenn man von diesen schließen darf, so haben die Pelasger eine ungriechische Sprache gesprochen. Wenn das nun bei allen Pelasgern der Fall war, hat das attische Volk, das eigentlich pelasgisch ist, mit seiner Wandlung zu Hellenen auch eine neue Sprache erlernt. Denn weder reden die Krestoniaten die gleiche Sprache wie ihre jetzigen Umwohner, noch tun es die Plakiener, wohl aber sprechen diese beiden gleich; das beweist, daß sie das Sprachgefüge, das sie mitbrachten bei der
Umsiedlung in diese Gegenden, unverändert bewahren. Das 58
hellenische Volk aber verwendet seit seiner Entstehung immerfort die gleiche Sprache; so halte ich's jedenfalls für gewiß.

Nachdem es sich vom pelasgischen gesondert hielt, war es zuerst noch schwach und ist aus recht kleinen Anfängen hervorgegangen, ist aber allmählich gewachsen zu der Vielzahl von Völkerschaften, da sich vor allem Pelasger zu ihnen schlugen und auch sonst manche ungriechischen Völkerschaften. Und dann bin ich jedenfalls auch der Ansicht, daß auf der andern Seite das pelasgische Volk, soweit es sich nicht hellenisierte, keineswegs stark zugenommen hat.

Von einem dieser hellenischen Völker, dem attischen, erfuhr 59
nun Kroisos, daß es unterdrückt war und gespalten, und zwar durch Peisistratos, Hippokrates' Sohn, der zu jener Zeit Herr war über die Athener. Das kam so: Einmal, als Hippokrates als einfacher Bürger und Zuschauer am olympischen Fest teilnahm, widerfuhr ihm ein wunderbares Zeichen. Als er nämlich sein

Opfertier schlachtete und die Kessel aufstellte, angefüllt mit Fleisch und mit Wasser, fingen sie ohne Feuer an zu sieden und liefen über. Und Chilon aus Lakedaimon, der zufällig dabei war und das Wunder mit ansah, gab Hippokrates den Rat, vor allen Dingen keine Frau ins Haus zu nehmen und mit ihr Kinder zu zeugen; habe er aber schon eine, dann, zum zweiten, solle er sie wegschicken, und wenn er schon einen Sohn habe, sich lossagen von dem. Doch diesem Rat des Chilon habe Hippokrates nicht folgen wollen. Darauf sei ihm ein Sohn, jener Peisistratos, geboren. Der hat, als bei den Athenern die Bewohner der Küste und die der Ebene miteinander im Streit lagen, wobei jene von Megakles, Sohn des Alkmeon, die aus der Ebene aber von Lykurgos, Sohn des Aristolaïdes, geführt wurden, mit dem Gedanken an seine Einzelherrschaft eine dritte Partei ins Leben gerufen, und als er Kampfgenossen beisammen hatte und vorgeblich für die Leute aus den Bergen eintrat, setzte er folgendes in Szene: Er verwundete sich selber und seine Maultiere und fuhr mit dem Gespann zum Markt, als wär er eben seinen Widersachern entkommen, die ihn bei einer Fahrt aufs Land bestimmt hätten umbringen wollen, und bat das Volk, ihm eine Schutzwache zuzubilligen; er hatte sich aber schon vorher einen Namen gemacht als Führer im Feldzug gegen die Megarer, wo er Nisaia genommen hatte und andere große Taten getan. Das Volk der Athener ließ sich täuschen und wählte aus den Städtern Leute aus und gab sie Peisistratos, eine Garde zwar nicht aus Lanzenträgern, aber aus Keulenträgern, denn mit hölzernen Keulen gingen sie hinter ihm her. Mit denen machte Peisistratos einen Putsch und besetzte die Burg. Da hatte nun Peisistratos Gewalt über die Athener, doch tastete er die bestehenden Ämter nicht an und änderte auch die Satzungen nicht, sondern lenkte die Stadt mit den bestehenden und verwaltete sie nach der Ordnung und gut.

Aber nicht lange, so einigten sich die Parteigänger des Megakles und die des Lykurgos und vertrieben ihn. Auf die Weise hatte Peisistratos das erste Mal Athen gewonnen und die Einzelherrschaft, ehe sie noch recht Wurzel gefaßt, wieder verloren; die aber Peisistratos vertrieben hatten, bekämpften sich wieder aufs neue. Und als Megakles bei dem Kampf in harte Bedrängnis kam, ließ er bei Peisistratos durch einen Unterhändler anfragen, ob er seine Tochter zur Frau nehmen wolle mit der Herrschaft als Mitgift. Peisistratos nahm das an und einigte sich mit ihm unter dieser Bedingung, und nun denken sie sich für die Rückführung etwas aus, das ich jedenfalls ganz ungewöhnlich albern finde – wo doch schon seit längerem das hellenische Volk vom barbarischen dadurch geschieden war, daß es vernünftiger ist und weiter entfernt von geschmackloser Albernheit – und nun denken sich diese Leute, unter Athenern, denen man doch nachsagt, sie seien an Geist die Ersten unter den Hellenen, folgendes aus: Im Gau Paiania gab es ein Weib, Phye mit Namen, so groß, daß an vier Ellen nur drei Fingerbreiten fehlten, auch sonst gut gewachsen. Dies Weib wappneten sie mit voller Rüstung, stellten es auf einen Wagen und wiesen ihm eine Haltung an, mit der es am meisten Eindruck machen konnte, und fuhren dann in die Stadt, mit Herolden als Vorläufern voraus; die verkündeten, als sie in die Stadt kamen, was ihnen aufgetragen, mit Worten wie diesen: «Leute von Athen, nehmt mit freundlicher Gesinnung auf Peisistratos, den Athene höchstpersönlich ehrt vor allen Menschen und heimführt in ihre eigne Burg.» Unter solchen Worten schritten sie dahin, und im Nu lief das Gerücht durch alle Bezirke, daß Athene Peisistratos zurückführe, und die in der Stadt glaubten, das Weib sei die Göttin selber, beteten zu der Person und nahmen Peisistratos auf. 60

Als nun Peisistratos auf die berichtete Weise die Macht wieder an sich gebracht, heiratete er seiner Vereinbarung mit 61

Megakles gemäß des Megakles Tochter. Da er aber schon herangewachsene Söhne hatte und man meinte, die Alkmeoniden stünden unter einem Fluch, wünschte er nicht, von seiner jungen Frau Kinder zu bekommen, und verkehrte auf eine ungehörige Weise mit ihr. Anfangs nun verbarg das die Frau, später aber erzählte sie es, ob die nun nachforschte oder auch nicht, ihrer Mutter, und die ihrem Mann. Der war empört, von Peisistratos so mißachtet zu werden, und in seinem Zorn legte er, wie er ging und stand, seinen Streit mit den Gegnern bei. Peisistratos aber merkte, was man gegen ihn vorhatte, räumte das Land völlig, ging nach Eretria und beriet sich dort mit seinen Söhnen. Als sich nun Hippias mit seiner Meinung durchsetzte, man müsse die Herrschaft wieder gewinnen, begannen sie dort Beiträge aus den Städten zu sammeln, die ihnen irgendwie verpflichtet waren. Und viele gaben große Summen, weit an der Spitze aber lagen die Thebaner mit ihrem Beitrag. Schließlich – um es kurz zu machen – war die Zeit herum und alles vorbereitet zur Rückkehr. So trafen auch argeïsche Söldner aus der Peloponnes ein, und dann stieß ein Mann aus Naxos aus freien Stücken zu ihnen, Lygdamis mit Namen, und zeigte sich höchst eifrig, und
62 hatte Geld und Leute mit. So brachen sie denn auf von Eretria, im elften Jahr, und kehrten zurück. Und der erste Ort in Attika, den sie gewannen, war Marathon. Als sie nun dort ihr Lager aufschlugen, kamen die Parteigänger aus Athen zu ihnen, und auch andere aus den Außenbezirken liefen zu, denen ein Herr willkommener war als die Freiheit. Die sammelten sich dort also; die Athener aber aus der Stadt schenkten Peisistratos die ganze Zeit, in der er die Mittel sammelte, und auch noch, als er Marathon besetzte, keinerlei Beachtung; erst als die Nachricht kam, er ziehe von Marathon aus gegen die Stadt los, rücken sie endlich aus gegen ihn. Sie also gingen den Rückkehrern entgegen mit dem gesamten Aufgebot;

Peisistratos aber und seine Leute trafen, wie sie von Marathon aufgebrochen waren und gegen die Stadt marschierten, beim Heiligtum der Athene von Pallene auf den Gegner und lagerten ihm gegenüber. Da tritt vom Geist ergriffen zu Peisistratos Amphilytos der Akarnane, ein Weissager, kommt und gibt ihm folgenden Wahrspruch im Sechsmaß:

«Aus ist geworfen das Netz und das Treibnetz steht schon im Bogen,
Und es schwimmen die Thune hinein bei nächtlichem Mondschein.»

So sprach er, vom Gotte begeistert, Peisistratos aber begriff 63
den Wahrspruch, sagte, er nehme die Verheißung gläubig an, und führte sein Heer heran. Die Athener aus der Stadt aber waren zu der Stunde bei dem ersten Mahle, einige auch, die schon fertig waren, beim Würfeln, andere bei der Ruhe. Und Peisistratos' Leute fallen über sie her und werfen die Athener. Wie die nun fliehen, da denkt sich Peisistratos einen äußerst schlauen Trick aus, damit sich die Athener nicht wieder sammeln, sondern zerstreut bleiben. Er ließ seine Söhne zu Pferde steigen und schickte sie vorauf, und wenn sie Flüchtende einholten, sagten sie, was Peisistratos ihnen aufgetragen: sie sollten guten Mutes sein und ruhig heimkehren, ein jeder in
sein Haus. Das taten denn auch die Athener, und so gewann 64
Peisistratos zum dritten Mal Athen und verwurzelte nun das Einzelregiment mit einer starken Haustruppe und Einkünften, die teils an Ort und Stelle, teils vom Strymon zusammenkamen, ferner dadurch, daß er von den Athenern, die geblieben und nicht sofort außer Landes gegangen waren, die Kinder zu Geiseln nahm und sie nach Naxos brachte – auch dieses nämlich hatte Peisistratos im Kampf unterworfen und Lygdamis übergeben. Zudem reinigte er noch die Insel Delos, wie die Sprüche es geboten; er reinigte sie aber folgendermaßen: Aus dem ganzen Bezirk, so weit man vom Tempel aus sehen

konnte, ließ er die Toten ausgraben und in einen andern Teil von Delos bringen. So war Peisistratos Herr von Athen, von den Athenern aber waren einige gefallen in der Schlacht, andere aber verließen ihre Heimat und gingen mit den Alkmeoniden nach auswärts.

65 Über die Athener also erfuhr Kroisos, daß solche Verhältnisse sie zu jener Zeit beengten, über die Lakedaimonier aber, daß sie großen Bedrängnissen entronnen waren und bereits die Oberhand im Krieg mit den Tegeaten gewonnen hatten. Nämlich zu der Zeit, als Leon König in Sparta war und Hegesikles, ging es den Lakedaimoniern in allen Kriegen glücklich, nur gegen die Tegeaten lief es schlecht. Geht man noch weiter zurück, so waren sie mit ihren Einrichtungen recht schlecht beraten gewesen, schlechter als fast alle andern Hellenen, sowohl im Inneren als auch darin, daß sie mit Auswärtigen keinerlei Verkehr hatten. Sie änderten das aber und kamen zu einer gedeihlichen Verfassung, und zwar so: Lykurgos, ein angesehener Mann unter den Spartiaten, ging einmal nach Delphi zum Orakel, und wie er die Halle betrat, läßt sich die Pythia sogleich folgendermaßen vernehmen:

«Du, Lykurgos, kommst her zu meinem begüterten Hause
Teuer dem Zeus und den andern, die himmlische Häuser bewohnen.
Soll ich als Gott dich verkünden, bedenk ich mich, oder als Menschen?
Doch wohl eher als Gott, so seh ich's im Geiste, Lykurgos.»

Dazu habe ihm die Pythia, wie einige jedenfalls zu berichten wissen, auch die Ordnung angegeben, die jetzt bei den Spartiaten besteht. Wie aber die Lakedaimonier selber berichten, hat Lykurgos, als er Vormund war über Leobotes, seines Bruders Sohn und König in Sparta, diese Satzungen aus Kreta geholt. Und zwar stellte er, kaum daß er die Vormundschaft übernommen hatte, alle Satzungen um und schuf Sicherungen

gegen das Übertreten der neuen; dann legte er auch fest, was zum Krieg gehört: Schwurgruppen, Dreißigschaften, Mahlgemeinschaften, und dazu die Ephoren- und Ältestenordnung. So richteten sie sich neu ein und hatten nun eine gedeihliche 66
Verfassung. Lykurgos aber verliehen sie nach seinem Tod ein Heiligtum und erweisen ihm große Verehrung. Und da ihr Land fruchtbar war und die Zahl des Volks nicht gering, schossen sie sogleich empor und blühten kräftig auf. Und nun genügte es ihnen auch nicht mehr, ruhig dahinzuleben, vielmehr meinten sie voller Stolz, mehr zu sein als die Arkader, und fragten so in Delphi an um der Arkader ganzes Land. Die Pythia aber gibt ihnen diesen Spruch:

«Ganz Arkadien dir? Zuviel. Das geb ich dir nimmer.
Zahlreich sind, von Eicheln genährt, in Arkadien die Männer,
Diese verwehrn es dir schon. Ich selbst aber hab keine Mißgunst,
Will dir Tegea gewährn, mit stampfendem Fuß dort zu tanzen
Und seine fruchtbare Flur sorgsam mit der Leine zu messen.»

Als die Lakedaimonier diesen Bescheid hörten, ließen sie von den andern Arkadern ab, gegen die Tegeaten aber zogen sie aus und nahmen gleich Fesseln mit, voller Vertrauen auf den doch doppelsinnigen Spruch, da sie nun ja die Tegeaten zu Knechten machen würden. Sie unterlagen aber im Treffen, und alle, die gefangen wurden, trugen die Fesseln, die sie selber mitgebracht, und maßen mit der Leine die Flur der Tegeaten, wenn sie die Felder bestellten. Und diese Fesseln, mit denen sie gebunden waren, sind bis zu meinen Tagen erhalten und hängen rings um den Tempel der Athena Alea.

In den früheren Kämpfen also kämpften sie stets unglück- 67
lich gegen die Tegeaten; aber zu Kroisos' Zeit und als Anaxandrides und Ariston Könige waren in Lakedaimon, hatten die Spartiaten schon die Oberhand im Kriege gewonnen, und

zwar gewannen sie die folgendermaßen: Weil sie doch den Tegeaten immer unterlagen im Kampf, sandten sie Boten nach Delphi und fragten an, welchen Gott sie sich wohl günstig stimmen müßten, um im Kampf den Tegeaten überlegen zu werden. Und die Pythia gab ihnen den Bescheid, sie müßten Orestes', des Agamemnonsohnes, Gebeine zu sich überführen. Als sie aber Orestes' Grab nicht auffinden konnten, ließen sie abermals eine Gesandtschaft zum Gott gehen, ihn zu fragen nach dem Ort, an dem Orestes läge. Auf diese Frage gibt die Pythia den Boten folgende Antwort:

«In Arkadien gibt's eine Stadt in der Ebne, Tegea.
Allda wehn zwei Winde, getrieben von mächtigem Drange,
Stoß und erwidernder Stoß, und Weh liegt über dem Wehe,
Wo Agamemnons Sohn verbirgt die ernährende Erde.
Bringst du diesen zu dir, wirst *du* der Herr sein Tegeas.»

Als die Lakedaimonier auch dieses vernahmen, waren sie immer noch weit entfernt, ihn zu finden, obwohl sie alles durchsuchten, bis endlich Lichas ihn fand, einer von den Spartiaten, die sie «Guttäter» nennen. Diese Guttäter sind Bürger, die aus den sogenannten Reitern ausscheiden, jeweils die ältesten, jedes Jahr fünf. In diesem Jahr, in dem sie ausscheiden aus den Reitern, werden sie von der Gemeinde der Spartiaten als Abgesandte verwandt, die einen hierhin, die
68 andern dorthin, und keiner darf säumen. Einer von diesen Leuten also war Lichas, und der fand ihn, mit Glück und mit Klugheit. Sie hatten nämlich zu der Zeit freien Verkehr mit den Tegeaten, und so kam er dort in eine Schmiede und sah zu, wie Eisen gestreckt wurde, und stand und bestaunte den Vorgang. Als der Schmied bemerkte, wie er staunte, hielt er ein mit seiner Arbeit und sagte: «Ja, mein lakonischer Gast, wenn du das sähest, was ich sah, dann würdest du erst richtig staunen, wo du jetzt schon ein groß Wunder machst aus der Bearbeitung des Eisens. Ich stieß nämlich, als ich mir in dem

Hof da einen Brunnen machen wollte und grub, auf einen Sarg, der war sieben Ellen lang. Und weil ich nicht glauben konnte, daß es einmal größere Menschen gegeben haben sollte als heute, öffnete ich den Sarg und sah den Toten, so lang wie der Sarg. Und als ich Maß genommen, schüttete ich's wieder zu.» Der erzählte ihm also, was er gesehen hatte, er aber dachte den Worten nach und kam zu dem Schluß, das müßte Orest sein, wie ihn das Orakel beschrieben. Er schloß nämlich so: Er sah in der Schmiede zwei Blasebälge und fand, das seien die Winde, der Amboß und der Hammer aber Stoß und Gegenstoß, das gestreckte Eisen das «Weh liegt auf Weh»; denn zum Leide der Menschen sei ja das Eisen gefunden – so etwa machte er den Vergleich. Diesen Schluß zog er, kehrte nach Sparta zurück und teilte den Lakedaimoniern die ganze Sache mit. Die erfanden nun eine Geschichte, belangten ihn wegen einer Schuld und verbannten ihn. Er aber ging nach Tegea und erzählte dem Schmied sein Mißgeschick und wollte ihm seinen Hof abmieten, aber der gab ihn nicht her. Schließlich ließ er sich doch bewegen, und Lichas baute dort ein Haus, grub den Sarg aus, sammelte die Gebeine und zog mit ihnen ab nach Sparta. Und seit der Zeit hatten die Lakedaimonier, so oft sie es miteinander versuchten, entschieden die Oberhand. Auch den größten Teil der Peloponnes hatten sie bereits unterworfen.

Das alles brachte Kroisos also in Erfahrung, und so sandte 69
er Boten nach Sparta, die Geschenke überbringen und um einen Waffenbund bitten sollten, und trug ihnen auf, was sie zu sagen hatten. Als sie nun angekommen, sprachen sie: «Es sendet uns Kroisos, der Lyder und anderer Völker König, und spricht also: Ihr Lakedaimonier, da mir der Gott den Spruch gegeben, ich solle den Hellenen zum Freunde gewinnen – ihr nämlich seid, wie ich erfahre, die Ersten in Hellas –, so schlage ich euch also vor, nach dem Spruch des Gottes, in gutem Willen,

euer Freund zu werden und Bundesgenosse, ohne Lug und Trug.» Das also ließ Kroisos durch seine Gesandten entbieten. Die Lakedaimonier aber, die selber schon von dem Orakel gehört hatten, das Kroisos bekommen, freuten sich über die Ankunft der Lyder und beschworen einen Bund auf Gastfreundschaft und Kampfgemeinschaft; denn auch einige Freundlichkeiten, die ihnen Kroisos schon früher erwiesen, hatten sie verpflichtet. So hatten die Lakedaimonier nach Sardes geschickt, Gold einzukaufen, das sie für ein Weihbild benutzen wollten, das Apollonbild, das jetzt in Thornax im lakonischen Lande steht, Kroisos aber gab es ihnen, die es kaufen wollten, zum Geschenk.

70 Deswegen also nahmen die Lakedaimonier die Kampfgemeinschaft an und auch, weil er sie vor allen Hellenen achtete und gerade sie als Freunde wählte. Und sie waren bereit, wenn er sie aufriefe, Folge zu leisten; dann aber machten sie auch einen ehernen Mischkessel, der außen um den Rand mit Bildern bedeckt und so groß war, daß er dreihundert Amphoren faßte, und brachten ihn auf den Weg, da sie wünschten, Kroisos ein Gegengeschenk zu machen. Dieser Mischkessel kam aber nicht nach Sardes, und man nennt dafür zwei verschiedene Gründe. Die Lakedaimonier sagen, als der Mischkessel auf seinem Transport nach Sardes in die Höhe von Samos gekommen war, seien die Samier, die davon gehört, mit Kriegsschiffen ausgelaufen und hätten ihn weggenommen. Die Samier ihrerseits sagen aber, die Lakedaimonier, die den Mischkessel überführen sollten, hätten sich verspätet, und als sie erfuhren, Sardes sei gefallen und Kroisos gefangen, hätten sie den Mischkessel in Samos verkauft, die Käufer aber, einige Bürger, hätten ihn als Weihgabe im Heraion aufgestellt. Vielleicht haben auch die Verkäufer, als sie heimkamen nach Sparta, erzählt, er sei ihnen von den Samiern abgenommen worden.

Dem Mischkessel also war es so ergangen, Kroisos aber, weil er den Spruch verfehlte, machte sich an einen Zug nach Kappadokien, in der Erwartung, Kyros und die Macht der Perser zu stürzen. Und als Kroisos sich eben rüstete zum Zuge gegen die Perser, kam einer der Lyder, der zuvor schon als ein kluger Mann galt, durch diesen Rat sich aber einen großen Namen machte unter den Lydern, und gab Kroisos folgenden Rat – Sandanis war sein Name –: «Herr und König, du rüstest dich, gegen Männer in den Krieg zu ziehen, die Hosen aus Leder und auch die übrigen Kleider aus Leder tragen, die nicht so viel essen, wie sie mögen, sondern wie sie haben, denn ihre Heimat ist ein rauhes Land. Dazu genießen sie auch nicht Wein, sondern trinken Wasser, haben keine Feigen zu beißen noch sonst irgend etwas Gutes. Auf der einen Seite, siegst du, was willst du ihnen wegnehmen, wo sie doch gar nichts haben? Auf der andern aber, wirst du besiegt, bedenke, wieviel du verlierst. Denn haben sie von unsern Gütern erst einmal gekostet, werden sie sich daran klammern und nicht mehr wegzubringen sein. Ich meinerseits weiß den Göttern Dank, daß sie zur Zeit den Persern nicht eingeben, gegen die Lyder zu ziehen.» So sprach er, doch Kroisos hörte nicht auf ihn. Die Perser haben aber, ehe sie die Lyder unterwarfen, wirklich nichts gewußt von Üppigkeit und Wohlleben. 71

Die Kappadoker werden von den Hellenen Syrer genannt. Es waren aber diese Syrer vorher, bevor die Perser herrschten, den Medern untertan, damals aber Kyros. Die Grenze zwischen dem medischen Reich und dem lydischen war also der Fluß Halys, der vom armenischen Gebirge durch das Land der Kiliker läuft und bei seinem weiteren Lauf die Matiëner zur Rechten, die Phryger zur Linken hat und, wenn er an diesen vorbei ist, in Richtung auf den Nordwind fließt und dann die Syro-Kappadoker begrenzt und links die Paphlagoner. So grenzt der Fluß Halys fast das ganze Kleinasien ab, 72 unten vom Meer gegenüber Kypros bis zum Pontos Euxeinos (dem Schwarzen Meer). Hier ist die schmalste Stelle dieses Landes. Die Wegdauer für einen rüstigen Mann kommt auf fünf Tage.

73 Es zog aber Kroisos gegen Kappadokien darum: Einmal aus Begierde nach Land, weil er zu seinem Teil gern noch etwas hinzutun wollte, dann vor allem, weil er sich auf den Spruch verließ und weil ihn verlangte, an Kyros Rache zu nehmen für Astyages. Denn den Astyages, Kyaxares' Sohn, der Kroisos' Schwager und der Meder König war, hatte Kyros, Kambyses' Sohn, geschlagen und in seine Hand bekommen. Kroisos' Schwager war der auf diese Art geworden. Eine Schar der Wanderskythen war in Zwist geraten mit den andern und wich aus ins medische Land. Es herrschte aber zu der Zeit über die Meder Kyaxares, Sohn des Phraortes, des Sohnes des Deïkes, und der nahm diese Skythen zuerst freundlich auf, weil sie Schutzsuchende waren; ja er hielt sie sehr hoch und vertraute ihnen seine Söhne an, ihre Sprache zu erlernen und die Kunst des Bogenschießens. Die Zeit verging, und die Skythen zogen immer auf Jagd und brachten immer etwas heim, aber einmal geschah es, daß sie nichts erlegten. Als sie nun mit leeren Händen heimkehrten, da fuhr sie Kyaxares – er war nämlich, wie er auch hierin zeigte, recht jähzornig – sehr hart und ungebührlich an. Als sie von Kyaxares so behandelt wurden, nach ihrer Überzeugung ganz unwürdig, faßten sie den Entschluß, von den Knaben, die sie unterwiesen, einen niederzumachen, ihn zuzubereiten, wie sie das Wildbret zu bereiten pflegten, und ihn dann Kyaxares zu geben, als sei es eine Jagdbeute, danach aber aufs schnellste nach Sardes zu entweichen zu Alyattes, Sadyattes' Sohn. Und so geschah es. Kyaxares also und die anwesenden Tischgenossen aßen von diesem Fleisch, und die Skythen, als sie die Tat vollbracht, kamen zu
74 Alyattes und baten um seinen Schutz. Darauf – denn Alyattes

lieferte die Skythen trotz Kyaxares' Verlangen nicht aus – entbrannte ein Krieg zwischen Lydern und Medern, auf fünf Jahre, und in diesen Jahren besiegten oftmals die Meder die Lyder, oft aber auch die Lyder die Meder. Auch ein Nachtgefecht fand in diesem Kriege statt. Als aber der Krieg sich gar nicht entscheiden wollte und sie im sechsten Jahr wieder aneinander waren, geschah es, daß mitten im Kampf aus Tag auf einmal Nacht ward. Das Eintreten dieser Verwandlung des Tages hatte Thales der Milesier den Joniern vorausgesagt und hatte als Termin angesetzt dieses Jahr, in dem sie wirklich eintrat. Die Lyder aber und die Meder, als sie sahen, daß aus Tag Nacht geworden, ließen ab vom Kampf und bemühten sich alle beide sehr, Frieden zu schließen miteinander. Und Friedensvermittler waren diese: Syennesis der Kiliker und Labynetos aus Babylon. Die waren es, die darauf drängten, daß der Friede beschworen wurde, und sie veranlaßten auch eine gegenseitige Verschwägerung. Sie bestimmten nämlich, daß Alyattes seine Tochter Aryenis Astyages, dem Sohn des Kyaxares, gab. Denn ohne starke Bindung wollen Verträge nicht fest bleiben. Ihre Verträge beschwören aber diese Völker ganz gleich wie die Hellenen, nur daß sie dazu noch den Arm aufritzen und einer dem andern das Blut ableckt.

Diesen Astyages nun, seinen Großvater von Mutterseite, 75
hatte Kyros überwunden und in seine Hand bekommen; wie es dazu kam, werde ich nachher berichten. Darum war Kroisos aufgebracht gegen Kyros und schickte zu den Orakeln und fragte, ob er gegen die Perser ziehen solle, und als er nun das zweideutige Orakel erhielt, meinte er voller Erwartung, der Spruch spreche zu seinen Gunsten, und so zog er in der Perser Bereich. Als Kroisos nun an den Fluß Halys kam, führte er, wie ich behaupte, auf Brücken, die es dort gab, das Heer hinüber; nach dem aber, was bei den Hellenen meist erzählt wird, war es Thales von Milet, der es hinüberbrachte. Kroisos

sei nämlich in Verlegenheit gewesen, wie das Heer über den Fluß kommen solle – es habe nämlich zu der Zeit diese Brükken noch gar nicht gegeben –, und da habe, erzählt man, Thales, der sich beim Heer befunden, es fertiggebracht, den Fluß, der linker Hand vom Heer floß, auch rechter Hand fließen zu lassen. Das habe er so gemacht: Oberhalb des Heeres habe er begonnen und einen tiefen Graben ausgehoben, den er halbmondförmig führte, damit das Wasser, an jener Stelle aus seinem alten Bett in den Graben abgeleitet, in den Rücken des lagernden Heeres komme und dann wieder, wenn es am Lager vorbei war, ins alte Bett einmünde; mit dem Erfolg, daß man, sobald der Fluß sich gespalten hatte, beide Arme durchwaten konnte. Einige erzählen sogar, das alte Bett sei ganz und gar ausgetrocknet. Aber das lass ich nicht gelten; denn wie wären sie dann auf dem Rückmarsch hinübergekommen?

76 Als Kroisos mit dem Heer hinüber war, kam er in Kappadokien in die sogenannte Pteria – Pteria ist der festeste Platz dieses Landstrichs, gelegen etwa in Richtung Sinope, der Stadt am Pontos Euxeinos –, und dort bezog er ein Lager und verheerte die Ländereien der Syrer. Und er nahm die Stadt der Pterier und machte sie zu Sklaven, nahm auch alle ihr benachbarten Orte und verschleppte die Syrer, die sich doch gar nichts hatten zuschulden kommen lassen. Kyros aber sammelte sein Perserheer und nahm mit alle, die an dem Wege wohnten, und trat Kroisos entgegen. Ehe er aber sein Heer ausrücken ließ zum Kampf, hatte er Herolde zu den Joniern gesandt und versucht, sie zum Abfall von Kroisos zu bringen; die Jonier aber folgten ihm damals nicht. Als nun Kyros da war und Kroisos gegenüber Stellung bezog, da kamen sie dort im pterischen Land hart aneinander. Der Streit war heiß, und es starben viele auf beiden Seiten, am Ende aber hatte keiner gesiegt, und sie ließen ab, denn die Nacht brach herein.

So ging das Ringen beider Heere miteinander. Kroisos aber 77
war mit seinen Truppen nicht zufrieden, weil sie nicht stark genug seien – bei dem Zusammenstoß nämlich war sein Heer viel kleiner als das des Kyros –, damit also unzufrieden und da am folgenden Tag Kyros nicht wieder angriff und die Kräfte mit ihm maß, zog er ab nach Sardes, in der Absicht, die Ägypter zu rufen gemäß dem Vertrag – er hatte nämlich auch mit Amasis, dem König Ägyptens, einen Beistandspakt geschlossen, noch vor dem mit den Lakedaimoniern –, auch zu den Babyloniern zu senden – denn auch mit denen hatte er einen Beistandspakt geschlossen, Herr über die Babylonier aber war zu der Zeit Labynetos –, dann auch den Lakedaimoniern zu entbieten, daß sie sich einfinden sollten zur gesetzten Zeit, und hätte er die alle beisammen und sein eigenes Heer wieder gesammelt, dann gedachte er, nachdem er den Winter abgewartet, mit Frühlingsanbruch gegen die Perser zu ziehen. Das hatte er also vor, und wie er nach Sardes kam, sandte er Boten zu den verschiedenen Bundesgenossen und ließ ihnen ansagen, daß sie sich auf den fünften Monat in Sardes versammeln sollten. Das Heer aber, das er bei sich hatte und das gegen die Perser gekämpft hatte, zerstückelte er, indem er alle entließ, die von auswärts gemietet waren. Denn das dachte er im Leben nicht, daß Kyros, der doch keineswegs den Sieg davongetragen, auf Sardes losgehen würde.

So waren Kroisos' Erwägungen, und da wurde plötzlich 78
seine ganze Vorstadt voll von Schlangen, und wie die auftauchten, ließen die Pferde ihre Weide und fraßen sie. Als Kroisos das sah, hielt er es – und das war es ja auch – für ein Zeichen. Sogleich schickte er Boten zu den Zeichendeutern in Telmessos. Und die Boten kamen an und erfuhren von den Telmessern, was das Zeichen besagen wollte, konnten es aber Kroisos nicht mehr berichten; denn ehe sie auf ihrer Rückfahrt nach Sardes kamen, war Kroisos schon gefangen. Die

Telmesser aber deuteten so: Kroisos könne sich auf ein fremdes Heer im Lande gefaßt machen, das kommen und die Einheimischen unterjochen werde, denn die Schlange sei ein Kind der Erde, das Pferd aber kriegerisch und aus der Ferne. Das war der Bescheid, den die Telmesser Kroisos gaben, als er schon gefangen war, und wußten doch nichts davon, wie es mit Sardes und Kroisos selber stand.

79 Kyros aber hatte, als Kroisos nach der Schlacht im pterischen Land sogleich abzog, erfahren, daß Kroisos heimziehen und sein Heer auseinandergehen lassen wollte, und da überlegte er es sich und fand, das sei seine Chance, so schnell er könne nach Sardes zu ziehen, ehe sich die Streitmacht der Lyder aufs neue sammle. Und wie er's beschlossen, tat er's in Eile. Er führte sein Heer nach Lydien und war da als sein eigener Bote an Kroisos.

Da war Kroisos in großer Not, weil es ganz anders gekommen war als er's gedacht; trotzdem führte er die Lyder hinaus zur Schlacht. Es war aber in jenen Tagen kein Volk in Kleinasien tapferer und wehrhafter als das lydische. Sie kämpften zu Pferde und führten lange Lanzen und waren tüchtige
80 Reiter. Als sie sich nun trafen in der Ebene, die vor der Stadt Sardes liegt, groß und frei – durch sie strömt außer andern Flüssen auch der Hyllos und ergießt sich in den größten, der Hermos heißt und vom heiligen Berg der Dindymenischen Mutter kommt und bei der Stadt Phokaia ins Meer mündet – als da Kyros die Lyder sich zur Schlacht aufstellen sah, ward ihm bange vor der Reiterei, und auf den Rat des Harpagos, eines Meders, traf er folgende Anstalt: Alle Kamele, die seinem Heer folgten, beladen mit Getreide oder Gerät, ließ er zusammenbringen, die Lasten herunternehmen und Männer aufsitzen, als Reiter ausgerüstet, und wie sie hergerichtet waren, befahl er ihnen, dem übrigen Heer voranzugehen gegen Kroisos' Reiterei, auf die Kamele sollte das Fußvolk fol-

gen, hinter das Fußvolk aber stellte er seine gesammelte Reiterei. Als nun alle geordnet waren, mahnte er sie, die andern Lyder nicht zu schonen, sondern jeden zu töten, der ihnen in den Weg komme, Kroisos selber aber nicht zu töten, auch wenn er umringt sich zur Wehr setze. So sein Auftrag, die Kamele aber stellte er deswegen der Reiterei entgegen: Das Pferd scheut vor dem Kamel und kann weder seinen Anblick ertragen noch seinen Geruch. Eben deswegen hatte er sich diesen Trick ausgedacht, damit Kroisos seine Reiterei nichts nutzte, auf die doch der Lyder alle Hoffnung setzte. Und wie sie nun aneinander kamen zum Kampf, da wendeten sich die Pferde, kaum hatten sie die Kamele gewittert und sie gesehen, und wichen zurück, und Kroisos' Hoffnung war zuschanden. Gleichwohl verloren die Lyder nicht den Mut, sondern als sie merkten, was vorging, sprangen sie von den Pferden und drangen zu Fuß auf die Perser ein. Nach einiger Zeit aber, als viele auf beiden Seiten gefallen waren, wandten sich die Lyder zur Flucht, und in der Mauer eingeschlossen, wurden sie von den Persern belagert.

Beide richteten sich also auf die Belagerung ein. Kroisos 81
aber meinte, die Belagerung werde sich in die Länge ziehen, und so sandte er aus der Stadt heraus noch weitere Boten zu seinen Verbündeten. Denn die zuerst Ausgesandten sollten ansagen, daß sie sich auf den fünften Monat in Sardes treffen sollten, diese aber entsandte er mit dem Ersuchen, aufs schnellste zu Hilfe zu kommen, da Kroisos belagert werde.

Er sandte also zu den andern Bundesgenossen und so auch 82
nach Lakedaimon. Nun hatten die zu der Zeit gerade selber einen Streit mit den Argeiern, wegen eines Lands, das man Thyrea nennt. Denn dieses Land, das zur Argolis gehört, hatten die Lakedaimonier davon abgeschnitten und sich zugeeignet. Es gehörte auch im Westen ein Streifen bis Kap Malea den Argeiern, sowohl auf dem Festland wie die Insel

Kythera und die übrigen Inseln. Als nun die Argeier herbeieilten, ihr weggenommenes Land zu verteidigen, da beredeten sie sich und wurden eins, daß dreihundert von beiden Seiten kämpfen sollten, und wer siegte, dem solle das Land gehören, die Heere selber aber sollten abziehen, ein jedes in sein Gebiet, und nicht zugegen sein beim Kampf. Denn wären sie zugegen, so könnten leicht die einen, wenn sie sähen, daß ihre Leute unterliegen, den Ihren zu Hilfe kommen. Also redeten sie's ab und zogen fort, die Auserwählten aber, die von beiden Seiten zurückgelassen wurden, trafen aufeinander. Sie kämpften nun, und kein Teil überwand den andern, und schließlich waren von den sechshundert Männern noch drei übrig, von den Argeiern Alkenor und Chromios und von den Lakedaimoniern Othryades. Die aber blieben übrig, weil die Nacht hereinbrach. Nun meinten die beiden Argeier, sie seien die Sieger, und liefen nach Argos; Othryades aber von den Lakedaimoniern zog den gefallenen Argeiern die Waffen ab und brachte sie dahin, wo sein Heer gelagert hatte, und harrte dann aus an seinem Platz. Am andern Tag waren beide Seiten zur Stelle und nahmen Kenntnis vom Vorgefallenen. Und eine Zeitlang behauptete jede von beiden, sie habe gesiegt; die einen meinten, von ihnen seien mehr übrig geblieben, die andern aber wiesen darauf hin, daß jene ja geflohen seien, ihr Mann aber ausgeharrt und den Toten die Waffen abgenommen habe. Schließlich gerieten sie bei diesem Streiten aneinander und kämpften, und es fielen auf beiden Seiten viele, es siegten aber die Lakedaimonier. Von der Zeit an schoren sich die Argeier das Haupt, während sie vorher langes Haar tragen mußten, und machten ein Gesetz und legten einen Fluch darauf, daß kein Argeier sein Haar solle wachsen lassen, auch keine Frau goldenen Schmuck tragen, ehe sie nicht Thyrea wiedergewonnen hätten. Die Lakedaimonier aber machten gerade das Gegenteil zum Gesetz, wo sie nämlich vorher keine langen Haare getragen, sie von nun an lang zu tragen. Von dem einen aber, der von den dreihundert übrig geblieben, Othryades, erzählen sie, er habe sich geschämt, heimzukehren nach Sparta, während seine Kameraden gefallen waren, und habe sich dort in Thyrea das Leben genommen.

So lagen die Dinge bei den Spartanern, als der Gesandte 83
aus Sardes eintraf mit der Bitte, sie möchten Kroisos, der belagert werde, zu Hilfe kommen. Und ungeachtet ihrer eigenen Schwierigkeiten gingen sie, als sie das hörten, daran, ihm zu helfen. Und als sie schon gerüstet und ihre Schiffe fahrbereit waren, kam eine weitere Botschaft, die Feste der Lyder sei gefallen und Kroisos gefangen. Das ging ihnen sehr nahe, den Zug aber gaben sie nun auf.

Sardes aber fiel so: Als es der vierzehnte Tag war, daß Kroi- 84
sos belagert wurde, sandte Kyros Reiter durch sein Heer und ließ verkünden, wer zuerst die Mauer ersteige, den werde er reich beschenken. Darauf wagte das Heer einen Sturm, allein es gelang nicht. Da ließen die andern ab, nur einer, ein Marder, versuchte weiter den Aufstieg – sein Name war Hyroiades –, und zwar auf der Seite der Burg, wo keine Wache aufgestellt war. Denn es war nicht zu fürchten, daß an dieser Stelle die Mauer erstiegen würde; denn die Burg fällt hier in der Tat jäh ab und ist unangreifbar. An dieser Stelle allein hatte auch Meles, ein früherer König von Sardes, den «Löwen», den ihm ein Kebsweib geboren, nicht herumgetragen, als die Telmesser ihn beschieden, werde ein Löwe um die Mauer getragen, werde Sardes uneinnehmbar sein. Meles also trug ihn um die ganze Mauer, soweit man die Burg angreifen konnte, dieses Stück aber ließ er aus, weil es unangreifbar war und jäh abfallend – es liegt an der nach dem Tmolosberg zugewandten Seite der Stadt. Dieser Hyroiades also, der Marder, hatte am Vortag gesehen, daß einer der Lyder an der Stelle

der Burg abstieg und sich seinen Helm, der von oben herabgerollt war, wieder holte; das hatte er beobachtet und es sich gut gemerkt. Damals nun stieg er selber dort auf, und dann stiegen andere Perser ihm nach. Als nun viele so aufgestiegen waren, wurde Sardes genommen und die ganze Stadt zerstört.

85 Kroisos selber aber erging es so. Er hatte einen Sohn, den ich schon früher erwähnt habe, sonst ganz in Ordnung, aber stumm. Für ihn hatte Kroisos in den vergangenen Tagen seines Glücks alles Erdenkliche unternommen, hatte dies und das versucht und so auch nach Delphi gesandt, den Gott zu befragen. Und die Pythia gab ihm diesen Bescheid:

«Lydischer Sproß, über viele der Herr, ganz törichter Kroisos,
Wünsche dir nicht, im Hause den Laut, den ersehnten, zu hören
Je des sprechenden Sohns. Weit besser für dich, wenn er niemals
Sprache gewinnt; denn am Tag deines Unglücks redet er erstmals.»

Als nun die Feste genommen war, ging einer der Perser auf Kroisos los, denn er kannte ihn nicht und wollte ihn umbringen, und als Kroisos ihn auf sich zukommen sah, kümmerte es ihn nicht, weil er so tief im Unglück war, und er machte sich nichts daraus, den Schlag zu empfangen und zu sterben. Als aber sein Sohn, er, der Stumme, den Perser andringen sah, lösten ihm Furcht und Not die Zunge, und er rief: «Mensch, töte Kroisos nicht!» Das waren seine ersten Worte, die er sprach, und dann konnte er reden sein Leben lang.

86 Die Perser hatten also Sardes genommen und Kroisos gefangen, nachdem er König gewesen vierzehn Jahre und vierzehn Tage war belagert worden, und hatte sein großes Reich zerstört, wie der Spruch es ihm angesagt. Und die Perser griffen ihn und führten ihn vor Kyros. Der aber ließ einen großen Scheiterhaufen errichten und Kroisos hinaufbringen,

in Ketten gebunden, und zweimal sieben lydische Knaben neben ihm; vielleicht gedachte er, dies einem der Götter als Erstlingsopfer aus der Beute darzubringen, oder er wollte ein Gelübde einlösen, oder er brachte ihn auch deshalb auf den Scheiterhaufen, weil er gehört hatte, daß Kroisos ein gottesfürchtiger Mann war, und nun wollte er gerne wissen, ob einer der Götter ihn davor bewahren würde, lebendig verbrannt zu werden. Das tat also Kyros. Kroisos aber, so erzählt man, da er auf dem Scheiterhaufen stand, gedachte, obwohl er so tief im Unglück war, jener Worte Solons, die nicht ohne höheren Wink zu ihm gesprochen seien, daß keiner der Lebenden glücklich sei. Wie das vor ihn trat, atmete er tief und seufzte nach langem Schweigen und rief dann dreimal: «Solon». Als Kyros das hörte, hieß er die Dolmetscher Kroisos fragen, wen er da anriefe. Kroisos schwieg und antwortete ihnen nicht, endlich aber, als man heftig in ihn drang, sagte er: «Einen Mann, und viel gäbe ich darum, wenn alle Herrscher ihn zu sprechen bekämen.» Wie er so undeutlich redete, fragten sie wiederum, was das heißen solle, und da sie nicht müde wurden und ihm immer lästiger zusetzten, erzählte er ihnen also, wie einst Solon, ein Mann aus Athen, zu ihm gekommen, und der habe, als er all seine Herrlichkeiten gesehen, sie für nichts geachtet – und was der dabei gesprochen – und wie alles so für ihn gekommen sei, wie jener es gesagt, und doch habe der nicht so sehr ihn damit gemeint, sondern alles menschliche Wesen und vor allem die, die sich selber für glücklich halten. Das erzählte Kroisos, der Scheiterhaufen aber war schon angesteckt und brannte rings an den Enden. Und als Kyros von den Dolmetschern hörte, was Kroisos gesagt, reute es ihn, und er bedachte, daß er, der doch selber ein Mensch war, einen anderen Menschen, der ebenso groß und glücklich gewesen war wie er, lebendig dem Feuer überantwortete, und dazu fürchtete er auch die Vergeltung und überlegte, wie doch nichts unerschütterlich sei von den Menschendingen, und so befahl er, das Feuer zu löschen und Kroisos und die mit ihm herabzuführen. Und die versuchten es, konnten aber des Feuers nicht mehr Herr werden.

87 Da habe Kroisos, erzählen die Lyder, als er Kyros' Sinnesänderung bemerkte und sah, wie alle löschten, sie das Feuer aber nicht mehr unterdrücken konnten, seine Stimme erhoben und Apollon angerufen: Wenn er ihm je ein wertes Geschenk dargebracht, so möge er ihm beistehen und ihn erlösen aus dieser Not. So flehte er weinend zum Gott; bei klarem Himmel und Windstille aber zog sich plötzlich ein Gewölk zusammen und ein Gewitter brach los und Wasser schüttete herab und der Scheiterhaufen wurde gelöscht. So erkannte also Kyros, daß Kroisos gottgeliebt und ein guter Mann war, und als er ihn vom Scheiterhaufen hatte herabsteigen lassen, stellte er die folgende Frage: «Kroisos, wer in aller Welt hat dich dazu gebracht, gegen mein Land zu ziehen und mein Feind zu werden statt mein Freund?» Und der sagte: «Herr, ja, das hab ich getan, dir zum Glück, mir zum Unglück; schuld daran aber ist dieser Gott der Hellenen, der mich antrieb zum Krieg. Denn niemand ist so unverständig, daß er aus freien Stücken den Krieg wählt statt des Friedens. Denn hier begraben die Söhne ihre Väter, dort aber die Väter ihre Söhne. Aber es hat wohl den Göttern so gefallen, daß das geschah.»

88 So sprach er, Kyros aber löste ihn von den Banden und wies ihm einen Platz in seiner Nähe und behandelte ihn mit großer Rücksicht und betrachtete ihn mit Verwunderung, er und alle, die in Kroisos' Nähe waren. Der aber war in sich gekehrt und still. Nach einiger Zeit aber wandte er sich um, und als er sah, wie die Perser der Lyder Stadt plünderten, sprach er: «Herr, darf ich dir sagen, was mir durch den Kopf geht, oder soll ich schweigen für jetzt?» Kyros hieß ihn ge-

trost sagen, was er zu sagen wünsche, und der fragte ihn: «Was schafft denn diese Menge Volks mit solchem Eifer?» Kyros sagte: «Sie plündert deine Stadt und trägt deine Schätze davon.» Kroisos aber antwortete: «Nicht meine Stadt noch meine Schätze plündern sie, denn ich habe keinen Teil mehr daran, sondern das Deine schleppen und führen sie weg.»

Diese Worte von Kroisos machten Kyros nachdenklich, und 89
er entfernte erst die andern und fragte dann Kroisos, welche Bedeutung für ihn er in dem, was vorging, sehe. Der aber sagte: «Da mich die Götter dir zum Knecht gegeben, so halte ich es für meine Schuldigkeit, es dir anzusagen, wenn ich irgendwo tiefer blicke als du. Die Perser, von Natur zum Unmaß neigend, sind arm. Wenn du es ihnen nun durchgehen läßt, daß sie plündern und große Schätze für sich behalten, dann mach dich darauf gefaßt, daß es dir so mit ihnen geht: wer das meiste in der Hand hat, der, kannst du erwarten, wird sich auflehnen gegen dich. Jetzt nun tue folgendes, wenn dir das gefällt, was ich sage: Stelle an jedes Tor Wachen aus von deiner Garde, die denen, die herauskommen, die Schätze wieder abnehmen und dazu sagen, es gehe nicht anders, sie müßten als Zehnter dem Zeus geweiht werden. So machst du dich ihnen nicht verhaßt dadurch, daß du sie ihnen mit Gewalt nimmst, und die Leute werden sie gutwillig hergeben, weil sie einsehen, daß das recht ist.» Als Kyros das hörte, freute er 90
sich sehr, denn das schien ihm gut geraten, und er stimmte voll zu und trug den Leibwächtern auf durchzuführen, was Kroisos geraten hatte. Dann wandte er sich an Kroisos und sagte: «Kroisos, da du nach Königsart dich gewillt zeigtest, Gutes zu wirken in Rat und Tat, wohlan, so bitte um eine Gnade, welche du willst, und sie soll dir sogleich werden.» Er aber sprach: «Herr, den größten Gefallen würdest du mir erweisen, wenn du mir erlaubtest, an den Gott der Hellenen,

dem ich Ehre erwies vor allen Göttern, diese meine Ketten zu senden und ihn zu fragen, ob es Sitte bei ihm ist, diejenigen zu täuschen, die ihm Gutes tun.» Da fragte Kyros, was er dem denn vorzuwerfen habe, daß er gerade darum bitte. Da berichtete ihm Kroisos die Geschichte, das, was er selber gedacht hatte, und die Antworten der Orakel und vor allem seine Weihgeschenke und wie ihn die Sprüche verführt, gegen die Perser in den Krieg zu ziehen. Das erzählte er und kam wieder auf seine Bitte zurück, er möge ihm doch erlauben, den Gott darüber zur Rede zu stellen. Kyros aber lachte und sprach: «Das sollst du von mir haben, Kroisos, und auch sonst alles, was du je begehrst.»

Nach diesem Bescheid sandte Kroisos Lyder nach Delphi und trug ihnen auf, die Ketten auf die Schwelle des Tempels zu legen und den Gott zu fragen, ob er sich nicht dessen schäme, daß er durch seine Sprüche Kroisos angetrieben habe, gegen die Perser zu ziehen, als werde er Kyros' Macht stürzen, von der er nun eine solche Erstlingsgabe zu bringen habe, und dabei sollten sie auf die Ketten weisen. Das sollten sie fragen und ob Undankbarkeit Brauch sei bei den hellenischen Göttern.

91 Als nun die Lyder ankamen und sprachen, wie ihnen geheißen, sagte die Pythia, wie man erzählt, das Folgende: «Dem beschiedenen Geschick kann niemand entgehen, auch ein Gott nicht. Kroisos aber hat seines fünften Vorfahrn Vergehen gebüßt, der da, der Herakliden Leibwächter, eines Weibes List nachgab und seinen Herrn erschlug und dessen Würden an sich nahm, die ihm nicht gebührten. Loxias aber hat sich bemüht, daß erst bei den Nachkommen des Kroisos Sardes' Sturz eintrete und nicht zu Kroisos' eigener Zeit, doch gelang es ihm nicht, die Moiren abzulenken. Aber soviel diese nachgaben, das hat er erreicht und ihm gewährt. Denn drei Jahre hat er die Eroberung von Sardes hinausgeschoben,

und das soll Kroisos wissen, daß er um diese drei Jahre später gefangen wurde als es bestimmt war. Dann zum zweiten ist der Gott ihm zu Hilfe gekommen, als er im Feuer stand. Und daß sich Kroisos über den Spruch beschwert, der ihm geworden, da tut er sehr unrecht. Denn Loxias hat ihm geweissagt, wenn er gegen die Perser ziehe, werde er ein großes Reich zerstören. Der hätte daraufhin, wenn er sich wohl beraten wollte, erst senden müssen und anfragen, ob er sein oder Kyros' Reich meine. Da er den Spruch nun nicht verstanden noch wieder angefragt, soll er sich selbst die Schuld zusprechen. Und den letzten Spruch, den Loxias ihm erteilte über das Maultier, den hat er auch nicht verstanden. Denn das Maultier war doch eben Kyros; denn von zwei Eltern ungleichen Stammes ist er geboren, die Mutter war vornehm, der Vater gering. Sie nämlich war Mederin und des Astyages Tochter, des Königs der Meder, er aber Perser und jenen untertan, und obwohl in allen Stücken geringer, hatte er seine Herrin zur Frau erhalten.» Das gab die Pythia den Lydern zur Antwort, und die überbrachten es nach Sardes und meldeten es Kroisos. Wie der es vernommen, erkannte er, daß sein die Schuld war und nicht des Gottes.

So war es gegangen mit Kroisos' Herrschaft und Joniens 92
erster Unterwerfung.

Von Kroisos aber gibt es noch viele andere Weihgeschenke in Hellas, nicht allein die schon genannten; so in Theben, der Böoterstadt, einen goldenen Dreifuß, den er dem Apollon Ismenios geweiht, und in Ephesos die Rinder aus Gold und die meisten der Säulen, im Tempel der Athene Pronaïa in Delphi einen großen goldenen Schild. Diese Weihgaben waren bis zu meiner Zeit noch da, manches freilich war schon verloren gegangen. Kroisos' Weihgaben bei den Branchiden in Didyma bei Milet sind, wie man mir gesagt, gleich an Gewicht und ähnlicher Art wie die in Delphi gewesen. Was er nach Delphi und in des Amphiaraos Heiligtum geweiht hat, das war von seinem eigen Gut und der Erstteil seines väterlichen Erbes, die andern Weihgaben aber kamen aus der Habe eines Feindes, der, bevor Kroisos König wurde, sein Widersacher und für Panteleon tätig gewesen war, um dem das Königreich zukommen zu lassen. Dieser Panteleon war Alyattes' Sohn und Kroisos' Bruder, aber von einer andern Mutter; den Kroisos nämlich hatte Alyattes von einer Karerin, den Panteleon aber von einer Jonierin. Als nun der Vater Kroisos die Herrschaft übergab und der sich durchgesetzt hatte, ließ er jenen seinen Widersacher zu Tode martern, sein Vermögen aber, das er schon vorher den Göttern gelobt hatte, weihte er dann auf besagte Art nach besagten Orten. Und damit genug von den Weihgeschenken.

93 Merkwürdigkeiten, des Aufzeichnens wert, wie andere Länder, hat das lydische Land nicht gerade, ausgenommen den Goldsand, der vom Tmolosgebirge herabgeführt wird. Eins hat es aber aufzuweisen, das weitaus größte Bauwerk, wenn man absieht von denen der Ägypter und Babylonier. Es steht dort nämlich das Grabmal von Alyattes, Kroisos' Vater. Sein Unterbau besteht aus großen Steinen, das übrige Mal aus aufgeschütteter Erde, und errichtet haben es die Markthändler, die Handwerker und die gewerbsmäßigen Dirnen. Fünf Pfeiler stehen, so hab ich es noch angetroffen, oben auf dem Grabmal, und auf ihnen ist in Inschriften eingemeißelt, was die einzelnen beigetragen haben. Und rechnete man nach, so ergab sich, daß der Beitrag der Freudenmädchen der größte war. Bei den Lydern verkaufen sich nämlich die Töchter aus dem gewöhnlichen Volk allesamt, und so sammeln sie ihre Aussteuer und betreiben das, bis sie einen Mann haben; und den besorgen sie sich selber. Der Umfang des Grabmals nun kommt auf sechs Stadien und zwei Plethren, die Breite auf dreizehn Plethren; und an das Grabmal stößt

ein großer See, der immer frisches Wasser hat, wie die Lyder behaupten, und heißt der Gygessee. Das wäre also das.

Sitten haben die Lyder fast die gleichen wie die Hellenen, 94
außer daß sie ihre Töchter sich verkaufen lassen. Und sie sind, unseres Wissens, die ersten auf der Welt gewesen, die Gold- und Silbermünzen geprägt und gebraucht haben, und auch die ersten Kaufleute. Die Lyder selber behaupten auch, die Spiele, die jetzt bei ihnen sowie bei den Hellenen bekannt sind, seien ihre Erfindung. Und zwar seien sie zu der Zeit bei ihnen erfunden, als sie Siedler nach Tyrsenien (Etrurien) entsandt hätten, und da erzählen sie folgende Geschichte: Als Atys, Manes' Sohn, König war, kam eine große Hungersnot über ganz Lydien. Und eine Weile ertrugen die Lyder sie ganz geduldig, als sie aber nicht aufhören wollte, sahen sie sich nach Gegenmitteln um, und der eine kam auf dies, der andere auf das. So wurden also damals die Spielregeln für Würfel, Knöchel, den Ball und alle übrigen Spiele erfunden außer dem Brettspiel, denn dessen Erfindung schreiben sich die Lyder nicht zu. Das erfanden sie also, und nun verfuhren sie so, um den Hunger zu vertreiben: Den einen Tag spielten sie durch, um nicht ans Essen zu denken, am andern aßen sie und ließen das Spielen. Auf solche Weise brachten sie achtzehn Jahre hin. Als aber die Not nicht nachließ, sondern noch härter drückte, da sonderte nun ihr König sämtliche Lyder in zwei Teile und entschied durchs Los, wer blieb und wer auszog aus dem Land, und zu dem Teil, der das Bleiben erloste, stellte sich der König selber, zu dem aber, der fortging, seinen Sohn, der hieß Tyrsenos. Die nun erlosten, das Land zu verlassen, zogen nach Smyrna und bauten sich Schiffe. Dahinein taten sie alles, was sie für die Fahrt gebrauchen konnten, und fuhren los, sich Unterhalt und Land zu suchen. Schließlich, nachdem sie an vielen Völkern vorbeigekommen waren, kamen sie zu den Ombrikern, und dort bauten sie sich Städte

und wohnen da bis zum heutigen Tag. Sie nannten sich nun nicht mehr Lyder, sondern nach dem Sohn des Königs, der sie führte, nannten sie sich Tyrsener.

95 Die Lyder waren also von den Persern unterworfen worden. Nun aber ist es an der Zeit, daß unser Bericht dem Kyros nachgeht, was das für ein Mann war, der Kroisos' Herrschaft stürzte, und auch den Persern, auf welche Weise sie die Führung in Asien gewannen. Wie es nun einige der Perser erzählen, solche, die die Geschichte von Kyros nicht feierlich machen wollen, sondern nüchtern erzählen, was war, dem gemäß will ich es aufzeichnen, weiß aber sehr wohl, daß bei Kyros noch drei verschiedene andere Wege der Erzählung sich anbieten.

Als die Assyrer Herr waren über das obere Asien – fünfhundert und zwanzig Jahre –, fielen zuerst von ihnen ab die Meder. Diese scheinen sich im Kampf um ihre Freiheit gegen die Assyrer als rechte Männer bewährt zu haben, und sie schüttelten die Knechtschaft ab und wurden frei. Nach ihnen aber taten die anderen Völker das gleiche wie die Meder.

96 Und als nun alle auf dem Festland ihre eigenen Herren waren, kamen sie auf folgende Weise wieder in die Gewalt anderer Herren. Es war ein kluger Mann unter den Medern, der hieß Deïokes und war ein Sohn des Phraortes. Diesen Deïokes trieb die Begierde zu herrschen, und da unternahm er folgendes: Die Meder wohnten verstreut in ihren Dörfern, und in dem seinen stand er schon vorher in Ansehn, nun aber legte er sich noch viel mehr und sehr eifrig darauf, Gerechtigkeit zu üben. Und das tat er in einer Zeit, in der die Unordnung groß war in ganz Medien, weil er wohl wußte, daß dem Gerechten der Ungerechte zuwider ist. Als nun die Meder seines Dorfes seine Art sahen, wählten sie ihn zu ihrem Rich-

ter. Und er, weil er ja um die Herrschaft warb, war gerade und gerecht. Mit solchem Handeln gewann er nicht geringes Lob unter seinen Bürgern, und so erfuhren denn auch die in den andern Dörfern, Deïokes sei der einzige Mann, der gerades Recht spreche, und da gingen sie, die bis dahin übel drangewesen waren mit ungerechten Urteilen, auf diese Kunde hin mit Freuden zu Deïokes, daß er auch ihnen Recht spreche, und am Ende wandten sie sich an keinen andern mehr. Als aber die Zahl derer, die zu ihm kamen, immer grö- 97
ßer wurde, da es sich herumsprach, daß seine Entscheidungen sachgerecht ausfielen, und Deïokes erkannte, daß nun alles auf ihm allein ruhte, da wollte er sich nicht mehr niedersetzen auf den Platz, von dem aus er bisher Recht gesprochen hatte, und lehnte es ab, weiter zu richten; denn das zahle sich nicht aus, daß er Fremden den ganzen Tag Recht spräche und seine eignen Dinge darüber vergäße. Als nun in den Orten überall Raub und Gesetzlosigkeit viel ärger ward als zuvor, traten die Meder zusammen und überlegten miteinander und besprachen ihre Lage, und wie ich jedenfalls meine, waren es vor allem des Deïokes Freunde, die also sprachen: «Wie es jetzt bei uns zugeht, können wir auf keinen Fall in unserm Land weiter leben. Auf denn, laßt uns einen König setzen über uns. So wird das Land Frieden und Ruhe haben, und wir können an unsere Arbeit gehen und werden nicht durch Unordnung unsere Heimat verlieren.» So etwa sprachen sie und überredeten einander, sich unter einen König zu beugen.

Und als sie unverzüglich Vorschläge machten, wen sie als 98
König einsetzen könnten, wurde von allen Seiten Deïokes in Vorschlag gebracht und sehr gelobt, und bald war man einig, der solle ihr König sein. Er aber verlangte, sie sollten ihm ein Haus bauen, des Ranges ihres Königs würdig, und seine Stellung stärken durch eine Leibgarde. Das tun die Meder und bauen ihm ein großes und festes Schloß an einem

Platz, den er selber angab, und stellen es ihm frei, sich seine Leibgarde auszusuchen aus dem ganzen Volk der Meder. Und wie der nun die Herrschaft fest in der Hand hielt, nötigte er die Meder, nur eine Stadt zu bauen und diese auszustatten, um die andern Orte aber sich nicht mehr so zu kümmern. Als die Meder ihm auch darin folgen, baut er hohe, starke Mauern, die Feste, die jetzt Agbatana heißt, immer ein Mauerring im andern. Und diese Ummauerung ist so eingerichtet, daß ein Ring immer vorragt über die andern, um die Höhe seiner Zinnen. Zu dieser Anordnung trägt etwas auch das Gelände bei, das eine Anhöhe ist, mehr aber hat die Absicht dazu getan. Im ganzen sind es sieben Ringe, im letzten liegen natürlich die Königsburg und die Schatzhäuser. Die größte von diesen Mauern hat etwa den gleichen Umfang wie die Ringmauer Athens. Und des ersten Ringes Zinnen sind weiß, die des zweiten schwarz, des dritten purpurn, des vierten dunkelblau, des fünften rotgelb. So sind die Zinnen dieser fünf Ringe, mit Säften gefärbt, von den beiden letzten aber
99 hat der eine versilberte, der andere vergoldete Zinnen. Solche
Mauern also zog Deïokes um sich und seinen Palast, das übrige Volk aber ließ er rings um die Feste wohnen.

Als nun alles fertig gebaut war, setzte Deïokes diese Ordnung fest, und er ist der erste, der solches getan: Zu dem König durfte niemand hineingehen, sondern alles wurde durch Boten erledigt, und den König bekam niemand zu sehen, des weiteren war es für jedermann ein schlimmer Verstoß, angesichts des Königs zu lachen oder zu spucken. Mit solcher Hoheit umgab er sich darum, weil er sorgte, die Jugendfreunde, die mit ihm aufgewachsen und von nicht geringerem Herkommen waren und nicht weniger tüchtig als er, würden sich kränken, wenn sie ihn vor sich sähen, und sich gegen ihn verschwören; bekämen sie ihn aber nicht zu Gesicht, würde er ihnen als ein Wesen anderer Art vorkommen.

Nachdem er diese Ordnung eingeführt und sich in der Alleinherrschaft gut befestigt hatte, wachte er mit großer Strenge über das Recht. Und wer eine Klage hatte, mußte sie aufschreiben und zu ihm hineinsenden, und der König fällte das Urteil und sandte es wieder hinaus. So hielt er es mit den Klagen, aber dann hat er noch folgende Ordnung festgelegt: Wenn ihm zu Ohren gekommen war, daß einer einem andern Gewalt angetan hatte, so ließ er ihn kommen und strafte ihn streng nach dem Maß des Vergehens, und seine Späher und Horcher waren überall im Land, so weit er herrschte. 100

Deïokes also band das medische Volk, aber nur dies, wie zu einem Bündel und herrschte über es. Und dies sind die Stämme der Meder: Busen, Paratakener, Struchaten, Arizanter, Budier, Mager. Das wären die Stämme. 101

Deïokes' Sohn aber war Phraortes, und er übernahm die Herrschaft, als Deïokes starb, nachdem der fünfunddreißig Jahre König gewesen. Ihm genügte es nicht, über die Meder allein zu herrschen, sondern er zog gegen die Perser und griff zuerst diese an, und sie sind die ersten, die er den Medern hörig machte. Dann aber, als er diese zwei Völker in der Hand hatte, beide stark, unterwarf er das weitere Asien, ein Volk nach dem anderen. Endlich zog er gegen die Assyrer, und zwar die von Ninos, die vor Zeiten über alle geherrscht hatten; damals aber waren die Bundesgenossen von ihnen abgefallen und sie waren allein, sonst allerdings in gutem Stande – gegen die zog also Phraortes in den Krieg und kam selber um, nachdem er zweiundzwanzig Jahre geherrscht hatte, und mit ihm der größte Teil seines Heeres. 102

Nach dem Tode des Phraortes folgte Kyaxares, des Phraortes, des Sohnes des Deïokes, Sohn. Der soll noch viel kriegerischer gewesen sein als seine Vorfahren. Auch war er der erste, der die Völker Asiens nach Abteilungen gliederte und jede Waffenart für sich stellte, die Lanzenträger und die Bo- 103

genschützen und die Reiter, denn vorher war alles bunt durcheinander gewürfelt. Er ist es auch, der mit den Lydern gekämpft hat, als unter dem Kampf der Tag zur Nacht wurde, und der das ganze Asien jenseits des Halysflusses unter seiner Herrschaft vereinte. Und er zog alle seine Untertanen zusammen und brach auf gegen Ninos, um Rache zu nehmen für seinen Vater, und wollte diese Stadt vernichten. Als er in einem Treffen die Assyrer besiegt hatte und eben Ninos belagerte, kam ein gewaltiges Skythenheer herzu, es führte es aber der Skythenkönig Madyes, Protothyes' Sohn. Die brachen in Asien ein, als sie die Kimmerier aus Europa warfen, und als sie die Fliehenden verfolgten, kamen sie in das me-
104 dische Land. Von dem maiotischen See bis zum Phasisstrom und zu den Kolchern ist es ein Weg von dreißig Tagen für einen rüstigen Mann, und von dem Kolcherland ist es nicht mehr weit hinüber zu den Medern, sondern nur ein Volk liegt dazwischen, die Saspeirer, und ist man an denen vorbei, ist man in Medien. Aber nicht auf diesem Weg brachen die Skythen ein, sondern sie nahmen den östlichen Weg, der viel weiter ist, und hatten die Bergkette des Kaukasus zur Rechten. Da trafen nun die Meder auf die Skythen, unterlagen in der Schlacht und verloren ihre Herrschaft, die Skythen aber hatten freie Hand in ganz Asien. Und von dort gingen sie auf Ägypten los, und als sie schon im palästinensischen Syrien waren, kam ihnen Psammetichos, der König Ägyptens, entgegen und brachte sie mit Geschenken und Bitten davon ab,
105 weiter vorwärts zu ziehen. Als sie nun auf ihrem Rückmarsch in Syrien zu der Stadt Askalon kamen, zogen die meisten Skythen vorbei, ohne Schaden zu tun, einige aber blieben zurück und plünderten das Heiligtum der Aphrodite Urania. Es ist aber dies Heiligtum, wie ich bei meinen Nachfragen herausfinde, das älteste von allen Heiligtümern, die dieser Gottheit gehören. Denn das Heiligtum auf Kypros stammt von jenem

ab, wie die Kyprier selber sagen, und das auf Kythera haben die Phönizier errichtet, die aus diesem Teil Syriens kommen. Denjenigen Skythen nun, die das Heiligtum in Askalon geplündert hatten, und ihren jeweiligen Nachkommen gab die Göttin eine Krankheit mit, die ihnen die Mannheit nimmt. Das sei der Ursprung dieser Krankheit, sagen die Skythen, und die in das Skythenland kämen, könnten sich dort ansehen, wie der Zustand dieser Leute ist, die in ihrer Sprache Enareer heißen.

Achtundzwanzig Jahre waren die Skythen die Herren Asi- 106
ens, und alles hatten sie durch Gewalt und Gleichgültigkeit verwüstet. Denn einerseits trieben sie von Ort zu Ort die Abgaben ein, die sie ihnen jeweils auferlegten, außer diesen Abgaben aber zogen sie in den Ländern umher und raubten, was jeder noch hatte. Eines Tags aber luden Kyaxares und die Meder eine sehr große Zahl von ihnen zu Gast, machten sie betrunken und brachten sie um, und so gewannen die Meder die Herrschaft aufs neue und behaupteten sie über die gleichen Völker wie früher, und nahmen Ninos – wie sie es nahmen, werde ich in anderem Zusammenhang erzählen – und brachten die Assyrer unter ihre Hände, bis auf den Teil von Babylon. Danach stirbt Kyaxares, und war König gewesen vierzig Jahre, eingerechnet die der Skythenherrschaft.

König aber an seiner Stelle wird Astyages, Kyaxares' Sohn. 107
Der bekam eine Tochter, die nannte er Mandane. Die sah Astyages im Traum Wasser lassen, eine solche Menge, daß sie seine ganze Stadt erfüllte, ja ganz Asien überschwemmte. Er legte nun den Traumdeutern unter den Magern seinen Traum vor, und als er von ihnen alles erklärt bekam, erschrak er sehr. Darauf, als Mandane nun mannbar war, gibt er sie nicht einem der Meder zur Frau, die seiner würdig waren, denn er fürchtete den Traum, vielmehr gibt er sie einem Perser, Kambyses mit Namen; den hatte er sich ausgesucht,

weil er aus gutem Hause war, von ruhiger Art, und weil er ihn
108 weit unter einen Meder aus dem Mittelstande stellte. Als nun Mandane Kambyses' Frau war, hatte Astyages im ersten Jahr ihrer Ehe ein anderes Traumgesicht. Es war ihm, als wüchse aus dem Schoß seiner Tochter ein Weinstock, und dann überdeckte der Weinstock ganz Asien. Das sah er und legte es den Traumdeutern vor, und gleich ließ er aus dem Perserland seine Tochter kommen, die schwanger war, und als sie da war, nahm er sie in Verwahrung, denn er wollte ihr Kind umbringen. Die Traumdeuter von den Magern nämlich hatten ihm das Gesicht dahin ausgelegt, daß der Sproß seiner Tochter König sein werde an seiner Statt. Um das also zu verhüten, ließ Astyages, als Kyros zur Welt gekommen war, Harpagos rufen, der ihm verwandt war und am meisten ergeben unter den Medern und Verwalter aller seiner Angelegenheiten, und sprach so zu ihm: «Harpagos, die Angelegenheit, die ich dir nun übergebe, behandle auf keinen Fall lässig, und daß du mich ja nicht hintergehst und andere vorziehst, denn dann könntest du über dich selber zu Fall kommen. Nimm den Knaben, den Mandane geboren, trag ihn in dein Haus und bring ihn um. Nachher kannst du ihn begraben, ganz wie du es willst.» Der aber antwortet: «Großer König, noch nie hattest du an diesem deinem Knecht das geringste zu bemerken, was dir mißfiel, und wir werden uns auch in Zukunft hüten, irgendwie gegen dich zu fehlen. Wenn es dir gefällt, daß dies so geschieht, dann ist es meine Sache, es mit aller Sorgfalt aus-
109 zuführen.» Als Harpagos so geantwortet hatte und ihm das Knäblein, mit all seinem Schmuck für den Tod, übergeben war, ging er weinend nach Hause. Wie er dort angekommen, erzählte er seiner Frau alles, was Astyages gesagt. Die aber spricht zu ihm: «Und nun, was gedenkst du zu tun?» Er antwortet: «Nicht was Astyages aufgetragen hat, und wenn er auch zehnmal schlimmer wütete und raste als jetzt, ich werde

ihm dennoch nicht zu Willen sein und zu solch einem Mord die Hand reichen. Es gibt viele Gründe, warum ich ihn nicht umbringen will, einmal, weil der Knabe mein eigener Verwandter ist, und dann ist Astyages schon alt und hat keinen männlichen Nachkommen. Wenn er nun stirbt und die Herrschaft soll an diese seine Tochter fallen, deren Sohn er jetzt durch meine Hand umbringt, dann droht mir, wie sollte sie nicht, die allergrößte Gefahr. Indes um meiner Sicherheit willen muß dieser Knabe sterben, es muß jedoch einer von Astyages' eigenen Leuten den Mörder machen und nicht einer
von den meinen.» Das sagte er, und sogleich sandte er einen 110
Boten aus zu einem von Astyages' Rinderhirten, der, wie er wußte, auf den geeigneten Weiden hütete, auf Bergen voll reißender Tiere; er hieß aber Mitradates. Und er hatte ein Weib, auch eine Leibeigene des Königs, und der Name dieses Weibes, mit dem er zusammen wohnte, war Kyno («Hündin») auf griechisch, auf medisch aber Spako. Denn Hund heißt auf medisch «Spako». Es liegen aber die Berghänge, wo dieser Hirt seine Rinder weiden ließ, nordwärts von Agbatana und zum Pontos Euxeinos hin. Denn dort, gegen das Land der Saspeirer zu, ist Medien stark gebirgig und hoch und mit Wäldern bedeckt, das übrige medische Land aber ist durchweg flach. Als nun der Hirt auf das Gebot in aller Eile hereinkam, sprach Harpagos zu ihm: «Astyages befiehlt dir, dies Knäblein zu nehmen und auszusetzen im wildesten Gebirge, daß es aufs schnellste umkomme; und auch das dir zu sagen hat er befohlen: Wenn du ihn nicht zu Tode bringst, sondern irgendwie am Leben erhältst, sollst du des schmählichsten Todes sterben. Nach dem Ausgesetzten zu sehen ist niemand anders bestellt als ich.»

Als der Hirt dies vernommen, nahm er das Knäblein an sich 111
und machte sich wieder auf den Weg und kam heim zu seiner Hütte. Nun erwartete auch sein eignes Weib jeden Tag ihre

Niederkunft und gebar nach einer Art Fügung gerade zu der Zeit, als der Hirt fort war in die Stadt. Und sie waren in großer Sorge, einer um den anderen, er nämlich ängstete sich um die Niederkunft der Frau, sie aber, weil es ganz ungewöhnlich war, daß Harpagos nach ihrem Mann schickte. Als er nun wieder da war und zu ihr trat, fragte die Frau, die gar nicht mehr gehofft hatte, ihn wiederzusehen, eher als er, warum ihn denn Harpagos so dringend habe rufen lassen. Er aber sprach: «Liebes Weib, was ich in der Stadt gesehen und gehört, das, wollt ich, hätt ich lieber nicht gesehen und hätte nie unserer Herrschaft widerfahren sollen. Harpagos' Haus war erfüllt mit Jammern und Wehklagen. Ich erschrak, doch ging ich zu ihm hinein. Und als ich eilends eingetreten, seh ich da ein Kindlein liegen, zappelnd und schreiend, geschmückt mit Gold und bestickten Kleidern; Harpagos aber, sowie er mich sah, befahl mir, geschwind das Kindlein zu nehmen und fortzutragen und auszusetzen im Gebirge, mitten unter den wilden Tieren, und sagte, Astyages ließe mir das befehlen, und fügte noch schreckliche Drohungen hinzu, wenn ich das nicht täte. Und ich nahm das Kindlein und ging weg, in der Meinung, es gehöre einem im Hause. Denn nie hätt ich vermutet, woher es wirklich stammte. Ich verwunderte mich aber, wenn ich mir ansah, wie es mit Gold und Kleidern geschmückt war, und dazu kam das laute Jammern in Harpagos' Haus. Dann auf dem Weg aber höre ich nun die ganze Geschichte von dem Diener, der mich zur Stadt hinaus begleitete und mir den Säugling übergab, daß es also der Sohn von Mandane sei, von Astyages' Tochter, und von Kambyses, Kyros' Sohn, und ihn befiehlt Astyages zu töten. Und nun,
112 hier ist er!» Mit diesen Worten schlug der Hirte das Tuch zurück und wies ihn vor. Wie sie aber das Knäblein sah, groß und wohlgebildet, weinte sie und umfaßte ihres Mannes Knie und bat ihn inständig, es doch ja nicht auszusetzen. Er

aber sagte, er könne nicht anders und müsse es tun. Denn es
würden Aufsichtsleute von Harpagos kommen, um nachzu-
sehen, und er werde ein schreckliches Ende finden, wenn er es
nicht tue. Wie sie nun ihren Mann nicht bereden konnte,
hebt die Frau neu an und spricht: «Da ich dich also nicht dazu
bringen kann, es nicht auszusetzen – mach es nun doch so,
wenn sie auf jeden Fall ein ausgesetztes Kind sehen müssen:
Ich habe nämlich auch geboren, aber das Kind ist tot. Das
nimm und setz es aus, den Sohn von Astyages' Tochter aber
wollen wir als unsern eigenen aufziehen. So kann man dir
nicht nachweisen, daß du die Herrschaft hintergangen hast,
und wir werden dabei nicht schlecht beraten sein. Denn das
Totgeborene wird königliche Bestattung erhalten, und der
Lebende verliert nicht sein Leben.» Da meinte der Hirt, was 113
da sein Weib gesagt, sei vortrefflich und passe genau, und er
tat das sogleich. Den Knaben, den er mitgebracht, um ihn zu
töten, übergibt er seinem Weibe, seinen eignen aber, den to-
ten, legt er in den Behälter, in dem er den andern getragen
hatte, und schmückt ihn mit all dem Schmuck des anderen
Knaben und trägt ihn in die Berge und setzt ihn aus, wo es
ganz verlassen ist. Und als es der dritte Tag war, daß er den
Knaben ausgesetzt, ging der Hirt in die Stadt, nachdem er
einen der Unterhirten dort als Wächter zurückgelassen hatte,
und kam zu Harpagos' Haus und meldete, es sei nun soweit
und er könne des Knaben Leichnam zeigen. Da schickte Har-
pagos die Verläßlichsten seiner Leibwache und prüfte es durch
sie und ließ das Kind des Rinderhirten begraben. Das war
also begraben, doch den andern, der später den Namen Kyros
erhielt, nahm die Frau des Hirten zu sich und zog ihn auf,
nannte ihn aber nicht Kyros, sondern irgendwie anders.

Und als der Knabe zehn Jahre alt war, kam heraus, wer er 114
war, durch folgenden Vorfall. Er spielte in dem Dorf, wo die
Viehhaltungen der Gegend ihren Standplatz hatten, da spielte

er eines Tages mit andern Knaben seines Alters auf der Straße. Und nun spielten die Knaben König und wählten dazu des Rinderhirten angeblichen Sohn. Er aber teilte sie ein und beorderte die einen, Häuser zu bauen, andere zu Leibwachen, den ließ er das Auge des Königs sein, jenem gab er das Amt, die Botschaften hereinzubringen, kurz, jedem setzte er sein eigenes Geschäft. Einer nun von diesen Knaben, die mitspielten, war des Artembares Sohn, eines angesehenen Mannes unter den Medern, und da der nicht tat, was Kyros ihm auftrug, ließ dieser die andern Knaben ihn ergreifen, und die Knaben gehorchten, und Kyros züchtigte ihn sehr hart mit der Geißel. Kaum aber ließen sie ihn los, so war er gewaltig böse, weil man ihn ganz unwürdig behandelt habe, und er eilte in die Stadt und klagte seinem Vater, was Kyros ihm angetan – er sagte aber nicht Kyros, denn so hieß er ja noch gar nicht, sondern der Sohn von Astyages' Rinderhirten. Artembares aber, aufgebracht, wie er war, nahm seinen Sohn bei der Hand, ging zu Astyages und sagte, er sei ganz unerhört behandelt worden, und sprach: «Herr und König, von deinem Knecht, dem Rinderhirten, ja seinem Sohn sind wir so schmählich mißhandelt worden» – und dabei zeigte er seines
115 Sohnes Schultern. Astyages hörte und sah sich das an, und da er dem Sohn Genugtuung schaffen wollte, um Artembares' Rang willen, ließ er den Rinderhirten holen und seinen Sohn. Und als beide zur Stelle waren, sah Astyages den Kyros an und sprach: «Du also, eines so geringen Mannes Sohn, hast dich erdreistet, so schmählich zu behandeln den Sohn dieses Mannes hier, der bei mir in hohen Ehren steht?» Der aber antwortete und sprach: «Herr, dem ist nichts als sein Recht geschehen. Denn die Knaben aus dem Dorf, und er war auch darunter, spielten und machten mich zu ihrem König; denn sie meinten, ich tauge am besten dazu. Die andern Kinder nun taten, was angeordnet war, der aber war ungehorsam und

machte sich gar nichts aus mir. Dafür hat er seinen Lohn empfangen. Hab ich darum eine Strafe verdient, gut, hier bin ich.»
Als der Knabe so redete, stieg in Astyages die Erkenntnis auf, 116
wer das war, und dann kamen ihm die Züge seines Gesichts wie seine eigenen vor, und die Antwort schien ihm ganz die eines edlen Mannes, und die Zeit der Aussetzung, wie er's überlegte, paßte mit dem Alter des Knaben zusammen. Das traf ihn ins Herz, und eine Zeitlang blieb er stumm. Mit Mühe faßte er sich endlich und sprach – denn er wollte gern den Artembares los sein, um den Rinderhirten allein vorzunehmen und zu verhören –: «Mein Artembares, ich werde das erledigen, so daß weder du noch dein Sohn sich zu beklagen haben.» Artembares entläßt er also, und den Kyros führten auf Astyages' Geheiß die Diener in die inneren Gemächer, der Hirt aber mußte dableiben. Als er nun ganz allein mit ihm war, stellte Astyages die Frage an ihn, woher er den Knaben hätte und wer es war, der ihn übergab. Der aber sagte, es sei sein eigener Sohn, und die ihn geboren, wohne noch bei ihm. Astyages aber sagte, es sei sehr unklug von ihm, daß ihn so verlange, die härtesten Foltern zu erproben, und dabei winkte er der Wache, ihn zu ergreifen. Der Hirt aber, zu den Foltern geschleppt, gab nun preis, wie es wirklich gewesen. Er fing am Anfang an und erzählte alles nacheinander, ganz nach der Wahrheit, und am Ende legte er sich aufs Bitten und flehte um Verzeihung und Gnade.

Astyages aber schenkte dem Hirten, als er die Wahrheit 117
offen bekannt hatte, nicht mehr große Beachtung, über Harpagos aber war er empört und befahl der Wache, ihn zu rufen. Und wie Harpagos vor ihm stand, fragte ihn Astyages: «Nun, Harpagos, auf welche Weise hast du denn den Knaben umgebracht, den ich dir übergab, den meine Tochter geboren hatte?» Harpagos, als er den Hirten sah, der dabei stand, schlägt nicht den Weg der Lüge ein, aus Furcht, er werde

widerlegt und ertappt, sondern spricht also: «Herr und König, als mir das Kindlein damals überantwortet wurde, überlegte ich und hielt Ausschau, wie ich es dir recht machen könnte und dabei, ohne daß ich selber schuldig würde gegen dich, nicht vor deiner Tochter und auch vor dir nicht zum Henker würde. Da handle ich nun so: Ich rufe den Hirten hier, übergebe ihm das Knäblein und sage, du seist es, der es zu töten befiehlt. Und damit habe ich nicht die Unwahrheit gesagt; denn so war dein Gebot. Ich übergeb's ihm aber damit, daß ich ihm auftrage, es in einsamen Bergen auszusetzen und dabei zu bleiben und Wache zu halten, bis es tot ist, drohte ihm auch alles nur Mögliche an, wenn er das nicht ganz so ausführe. Als dann dieser nun getan, was befohlen, und das Kind gestorben war, schickte ich von den Eunuchen die Verläßlichsten und sah nach durch sie, und ebenso begrub ich's. So, großer König, verhält sich die Sache, und dieses Todes ist der Knabe gestorben.»

118 Harpagos also war aufrichtig und erzählte den wahren Hergang, Astyages aber verbarg den Grimm, den er wegen des Geschehenen gegen ihn hatte, und wiederholte ihm zuerst die Geschichte, die er selber vom Hirten erfahren, dann aber, als er mit der Erzählung fertig war, kam er darauf, daß der Knabe nun am Leben und es gut sei, wie alles gekommen. «Denn was ich diesem Kind angetan», so sagte er, «hat mir hart zugesetzt, und daß meine Tochter mir gram geworden ist, daran hatte ich schwer zu tragen. Nun aber, wo sich die Sache durch eine Art Fügung zum Guten gewendet hat, schicke erstens deinen eignen Sohn her zu unserm neuen Ankömmling, und dann komm doch – denn ich habe vor, den Göttern, denen diese Ehre gebührt, ein Dankessen zu richten für die Rettung des Knaben – zu mir zu Tisch.»

119 Als Harpagos diese Worte vernahm, verneigte er sich tief vor ihm, und ganz davon erfüllt, daß seine Verfehlung auf

etwas Gutes hinausgelaufen und er unter glücklichen Zeichen zum Mahl geladen war, ging er nach Hause. Dort angekommen, schickt er aufs schnellste seinen Sohn los – es war sein einziger, etwa dreizehn Jahre alt – und trägt ihm auf, in das Haus des Königs zu gehen und zu tun, was jener ihm anbefiehlt, und er selber erzählt frohen Herzens seiner Frau alles, was sich zugetragen. Astyages aber, als Harpagos' Sohn bei ihm eintraf, ließ ihn schlachten und zerlegen und einen Teil braten, anderes kochen. Und als alles zugerichtet war, hielt er's bereit. Als aber die Stunde des Mahls gekommen und die andern Gäste und auch Harpagos da waren, wurden den übrigen und Astyages selber Tische vorgesetzt mit Schüsseln voller Fleisch von Schafen und Ziegen, Harpagos aber voll vom Fleisch seines Sohnes, ohne den Kopf und das Klein von Händen und Füßen, sonst alles. Dieses stand beiseite, zugedeckt in einem Korb. Als es aber Harpagos schien, er habe nun genug gegessen, fragte ihn Astyages, ob ihm die Gerichte auch zugesagt hätten. Und als Harpagos versicherte, sie hätten ihm sehr gut geschmeckt, brachten die dazu bestellt waren den Kopf seines Sohnes unter dem Tuch und die Hände und die Füße und traten vor Harpagos und hießen ihn das Tuch abheben und nehmen, was er wünsche. Der tut es, hebt das Tuch und sieht die Reste seines Sohnes. Wie er's sah, geriet er nicht außer sich, sondern hält sich ganz in der Gewalt. Nun fragte ihn Astyages, ob er jetzt wisse, von welchem Wildbret er gegessen, und er antwortete, er wisse es nun, und was der König tue, sei alles wohlgetan. So sprach er, nahm das übrige Fleisch und ging nach Hause. Dort wird er wohl, meine ich, den Rest gesammelt und alles bestattet haben.

An Harpagos vollzog Astyages eine solche Strafe, über Ky- 120
ros aber ging er zu Rat und rief die gleichen Mager, die ihm den Traum so ausgelegt hatten. Als sie nun da waren, befragte sie Astyages, wie sie ihm das Traumgesicht damals

ausgelegt hätten. Sie aber sagten wieder das gleiche: der Knabe müsse König werden, wenn er am Leben bleibe und nicht vorher sterbe. Er sagt nun zu ihnen das Folgende: «Der Knabe ist da und am Leben geblieben, und als er draußen auf dem Lande weilte, haben ihn die Knaben des Dorfes zum König gemacht. Und er hat alles so durchgeführt, wie es die wirklichen Könige machen. Denn er hat Wachen und Türhüter und Botschaftsträger und sonst alles eingeteilt und hat regiert. Was meint ihr nun dazu und worauf will das deuten?» Die Mager sprachen: «Wenn der Knabe noch lebt und König gewesen ist, ohne Absicht und Vorbedacht, so kannst du zufrieden und seinethalben guten Mutes sein; denn er wird nicht ein zweites Mal König werden. Ist uns doch auch von den Wahrsprüchen schon manches auf Unbedeutendes ausgelaufen, und was gar auf Träumen beruht, das ist am Ende oft ganz Geringes.» Astyages spricht nun so: «Auch ich selber, ihr Mager, neige ganz dieser Meinung zu, daß damit, daß der Knabe den Namen König trug, der Traum sich erfüllt hat und ich von diesem Knaben nichts mehr zu fürchten habe. Aber gleichwohl, seht euch gut um und beratet mich richtig, was wohl das Sicherste ist für mein Haus und auch für euch.» Dazu sagten die Mager: «Herr und König, auch uns liegt alles daran, daß deine Herrschaft sicher steht. Denn sonst kommt sie in fremde Hände, wenn sie an diesen Knaben geht, der doch ein Perser ist, und wir Meder werden dann die Diener spielen und man wird wenig wissen wollen von uns, den Fremden. Bist du aber unser König, der du zu uns gehörst, haben wir unser Teil an der Herrschaft und hohe Ämter und Ehren bei dir. So haben wir also allen Grund, Sorge zu tragen für dich und deine Herrschaft. Würden wir jetzt in dieser Sache etwas Bedrohliches gewahren, würden wir dir alles vorher ansagen. Nun aber hat das Traumgesicht sich erfüllt mit einer kleinen Sache, und darum sind wir getrosten Muts und

heißen auch dich es sein. Den Knaben aber schaff dir aus den Augen und sende ihn zu den Persern und seinen Eltern.» Als 121
Astyages das vernahm, wurde er froh und ließ sogleich den Kyros kommen und sagte zu ihm: «Mein Sohn, wegen eines Traumbilds, das aber nichts zu bedeuten hatte, wollte ich dir großes Unrecht antun, doch dein gutes Glück hat dich erhalten. Jetzt ziehe nun frohen Mutes ins Land der Perser, Leute von mir werden dich dorthin begleiten. Dort wirst du einen Vater und eine Mutter finden ganz anders als den Hirten Mitradates und seine Frau.»

Mit diesen Worten entließ er den Kyros. Als der nun heim- 122
kehrte in das Haus des Kambyses, nahmen die Eltern ihn gastlich auf; als sie dann aber alles erfuhren, herzten und küßten sie ihn, denn sie waren des festen Glaubens gewesen, er sei damals gleich gestorben, und sie fragten ihn aus, wie er denn mit dem Leben davongekommen. Der erzählte es ihnen und sagte, vordem habe er von nichts gewußt und sich in großem Irrtum befunden, unterwegs aber habe er sein ganzes Schicksal erfahren. Denn er habe immer geglaubt, er wäre der Sohn von Astyages' Rinderhirt, erst auf dem Weg hierher habe er die ganze Geschichte von seinen Begleitern erfahren. Und die Hirtenfrau, sagte er, habe ihn großgezogen, und sie lobte er allerwege, und sein drittes Wort war immer «die Hündin». Die Eltern aber griffen diesen Namen auf, und um die Rettung ihres Sohnes den Persern wunderbarer erscheinen zu lassen, verbreiteten sie das Gerücht, den ausgesetzten Kyros habe eine Hündin aufgezogen. Von da also hat diese Sage ihren Ausgang genommen.

Als Kyros aber heranwuchs zum Manne und unter seinen 123
Genossen der tapferste war und auch der beliebteste, bemühte sich Harpagos sehr um ihn und sandte ihm Geschenke, weil ihn verlangte, Rache zu nehmen an Astyages. Denn er sah keinen Weg, wie von ihm selber, der keinem Anhang ge-

bot, Astyages seine Strafe erhalten könnte; als er aber sah, daß Kyros erwachsen war, suchte er den sich zu verbünden, weil er ja Ähnliches erlitten hatte wie er selber. Vorher aber hatte er noch dies ins Werk gesetzt: Da Astyages streng und schroff war zu den Medern, nahm Harpagos sich ihre Großen vor, einen nach dem andern, und beredete sie, daß man Kyros an die Spitze stellen solle und Astyages stürzen. Als er damit zu Ende und alles bereit war, wollte er Kyros, der weit weg bei den Persern lebte, seinen Plan mitteilen; weil aber die Straßen bewacht wurden und er kein anderes Mittel fand, denkt er sich folgendes aus: Er nahm sich einen Hasen her und schlitzte ihm den Bauch auf, nahm aber nichts heraus, sondern so wie er war, steckte er einen Brief hinein, auf den er schrieb, was ihm zweckmäßig schien. Dann nähte er den Bauch des Hasen wieder zu und gab dem treuesten seiner Diener Netze, als wär er ein Jäger, und schickte ihn damit fort zu den Persern, und mündlich gab er ihm den Auftrag, den Hasen bei Kyros selber abzugeben und zu bestellen, er solle ihn eigenhändig
124 zerlegen und keiner dürfe dabei sein. Das geschah, und Kyros nahm den Hasen in Empfang und schnitt ihn auf. Da fand er den Brief darin, nahm und las ihn. Das Geschriebene aber lautete: «Hoher Sohn des Kambyses, auf Dich blicken gewißlich die Götter, denn niemals wäre Dir sonst solch Glück widerfahren, Du nimm jetzt Rache an Astyages, Deinem Mörder. Denn wäre es nach ihm gegangen, wärst Du tot, die Götter aber und ich haben Dich erhalten. Doch all das, glaub ich, ist Dir schon längst bekannt, wie man mit Dir umgegangen und was ich von Astyages habe erleiden müssen, weil ich Dich nicht umgebracht, sondern dem Rinderhirten überantwortet habe. Willst Du mir nun folgen, so kannst Du König werden über das ganze Land, das jetzt Astyages beherrscht. Bring denn die Perser zum Abfall und zieh mit ihnen gegen die Meder. Und wenn ich es bin, den Astyages zum Feld-

herrn macht gegen Dich, gehört Dir, was Du wünschst, so auch, wenn es sonst ein Großer von den Medern ist. Denn diese werden die ersten sein, die von ihm abfallen und zu Dir übertreten und den Versuch wagen, Astyages zu stürzen. Hier also ist alles bereit, darum tu, was ich sage, und tu es bald.»

Als Kyros das vernahm, sann er nach, wie er es wohl am 125
klügsten anfinge, die Perser zum Abfall zu bringen, und schließlich fand er heraus, so ginge es am besten, und das tat er alsbald. Er schrieb in einem Brief, was er wollte, und dann ließ er die Perser zusammenrufen, und danach öffnete er den Brief, überlas ihn und sagte, Astyages bestelle ihn zum Heerführer der Perser. «So befehl ich euch denn», waren seine Worte, «ihr Perser, daß ein jeder sich einfindet mit seiner Sichel.» Das war Kyros' Befehl.

Es gibt aber bei den Persern zahlreiche Stämme, und nur einige rief Kyros zusammen und brachte sie zum Abfall von den Medern. Und zwar die folgenden, von ihnen aber hängen die übrigen Perser ab: die Pasargaden, Maraphier und Maspier. Unter ihnen sind wieder die Pasargaden die vornehmsten, zu denen auch das Geschlecht der Achaimeniden gehört, aus dem das Königshaus der Perseïden kommt. Die übrigen persischen Stämme sind die Panthialaier, die Derusiaier, die Germanier; diese sind Ackerbauer, die andern aber Wanderhirten, nämlich die Daer, die Marder, die Dropiker, die Sagartier.

Als nun alle zur Stelle waren mit dem befohlenen Gerät, da 126
befahl Kyros, denn es gab da ein dorniges Gelände, an die achtzehn oder zwanzig Stadien im Geviert, diese ganze Stätte sollten sie sauber machen an einem Tag. Als die Perser nun ihr Tagewerk vollendet, gab er ihnen den zweiten Befehl, sie sollten sich am nächsten Tage wieder einstellen, frisch gebadet. Inzwischen hatte er die Ziegen- und Schaf- und Rinder-

herden seines Vaters alle an einen Ort treiben und schlachten lassen und bereitete sie nun zu, um damit das Heer der Perser zu bewirten, dazu mit Wein und Brot und sonst allem. Als die Perser sich nun einstellten am nächsten Tage, mußten sie sich lagern auf einer Wiese, und er bewirtete sie. Und als sie fertig waren mit dem Essen, fragte sie Kyros, was sie vorzögen, wie sie's gestern hatten oder so wie jetzt. Sie aber sagten, das sei schon ein erheblicher Unterschied, denn gestern habe es nichts als Plackerei gegeben, heute aber lauter Gutes. An diese Antwort knüpfte Kyros an und enthüllte, was er eigentlich wollte, und er sprach: «Persische Männer, das steht also vor euch. Seid ihr gewillt, mir zu folgen, dann gibt es für euch dies Gute und unzähliges andere, und keine Knechtsarbeit. Wollt ihr mir aber nicht folgen, warten auf euch Mühen den gestrigen gleich, ohne Zahl. Auf denn und folgt mir und macht euch frei. Denn ich für meinen Teil bin, so sieht es aus, durch meine wunderbare Herkunft erlesen, das in die Hand zu nehmen, und euch halte ich nicht für schlechtere Leute als die Meder, sonst nicht und auch im Krieg nicht. So steht es, darum fallt ab von Astyages, ohne Verzug.»

127 Die Perser hatten nun einen Anführer und machten sich frei mit größter Bereitwilligkeit, denn schon längst war ihnen die Mederherrschaft ein Greuel. Als aber Astyages Nachricht bekam, daß Kyros solche Dinge tat, sandte er einen Boten und bestellte ihn zu sich. Kyros aber befahl dem Boten, als Antwort zu melden, daß er früher bei Astyages sein werde, als der es wünsche. Als Astyages dies vernahm, rief er alle Meder zu den Waffen, und als ihren Obersten setzte er, als hätte Gott ihm den Verstand genommen, Harpagos ein, ohne daran zu denken, was er ihm angetan. Und als die Meder mit den Persern zusammentrafen in der Schlacht, kämpfte ein Teil von ihnen redlich, die von der Verabredung nichts wußten, ein Teil aber ging zu den Persern über, die meisten aber waren

feige aus Vorsatz und liefen davon. So hatte sich das medische 128 Heer schmählich aufgelöst, Astyages aber, kaum hatte er das erfahren, drohte Kyros und sprach: «Aber auch so soll Kyros nichts zu lachen haben.» So sprach er, und zuerst ließ er die Traumdeuter unter den Magern, die ihn beredet hatten, Kyros gehen zu lassen, pfählen, darauf bewaffnete er, was von Medern noch da war in der Stadt, jung und alt. Die führte er hinaus und den Persern entgegen, und wurde geschlagen; und Astyages selber wurde gefangen, die Meder aber, die er hinausgeführt hatte, fanden den Tod.

Als Astyages nun gefangen saß, trat Harpagos zu ihm, ver- 129 lachte und verhöhnte ihn und führte allerlei herzkränkende Reden, vor allem aber hielt er ihm jenes Mahl vor und fragte ihn, wie ihm nun die Knechtschaft schmecke nach der Herrschaft. Der sah ihn an und fragte, ob er des Kyros Werk sich zuschreiben wolle. Harpagos sagte, ja, denn er habe ihm geschrieben, und so sei es im Grunde sein Werk. Da legte ihm Astyages dar, daß er der einfältigste und der ungerechteste Mensch auf Erden sei; der einfältigste, weil er selber hätte König werden können, wenn denn durch ihn alles so gekommen sei, er aber die Macht einem andern überlassen habe; der ungerechteste aber, weil er jenes Mahls wegen die Meder zu Knechten gemacht. Denn wenn man schon die Königswürde auf jeden Fall einem andern geben mußte und er selbst sie nicht behalten durfte, so wäre es doch wohl billig gewesen, einem Meder diesen Vorzug zu gönnen, eher als einem Perser. Nun aber seien die Meder, die gar nichts damit zu tun hätten, aus Herren Knechte geworden, und die Perser, vorher der Meder Knechte, seien jetzt ihre Herren.

So nahm Astyages' Herrschaft ein Ende, nachdem er fünf- 130 undzwanzig Jahre König gewesen, die Meder aber wurden den Persern untertan, nur wegen seiner Härte, und hatten geherrscht über Asien jenseits des Halysflusses hundert und achtundzwanzig Jahre, ohne die Zeit, in der die Skythen herrschten. Später freilich bereuten sie, was sie getan, und fielen ab von Dareios, wurden aber im Kampf überwunden und wieder zum Gehorsam gebracht. Damals aber unter Astyages erhoben sich die Perser und Kyros gegen die Meder und herrschten von da an über Asien. Dem Astyages aber tat Kyros weiter nichts zuleide und behielt ihn bei sich bis an sein Ende.

So also ist Kyros geboren und aufgewachsen und so wurde er König, und wie ich schon vorher erzählt habe, überwand er dann später Kroisos, der begonnen hatte mit Feindschaft und Gewalt. Und als er diesen besiegt hatte, war ganz Asien sein.

131 Von der Perser Sitten und Gebräuchen ist mir das Folgende bekannt: Götterbilder und Tempel und Altäre zu errichten ist bei ihnen nicht Brauch, vielmehr nennen sie Toren, die solches tun, und diesen Brauch haben sie meines Erachtens deswegen eingeführt, weil sie die Götter nicht für menschenartig halten wie die Hellenen. Bei ihnen ist Brauch, auf die Gipfel der Berge zu steigen und dort Zeus Opfer darzubringen, denn Zeus heißt bei ihnen der ganze Himmelskreis. Sie opfern aber auch der Sonne und dem Mond, der Erde, dem Feuer, dem Wasser und den Winden. Diesen allein opfern sie von Anbeginn an, dazugelernt haben sie auch den Dienst der Urania, und den haben sie von den Assyrern übernommen und den Arabern. Die Assyrer nennen Aphrodite Mylitta, die Araber Alilat, die Perser Mitra.

132 Das Opfer an die genannten Götter bringen die Perser so dar: Weder errichten sie Altäre, wenn sie opfern wollen, noch zünden sie ein Feuer an, wenden auch den Weihguß nicht an noch Flötenspiel, nicht Binden fürs Haupt, nicht geweihtes Korn. Sondern wer einem dieser Götter opfern will, führt sein Tier an eine reine Stätte und ruft den Gott an, und dabei ist

seine Tiara bekränzt, meist mit Myrte. Für sich besonders und allein darf der Opfernde nicht um Segen flehen, sondern er betet um Heil für alle Perser und für den König; denn unter allen Persern ist er selber ja einbegriffen. Wenn er nun das Opfer zerlegt und das Fleisch gekocht hat, bereitet er eine Unterlage von zartesten Gräsern und Kräutern, am liebsten von Klee, und darauf legt er alles Fleisch. Ist das ausgebreitet, tritt ein Mager dazu und stimmt ein Lied von der Götterentstehung an, denn das sei das Segenslied, wie sie sagen; ohne Mager nämlich Opfer zu vollziehen gestattet ihr Brauch nicht. Dann wartet der Opfernde eine kleine Weile und trägt nun das Fleisch hinweg und braucht es zu dem, was er jeweils vorhat.

Unter allen Tagen hält nach dem Brauch ein jeder den be- 133
sonders in Ehren, an dem er geboren ist. An ihm muß ein reicheres Mahl als gewöhnlich aufgetragen werden. Da lassen die Reichen auftragen Rind und Pferd und Kamel und Esel, im Stück in Öfen gebraten, die Armen aber tragen kleines Vieh auf. Speisen aus Getreide sind wenig im Gebrauch, desto mehr Nachspeisen, die nacheinander vorgesetzt werden. Deshalb sagen die Perser auch, die Hellenen müßten hungrig sein, wenn sie mit der Hauptspeise Schluß machten, weil ihnen ja nichts Ordentliches mehr vorgesetzt werde; setzte man ihnen was vor, würden sie wohl kaum Schluß machen mit dem Essen. Dem Wein sind sie sehr ergeben, doch ist es verpönt, in Gegenwart eines anderen sich zu übergeben oder zu harnen. Das halten sie also streng ein, doch ist es ihre Gewohnheit, trunken die ernstesten Dinge zu beraten. Das Ergebnis, das sie dabei für gut befinden, trägt der Herr des Hauses, in dem sie beraten, am folgenden Tag, wenn sie nüchtern sind, noch einmal vor. Befinden sie es auch nüchtern für gut, so handeln sie danach; wo nicht, lassen sie's. Wenn sie aber eine Sache nüchtern vorberaten haben, so prüfen sie es nach im Rausch.

134 Begegnen sie sich auf der Straße, so kann man sehen, ob sie gleichen Ranges sind, und zwar daran: Statt einander ein Grußwort zu sagen, küssen sie sich auf den Mund; ist der eine etwas geringer, küssen sie sich die Wangen, steht er aber sehr viel tiefer, fällt er nieder und zeigt dem andern so seine Ergebenheit. Von den Menschen achten sie am meisten die, die ihnen zunächst wohnen – nach ihnen selber, versteht sich –, dann die darauf folgen, und so geht es der Reihe nach weiter mit ihrer Achtung. Am wenigsten halten sie von denen, die ganz weit weg von ihnen wohnen, alles in dem Glauben, daß sie selber in allen Stücken bei weitem die besten sind, die andern nur nach diesem Verhältnis teilhaben an der Tüchtigkeit, die entferntesten also die geringsten sind. Als nämlich die Meder noch herrschten, war ein Volk Herr über das andere, die Meder aber über alle und besonders über die, die ihnen zunächst wohnten, die wiederum über ihre Nachbarn und die ihrerseits über die Angrenzenden. Nach demselben Verhältnis stufen auch die Perser ihre Achtung ab; denn den Vorrang hatte jeweils das Volk, das herrschte und verwaltete.

135 Fremde Sitten nehmen die Perser bereitwillig an wie kein anderes Volk. So tragen sie denn auch medische Kleidung, die sie für stattlicher halten als ihre, und im Krieg ägyptische Panzer. Und wo sie nur hören von einem Genuß, den wollen sie haben, und so haben sie auch von den Hellenen die Knabenliebe gelernt. Es heiratet bei ihnen ein einzelner mehrere eheliche Frauen, dazu aber kaufen sie sich Nebenfrauen, noch
136 viel mehr. Für einen tüchtigen Mann gilt, nächst der Bewährung im Kampf, wer viele Kinder vorweisen kann, und wer die meisten vorweist, dem sendet der König Jahr für Jahr ein Geschenk. Sie setzen auf die Menge, sie sei Stärke. Ihre Knaben lehren sie, vom fünften bis zum zwanzigsten Jahr, nur drei Dinge: Reiten, Bogenschießen und die Wahrheit sagen. Vor seinem fünften Jahr aber kommt ein Knabe seinem Vater

nicht vor Augen, sondern hält sich bei den Frauen auf. Das geschieht darum: Stirbt er in frühem Alter, soll den Vater kein Gram überkommen.

Das ist ein Brauch, den ich lobe, ich lobe aber auch den, daß 137
niemand, selbst der König nicht, einen umbringen darf wegen eines einzigen Vergehens und daß kein Perser einen seiner Diener wegen eines Vergehens allein mit aller Strenge bestraft; sondern erst wenn er es überschlägt und findet, daß die Verfehlungen zahlreicher sind und größer als die Dienste, verfährt er nach seinem Zorn. Sie behaupten auch, noch nie habe jemand seinen Vater oder seine Mutter umgebracht, sondern immer, meinen sie, wenn so etwas geschehen ist, stellt sich bei genauer Nachprüfung mit aller Notwendigkeit heraus, daß das untergeschobene Kinder waren oder von Fremden erzeugte. Denn es geht gar nicht an, behaupten sie, daß echte Eltern durch ihr eigenes Kind umkommen.

Was sie nicht tun dürfen, dürfen sie auch nicht sagen. Für 138
die größte Schande aber gilt bei ihnen das Lügen, für die nächste, Schulden zu haben, und das aus verschiedenen Gründen, vor allem aber, weil sie behaupten, wer Schulden hat, muß notwendig auch etwas lügen. Wenn ferner ein Landsmann den Aussatz oder weißen Ausschlag hat, geht der nicht in die Stadt noch verkehrt er mit den anderen Persern. Denn sie meinen, wer diese Krankheit hat, muß sich gegen die Sonne vergangen haben. Jeden Fremden aber, der davon befallen wird, treiben sie mit vielen Leuten aus dem Land, und so auch die weißen Tauben, mit derselben Beschuldigung. In einen Fluß harnen sie nicht und spucken sie nicht, auch waschen sie sich in ihm nicht die Hände und dulden das auch bei keinem anderen; vielmehr erweisen sie den Flüssen besondere Verehrung.

Auch findet sich bei ihnen noch folgende Merkwürdigkeit, 139
die sie selber zwar nicht bemerken, wohl aber wir. Ihre Na-

men ähneln ihren Erscheinungen und ihrem stolzen, prächtigen Gehabe und enden alle auf den gleichen Buchstaben, den die Dorer San nennen, die Jonier aber Sigma. Achtet man einmal darauf, dann findet man's: Auf diesen Buchstaben enden der Perser Namen, nicht etwa die einen und andere wieder nicht, sondern alle gleichermaßen.

140 Soviel kann ich mit Gewißheit über sie sagen, da ich es genau weiß. Von dem Folgenden aber spricht man als einem Geheimnis und nicht recht deutlich, nämlich von den Toten. Der Leichnam eines Persers werde nicht eher bestattet, als bis ein Aasvogel oder Hund an ihm gezerrt habe. Daß die Mager es freilich so halten, weiß ich gewiß, denn sie tun es ganz offen. Sicher ist, daß die Perser den Leichnam erst unter die Erde bringen, wenn sie ihn mit Wachs behandelt haben. Die Mager aber unterscheiden sich von allen andern Menschen, auch von den Priestern in Ägypten. Denn diese halten sich rein von der Tötung alles Lebendigen, außer zum Opfer, die Mager dagegen töten alles mit eigener Hand, mit Ausnahme von Hund und Mensch, und sie betrachten das als eine ehrenvolle Aufgabe, ganz gleich, ob sie Ameisen vertilgen oder Schlangen oder alles mögliche, was sonst noch kreucht und fleucht. Doch mögen sie es damit halten, wie sie es einst zum Brauch erhoben, ich komme auf meine vorige Geschichte zurück.

141 Kaum waren die Lyder von den Persern unterworfen, sandten die Jonier und Aioler Boten zu Kyros nach Sardes, sie wollten sich ihm unter den gleichen Bedingungen unterstellen, die sie unter Kroisos hatten. Der hörte sich ihr Anerbieten an und erzählte ihnen eine Geschichte. Ein Pfeifer, sagte er, sah Fische im Meer und blies auf seiner Flöte und meinte, sie sollten herauskommen zu ihm aufs Land. Als ihn seine Hoffnung aber trog, nahm er ein Netz, warf's aus und hatte eine Menge Fische darin und zog sie heraus. Und wie er sie springen sah, sprach er zu den Fischen: ‹Hört mir doch auf mit dem

Tanzen, denn als ich euch pfiff, wolltet ihr nicht kommen und tanzen.› Diese Geschichte erzählte Kyros den Joniern und Aiolern deshalb, weil vorher die Jonier nicht auf Kyros hatten hören wollen, als er Gesandte schickte und sie bat, von Kroisos abzufallen, jetzt aber, wo die Sache abgemacht war, waren sie bereit, auf Kyros zu hören. Er also, zornig über sie, sagte dieses, als es aber den Joniern in ihren Städten überbracht wurde, kümmerte sich eine jede Stadt um ihre Mauern, und sie traten zusammen im Panjonion, alle bis auf die Milesier. Denn mit ihnen allein hatte Kyros einen Vertrag geschlossen, zu denselben Bedingungen wie der Lyder. Die andern Jonier aber faßten den einmütigen Beschluß, Boten nach Sparta zu senden, die um Hilfe bitten sollten.

Diese Jonier, denen auch die Bundesstätte Panjonion zugehört, haben ihre Städte errichtet in einem Land, das das schönste Wetter und beste Klima hat auf der ganzen Erde, soweit wir sie kennen. Denn weder die Gegenden oberhalb können sich mit Jonien vergleichen noch die unterhalb. Denn die einen bedrückt Kälte und Nässe, die andern Hitze und Dürre. Die Jonier haben aber nicht alle die gleiche Sprache, sondern vier Dialekte. Milet ist ihre erste Stadt gegen Mittag, dann kommen Myus und Priëne; diese liegen in Karien und sprechen die gleiche Mundart; folgende aber in Lydien: Ephesos, Kolophon, Lebedos, Teos, Klazomenai, Phokaia. Diese Städte stimmen mit den vorher genannten in der Mundart gar nicht überein, wohl aber untereinander. Nun sind noch drei jonische Städte übrig, deren zwei auf Inseln liegen, auf Samos und Chios, eine aber auf dem Festland erbaut ist, Erythrai. Die von Chios nun und Erythrai reden in der gleichen Weise, die Samier aber haben ihre eigene Mundart. Dies sind die vier Ausprägungen der Sprache. 142

Von diesen Joniern also waren die Milesier vor der Gefahr gesichert, da sie einen Vertrag hatten, die Inselbewohner aber 143 brauchten nichts zu fürchten; denn noch waren die Phönizier nicht Untertanen der Perser und die Perser selber nicht Seefahrer.

Abgetrennt hatten sich diese Jonier von den andern aus keinem besonderen Anlaß, nur daß ganz Hellas zu der Zeit noch schwach war, der weitaus schwächste aber von allen Stämmen und auch der unbedeutendste war der jonische. Denn außer Athen hatte er keine Stadt von Bedeutung. Die andern Jonier nun und auch die Athener mieden den Namen und mochten nicht gern Jonier genannt werden, ja auch jetzt noch, habe ich den Eindruck, schämen sich die meisten dieses Namens. Diese zwölf Städte aber waren stolz auf den Namen und gründeten ein Heiligtum nur für sich und nannten es Panjonion, Ort Alljoniens, und sie beschlossen, keine anderen Jonier dort zuzulassen – es baten allerdings auch keine um Teilhabe, außer
144 den Smyrnaiern –; so wie die Dorer in der Landschaft, die jetzt Fünfstadt heißt, früher aber hieß sie Sechsstadt, wie die also sehr darauf halten, keine der benachbarten Dorer zu dem Triopischen Heiligtum zuzulassen, ja sie haben sogar aus ihrem Kreis welche von der Teilhabe ausgeschlossen, als sie sich gegen die Ordnung des Heiligtums vergingen. In den Kampfspielen des Triopischen Apollon nämlich setzten sie vor alters eherne Dreifüße für die Sieger aus, und wer sie gewann, durfte sie nicht mitnehmen aus dem Heiligtum, sondern mußte sie dort aufstellen und dem Gott weihen. Nun siegte einmal ein Mann aus Halikarnaß, Agasikles mit Namen, und der kümmerte sich nicht um den Brauch, sondern trug den Dreifuß heim und hängte ihn in seinem Haus an einen Nagel. Aus diesem Grunde schlossen die fünf Städte, Lindos und Ialysos, Kamiros, Kos und Knidos, die sechste, Halikarnaß, aus von der Teilnahme. Das war die Strafe, die sie denen auferlegten.

145 Daß es gerade zwölf Städte sind, die die Jonier zusammengefaßt haben, und daß sie mehr nicht aufnehmen wollten,

kommt, so meine ich, daher, daß sie auch, als sie noch in der Peloponnes wohnten, aus zwölf Teilen bestanden, so wie jetzt auch die Achaier, die die Jonier von dort vertrieben haben, aus zwölf Teilen bestehen. Da ist erstens Pellene, gegen Sikyon hin, dann Aigeira und Aigai, wo der Fluß Krathis fließt, der immer Wasser führt und von dem der Fluß in Italien seinen Namen hat, weiter Bura und Helike, wohin die Jonier sich flüchteten, als sie in der Schlacht gegen die Achaier unterlagen, weiter Aigion, Rhypes, Patrai, Pharai und Olenos, an dem großen Fluß Peiros, und Dyme und Tritaia, von diesen Städten die einzige im Innern des Landes. Das sind die zwölf 146
Teile, jetzt der Achaier, vormals aber waren es zwölf der Jonier, und deshalb haben auch die Jonier einen Bund von zwölf Städten gemacht. Denn daß diese mehr Jonier sind als die andern oder von reinerer Abstammung, das zu behaupten wäre eine große Torheit. Denn kein geringer Teil von ihnen sind Abanten aus Euböa, die mit Jonien nichts gemein haben, auch den Namen nicht, und dann haben sich mit ihnen gemischt Minyer aus Orchomenos und Kadmeer und Dryoper und ein abgespaltener Teil der Phoker und Molosser und Pelasger aus Arkadien und Dorer aus Epidauros, und noch viele andere Stämme haben sich mit ihnen vermischt. Die aber vom Prytaneion in Athen auszogen und meinten, sie seien die edelsten unter den Joniern, die brachten keine Frauen mit in ihre Neusiedlung, sondern nahmen karische Frauen, deren Eltern sie zuvor erschlagen hatten. Und um dieses Totschlags willen machten es sich die Frauen zum Gesetz und setzten einen Schwur darauf und gaben ihn weiter an ihre Töchter, niemals mit ihren Männern zu essen noch ihren Mann beim Namen zu rufen, deswegen, weil sie ihre Väter und Männer und Kinder umgebracht und nach solcher Tat sie selber zu ihren Frauen gemacht hatten. Das war geschehen in Milet.

147 Und als Könige setzten die einen von ihnen Lykier ein, Nachkommen des Glaukos, des Sohns des Hippolochos, andere Kaukonen aus Pylos, Nachfahren des Kodros, des Sohnes des Melanthos, und andere auch solche aus beiden Geschlechtern. Wenn sie jedoch so an dem Namen hängen, mehr als andere Jonier, gut, dann sollen sie die reinblütigen Jonier sein. Jonier sind aber auch alle, die aus Athen stammen und das Apaturienfest begehen, und das begehen alle außer den Ephesern und Kolophoniern. Das sind nämlich die einzigen Jonier, die nicht die Apaturien feiern, und das, weil dabei einmal Blut geflossen ist.

148 Das Panjonion aber ist eine heilige Stätte am Berg Mykale, an dessen nördlichem Rand, von den Joniern gemeinsam dem Poseidon vom Helikon geweiht. Der Berg Mykale springt vom Festland vor nach Westen, gegen Samos zu. Dort pflegten sich die Jonier aus ihren Städten zu treffen und ein Fest zu feiern, dem sie den Namen Panjonia gaben. (Übrigens geht's nicht nur den jonischen Festen so, sondern bei allen Hellenen enden alle Feste auf den gleichen Buchstaben, ganz wie die Namen der Perser.)

149 Das waren die jonischen Städte, und dies sind die aiolischen: Kyme, das phrikonische genannt, Larisai, Neon Teichos («Neuburg»), Temnos, Killa, Notion, Aigiroëssa, Pitane, Aigaiai, Myrina, Gryneia. Das sind die elf alten Städte der Aioler, eine aber, nämlich Smyrna, ist durch die Jonier von diesen abgetrennt worden; denn auch sie waren zwölf, die Aioler auf dem Festland. Diese Aioler trafen bei ihrer Siedlung auf besseres Land, aber nicht auf ein so gutes Klima.
150 Smyrna aber verloren die Aioler folgendermaßen. Die Smyrnaier nahmen Kolophonier auf, die bei einem Streit in der Stadt unterlegen und aus der Heimat vertrieben waren. Darauf paßten diese Vertriebenen aus Kolophon die Zeit ab, daß die Smyrnaier ein Dionysosfest draußen vor der Mauer feier-

ten, schlossen die Tore und waren im Besitz der Stadt. Als nun alle Aioler zu Hilfe kamen, kam es zu dem Vergleich, daß die Jonier die bewegliche Habe herausgaben und die Aioler auf Smyrna verzichteten. Das taten die Smyrnaier, und die andern elf Städte teilten sie auf und machten sie zu ihren Bürgern.

Das sind die aiolischen Städte auf dem Festland, außer de- 151
nen, die im Idagebirge liegen, denn die sind für sich. Von denen auf den Inseln aber liegen fünf auf Lesbos – denn die sechste auf Lesbos, Arisba, haben die Methymnaier zu Knechten gemacht, obwohl die ihre Blutsverwandten waren –, und eine liegt auf Tenedos und auf den sogenannten Hundertinseln auch noch eine.

Die Leute auf Lesbos und Tenedos hatten nun, wie die Jonier auf den Inseln, nichts zu fürchten. Die übrigen Städte aber faßten gemeinsam den Beschluß, den Joniern zu folgen, wohin sie auch vorangingen.

Als nun die Boten der Jonier und Aioler nach Sparta kamen 152
– denn diese Sache wurde in aller Eile betrieben –, wählten sie zu ihrem Wortführer den Mann aus Phokaia, der hatte den Namen Pythermos. Der legte ein Purpurgewand an, damit auf diese Kunde recht viele Spartiaten zusammenkämen, trat vor sie und bat in einer langen Rede um ihren Beistand. Die Lakedaimonier aber hörten nicht auf ihn, sondern beschlossen, den Joniern nicht zu helfen. Die kehrten also heim, die Lakedaimonier aber sandten, obwohl sie der Jonier Boten abgewiesen, dennoch Männer auf einem Fünfzigruderer aus; wie mir scheint, um auszukundschaften, wie es stehe mit Kyros' Macht und Jonien. Als diese nach Phokaia kamen, sandten sie ihren angesehensten Mann nach Sardes, der hatte den Namen Lakrines. Er war beauftragt, Kyros eine Erklärung der Lakedaimonier vorzutragen, er solle keine Stadt in hellenischen Landen antasten, denn das würden sie nicht dulden. Als der 153

Herold so sprach, soll Kyros die Hellenen, die bei ihm waren, gefragt haben, was denn das für Leute seien, die Lakedaimonier, und wie groß ihre Zahl, daß sie ihm das entbieten ließen. Und als er's erfahren, habe er zu dem spartanischen Herold gesagt: «Ich habe mich noch nie vor Leuten gefürchtet, die mitten in der Stadt einen Platz dazu bestimmt haben, sich dort zu treffen und gegenseitig mit Eid und Schwur zu betrügen. Die werden, wenn ich gesund bleibe, noch genug zu schwatzen haben, nicht über die Leiden der Jonier, sondern ihre eigenen.» Mit diesen wegwerfenden Worten meinte Kyros alle Hellenen, weil sie Märkte haben, wo man kauft und verkauft; die Perser selber nämlich haben nicht die Gewohnheit, Märkte abzuhalten, und es gibt bei ihnen überhaupt keinen Marktplatz.

Danach vertraute er Sardes dem Tabalos an, einem Perser, das Gold des Kroisos aber und der andern Lyder dem Paktyes, einem Lyder, es zu bewahren, er selber aber zog fort nach Agbatana und nahm Kroisos mit sich und kümmerte sich vorerst überhaupt nicht um die Jonier. Denn Babylon war ihm im Weg und das baktrische Volk und die Saken und die Ägypter; gegen die gedachte er selber zu ziehen, gegen die Jonier aber einen andern Feldherrn zu schicken.

154 Als Kyros aber von Sardes abgezogen war, brachte jener Paktyes die Lyder zum Abfall von Tabalos und Kyros; er kam herab an das Meer, und da er das ganze Gold von Sardes in der Hand hatte, mietete er sich Söldner und brachte die Leute am Meer dazu, mit ihm in den Kampf zu ziehen. Und er rückte an gegen Sardes, schloß Tabalos in der Burg ein und belagerte ihn.

155 Als Kyros das unterwegs erfuhr, sprach er zu Kroisos: «Kroisos, was geht da vor, und wie wird das wohl enden? Die Lyder wollen, scheint's, nicht aufhören, Schwierigkeiten zu machen und selbst welche zu haben. Ich überlege mir ernstlich,

ob es nicht das beste wäre, sie zu Sklaven zu machen. Denn jetzt, kommt es mir vor, hab ich gehandelt wie einer, der einen Vater umbringt und dessen Söhne verschont. So hab auch ich dich, der für sie noch mehr ist als ein Vater, den Lydern genommen und führe dich weg, ihnen selbst aber hab ich die Stadt überlassen, und dann wundere ich mich, wenn sie von mir abfallen.» Der sagte also, was er dachte, der aber antwortete, voller Furcht, er möchte Sardes auslöschen, mit diesen Worten: «Großer König, du hast völlig recht, trotzdem, laß nicht in allem deinen Zorn walten und wolle nicht eine so alte Stadt vernichten, die doch unschuldig ist an dem früheren und an dem jetzigen Geschehen. Denn das Frühere habe ich getan, und ich habe es auf mein Haupt geladen und daran zu tragen; was aber jetzt vorliegt, da ist es doch Paktyes, der unrecht tut, dem du selber Sardes übergeben hast, der soll dir Buße zahlen. Mit den Lydern aber habe Nachsicht und lege ihnen folgendes auf, damit sie nicht noch einmal abfallen noch dir sonst gefährlich sind. Sende zu ihnen und verbiete ihnen, Kriegswaffen zu besitzen, und trage ihnen auf, daß sie unter ihren Kleidern feine Wäsche tragen und hohe Schuhe an den Füßen, und gebiete ihnen, ihre Knaben zu Leier- und Harfenspielern zu erziehen und zu Krämern. Und bald, hoher König, wirst du sehen, daß sie Weiber geworden sind statt Männer, so daß sie dir künftig nicht mehr gefährlich sind noch abfallen.» Das schlug Kroisos ihm vor; denn besser so, als daß 156
die Lyder versklavt und verkauft würden, und dann meinte er, wenn er nicht einen Vorschlag machte, der sich hören ließ, würde er seinen Sinn nicht wenden, und dann hatte er auch große Angst, daß die Lyder, auch wenn sie jetzt noch einmal davonkämen, in Zukunft sich doch wieder empörten gegen die Perser und dann von ihnen vernichtet würden. Kyros aber freute sich über den Vorschlag, ließ von seinem Zorn und sagte, er werde ihm folgen. Und er rief zu sich

Mazares, einen Meder, und trug ihm auf, mit den Lydern zu
verfahren nach Kroisos' Vorschlag; dazu solle er die andern,
die mit den Lydern gegen Sardes gezogen waren, alle zu Skla-
ven machen, Paktyes selber aber auf jeden Fall lebendig zu
ihm schaffen.

157 Nachdem er das noch auf dem Wege angeordnet hatte, zog
er weiter zu den Wohnsitzen der Perser, Paktyes aber, als er
die Nachricht bekam, daß ein Heer gegen ihn anrücke und
schon nahe sei, bekam es mit der Angst und machte sich auf
und davon nach Kyme. Mazares der Meder zog also gegen
Sardes und hatte mit sich einen Teil von Kyros' Heer, so groß
wie er eben war, und als er Paktyes und seine Leute nicht
mehr in Sardes fand, nötigte er zuerst die Lyder, Kyros' Be-
fehle auszuführen. Und auf Grund dieser Anordnung haben
die Lyder ihre ganze Lebensweise geändert. Danach schickte
Mazares Boten nach Kyme und verlangte, sie sollten Paktyes
ausliefern. Die Kymaier aber beschlossen, erst Rat zu suchen
und sich an den Gott in Branchidai zu wenden. Denn dort war
ein Orakel, seit alters eingerichtet, dessen sich alle Jonier und
Aioler zu bedienen pflegten. Der Ort liegt im Gebiet von Mi-
158 let, landeinwärts vom Hafen Panhormos. Die Kymaier sandten
also ihre heiligen Boten dorthin und fragten an, was sie mit
Paktyes machen sollten, um den Göttern zu gefallen. Und auf
ihre Frage erhielten sie den Spruch, Paktyes auszuliefern an
die Perser. Als die Kymaier diesen Bescheid hörten, schickten
sie sich an, ihn auszuliefern. Während aber die Menge schon
dabei war, hielt Aristodikos, Sohn des Herakleides, einer ihrer
Bürger, ein angesehener Mann, die Kymaier zurück, sie soll-
ten das nicht tun, denn er traute dem Spruch nicht und ver-
mutete, die Boten sprächen nicht die Wahrheit. Und er er-
reichte, daß andere Boten abgingen, die zum zweiten Mal die
Frage nach Paktyes stellen sollten, und zu ihnen gehörte auch
159 Aristodikos. Und als sie nach Branchidai gekommen waren,

richtete Aristodikos im Namen aller das Wort an das Orakel und stellte die folgende Frage: «Herr, zu uns ist ein Schutzflehender gekommen, Paktyes der Lyder, auf der Flucht vor gewaltsamem Tod durch Perserhand. Die wollen ihn haben und verlangen, daß die Kymaier ihn ausliefern. Und wir haben Furcht vor der Macht der Perser, aber bislang nicht gewagt, ihn auszuliefern, und wollen dabei bleiben, bis wir von dir einen eindeutigen Bescheid haben, was wir tun sollen.» So stellte er seine Frage, der aber gab ihnen wieder den gleichen Spruch und hieß sie Paktyes den Persern ausliefern. Daraufhin tat Aristodikos, was er sich schon ausgedacht hatte. Er ging um den Tempel herum und nahm die Nester der Sperlinge aus und was sonst noch für Vögel in dem Tempel nisteten. Als er das tat, kam eine Stimme aus dem Innern des Tempels, erzählt man, die galt Aristodikos und sprach: «Du gottloser Frevler, wie kannst du das wagen? Meine Schützlinge raubst du aus dem Tempel?» Aristodikos aber war um eine Antwort nicht verlegen und sagte: «Herr, selber stehst du so deinen Schützlingen bei, den Kymaiern aber befiehlst du, ihren Schützling auszuliefern?» Die Stimme ertönte noch ein zweites Mal und antwortete: «Ja, das befehle ich, auf daß ihr durch solchen Frevel um so schneller verderbt und nicht mehr zum Orakel kommt und fragt, ob Schutzflehende auszuliefern sind.» Als den Kymaiern dieser Bescheid überbracht wurde, 160
da wünschten sie beides nicht, weder ihn auszuliefern und so selber zu verderben noch ihn zu behalten und belagert zu werden, und so geleiten sie ihn fort nach Mytilene. Die Leute von Mytilene aber, als Mazares sie durch Boten ersuchte, Paktyes auszuliefern, waren dazu bereit, um irgendeinen Preis; genau nämlich kann ich ihn nicht angeben, denn die Sache kam nicht zustande. Als die Kymaier nämlich merkten, was die Leute aus Mytilene da vorhatten, schicken sie ein Schiff nach Lesbos und bringen Paktyes fort nach Chios. Und dort

wurde er von dem Tempel der Stadtschützerin Athene weggerissen und von den Chiern ausgeliefert. Die Chier lieferten ihn aber aus um den Preis von Atarneus, das eine Landschaft in Mysien ist, Lesbos gegenüber. Als nun die Perser Paktyes übernommen hatten, hielten sie ihn in Gewahrsam, um ihn vor Kyros zu bringen. Und eine lange Zeit über streute beim Opfer kein Mensch bei den Chiern einem der Götter Gerstenkörner von dieser Stätte Atarneus oder buk Opferkuchen aus der Frucht dieses Landes, und nichts, was aus dieser Gegend kam, durfte zu irgendeinem Opfer verwendet werden.

161 Die Chier hatten nun Paktyes ausgeliefert, Mazares aber zog danach gegen alle, die sich an der Belagerung des Tabalos beteiligt hatten, und erst versklavte er die von Priëne, dann durchstreifte er die ganze Ebene des Mäander und gab sie dem Heer frei zur Plünderung, und Magnesia desgleichen. Gleich danach aber wird er krank und stirbt.

162 Nach seinem Tod kam Harpagos, den Befehl zu übernehmen, auch er ein Meder von Geburt, jener, den der Mederkönig Astyages bewirtet hatte mit dem gräßlichen Mahl und der mitgewirkt hatte, daß Kyros König wurde. Dieser Mann wurde jetzt von Kyros zum Befehlshaber ernannt, und als er eintraf in Jonien, nahm er die Städte durch Dämme. Sobald er sie nämlich eingeschlossen hatte, schüttete er Dämme auf gegen die Mauern, und so nahm er sie.

163 Und die erste Stadt Joniens, die er angriff, war Phokaia. Die Phokaier haben als erste unter den Hellenen weite Seefahrten unternommen, und sie sind es, die die Adria bekannt gemacht haben und Etrurien und Spanien und die Stadt Tartessos. Sie fuhren nicht auf breiten Frachtschiffen, sondern auf Fünfzigruderern. Und als sie nach Tartessos kamen, machten sie sich sehr beliebt beim König von Tartessos, der hatte den Namen Argathonios und herrschte über Tartessos achtzig Jahre, lebte aber insgesamt einhundert und zwanzig. Bei diesem Mann

also machten sich die Phokaier so ausnehmend beliebt, daß er sie zuerst ermunterte, Jonien zu verlassen und sich in seinem Land niederzulassen, wo sie wünschten, und nachher, als er die Phokaier nicht dazu bereden konnte, er aber erfuhr, wie der Meder bei ihnen größer und größer wurde, schenkte er ihnen Geld, eine Mauer um die Stadt zu ziehen. Und er gab's mit vollen Händen; denn die Mauer hat nicht wenige Stadien Umfang, und dann ist sie ganz aus großen und sorgfältig gefügten Steinen.

Auf diese Weise also haben die Phokaier ihre Mauer erbaut. 164
Harpagos aber zog heran mit seiner Streitmacht und belagerte sie, sagte ihnen aber an, es sei ihm genug, wenn die Phokaier willens wären, ein einziges Bollwerk auf der Mauer einzureißen und ein Haus feierlich dem König zu weihen. Die Phokaier aber, denen jede Knechtschaft ein Greuel war, sagten, sie wollten sich einen Tag darüber beraten und dann antworten; doch in der Zeit, da sie darüber berieten, solle er, so verlangten sie, sein Heer abziehen von der Mauer. Harpagos sagte, er wisse ganz gut, was sie vorhätten, trotzdem gebe er ihnen Raum, sich zu beraten. In der Zeit nun, als Harpagos sein Heer fortgeführt hatte von der Mauer, zogen die Phokaier ihre Fünfzigruderer ins Meer, brachten an Bord Kinder und Frauen und alle Habe, dazu auch die Götterbilder aus den Tempeln und die andern Weihgaben, außer was aus Bronze oder Stein war oder Malerei, das übrige aber brachten sie alles an Bord, stiegen selber ein und fuhren ab nach Chios. Phokaia aber, von den Menschen verlassen, besetzten die Perser.
Die Phokaier nun, als ihnen auf ihr Angebot die Chier die In- 165
seln, die man die Oinussen nennt, nicht verkaufen wollten, aus Furcht, sie könnten ein Handelsplatz werden und der Handel auf ihrer Insel würde darunter leiden, daraufhin also gedachten die Phokaier nach Kyrnos (Korsika) zu fahren. Denn auf Kyrnos hatten sie zwanzig Jahre zuvor aufgrund

eines Orakelspruchs eine Stadt aufgebaut, die hieß Alalia. Argathonios aber war zu der Zeit schon tot. Als sie nun nach Kyrnos zu gehen gedachten, fuhren sie zuerst nach Phokaia zurück und erschlugen die persische Besatzung, welche Harpagos zur Bewachung der Stadt zurückgelassen hatte, und dann, als sie das hinter sich hatten, legten sie den stärksten Fluch auf jeden, der nicht mitgehen würde bei ihrer Fahrt, und außerdem warfen sie einen Klumpen Eisen ins Meer und schwuren, sie würden nicht eher nach Phokaia zurückkehren, als bis dieser Klumpen wieder auftauche. Doch als sie die Fahrt nach Kyrnos antreten wollten, da ergriff mehr als die Hälfte der Bürger Heimweh und Jammer um ihre Stadt und die vertrauten Stätten des Landes, und sie brachen den Schwur und kehrten um nach Phokaia. Die übrigen aber hielten den Schwur, brachen auf von den Oinussen und fuhren
166 hinaus auf die hohe See. Und als sie nach Kyrnos gekommen waren, wohnten sie bei den früher Ausgewanderten, an die fünf Jahre, und errichteten dort auch Heiligtümer. Als sie nun bei allen, die im Umkreis wohnten, raubten und Leute wegführten, da sprechen sich die Tyrsener und Karthager ab und ziehen aus gegen sie, beide mit je sechzig Schiffen. Die Phokaier bemannten auch ihre Schiffe, sechzig an der Zahl, und fuhren hinaus auf das sogenannte Sardonische Meer, ihnen entgegen. Und wie sie aneinandergerieten in der Seeschlacht, gewannen sie den Sieg, aber einen kadmeïschen. Denn vierzig ihrer Schiffe gingen verloren, die restlichen zwanzig aber waren nicht mehr kampftüchtig, denn die Rammsporne waren abgebrochen. So fuhren sie nach Alalia, nahmen Kinder und Frauen und, soviel die Schiffe tragen konnten, ihren Besitz an Bord, und dann verließen sie Kyrnos
167 und fuhren nach Rhegion. Viele von der Besatzung der vernichteten Schiffe aber nahmen die Karthager und Tyrsener gefangen, verteilten sie unter sich, und die weitaus meisten

bekamen die Agyllaier, und die führten sie hinaus vor die Stadt und steinigten sie. Hierauf geschah es, daß in Agylla alles, was an dem Platze vorüberkam, wo die gesteinigten Phokaier lagen, sich später eine Verrenkung, Verstümmelung oder Lähmung zuzog, Schafe, Zugvieh, Menschen, eines wie das andere. Die Agyllaier wünschten nun den Frevel zu sühnen und sandten nach Delphi. Und die Pythia gebot ihnen zu tun, was die Agyllaier noch heute durchführen. Sie bringen jenen nämlich reiche Totenspenden dar und führen Kampfspiele durch für Mann und Pferd. Diese Phokaier also fanden ein solches Ende, die andern aber, die nach Rhegion geflüchtet waren, zogen von dort aus und erwarben einen schon bewohnten Ort im Land Oinotria, der jetzt Hyele heißt. Hier gründeten sie die Stadt neu, weil ein Mann aus Poseidonia sie belehrt hatte, daß die Stadtgründung, welche die Pythia ihnen im Spruch geboten hatte, auf den Heros Kyrnos gehe und nicht auf die Insel. So war das Schicksal von Phokaia in Jonien.

Ähnlich wie sie machten es auch die Leute von Teos. Als 168
nämlich Harpagos ihre Mauer mit aufgeschütteten Dämmen nahm, bestiegen alle die Schiffe und fuhren nach Thrakien und gründeten dort die Stadt Abdera, die vor ihnen schon der Klazomenier Timesios gegründet hatte; doch hatte er keinen Nutzen von ihr, sondern wurde von Thrakern vertrieben. Jetzt jedoch empfängt er Ehren von den Teïern als Gründerheros der Stadt.

Das waren die einzigen von den Joniern, welche die Knecht- 169
schaft nicht ertragen wollten und ihr Vaterland verließen, die übrigen Jonier aber, außer den Milesiern, setzten sich zwar zur Wehr gegen Harpagos, wie es auch die Auswanderer getan hatten, und kämpften jeder für seine Stadt und bewährten sich als tapfere Männer; aber als ihre Städte unterlagen und eingenommen wurden, blieben sie jeder in seinem Lande und

leisteten, was ihnen auferlegt wurde. Nur die Milesier, wie ich schon vorher gesagt habe, hatten noch mit Kyros einen Vertrag beschworen und hatten so Ruhe. So war nun Jonien zum zweiten Mal hörig geworden. Und als Harpagos die Jonier auf dem Festland in seine Hand gebracht hatte, bekamen es die Jonier auf den Inseln mit der Angst und unterstellten sich Kyros freiwillig.

170 Als es den Joniern nun schlecht ergangen war, sie aber trotzdem wie früher im Panjonion zusammentraten, da hat dort, wie ich höre, Bias, ein Mann aus Priëne, den Joniern einen sehr brauchbaren Vorschlag gemacht, und wären sie diesem gefolgt, hätte er ihnen wohl das größte Wohlergehen unter allen Hellenen gewährt. Der gab nämlich den Rat, die Jonier sollten sich zusammentun, gemeinsam aufbrechen und nach Sardinien fahren und dann dort einen einzigen Stadtstaat aller Jonier begründen; so würden sie der Knechtschaft entkommen und ein gutes Leben haben, im Besitz der größten aller Inseln und Herr über andere Leute. Wenn sie aber in Jonien blieben, meinte er, so sähe er nicht ab, wie sie je wieder frei sein könnten. Das war der Rat von Bias aus Priëne, den Joniern erteilt, als ihre Freiheit schon dahin war. Gut war aber auch der, den noch vor dem Untergang ihrer Freiheit Thales gab, ein Mann aus Milet, von den Vorfahren in alter Zeit her ein Phönizier; der forderte, sie sollten eine gemeinsame Regierung einsetzen, und die solle in Teos ihren Sitz haben, denn Teos liege in der Mitte Joniens, die andern Städte aber sollten bestehen bleiben wie zuvor, jedoch nur soviel Geltung haben, als ob sie abhängige Gemeinden wären.

171 Das waren die Männer und so ihre Vorschläge. Harpagos aber, als er Jonien unterworfen hatte, machte einen Feldzug gegen die Karer und Kaunier und Lykier, und beide, Jonier und Aioler, mußten mit ihm ziehen. Von diesen Völkern sind die Karer auf das Festland gekommen von den Inseln her. In

alten Zeiten nämlich waren sie Minos untertan und hießen Leleger und saßen auf den Inseln, zahlten aber keinen Tribut – soweit ich in der Lage bin, bis in die ältesten Zeiten der Kunde nachzugehen –, aber so oft Minos dessen bedurfte, bemannten sie ihre Schiffe für ihn. Da nun Minos viel Land unterworfen hatte und stets Glück hatte mit seinen Kriegen, zählte das karische Volk sehr viel, ja es galt zu eben der Zeit unter allen Völkern am meisten. Auch haben sie drei Erfindungen gemacht, welche die Hellenen von ihnen übernahmen. Denn Büsche auf die Helme setzen, das hat niemand anders als die Karer vorgemacht, und so auch die Zeichen auf die Schilde setzen, und sie sind die ersten, die Griffe an den Schilden anbrachten; bis dahin trugen alle, die den Gebrauch von Schilden gewohnt waren, die Schilde nicht an Griffen, sondern handhabten sie mit ledernen Tragriemen, die um den Nacken und die linke Schulter gelegt wurden. Später aber, geraume Zeit danach, vertrieben die Dorer und die Jonier die Karer von den Inseln, und so kamen sie aufs Festland. Daß es mit den Karern so gegangen ist, erzählen die Kreter. Die Karer selber jedoch stimmen nicht mit ihnen überein, glauben vielmehr, sie seien Ureinwohner auf dem Festland und hätten immer den gleichen Namen getragen wie noch jetzt. Sie berufen sich auf ein altertümliches Heiligtum des Karischen Zeus in Mylasa, an dem Myser und Lyder teilhaben als Brüder der Karer. Denn Lydos und Mysos, sagen sie, seien die Brüder des Kar. Die also haben teil daran, all die andern aber, die einem fremden Stamm zugehören, aber die Sprache der Karer angenommen haben, die haben nicht teil.

Die Kaunier aber scheinen mir Ureinwohner zu sein, be- 172
haupten jedoch selber, sie stammten aus Kreta. In ihrer Sprache haben sie sich an das karische Volk angeschlossen, oder die Karer ans kaunische – denn das sicher zu entscheiden bin ich nicht in der Lage –, in ihren Sitten aber sind sie weit ver-

schieden von allen andern Menschen und auch von den Karern. Für sie ist es zum Beispiel das herrlichste, je nach Alter und Freundschaft sich in Scharen zu treffen zum Trinken, Männer, Frauen und Kinder. Sie hatten sich auch Heiligtümer fremder Gottheiten errichtet, später aber hatten sie keinen Gefallen mehr daran und nur noch an der Verehrung der hergebrachten Götter Gefallen, und nun legte die ganze kaunische Jungmannschaft Waffen an, und sie stießen mit den Speeren in die Luft und folgten nach bis zu den Grenzen von Kalynda und sagten, sie trieben die fremden Götter aus dem Land. Das sind so ihre Sitten.

173 Die Lykier stammen ursprünglich aus Kreta; ganz Kreta war nämlich in alter Zeit von Barbaren bewohnt. Dort stritten einst die Söhne der Europa, Sarpedon und Minos, um die Königswürde, und als Minos in dem Zwist die Oberhand gewann, vertrieb er Sarpedon samt seinem Anhang. Die Vertriebenen aber wandten sich nach Asien und kamen in die Landschaft Milyas. Denn wo jetzt die Lykier wohnen, da war in alten Zeiten das Land Milyas, die Milyer aber hießen damals Solymer. Solange nun Sarpedon über sie herrschte, führten sie denselben Namen, den sie mitbrachten und mit dem die Lykier noch jetzt von ihren Nachbarn genannt werden, Termilen. Als aber Lykos, Pandions Sohn, auch er vertrieben von seinem Bruder Aigeus, von Athen in der Termilen Land zu Sarpedon kam, da wurden sie nun mit der Zeit nach des Lykos Namen Lykier genannt. Sitten haben sie teils kretische, teils karische. Diesen einen Brauch aber haben sie ganz für sich und stimmen da mit keinem andern Volk überein. Sie benennen sich nach der Mutter und nicht nach dem Vater. Fragt jemand einen, wer er ist, so wird er seine mütterliche Herkunft nennen und seiner Mutter Mütter herzählen. Und wenn eine Bürgerin sich mit einem Unfreien verbindet, so gelten die Kinder für echtbürtig, hat aber ein Bürger, und

wär er noch so vornehm, eine Fremde zur Frau oder eine Nebenfrau, so bekommen seine Kinder keinerlei Rechte.

Von diesen Völkern wurden nun die Karer, ohne der Welt 174 eine leuchtende Tat zu zeigen, von Harpagos unterworfen, und wie diese keine zeigten, so auch nicht die Hellenen, die in diesem Lande wohnen. Es wohnen dort aber außer andern auch die Knidier, Ansiedler aus Lakedaimon, deren Land ins Meer hineinragt und Triopion genannt wird, und abgeschlossen wird es von der Landenge von Bybassos, und ganz Knidos ist bis auf diesen schmalen Zugang vom Meer umspült; denn nach Norden begrenzt es der Meerbusen Kerameikos und nach Süden das Meer von Syme und Rhodos. Diese schmale Stelle, nur gegen fünf Stadien breit, wollten nun die Knidier durchstechen, während Harpagos dabei war, Jonien zu unterwerfen, und so wollten sie aus ihrem Land eine Insel machen. Ihr ganzes Gebiet sollte dieser Graben abschließen; denn erst wo das knidische Land am Festland endet, liegt die Enge, die sie durchstechen wollten. Und als die Knidier mit vielen Händen am Werk waren, wurden die Leute bei der Arbeit mehr als gewöhnlich und irgendwie schon unheimlich verletzt, hier und dort am Körper und besonders an den Augen, wenn der Fels splitterte, und so sandten sie heilige Boten nach Delphi, die den Gott befragen sollten, was gegen sie stünde. Die Pythia gab ihnen, wie die Knidier selber erzählen, in jambischem Dreimaß diesen Spruch:

«Ihr sollt am Isthmos Mauer nicht noch Graben ziehn.
Zeus hätt's zur Insel selbst gemacht, hätt er's gewünscht.»

Als die Pythia diesen Spruch gab, stellten die Knidier das Graben ein und ergaben sich, als Harpagos heranzog, ohne Kampf.

Oberhalb von Halikarnaß, landeinwärts, saßen die Pedaseer. Wenn denen etwas Widriges bevorsteht, ihnen und auch 175 den Nachbarn, dann bekommt die Priesterin der Athene einen starken Bart. Dreimal ist das bei ihnen schon geschehen. Sie sind von allen Leuten rings in Karien die einzigen, die Harpagos eine Zeitlang widerstanden und sehr viel zu schaffen machten, denn sie hatten sich auf einem Berg verschanzt, der heißt Lida.

176 Mit der Zeit wurden auch die Pedaseer bezwungen, die Lykier aber traten Harpagos entgegen, als er mit seinem Heer in die Ebene von Xanthos einbrach, und kämpften mit großer Tapferkeit, wenige gegen viele; als sie aber unterlagen und in der Stadt eingeschlossen wurden, brachten sie ihre Frauen und Kinder und Habe und Gesinde, alles miteinander auf die Burg, und dann steckten sie die Burg an, so daß sie ganz niederbrannte. Das getan, schworen sie miteinander einen furchtbaren Eid, machten einen Ausfall, und alle Xanthier fanden im Kampfe den Tod. Von den heutigen Lykiern aber, die Xanthier sein wollen, sind die meisten, achtzig Familien ausgenommen, Zugewanderte. Denn diese achtzig waren damals gerade außer Landes und haben so überlebt. Xanthos also bekam Harpagos so in die Hand, und ganz ähnlich auch Kaunos; denn die Kaunier taten es den Lykiern nach, jedenfalls in vielen Stücken.

177 Das vordere Asien also verheerte Harpagos, das innere aber Kyros selber, und unterwarf Volk für Volk und überging keines. Davon wollen wir den größten Teil hier übergehen, was ihm aber am meisten zu schaffen machte und was vor allem erzählenswert ist, dessen will ich gedenken.

178 Als Kyros all die Völker Asiens in seine Hand bekommen hatte, machte er sich an die Assyrer. In Assyrien gibt's nun auch sonst viele große Städte, die namhafteste und stärkste aber, und nach der Zerstörung von Ninos Sitz des Königs, war Babylon. Und nun die Beschreibung der Stadt. Sie liegt in einer großen Ebene und ist ein Viereck, und jede Front ist einhundertzwanzig Stadien lang, das macht im ganzen einen Stadtum-

fang von vierhundertachtzig Stadien. Das wäre die Ausdehnung der Stadt Babylon. Bauten und Anlage aber sind so großzügig wie sonst bei keiner Stadt, von der wir wissen. Erstens läuft ein Graben um sie, der ist tief und breit und voll Wasser, dann die Mauer, die ist fünfzig Königsellen breit, zweihundert hoch. Eine Königselle aber ist drei Fingerbreiten länger als die gewöhnliche. Hier muß ich auch noch gleich sagen, 179
wozu die Erde aus dem Graben verwendet wurde und wie die Mauer gebaut ist. Während sie den Graben aushoben, formten sie gleich Backsteine aus der Erde, die sie aus dem Graben schafften, und wenn sie genug Backsteine gestrichen hatten, brannten sie die in Öfen. Dann nahmen sie als Bindemittel heißes Erdpech, legten auch noch nach je dreißig Lagen Ziegel ein Rohrgeflecht auf, und so bauten sie zuerst die Wände des Grabens, dann die Mauer selber nach dem gleichen Verfahren. Oben auf der Mauer an beiden Rändern errichteten sie einstöckige Aufbauten, einander gegenüber; in der Mitte zwischen den Aufbauten aber blieb Raum genug für ein Viergespann, die Stadt zu umfahren. Torflügel gibt's rings in der Mauer einhundert, alle mit Bronze beschlagen, und die Pfosten und Oberbalken desgleichen. Nun liegt acht Tagereisen von Babylon weg eine Stadt, Is ist ihr Name, da ist ein Fluß, nicht eben groß, und auch der Fluß hat den Namen Is, und er ergießt sich in den Euphrat. Da nun, wo dieser Is entspringt, steigen mit dem Wasser zahlreiche Klumpen Erdpech auf, und von dort wurde der Asphalt für die Mauer von Babylon geholt.

Auf die Art wurde Babylon mit Mauern umgeben, die Stadt 180
besteht aber aus zwei Teilen. Denn in der Mitte trennt sie ein Fluß, der heißt Euphrat und kommt von Armenien geflossen und ist groß und tief und schnell, und er mündet ins Rote Meer. Die Mauer ist nun beidseits in einem Vorsprung bis an den Fluß geführt, von dort an aber biegt ein Wall aus gebrannten Ziegeln ab und zieht sich an beiden Ufern entlang.

Die Stadt darin, die voll ist von Häusern mit drei oder vier Stockwerken, wird durchschnitten von geraden Straßen, die längs des Flusses oder quer auf ihn zulaufen. Am Ende einer jeden Straße nun waren Pforten in dem Wall am Fluß, soviel Gassen, soviel Pforten. Auch diese waren mit Bronze beschlagen, und durch diese kam man unmittelbar an den Fluß.
181 Diese Mauer also ist der Panzer, innen läuft aber noch eine zweite Mauer herum, nicht viel schwächer als die andere, doch schmäler. Mitten in beiden Stadtteilen steht je ein Bau mit Mauern, hier die Königsburg mit großer, starker Ringmauer, dort das Heiligtum des Zeus-Baal, mit Bronzetoren, und das steht noch zu meiner Zeit, zwei Stadien lang und breit, ein Quadrat. In der Mitte des Heiligtums ist ein Turm gebaut, ohne Innenraum, ein Stadion lang und breit, und auf diesen Turm ist ein weiterer Turm gekommen und dann immer noch einer drauf, bis es acht sind. Der Aufstieg ist außen rings um alle Türme herum geführt; und ist man bis zur Mitte aufgestiegen, gibt es einen Ort zur Rast und Sitze zum Ausruhen, und da lassen die Aufsteigenden sich nieder und ruhen sich aus. Auf dem letzten Turm aber steht ein großes Gotteshaus, und in dem Haus steht ein großes Ruhebett mit schönen Decken und daneben ein goldener Tisch. Aber ein Götterbild ist nicht darinnen aufgestellt. Und nachts schläft auch kein Mensch dort, außer zuweilen eine Frau alleine, die sich der Gott auserwählt hat aus allen Frauen des Landes, wie die Chaldäer sagen, die die Priester dieses
182 Gottes sind. Diese behaupten auch – ich glaube es aber nicht –, daß der Gott selber in den Tempel kommt und auf dem Bette ruht, ganz wie im ägyptischen Theben, wo es die Ägypter behaupten – denn auch dort ruht in dem Heiligtum des ägyptischen Zeus eine Frau, und beide Frauen, erzählt man, nahen sich nie dem Lager eines Mannes –, und ganz wie in Patara in Lykien die Verkünderin des Gottes, wenn er da ist; denn das

Orakel wird dort nicht immer erteilt. Ist der Gott aber gekommen, dann wird sie nachts mit eingeschlossen im Innern des Tempels.

Es gibt aber in dem Heiligtum in Babylon noch einen an- 183
dern, unteren Tempel, da ist ein großes Bild des Zeus, in sitzender Stellung, von Gold, und ein großer Tisch steht neben ihm, auch von Gold, und sein Schemel und der Thron sind auch von Gold. Und wie die Chaldäer erzählten, sind achthundert Talente Gold darauf verwendet worden. Vor dem Tempel aber steht ein goldener Altar. Es gibt noch einen zweiten Altar, einen großen, auf dem die voll ausgewachsenen Tiere geschlachtet werden; denn auf dem goldenen dürfen allein Tiere, die noch saugen, geopfert werden. Auf dem großen Altar verbrennen die Chaldäer auch tausend Talente Weihrauch Jahr für Jahr, wenn sie das Fest ihres Gottes feiern. Es war aber in diesem heiligen Bezirk zu Kyros' Zeit auch noch ein Standbild, zwölf Ellen hoch und ganz aus massivem Gold. Ich selber hab es nicht gesehen und gebe nur wieder, was die Chaldäer erzählen. Auf dieses Standbild hatte es Dareios, Hystaspes' Sohn, abgesehen, doch getraute er sich nicht, es zu nehmen. Xerxes aber, sein Sohn, nahm es und tötete den Priester, der verbot, das Standbild von der Stelle zu bewegen.

Damit genug von diesem Heiligtum und seiner prächtigen Ausstattung, es gibt dort aber auch viele private Weihgaben.

Dieses Babylon hat nun viele Könige gehabt, ihrer werde 184
ich in den assyrischen Geschichten gedenken; und sie haben die Mauern erbaut und die Heiligtümer. Unter ihnen waren aber auch zwei Frauen. Die zuerst Königin war, hat fünf Generationen vor der späteren gelebt, Semiramis war ihr Name, und die hat Dämme in der Ebene aufgeführt, die sind sehenswert. Vorher setzte nämlich der Fluß immer wieder die ganze
Ebene unter Wasser. Und die nach dieser die zweite Königin 185
war, Nitokris war ihr Name, die hatte noch mehr Verstand

als die frühere Regentin und hinterließ zum einen Denkwürdigkeiten, die ich gleich beschreiben will, und zum andern war sie auf der Hut, als sie sah, daß das Reich der Meder groß wurde und keine Ruhe gab, sondern Stadt um Stadt dazugewann, darunter auch Ninos, und traf Vorsorge, soviel sie nur konnte. Zuerst ließ sie den Euphratstrom, der mitten durch ihre Stadt fließt und vordem einen geraden Lauf hatte, oberhalb der Stadt durch ein künstliches Bett, das sie ausheben ließ, sich so hin und her wenden, daß er in seinem Lauf dreimal zu einem der assyrischen Orte kommt. Dieser Ort, den der Euphrat berührt, hat den Namen Anderikka. Und noch heute kommt, wer von diesem unserm Meer den Weg nach Babylon macht und am Ende den Euphrat hinabfährt, dreimal an diesem Ort, immer dem gleichen, vorbei, und das in drei Tagen. Das war eins von ihren Werken. Sie schüttete auch einen Damm auf an beiden Seiten des Flusses, und es ist des Staunens wert, wie groß und hoch er ist. Und weit oberhalb von Babylon hob sie ein Becken aus für einen See, der sich nicht weit vom Fluß hinzieht, und grub so tief, bis überall das Grundwasser kam, und so breit und lang, daß sein Umfang vierhundert und zwanzig Stadien beträgt. Die aus diesem Becken ausgehobene Erde aber verwendete sie zu Deichen am Ufer. Und als das Becken gegraben war, führte sie Steine heran und setzte sie als Befestigung rings um die Böschung. Dies beides, die Krümmungen des Flusses und das flache Becken für das sumpfige Gewässer, machte sie deshalb, damit der Fluß, in vielen Windungen gebrochen, langsamer strömte und die Schiffahrt nach Babylon in Windungen ging und nach der Fahrt auf dem Fluß noch ein langer Umweg auf dem See dazukam. Das wurde aber in dem Teil des Landes angelegt, wo der Zugang war und der Weg von den Medern am kürzesten, damit die Meder nicht durch regen Verkehr selber sahen, wie es dort im Lande stand.

Das sind die Wasserbauten, mit denen sie sich sicherte, doch 186
benutzte sie die auch, um noch zusätzlich etwas anzuhängen, nämlich folgenden Bau: Weil doch die Stadt aus zwei Teilen besteht und der Fluß in der Mitte sie trennt, so mußte man zu den Zeiten der früheren Könige, wenn man von einem Stadtteil hinüber wollte in den anderen, mit einem Boot übersetzen, und das war, meine ich, recht lästig. Aber auch dafür sorgte die Königin. Denn als sie das Becken für den See gegraben hatte, hinterließ sie mit Hilfe dieses Baus noch dies weitere Denkmal. Sie ließ mächtige Steinblöcke zuhauen, und als die zur Stelle waren und das Becken ausgehoben, leitete sie alles Wasser des Flusses in dieses, und während das sich allmählich füllte und das alte Strombett trocken lag, nutzte sie die Zeit und befestigte einmal die Ränder des Flusses in der Stadt und die Rampen, die von den Pforten zum Fluß hinabführten, mit gebrannten Ziegeln, in der gleichen Bauweise wie bei den Mauern, zum andern aber baute sie aus den Steinen, die sie hatte brechen lassen, eine Brücke, ziemlich genau in der Mitte der Stadt, und verklammerte die Steine durch Eisen und Blei. Oben auf der Brücke ließ sie, sooft es Tag wurde, viereckige Balken legen, und auf diesen gingen die Babylonier über den Fluß. Nachts aber nahmen sie diese Bohlen weg, und das dazu, daß sie nicht hinüber und einander bestehlen konnten. Als nun der gegrabene See voll war vom Wasser des Flusses, war auch alles an der Brücke sauber ausgeführt, und nun leitete sie den Euphrat vom See wieder in sein altes Bett. Und so wurde das Becken ein flacher, sumpfiger See, wie es auch beabsichtigt war, und die Bewohner der Stadt hatten ihre Brücke.

Eben diese Königin dachte sich auch einen Trug aus, der 187
war so: Über dem Tor der Stadt, wo das Volk am meisten aus und ein ging, ließ sie ihr Grabmal bauen, hoch oben, grad über den Torflügeln, und auf dem Grabmal haute sie eine In-

schrift ein, die lautete: «Wer nach mir König ist von Babylon und hat Mangel an Geld, der mag das Grab öffnen und so viel Geld entnehmen, wie er wünscht. Jedoch nur in der Not, sonst nicht. Denn das wird ihm nicht bekommen.» Dies Grab blieb unangerührt, bis das Königtum schließlich an Dareios kam. Dareios aber fand es unerträglich, dieses Tor nicht zu benutzen und daß die Schätze dalagen und die Inschrift selber dazu aufforderte, und er sollte es nicht nehmen. Er benutzte nämlich dieses Tor deshalb nicht, weil er den Leichnam über seinem Kopf hatte, wenn er durchfuhr. Er öffnete also das Grabmal und fand die Schätze nicht, wohl aber die Leiche und diese Inschrift: «Wärst du nicht unersättlich im Geld und widerwärtig aus auf Gewinn, du würdest der Toten Gräber nicht öffnen.» So also war diese Königin, wie man erzählt.

188 Kyros zog nun gegen den Sohn dieser Frau, der hatte den Namen seines Vaters Labynetos und die Herrschaft über die Assyrer. Wenn aber der große König in den Krieg zieht, ist er von zuhause wohl versehen mit Nahrung und auch mit lebendem Vieh, ja auch Wasser wird mitgeführt aus dem Fluß Choaspes, der bei Susa fließt, und von dem allein trinkt der König und keinem andern. Und er mag reisen, wohin er will, es folgt ihm eine lange Reihe vierrädriger Wagen, mit Mäulern bespannt, die das Wasser dieses Choaspes abgekocht in silbernen Gefäßen mitführen.

189 Als nun Kyros auf seinem Marsch nach Babylon an den Fluß Gyndes kam, dessen Quellen in den Bergen der Matiener liegen, er fließt aber durchs Land der Dardaner und ergießt sich in einen andern Fluß, den Tigris, der wiederum fließt vorbei an der Stadt Opis und mündet in das Rote Meer – als Kyros also diesen Fluß überqueren wollte, wozu man Fähren gebrauchte, da ging eines seiner heiligen weißen Pferde im Übermut in den Fluß und versuchte ihn zu durchqueren, der Fluß aber riß es mit sich, verschlang es und führte es davon. Da wurde Ky-

ros sehr zornig auf den Fluß, der sich das herausgenommen hatte, und drohte ihm an, er werde ihn so schwach machen, daß auch Weiber ihn künftig durchwaten könnten, ohne das Knie zu netzen. So drohte er und ließ den Zug gegen Babylon, teilte sein Heer in zwei Teile, gab mit gespannten Leinen Kanäle an, einhundertundachtzig an jedem Ufer des Gyndes, hierhin und dorthin gerichtet, verteilte das Heer und ließ es graben. Und da so viele Hände am Werk waren, wurde es auch fertig, doch ging der ganze Sommer hin über der Arbeit dort.

Als Kyros nun Rache genommen hatte an dem Fluß Gyn- 190
des und ihn zur Strafe in dreihundertundsechzig Gräben zerteilt hatte und das folgende Frühjahr erschien, zog er gegen Babylon. Die Babylonier aber rückten aus und erwarteten ihn. Und als er nahe an die Stadt gekommen war, trafen die Babylonier mit ihm zusammen, unterlagen im Kampf und schlossen sich ein in der Stadt. Da sie aber schon vorher wußten, daß Kyros keine Ruhe gab, sondern sahen, wie er Volk für Volk in gleicher Weise angriff, hatten sie großen Vorrat für viele Jahre in die Stadt geschafft. Daher kümmerte diese die Belagerung wenig. Kyros aber war in großer Verlegenheit, denn die Zeit rückte vor, und die Sache kam gar nicht voran.
Ob es nun ein anderer ihm in seiner Verlegenheit nahelegte 191
oder er selber darauf kam, was zu tun sei, jedenfalls machte er folgendes: Er stellte sein ganzes Heer teils an den Zugang des Flusses, wo er eintritt in die Stadt, und hinter der Stadt wiederum stellte er den andern Teil auf, dort wo der Fluß aus der Stadt austritt, und gebot dem Heer, wenn sie sähen, daß der Strom seicht und durchschreitbar würde, dort in die Stadt einzudringen. Nachdem er es so aufgestellt und das eingeschärft hatte, zog er selber mit den wenig zum Kampf Tauglichen ab. Als er zu dem See kam, machte er das gleiche, was jene Königin von Babylon mit Fluß und See gemacht hatte, das wiederholte er also. Er leitete nämlich den Fluß durch

einen Durchstich in den See, der flach und versumpft war, und erreichte so, daß der Fluß sank und man den früher starken Strom durchschreiten konnte. Als er flach genug war, drangen die Perser, die eben dazu aufgestellt waren, in dem Bett des Euphrat, der so weit gefallen war, daß er einem Mann bloß bis etwa zum halben Schenkel ging, durch dessen Bett also drangen sie in Babylon ein. Wenn die Babylonier nun vorher erfahren hätten oder es selber gemerkt, was Kyros vorhatte, so hätten sie die Perser ruhig hereinlassen können in die Stadt, um ihnen ein klägliches Ende zu bereiten. Denn sie brauchten nur die Pforten zum Fluß zu schließen und die Wälle zu besetzen, die sich längs der Flußufer hinziehen, um sie zu fangen wie in einer Reuse. Nun aber waren die Perser ganz unerwartet auf einmal da. Und weil die Stadt so groß ist, waren, so erzählen die Leute dort, die äußersten Bezirke der Stadt schon genommen, als die Babylonier, die in der Mitte wohnten, noch gar nichts davon ahnten, sondern zu der Zeit – denn sie feierten gerade ein Fest – tanzten und sich's wohl sein ließen, bis sie's denn auch erfuhren, und das gründlich. Und so wurde Babylon damals zum erstenmal genommen.

192 Wie gewaltig Reichtum und Macht der Babylonier sind, kann ich auch sonst mit vielem belegen, doch vor allem mit diesem. Das ganze Land, über das der Großkönig herrscht, ist eingeteilt, ihm und seinem Heer Verpflegung zu stellen, außer den Steuern. Zwölf Monate hat nun das Jahr, und vier Monate verpflegt ihn das babylonische Land, die übrigen acht das ganze übrige Asien. So ist seiner Leistungsfähigkeit nach das assyrische Land also ein Drittel von ganz Asien. Und die Statthalterschaft in diesem Land, die bei den Persern Satrapie heißt, ist von allen Distrikten weitaus die einträglichste. Sie brachte dem Tritantaichmes, Artabazos' Sohn, der diesen Bezirk vom König bekommen hat, tagtäglich an Silber eine volle

Artabe. Die Artabe ist ein persisches Maß und faßt drei attische Choiniken mehr als der attische Medimnos. An Pferden gehörten ihm persönlich, ohne die Streitpferde, achthundert Hengste zum Beschälen und sechzehntausend Stuten, jeder Hengst belegte also zwanzig Stuten. Und indische Hunde wurden in solcher Menge gezogen, daß vier große Dörfer in der Ebene, sonst abgabefrei, nur das Futter für diese Hunde zu liefern hatten. Soviel hatte der Statthalter von Babylon zur Verfügung.

Regen fällt nur wenig im Land der Assyrer, gerade genug, 193
um die Wurzeln der Saat wachsen zu lassen; jedoch bewässert mit Wasser aus dem Fluß gedeiht das Kornfeld und bilden sich die Ähren, nicht daß der Fluß selber wie in Ägypten überträte auf die Äcker, sondern mit der Hände Arbeit und Schöpfwerken wird bewässert. Das ganze babylonische Land ist nämlich, wie auch Ägypten, von Gräben durchzogen, und der größte der Gräben ist für Boote befahrbar, gegen Südosten gerichtet, und er geht vom Euphrat bis an einen anderen Fluß, den Tigris, an dem die Stadt Ninos lag. Und unter allen Ländern, von denen wir wissen, ist dies das weitaus beste, Demeters Frucht zu tragen. Andere Bäume als Palmen zu tragen versucht es erst gar nicht, nicht den Feigenbaum, nicht den Rebstock, nicht den Ölbaum. Aber für Korn ist es so trefflich, daß es bis zum Zweihundertfachen hergibt; wenn es sich aber selbst übertrifft, bringt es Ertrag bis zum Dreihundertfachen. Die Blätter des Weizen- und Gerstenhalms werden dort leicht vier Finger breit, und zu welcher Höhe Hirse und Sesam es bringen, ist mir zwar auch bekannt, doch sag ich's lieber nicht; denn ich weiß wohl, wer nicht ins Land von Babylon gekommen ist, dem klingt schon das über das Korn Gesagte ganz unglaubwürdig. Öl von Oliven verwenden sie überhaupt nicht, sondern stellen es aus Sesam her. Palmen haben sie, die sich überall in der Ebene finden, und die meisten

von ihnen tragen Früchte, aus denen sie Speisen und Wein und Honig bereiten. Sie behandeln sie, wie man Feigenbäume behandelt, zumal darin, daß sie die Fruchtstände der Palmen, die die Hellenen männliche nennen, in die Kronen der datteltragenden Palmen binden, damit die Gallwespe in die Dattelblüte hineinkriecht und sie zum Reifen bringt und so die Frucht der Palme nicht abfällt. Die männlichen haben nämlich Gallwespen in ihrer Frucht wie die wilden Feigenbäume.

194 Was aber für mich die größte Merkwürdigkeit von allen in diesem Land ist, nächst der Stadt selber, versteht sich, das will ich nun erzählen. Die Fahrzeuge, die den Fluß hinunterfahren nach Babylon, sind kreisrund und ganz aus Leder. Nämlich im Land der Armenier, die oberhalb der Assyrer wohnen, schneiden sie Weiden, und dann biegen sie Rippen daraus, und um die spannen sie als Decke außen Häute nach Art eines Schiffsbodens, ohne ein Heck besonders auszubilden oder einen Bug spitz zulaufen zu lassen, sondern sie machen sie kreisrund wie einen Rundschild. Dann legen sie das ganze Boot mit Ried aus, laden die Fracht ein und lassen sich den Fluß hinabtreiben. Meist haben sie bauchige Krüge mit Palmwein geladen. Gelenkt wird es durch zwei Ruder und zwei Männer, die aufrecht stehen, und der eine zieht das Ruder zu sich, der andere drückt es weg. Und diese Fahrzeuge werden recht groß hergestellt und auch kleiner; die größten können wohl fünftausend Talente tragen. Auf jedem Fahrzeug befindet sich ein lebender Esel, auf den größeren auch mehrere. Wenn sie auf ihrer Fahrt nun in Babylon angekommen sind und ihre Fracht unter den Kunden verteilt haben, so bieten sie auch die Rippen des Bootes und alles Ried feil, die Bootshaut aber packen sie auf die Esel und ziehen zurück nach Armenien. Denn den Fluß hinauf kann man unmöglich fahren wegen der starken Strömung. Deswegen nämlich sind die Boote auch nicht aus Holz gemacht, sondern aus Leder. Haben sie nun

ihre Esel bis nach Armenien getrieben und sind wieder dort, bauen sie sich neue Boote auf die gleiche Weise.

So steht's mit ihren Booten, ihre Kleidung aber ist diese: 195
Erst ein leinener Rock bis auf die Füße, über den streift man einen zweiten Rock aus Wolle, wirft sich dann ein weißes Mäntelchen um und trägt Schuhe von einheimischer Art, den böotischen Opanken ziemlich ähnlich. Das Haar lassen sie lang wachsen, binden es aber mit Kopfbinden hoch, ihr ganzer Körper aber duftet nach Salböl. Jedermann trägt einen Siegelring und einen geschnitzten Stab, und oben auf dem Stab befindet sich immer ein Gebilde, ein Apfel, eine Rose, eine Lilie, ein Adler oder sonst etwas, denn einen Stab ohne solches Wahrzeichen zu tragen ist gegen den Brauch.

Damit sind sie am Leib ausgestattet, Bräuche aber beste- 196
hen bei ihnen die folgenden. Der gescheiteste ist nach meinem Urteil dieser, der übrigens auch, wie ich höre, bei den illyrischen Enetern in Übung ist. In jedem Dorf machte man einmal in jedem Jahr das Folgende: Die Mädchen, die für die Ehe reif geworden waren, die holten sie alle zusammen und führten sie zuhauf an einen Platz, und um sie stellte sich die Schar der Männer. Nun ließ der Ausrufer ein Mädchen nach dem andern aufstehen und bot es aus, zuerst die Schönste von allen, dann, wenn diese um viel Geld verkauft war, rief er die nächste aus, die nach dieser die Schönste war. Es galt aber die Bedingung, daß der Käufer sie heiratete. Die heiratslustigen Babylonier nun, die wohlhabend waren, überboten einander, um die Schönsten zu bekommen, die Heiratslustigen aber aus dem gewöhnlichen Volk, denen es nicht um die Schönheit zu tun war, die bekamen die häßlichen Mädchen und noch Geld dazu. Denn sowie der Ausrufer mit den wohlgestalteten Mädchen durch war und die alle verkauft hatte, ließ er die aufstehen, die am schlechtesten gebaut war oder einen körperlichen Fehler hatte, sofern welche dabei waren,

und bot die aus, nämlich wer mit der kleinsten Zugabe zufrieden wäre, wenn er sie zur Frau nahm, bis sie dem Mindestfordernden zugeschlagen wurde. Das Geld aber kam ein von den schönen Mädchen, und auf die Art brachten die gut gebauten die schlecht gebauten an den Mann. Daß jemand einzeln seine Tochter einem Mann gab, den er wünschte, war nicht erlaubt, und auch nicht, daß der Käufer ohne Bürgschaft mit dem Mädchen davonging, sondern er mußte erst Bürgen stellen, daß er sie zur Frau nahm, und dann konnte er davongehen. Wenn sie aber nicht miteinander auskamen, mußte er das Geld zurückzahlen, so bestimmte es der Brauch. Erlaubt war hingegen, daß der Kaufwillige auch aus einem andern Dorf kam. Das war also ihr bester Brauch, jedoch hat er nicht gedauert, und heute gibt's ihn nicht mehr, sondern neuerdings sind sie auf etwas anderes verfallen. Seit der Einnahme der Stadt nämlich sind sie heruntergekommen und ist ihr Besitz geschwunden, und nun gibt jedermann aus dem Volk, der in Not ist, seine Töchter für Geld preis.

197 Der zweitklügste Brauch bei ihnen ist dieser: Sie bringen die Kranken auf den Markt; Ärzte gibt's nämlich bei ihnen nicht. Die Leute treten nun an den Kranken heran und beraten ihn, falls sie selber so eine Krankheit gehabt haben, wie der Kranke sie hat, oder einen anderen daran haben leiden sehen. Darüber besprechen sie sich mit dem Kranken und empfehlen die Mittel, die sie selber angewandt haben und so von der gleichen Krankheit genesen sind oder durch die sie einen andern haben genesen sehen. Stillschweigend aber darf keiner vorbeigehen, sondern er muß erst fragen, was ihm fehlt.

198 Ihre Toten behandeln sie mit Honig, und ihre Totenklage ist ganz ähnlich wie die in Ägypten. Hat ein Babylonier mit seiner Frau Verkehr gehabt, zündet er Räucherwerk an und setzt sich daneben, die Frau macht's an anderer Stelle ebenso, und wenn es Tag wird, waschen sie sich beide; sie

rühren nämlich kein Gefäß an, bevor sie sich gewaschen haben. Ganz das gleiche machen auch die Araber.

Nun aber kommt der häßlichste Brauch bei den Babyloniern. Jede Frau aus dem Lande muß sich einmal in ihrem Leben in das Heiligtum der Aphrodite setzen und einem Fremden preisgeben. Viele, die sich mit den andern Weibern nicht gemein machen wollen, weil sie sich auf ihren Reichtum etwas einbilden, fahren in verdecktem Wagen zum Heiligtum und nehmen so Aufstellung, und eine große Dienerschaft folgt ihnen nach. Die meisten aber machen's so: Sie setzen sich hin im heiligen Bezirk der Aphrodite und haben einen Kranz von Stricken um den Kopf, eine Menge Weiber; denn die einen kommen, andere gehen. Schnurgerade Gassen ziehen sich in allen Richtungen durch die Weiber, und auf ihnen gehen die fremden Männer hin und her und suchen sich eine aus. Wenn sich eine Frau erst einmal dort niedergelassen hat, darf sie nicht eher nach Hause, als bis ihr einer der Fremden Geld in den Schoß geworfen und sie außerhalb des Heiligtums beschlafen hat. Wenn er das Geld hinwirft, muß er dazu die Worte sprechen: «Im Namen der Mylitta, komm!» Mylitta nennen die Assyrer die Aphrodite. Das Geld nun kann viel sein oder wenig; sie wird's nämlich nicht zurückweisen, denn das darf sie nicht, denn das Geld ist geweiht. Wer zuerst das Geld hinwirft, dem folgt sie und wird keinen verschmähen. Ist der Beischlaf vollzogen, ist sie der Göttin geweiht und geht nach Hause, und fortan kannst du ihr noch so viel bieten, du bekommst sie nicht. Die nun hübsch aussehen und stattlich sind, können bald wieder gehen, die Häßlichen aber müssen lange Zeit dableiben, weil sie das Gesetz nicht erfüllen können; ja manche warten wohl drei und vier Jahre. Auch in Zypern gibt's hier und da einen ganz ähnlichen Brauch. 199

Das wären Sitte und Brauch, wie sie bei den Babyloniern sich finden. Und dann gibt's dort drei Sippen, die essen nur 200

Fische, sonst nichts. Die fangen und dörren sie in der Sonne, und dann verfahren sie so: Sie werfen sie in einen Mörser, machen sie mit dem Stößel zu Mehl und sieben das durch weitmaschiges Leinen, und wer das vorzieht, knetet etwas wie einen Fladen daraus und ißt es so, andere aber backen es wie Brot.

201 Als Kyros nun auch dies Volk unterworfen hatte, ergriff ihn das Verlangen, die Massageten sich hörig zu machen. Diese sind, sagt man, ein großes und auch streitbares Volk, und sie wohnen gegen Morgenrot und Sonnenaufgang, jenseits des Flusses Araxes, den Issedonen gegenüber. Es gibt
202 auch Leute, die sagen, dies Volk gehöre zu den Skythen. Vom Araxes heißt es bald, er sei größer, bald, er sei kleiner als die Donau, und viele Inseln sollen darin liegen, Lesbos an Größe gleich, und auf ihnen Menschen wohnen, die sich im Sommer von allerlei Wurzeln nähren, die sie ausgraben; von Bäumen aber sammeln sie reife Früchte, die sie als geeignete Nahrung ausgemacht haben, und legen sie als Vorrat beiseite, und davon leben sie zur Winterszeit. Und dann sollen sie noch einen Baum ausgemacht haben, der Früchte trägt, die folgendes bewirken. Sie versammeln sich in Gruppen an einer bestimmten Stelle, und jede Gruppe zündet ein Feuer an und setzt sich im Kreis darum, und dann werfen sie diese Früchte ins Feuer, und wenn die hineingeworfene Frucht nun schwelt, ziehn sie den Rauch ein und werden von dem Duft berauscht wie die Hellenen vom Wein, und je mehr sie hineinwerfen, desto berauschter werden sie, bis sie schließlich aufspringen zum Tanz und zu singen anfangen. Das wär's, was man von ihrer Lebensweise erzählt.

Der Araxes aber entströmt dem Land der Matiener, ebenso wie der Gyndes, den Kyros in jene dreihundert und sechzig Gräben geteilt hat, und läuft aus in vierzig Arme, die sämtlich außer einem sich in Niederungen und Sümpfen verlieren;

und in denen sollen Menschen hausen, die sich von rohen Fischen nähren und die Sitte haben, sich in Seehundsfelle zu kleiden. Ein Mündungsarm des Araxes aber fließt klar durch festes Land bis ins Kaspische Meer.

Dies Kaspische Meer liegt ganz für sich und hat keine Verbindung zum übrigen Meer. Denn das gesamte Meer, das die Hellenen befahren, und das Meer außerhalb der Säulen, das sogenannte Atlantische, und das Rote sind in Wirklichkeit eins. Das Kaspische dagegen ist ein anderes und ein Meer für 203
sich und hat eine Länge von fünfzehn Tagen Ruderfahrt und eine Breite, da wo es am breitesten ist, von acht Tagen.

Und an der Abendseite dieses Meeres erstreckt sich der Kaukasus, vor allen Gebirgen mächtig an Ausdehnung und gewaltig in der Höhe. Völkerstämme beherbergt der Kaukasus viele und von vielerlei Art, die meist ganz vom wilden Walde leben. In dem soll es auch Bäume geben, die eigenartige Blätter liefern. Die zerreiben sie, mischen Wasser dazu und malen sich damit Figuren auf ihre Kleider; diese Bilder lassen sich nicht auswaschen, sondern werden so alt wie die Wolle selbst, als ob sie gleich mit eingewirkt wären. Die Begattung soll bei diesen Menschen öffentlich vor sich gehen wie beim Vieh.

Die Abendseite dieses Meers also, das das Kaspische heißt, 204
begrenzt der Kaukasus, die gegen Morgenrot und Sonnenaufgang aber nimmt eine Ebene ein, grenzenlos so weit das Auge reicht. Von dieser großen Ebene nun haben ein gut Teil inne eben die Massageten, gegen die zu ziehen es Kyros verlangte. Denn es gab viele gewichtige Gründe, die ihn reizten und antrieben. Zum ersten die Art seiner Herkunft, die Vorstellung, etwas Größeres zu sein als ein Mensch; dann auch das gute Gelingen, das ihn in allen Kriegen begleitete; denn Kyros konnte ziehen, gegen wen er wollte, es gab für dieses Volk keinen Weg zu entrinnen.

205 Nun war nach ihres Mannes Tod eine Frau der Massageten Königin; Tomyris war ihr Name. Um sie warb Kyros, sandte zu ihr und ließ ihr sagen, er wünsche sie zum Weibe. Doch Tomyris merkte, daß er nicht um sie warb, sondern um der Massageten Reich, und verbat sich sein Kommen. Als Kyros mit List nicht voran kam, begann er offen den Krieg gegen die Massageten, führte sein Heer zum Araxes und fügte Brücken auf dem Fluß zusammen, das Heer hinüberzubringen, und errichtete Türme auf Schiffen, die zuerst den Fluß überqueren sollten.

206 Wie er sich nun damit abmühte, schickte Tomyris einen Herold und sprach so: «König der Meder, laß ab zu betreiben, was du betreibst. Denn noch weißt du es nicht, ob's dir zum Heil wird, wenn du dies ausgeführt hast. Laß ab und herrsche über die Deinen und halt es aus, daß du uns herrschen siehst über die wir nun einmal herrschen. Doch wirst du nicht gewillt sein, Gebrauch zu machen von dieser Mahnung, sondern alles eher haben wollen als Ruhe und Frieden. Hast du so großes Verlangen, die Massageten zu erproben, gut denn, spar du deine Mühe, den Fluß zu überwinden, wir gehen drei Tagemärsche vom Fluß zurück, komm du nur herüber in unser Land. Ziehst du's aber vor, uns in eurem Land zu erwarten, tu du das gleiche.»

Als Kyros das vernommen hatte, berief er die Ersten unter den Persern, und als sie beisammen waren, legte er ihnen die Sache vor und fragte sie um Rat, was er tun solle. Deren Meinungen aber kamen aufs gleiche hinaus, sie hießen ihn To-
207 myris und ihr Heer im eigenen Land erwarten. Diese Meinung mißbilligte nur Kroisos der Lyder, der auch zugegen war, und legte das Gegenteil als seine Meinung vor und sprach wie folgt: «Herr und König! Schon vormals habe ich dir gesagt, ich wolle, da Zeus mich dir ausgeliefert, wenn ich eine Gefahr dein Haus bedrohen sehe, diese nach Kräften abwenden. Sind doch meine Leiden, bitter wie sie waren, mir zur Lehre ge-

worden. Glaubst du, unsterblich zu sein und über solch ein Heer zu gebieten, so wär es unnütz, dir meine Meinung darzulegen. Hast du aber eingesehen, daß auch du nur ein Mensch bist und über Menschen gebietest, so merke zuerst auf das eine: Menschendinge sind wie ein Rad, das dreht sich und läßt nicht immer dieselben im Glück. Jetzt nun in der vorliegenden Sache ist meine Meinung gerade umgekehrt wie die der andern hier. Denn wollen wir die Feinde in diesem Land erwarten, so liegt darin folgende Gefahr für dich: Wenn du unterliegst, verlierst du das ganze Reich obendrein. Es ist doch klar, daß die Massageten nach einem Sieg nicht zurückeilen, sondern vorwärts ziehen werden gegen deine Länder. Siegst du aber, ist dein Sieg nicht so groß, als wenn du in ihr Land gehst, dort die Massageten besiegst und die Fliehenden verfolgst. Denn ich will denselben Fall annehmen wie vorher bei den Massageten, also du siegst über die Gegner und dringst nun mitten ins Reich der Tomyris. Und auch ohne diese Gründe: Es wäre schimpflich und unerträglich, wenn Kyros, Kambyses' Sohn, einem Weibe weicht und den Platz räumt. Ich halte es also für richtig, erst einmal überzusetzen und so weit vorzurücken, wie jene Raum geben, dort dann aber mit folgenden Anstalten zu versuchen, ihrer Herr zu werden: Soviel ich gehört habe, kennen die Massageten die guten Dinge der Perser nicht und sind nicht gewöhnt an große Genüsse. Da sie solche Leute sind, solltest du Schafe schlachten in Menge, ohne zu sparen, und sie zurichten und ihnen in unserm Lager zum Mahl bereitstellen, dazu auch Mischkrüge in Fülle mit starkem Wein und sonst noch mancherlei Speisen. Ist das getan, laß den minderwertigsten Teil des Heeres zurück und geh mit dem übrigen in Richtung auf den Fluß zurück. Täusche ich mich nicht sehr, werden sich jene, wenn sie das sehen, sogleich den vielen guten Dingen zuwenden, und uns bleibt dann die Bewährung in großen Taten.»

208 Das waren die Meinungen, die gegeneinander standen, Kyros aber ließ die erste Meinung fahren und wählte die des Kroisos. Und so ließ er der Tomyris sagen, sie möge zurückgehen, denn er wolle zu ihr hinüberkommen. Und wirklich ging sie zurück, wie sie es vorher zugesagt hatte. Kyros aber gab Kroisos in die Hand seines Sohnes Kambyses, den er zum Nachfolger bestimmte, und gebot ihm dringlich, ihn in Ehren zu halten und ihm Gutes zu tun, falls der Übergang ins Land der Massageten nicht gut ausginge, und als er dies aufgetragen und die beiden zu den Persern zurückgeschickt hatte, ging er selber über den Fluß und mit ihm sein Heer.

209 Als er aber den Araxes hinter sich gebracht hatte, sah er, als die Nacht heraufzog und er nun im Lande der Massageten schlief, ein Traumgesicht, und das war so: Er, Kyros, vermeinte im Traum den ältesten der Hystaspessöhne zu sehen, der hatte an den Schultern Flügel und überschattete mit dem einen Asien, mit dem andern Europa. Nun hatte Hystaspes, Arsames' Sohn aus dem Geschlecht der Achaimeniden, als ältesten Sohn Dareios, zu der Zeit gegen zwanzig Jahre alt, und dieser Dareios war im Perserland zurückgeblieben, denn er hatte noch nicht das Alter, in den Streit zu ziehen. Als Kyros nun erwacht war, ging er mit sich zu Rate über das Gesicht. Und wie er zu dem Schluß kam, das Gesicht sei von Bedeutung, rief er Hystaspes, nahm ihn beiseite und sprach: «Hystaspes, dein Sohn ist überführt, daß er etwas vorhat gegen mich und meine Herrschaft. Woher ich das genau weiß, will ich dir offen sagen. Für mich sorgen die Götter und zeigen mir vorher an alles, was kommt. Nun also sah ich in der vergangenen Nacht im Schlaf den ältesten deiner Söhne, der hatte Flügel an den Schultern, und mit dem einen beschattete er Asien, mit dem anderen Europa. Da gibt es nun nach diesem Gesicht keine andere Möglichkeit, als daß er Schlimmes vorhat gegen mich. Geh du nun eilends zurück zu den Per-

sern und sorge dafür, daß du mir, wenn ich diese hier unterworfen habe und dorthin komme, dann deinen Sohn zur Untersuchung stellst.» So sprach Kyros, da er vermeinte, Da- 210
reios habe etwas vor gegen ihn. Die Gottheit aber zeigte ihm an, daß er selber hier sterben, sein Königtum aber an Dareios kommen sollte. Es antwortet ihm nun Hystaspes: «Mein König! Der Perser möge nie geboren sein, der Böses gegen dich vorhat; ist er's aber, soll er des Todes sein, ohne Verzug. Ist es doch dein Werk, daß die Perser statt Sklaven Freie sind und, statt von andern beherrscht zu werden, über alle herrschen. Wenn denn ein Traumgesicht dir kundgibt, daß mein eigener Sohn Aufruhr gegen dich plant, so überantworte ich ihn dir, daß du mit ihm tust, was dir wohlgefällt.» Hystaspes gab eine solche Antwort, überschritt den Araxes und zog ins Perserland, seinen Sohn Dareios für Kyros festzuhalten.

Kyros aber rückte voran, einen Tagesweg vom Araxes, und 211
tat, wie ihm Kroisos geraten. Darauf zog er und der tüchtige Teil der Perser ab in Richtung auf den Araxes und ließ zurück, was unbrauchbar war, und da kamen die Massageten mit einem Drittel ihres Heeres, machten nieder, was Kyros zurückgelassen, so sehr die sich wehrten, und als sie mit den Gegnern fertig waren und das bereite Mahl sahen, ließen sie sich nieder und schmausten, und als sie voll waren von Speise und Wein, schliefen sie ein. Da kamen die Perser und machten ihrer viele nieder, viel mehr aber griffen sie lebendig, und unter ihnen auch der Königin Tomyris Sohn, der die Massageten führte, und sein Name war Spargapises.

Als die Königin erfuhr, wie es dem Heer ergangen war und 212
wie dem Sohn, sandte sie einen Herold zu Kyros und sprach so: «Kyros, nicht zu sättigen mit Blut, sei du nicht allzu stolz auf das, was geschehen ist, daß du mit der Frucht des Weinstocks – von der ihr selber ja, seid ihr voll davon, so rast, daß wenn der Wein hinabfließt in den Leib, schlimme Reden her-

aufgefahren kommen – daß du mit solchem Gift meinen Sohn überlistet hast und überwunden, nicht aber im Kampf beim Messen der Kräfte. Jetzt aber merke auf mein Wort, ich rate dir gut. Gib mir meinen Sohn zurück, dann magst du aus diesem Lande abziehen, ohne zu büßen, du, der sich an einem Drittel des Massagetenheeres vergangen hat. Tust du das nicht, so schwöre ich dir bei der Sonne, der Massageten Herrn, ich, ja ich werde dich, so unersättlich du bist, noch sättigen mit Blut.»

213 Kyros aber kümmerte sich nicht um diese Worte, als sie vor ihn gebracht wurden. Doch Spargapises, der Königin Tomyris Sohn, als der Wein von ihm wich und er inne ward, wie tief er im Unheil war, bat Kyros, ihn aus den Fesseln zu lösen, und das wurde ihm gewährt; kaum aber war er befreit und
214 seiner Hände mächtig, bringt er sich um. Er also fand so sein Ende. Tomyris aber, als Kyros nicht auf sie hörte, sammelte ihre gesamte Streitmacht und fiel ihn an. Diese Schlacht ist nach meinem Urteil von allen Schlachten, die Barbaren geschlagen, die gewaltigste gewesen, und da habe ich nun in Erfahrung gebracht, daß es so zuging: Zuerst blieben sie, erzählt man, auf Abstand und schossen mit Pfeilen aufeinander, dann aber, als sie sich verschossen hatten, fielen sie übereinander her und rangen mit Speer und Dolch. Und lange standen sie im Kampf gegeneinander, und keiner wollte fliehen; schließlich aber bekamen die Massageten die Oberhand. Und da ging dort der größte Teil des persischen Heeres zugrunde, und auch Kyros selber kam um, nachdem er König gewesen insgesamt neunundzwanzig Jahre. Tomyris aber füllte einen Beutel mit Menschenblut und suchte unter den gefallenen Persern Kyros' Leiche, und als sie sie gefunden, steckte sie seinen Kopf in den Beutel. Und den Leichnam schändete sie und sprach dazu: «Du hast mich, ob ich auch lebe und dich im Kampf besiegt habe, zugrunde gerichtet, da du mir meinen

Sohn mit List nahmst. Dich aber werde ich, wie ich gesagt, mit Blut sättigen.»

Von Kyros' Ende, von dem viele Geschichten erzählt werden, scheint mir diese den meisten Glauben zu verdienen.

Es tragen aber die Massageten eine Kleidung ähnlich der 215 skythischen und haben auch solche Lebensweise. Sie sind beritten und auch unberitten – beides gibt es bei ihnen –, sind Bogenschützen und auch Lanzenträger, pflegen auch Streitäxte zu führen. Gold und Bronze haben sie in allgemeinem Gebrauch; für Lanzen und Pfeilspitzen und Streitäxte benutzen sie durchweg Bronze, Kopfbedeckung und Gürtel und Leibgurt schmücken sie mit Gold. Ebenso umhüllen sie auch den Bug der Pferde mit Panzern aus Erz; Zügel, Trensen und Kopfgehänge schmücken sie mit Gold. Silber und Eisen gebrauchen sie gar nicht, haben's auch nicht im Lande, Gold und Erz aber in Menge. An Bräuchen haben sie die folgenden: 216
Jeder heiratet eine Frau, sie sind aber Gemeingut. Denn was nach den Erzählungen der Hellenen die Skythen tun, das tun nicht die Skythen, sondern die Massageten. Wenn nämlich ein Massagete Lust hat zu einer Frau, hängt er seinen Köcher an den Wagen und wohnt ihr bei ohne jede Furcht. Eine Grenze für die Lebenszeit setzen sie sonst nicht; nur wenn einer sehr alt wird, kommen alle Verwandten zusammen und schlachten ihn feierlich und sonst noch Vieh mit ihm; das Fleisch kochen sie und verspeisen es dann. Solch ein Los gilt bei ihnen als das glücklichste; wer aber an Krankheit stirbt, den verzehren sie nicht, sondern bergen ihn in der Erde und halten es für ein Unglück, daß er es nicht erreicht hat, geschlachtet zu werden. Säen tun sie nicht, sondern leben nur von ihrem Vieh und von Fischen. Die bietet ihnen in Fülle der Araxes. Ferner sind sie Milchtrinker. Von den Göttern verehren sie allein die Sonne, der sie Pferde opfern. Der Sinn dieses Opfers ist: Dem schnellsten der Götter bringen sie das schnellste aller Wesen dar.

ZWEITES BUCH

Als Kyros nun tot war, kam das Königreich an Kambyses, der 1
des Kyros Sohn war und der Kassandane, des Pharnaspes Tochter. Die war schon vor Kyros gestorben, und Kyros hatte selber großes Leid getragen und auch all seinen Untertanen geboten, Leid zu tragen. Also dieser Frau und des Kyros Sohn, Kambyses, sah Jonier und Aioler schon als ererbte Knechte seines Hauses an, gegen Ägypten aber machte er einen Feldzug, und mußten alle mit, über die er herrschte, und so auch die Hellenen, die er in seiner Gewalt hatte.

Die Ägypter glaubten, ehe dann Psammetichos ihr König 2
wurde, sie seien zuerst entstanden von allen Menschen. Als aber Psammetichos König geworden und gern sicher wissen wollte, welches Volk zuerst entstanden sei, seit der Zeit glauben sie, die Phryger seien älteren Ursprungs als sie, sie aber als alle andern. Als nämlich Psammetichos nachforschte, aber durchaus nicht in der Lage war, eine Lösung für die Frage zu finden, wer die ältesten unter den Menschen seien, da verfällt er auf dieses Mittel: Er übergibt zwei neugeborene Knäblein von den ersten besten Leuten einem Hirten, sie zur Herde zu bringen und dort auf etwa folgende Weise aufzuziehen: Er befahl ihm an, kein Mensch solle in ihrer Gegenwart das geringste Wort sprechen, sondern in einer einsamen Hütte sollten sie ganz für sich allein liegen, und zu bestimmten Zeiten solle er Ziegen zu ihnen führen, und wenn sie sich satt getrunken, wieder seinem Geschäft nachgehen. Das tat und befahl Psammetichos, weil er bei diesen Knaben hören wollte, was für ein Wort, wenn das undeutliche Lallen vorüber wäre, sie zuerst von sich geben würden. Und das geschah denn auch.

Denn als der Hirt dies zwei Jahre hindurch getan hatte und er einmal die Tür aufmachte und hineinging, liefen beide Knaben auf ihn zu, schrieen «Bekos» und streckten dabei die Hände aus. Wie der Hirt das zum erstenmal hörte, blieb er still; als aber dieses Wort bei seinem häufigen Kommen und Versorgen immer wieder vorkam, da zeigte er's seinem Herrn an und brachte die Knaben auf sein Geheiß vor ihn. Und als es Psammetichos auch gehört, zog er Erkundigungen ein, welche Menschen etwas «Bekos» nannten, und bei seinen Erkundigungen stieß er auf die Phryger, die das Brot so nennen. So gaben es die Ägypter denn zu und richteten sich darin nach diesem Geschehnis, daß die Phryger älter seien als sie selber. Daß es so vor sich gegangen, habe ich von den Priestern des Hephaistos zu Memphis gehört. Die Hellenen aber erzählen noch sonst manch unnützes Zeug darüber und so auch, daß Psammetichos einigen Weibern die Zunge ausgeschnitten und bei diesen Weibern habe er dann die Knaben leben lassen.

3 Das wär's also, was sie von dem Aufziehen der Knaben erzählten. Ich habe aber noch anderes in Memphis gehört, als ich mit den Priestern des Hephaistos ins Gespräch kam; und so habe ich mich auch nach Theben sowie nach Heliupolis wegen dieser Dinge gewandt, in dem Wunsch zu sehen, ob sie dort übereinstimmen mit den Erzählungen in Memphis; sollen doch die Heliopoliten unter den Ägyptern die erfahrensten sein in den Geschichten. Was nun auf Göttliches geht von den Erzählungen, wie ich sie hörte, das bin ich nicht willens weiterzuerzählen, außer etwa die Namen allein; denn ich denke, alle Menschen haben davon die gleiche geringe Kenntnis. Und wenn ich etwas erwähne, werde ich's nur erwähnen, weil der Zusammenhang mich nötigt.

4 Was aber auf menschliche Dinge geht, so erzählten sie miteinander übereinstimmend wie folgt: Die Ägypter hätten als

erste von allen Menschen das Jahr gefunden, indem sie die Jahreszeiten in zwölf Teile zerlegten und die auf das Jahr verteilten. Das hätten sie aus den Gestirnen gefunden, sagten sie. Sie machen es aber geschickter als die Hellenen, meine ich, insofern als die Hellenen jedes zweite Jahr einen Schaltmond einschalten der Ordnung der Jahreszeiten halber, die Ägypter aber die Monate zu dreißig Tagen nehmen und jedes Jahr fünf Tage dazunehmen über die Zahl, und so haben sie einen Kreislauf der Jahreszeiten, der immer wieder auf den gleichen Tag hinauskommt. Auch die zwölf Götter zu benennen, sagten sie, sei zuerst Brauch der Ägypter gewesen und die Hellenen hätten das von ihnen übernommen. So hätten sie auch zuerst den Göttern Altäre und Standbilder und Gotteshäuser zuerkannt und Bilder in Stein gemeißelt. Daß dem so ist, dafür gaben sie mir meist sichtbare Belege. Sie sagten aber auch, der erste König über Ägypten, der ein Mensch war, sei Min gewesen. Zu dessen Zeit sei ganz Ägypten, außer dem thebaïschen Gau, ein Sumpf gewesen, und es sei nichts zu sehen gewesen von dem Teil Ägyptens, der jetzt unterhalb des Moiris-Sees liegt, und doch dauert die Fahrt vom Meer bis zu ihm sieben Tage den Fluß hinauf.

Und das schien mir ganz richtig, was sie mir über das Land 5
sagten. Denn hat man nur seinen gesunden Verstand, braucht man gar nichts davon gehört zu haben, nur hinzusehen, und es ist klar, daß der Teil von Ägypten, zu dem die Griechen zu Schiff fahren, für die Ägypter neu gewonnenes Land ist und ein Geschenk des Flusses, ja auch noch was oberhalb dieses Sees liegt, drei Tage Fahrt, wovon jene so etwas gar nicht mehr behauptet haben, es steht aber ebenso damit.

Denn mit Art und Entstehung des Landes Ägypten steht es so: Erstens, bist du noch bei der Anfahrt und eine Tagesstrecke ab vom Festland und wirfst dann das eingefettete Senklot aus, bringst du Schlick mit hoch, und das bei einer

Tiefe von elf Klaftern. Das zeigt, daß die Anschwemmung der Erde so weit hinaus reicht.

6 Ferner beträgt die Länge der Küste Ägyptens sechzig Schoinen, wie ich jedenfalls Ägypten abgrenze, vom Golf Plinthinetes bis zum Serbonis-See, an dem der Kasios-Berg ins Meer ragt. Von dem See also macht es diese sechzig Schoinen. Nämlich Völker, die arm sind an Land, haben ihr Land nach Klaftern gemessen, die nicht so arm sind, nach Stadien, die viel haben, nach Parasangen, und die es sehr reichlich haben, nach Schoinen. Es beträgt aber eine Parasange dreißig Stadien, ein einziger Schoinos aber, der ein ägyptisches Maß ist, sechzig Stadien. So wären's also bei Ägypten dreitausendsechs-
7 hundert Stadien, an seiner Küste. Von dort an und bis nach Heliupolis im Binnenland ist Ägypten breit, und dabei flach, wasserreich und Marschland. Es ist nun der Weg, geht man vom Meer hinauf nach Heliupolis, etwa so lang wie der, der von Athen, vom Altar der zwölf Götter, nach Pisa und zu dem Tempel des Olympischen Zeus führt. Berechnet man diese beiden Wege genau, kann man schon einen kleinen Unterschied finden, der sie nicht völlig gleich sein läßt, jedoch nicht mehr als fünfzehn Stadien. Denn dem von Athen nach Pisa fehlen fünfzehn Stadien an vollen tausendfünfhundert, der vom Meer nach Heliupolis aber macht diese Zahl voll.

8 Geht man von Heliupolis nun weiter hinauf, wird Ägypten schmal. Denn auf der einen Seite erstreckt sich das arabische Gebirge; das geht von Norden nach Süden und zieht sich immer weiter südwärts bis zum sogenannten Roten Meer. In diesem Gebirge liegen die Steinbrüche, die hineingeschnitten sind für die Pyramiden in Memphis. Dort weicht das Bergland zurück und biegt ein in die genannte Richtung. Wo es am breitesten ist, soll es, wie man mir gesagt hat, ein Weg von zwei Monaten sein von Morgen nach Abend. Und auf seiner Morgenseite soll Weihrauch wachsen. So steht's mit

dem einen Gebirge, das andere aber zieht sich an der libyschen Seite Ägyptens hin, auch felsig – in ihm liegen die Pyramiden –, aber von Sand überschüttet, und erstreckt sich in der gleichen Richtung wie die Höhen des arabischen Gebirges, die sich nach Süden hinziehen. Von Heliupolis an also ist das Land, das eigentlich Ägypten ausmacht, nicht mehr ausgedehnt, sondern etwa vierzehn Tage Fahrt flußaufwärts ist das eigentliche Ägypten schmal. Zwischen den genannten Höhenzügen ist das Land eben, und es schienen mir, wo es am schmalsten ist, zweihundert Stadien zu sein und nicht mehr, vom arabischen Höhenzug bis zum libyschen, wie er heißt. Von da an aber wird Ägypten wieder weit.

So ist dies Land also beschaffen. Die Fahrt aber von Heliu- 9
polis nach Theben dauert neun Tage, und der Weg beträgt viertausend und achthundert und sechzig Stadien, denn es sind einundachtzig Schoinen. Folgendes sind nun also die Gesamtmaße Ägyptens in Stadien: Die Küstenstrecke hab ich schon vorher genannt, nämlich dreitausend und sechshundert Stadien; wie weit es aber vom Meer bis nach Theben im Binnenland ist, das will ich jetzt sagen: es sind also sechstausend und einhundert und zwanzig Stadien; und von Theben bis zu der Stadt, die Elephantine heißt, sind es eintausend und achthundert Stadien.

Von diesem eben beschriebenen Land nun ist das meiste, so 10
sagten die Priester und so schien es auch mir, für die Ägypter dazugewonnen. Was nämlich zwischen den genannten Höhenzügen liegt, von der Gegend oberhalb Memphis an, davon hatte ich den sicheren Eindruck, daß es einstmals ein Meerbusen war, gleich wie das Land um Ilion und wie Teuthrania und Ephesos und die Ebene des Mäander, um einmal dies Kleine mit Großem zu vergleichen. Denn von den Flüssen, die diese Ebenen angeschwemmt haben, kann sich kein einziger auch nur mit einer der Mündungen des Nils an Größe ver-

gleichen, und der hat ihrer fünf. Es gibt aber auch andere Flüsse, freilich nicht so mächtig wie der Nil, die Großes zuwege gebracht haben. Deren Namen könnte ich nennen, unter anderen nicht zum wenigsten den Acheloos, der durch Akarnanien fließt und bei seiner Mündung ins Meer schon die Hälfte der Echinadeninseln zu festem Land gemacht hat.

11 Es gibt aber im arabischen Land, nicht weit von Ägypten, eine Bucht, die vom sogenannten Roten Meer ins Land hineinreicht, so lang und schmal, wie ich es gleich sagen werde. Die Länge: Wenn man vom innersten Winkel die Fahrt durch sie beginnt, gehen bis zum offenen Meer vierzig Tage drauf, ohne Wind, nur mit Rudern; die Breite, wo die Bucht am breitesten ist, ist eine halbe Tagesfahrt. Und Flut und Ebbe wechseln in ihr immerfort. Gerade so eine Bucht, meine ich, ist auch einmal Ägypten gewesen, so daß also eine Bucht vom nördlichen Meer auf Aithiopien zu ins Land ging, die andere vom Südmeer auf Syrien zu, und ihre Enden stießen fast aneinander, und es war nur wenig Land zwischen ihnen. Wollte nun der Nil seinen Strom in diese arabische Bucht lenken, was stünde im Wege, daß sie, fließt er fort und fort, zugeschüttet würde, sagen wir in zwanzigtausend Jahren? Ja ich vermute, daß sie schon in zehntausend Jahren zugeschüttet wäre. Wie sollte also in all der Zeit, die vor mir vergangen ist, nicht noch eine viel größere Bucht als diese aufgefüllt werden von einem Fluß, der so groß und so tätig ist?

12 Was also Ägypten betrifft, so schenke ich denen, die das sagen, Glauben und komme auch von mir aus durchaus zu der Meinung, daß dem so ist, wenn ich sehe, einmal daß Ägypten vorragt vor dem anschließenden Land, dann daß Muscheln zutage treten auf den Höhen und Salzausscheidungen aufblühen, die sogar die Pyramiden anfressen, und daß Sand allein im ägyptischen Gebirge oberhalb von Memphis auftritt; dazu daß der Boden in Ägypten weder dem im benachbarten Ara-

bien gleicht noch dem in Libyen oder dem in Syrien – denn die Küstenstriche Arabiens bewohnen Syrer –, sondern schwarze Erde hat und aufreißt, da er Schlamm ist und Schwemmland, das aus Aithiopien herabgeführt wurde von dem Fluß. Libyen aber hat, wie ich weiß, einen rötlichen Boden und mit Sand untermischt, und Arabien und auch Syrien einen mehr tonigen und felsigen.

Auch das ist ein gewichtiges Zeugnis über die Entstehung 13
dieses Landes, was mir die Priester erzählt haben, daß nämlich unter dem König Moiris der Fluß bereits, wenn er acht Ellen gestiegen war, Ägypten diesseits von Memphis unter Wasser setzte. Und es waren noch keine neunhundert Jahre seit Moiris' Tod, als ich das von den Priestern hörte. Jetzt aber tritt der Fluß, wenn er nicht wenigstens sechzehn oder fünfzehn Ellen steigt, nicht über aufs Land. Und ich vermute, daß die Ägypter, die unterhalb des Moiris-Sees wohnen und vor allem in dem sogenannten Delta, wenn das Land weiter dementsprechend an Höhe zunimmt und auf dieselbe Art wächst – daß es den Ägyptern dann, da der Nil das Land nicht mehr überspült, künftig für alle Zeiten grad so ergehen wird, wie sie sagten, daß es den Hellenen ergehen werde. Als sie nämlich hörten, daß das ganze Land von Hellas vom Regen befeuchtet wird und nicht Flüsse es bewässern, wie bei ihnen der Nil, da sagten sie, die Hellenen könnten sich noch einmal um ihre schönsten Hoffnungen betrogen sehen und schlimm Hunger leiden. Dieser Ausspruch will besagen, daß die Hellenen, wenn Gott ihnen einmal nicht Regen schicken will, sondern es lange Zeit trocken sein läßt, daß sie dann einer Hungersnot erliegen würden; gäb's für sie doch keinen anderen Zugang zum Wasser außer allein durch Gottes Regen.
Und was die Ägypter von den Hellenen sagen, damit haben 14
sie ganz recht. Gut, aber nun will ich auch den Ägyptern zeigen, wie es mit ihnen steht. Wenn, wie ich eben schon sagte,

das Land unterhalb Memphis – denn das ist es, das so zunimmt – in dem gleichen Verhältnis wie in früheren Zeiten in die Höhe wächst, wie sollten dann nicht die Ägypter, die dort wohnen, eines Tages hungern, wenn dann bei ihnen kein Regen aufs Land fällt noch der Fluß weiter imstande ist, auf die Felder überzutreten? Ja jetzt freilich bringen diese Leute die Frucht vom Feld ein mit weit geringerer Mühe als alle anderen Menschen und auch als die übrigen Ägypter, sie die sich nicht zu mühen brauchen, mit dem Pflug Furchen aufzubrechen, nicht zu hacken brauchen noch sonst eine der Arbeiten zu verrichten, mit denen andere Menschen sich abplagen bei ihrem Saatfeld, sondern wenn bei ihnen der Fluß von alleine kommt und die Fluren tränkt und nach dem Tränken wieder zurückweicht, dann besät ein jeder sein Feld und treibt bloß Schweine darauf, ist aber die Saat von diesen Schweinen eingetreten, braucht er nur die Ernte abzuwarten und drischt mit diesen Schweinen sein Korn aus und bringt's so ein.

15 Wollten wir uns nun die Meinung der Jonier über Ägypten zu eigen machen, die behaupten, allein das Delta sei Ägypten, wobei sie sagen, es reiche am Meer von der sogenannten Warte des Perseus bis zu den Fisch-Pökeleien von Pelusion, eine Strecke von vierzig Schoinen, von dem Meer ins Binnenland aber reiche es bis zur Stadt Kerkasoros, wo sich der Nil teilt und strömt nach Pelusion und Kanobos, von dem übrigen Ägypten aber sagen sie, es gehöre teils zu Libyen, teils zu Arabien – dann könnten wir diese Bestimmung verwenden, um zu behaupten, daß die Ägypter früher gar kein Land hatten. Denn das Delta, wie die Ägypter selber sagen und ich glaube, ist ja herabgespült und sozusagen erst kürzlich hervorgetreten. Wenn sie nun gar kein Land zur Verfügung hatten, warum haben sie sich dann bloß so angestrengt mit ihrer Annahme, sie seien die Erstentstandenen unter den Menschen? Und an den Versuch mit den Knäblein hätten sie auch nicht

zu gehen brauchen, was für eine Sprache die zuerst von sich geben würden. Aber das glaube ich nicht, daß die Ägypter erst mit dem Delta, wie die Jonier es nennen, entstanden sind, sondern daß sie schon immer da waren, seit das Menschengeschlecht entstanden ist, und daß, als das Land vorrückte, viele sitzen blieben, viele aber nach und nach mit vorrückten. Vor alters hieß jedenfalls Theben Ägypten, der Bezirk, dessen Umfang sechstausend einhundert und zwanzig Stadien beträgt.

Wenn unsere Ansicht hierüber also die richtige ist, so haben die Jonier keine gute Vorstellung von Ägypten. Wäre aber die Meinung der Jonier richtig, dann folgt meines Erachtens, daß die Hellenen und grad auch die Jonier nicht zählen können, wenn sie behaupten, die gesamte Erde bestehe aus drei Teilen, Europa, Asien und Libyen. Sie müßten doch einen vierten dazuzählen, das Delta Ägypten, wenn es weder zu Asien gehört noch zu Libyen. Denn dann wäre es nicht der Nil, wie er es nach dieser Zählung doch sein müßte, der Asien von Libyen abgrenzt. An der Spitze des Delta spaltet sich aber der Nil, und so käme dies dann zwischen Asien und Libyen zu liegen. 16

Doch lassen wir nun die Meinung der Jonier beiseite, wir unsererseits sprechen darüber etwa wie folgt: All das ist Ägypten, wo Ägypter wohnen, wie Kilikien, wo Kiliker, und Assyrien, wo Assyrer wohnen. Eine Grenze zwischen Asien und Libyen aber können wir mit eindeutiger Bestimmtheit nicht angeben, es sei denn man nimmt die Grenzen von Ägypten. Wollten wir uns aber nach dem richten, was bei den Hellenen gilt, so müßten wir gelten lassen, daß das gesamte Ägypten, angefangen bei den Katarakten und der Stadt Elephantine, in zwei Teile aufgeteilt wird und an diesen beiden Namen teilhat. Ein Teil gehörte dann nämlich zu Libyen, der andere zu Asien. Denn der Nil, angefangen bei den Katarakten, teilt in seinem Lauf zum Meer Ägypten mittendurch. 17

Bis zur Stadt Kerkasoros ist der Nil ein einziger Strom, nach dieser Stadt aber teilt er sich in drei Arme. Und der eine wendet sich gegen Morgen und heißt die Pelusische Mündung, der andere Arm geht nach Abend; diese Mündung heißt die Kanobische. Geradeaus aber läuft der Nil so: Er strömt von oben herab und kommt bis zur Spitze des Delta, dann spaltet er es mit seinem geraden Arm und läuft mitten durchs Delta aufs Meer zu, und hier hat er nicht den geringsten Teil des Wassers aufzuweisen noch den am wenigsten bekannten, in der Mündung, die die Sebennytische heißt. Es gibt aber noch zwei weitere Arme, die vom Sebennytischen abzweigen und ins Meer münden, und die haben folgende Namen: der eine heißt der Saïtische, der andere der Mendesische. Die Bolbitische Mündung aber und die Bukolische sind keine natürlichen Mündungen, sondern gegraben.

18 Dieser meiner Meinung, daß Ägypten die Ausdehnung hat, die ich mit meiner Bestimmung darlege, tritt als Zeuge bei auch ein Spruch, der von Ammon ergangen ist, von dem ich erst gehört habe, als meine Meinung über Ägypten schon feststand. Nämlich die Leute der Städte Marea und Apis, die im Grenzgebiet von Ägypten und Libyen wohnen, waren der Meinung, sie seien Libyer und keine Ägypter, und fanden den vielen Dienst bei den Heiligtümern lästig und wünschten, sie brauchten sich nicht des Fleisches der Kühe zu enthalten, und so schickten sie zu Ammon und behaupteten, sie und die Ägypter hätten nichts miteinander gemein. Denn sie wohnten außerhalb des Delta und wichen auch sehr von den Leuten dort ab, und sie hätten den Wunsch, es möge ihnen erlaubt sein, alles zu genießen. Der Gott aber ließ das nicht zu, sondern sagte: Das sei Ägypten, was der Nil überschwemmt und bewässert, und die seien Ägypter, die unterhalb von Elephantine wohnen und von diesem Fluß trinken. So lautete der Spruch, den sie empfingen.

Es tritt aber der Nil, wenn er anschwillt, nicht allein über 19
das Delta, sondern auch einen Teil des Landes, von dem man
sagt, es gehöre einerseits Libyen, anderseits Arabien zu, und
das an einigen Stellen bis zu einer Strecke von zwei Tagen auf
jeder Seite, mitunter noch weiter oder auch nicht so weit.

Über des Flusses Art aber konnte ich weder von den Prie-
stern noch sonst einem mir etwas zu eigen machen. Und ich
wollte doch gern all das von ihnen hören, wie es kommt, daß
der Nil von der Sommer-Sonnenwende an gegen hundert Ta-
ge ansteigt, wenn er aber diese Tage über gestiegen ist, wie-
der zurückgeht und in seinem Bett fällt, so daß er den ganzen
Winter durch niedrig bleibt bis wieder zur Sommer-Sonnen-
wende. Hierüber also vermochte ich rein gar nichts von den
Ägyptern zu lernen, wie ich sie befragte, was für ein Vermö-
gen denn der Nil hat, daß er umgekehrt geartet ist als die an-
dern Flüsse. Das also wollte ich gerne wissen und befragte sie
danach, und auch, wieso von ihm alleine unter allen Flüssen
kein frischer Luftzug ausgeht.

Jedoch von den Hellenen haben einige, in dem Wunsch, ein 20
Ansehn zu gewinnen mit ihrem Sachverstand, über dies Was-
ser gesprochen und dreierlei Lösungen angegeben; und zwei
von ihnen verdienen es gar nicht, wiedergegeben zu werden,
nur daß ich auf sie eben hinweisen möchte. Von denen besagt
die eine, die Jahreswinde, die Etesien, seien die Ursache, daß
der Fluß steige, da sie den Nil hinderten, ins Meer abzuflie-
ßen. Häufig aber haben die Jahreswinde nun gar nicht geweht,
der Nil aber tut das gleiche. Und dann, wenn die Jahreswinde
die Ursache wären, müßte es ja allen andern Flüssen, die den
Jahreswinden entgegenlaufen, ähnlich gehen und genauso wie
dem Nil, ja noch um so viel mehr, als sie kleiner sind und so
eine schwächere Strömung haben. Es gibt aber viele Flüsse in
Syrien, viele in Libyen, doch bei ihnen tritt nichts dergleichen
ein wie beim Nil. Die zweite Lösung aber ist noch weniger 21

sachkundig als die genannte, hört sich aber wunderbarer an, die besagt, er bringe das zuwege, weil er aus dem Okeanos ströme, der Okeanos aber ströme rings um die ganze Erde.

22 Die dritte von den Lösungen hat den meisten Anschein für sich, ist aber völlig verfehlt. Denn auch diese Aussage hat keinerlei Wert, die behauptet, der Nil habe seine Wasser von der Schmelze des Schnees, wo er doch aus Libyen fließt mitten durch das Land der Aithiopen und dann sich nach Ägypten ergießt. Wie soll er denn nun vom Schnee seine Wasser haben, wo er von den heißesten Gegenden fließt in solche, die im allgemeinen kühler sind? Für einen jedenfalls, der imstande ist, solche Dinge zu überschlagen, geben dafür, daß es ganz unwahrscheinlich ist, daß er vom Schnee seine Wasser hat, erstens und aufs stärkste Zeugnis ab die Winde, die aus diesen Ländern wehen und heiß sind. Zweitens, daß das Land da ständig ohne Regen ist und ohne Eis; nach einem Schneefall aber müßte es ja bestimmt innerhalb von fünf Tagen regnen; wenn es also schneite, würden diese Gegenden auch Regen haben. Zum dritten sind die Menschen schwarz von der Sonnenglut; und Weihen und Schwalben sind das ganze Jahr dort und ziehen nicht fort, Kraniche aber flüchten vor dem Winter im Skythenland und gehen zum Überwintern in diese Gegenden. Wenn es nun schneite, auch nur ein wenig, dort in dem Land, durch das der Nil fließt und in dem er entspringt, so wäre nichts von alledem der Fall, und dieser Schluß ist doch
23 zwingend. Wer aber vom Okeanos gesprochen hat, der führt seine Erzählung auf Unsichtbares zurück und hat keinen nachprüfbaren Schluß zu bieten. Denn ich wenigstens kenne keinen wirklich vorhandenen Strom Okeanos, sondern Homer oder einer der Dichter noch früherer Zeit, meine ich, ist auf diesen Namen gekommen und hat ihn in die Dichtung eingeführt.

Wenn ich nun aber selber, da ich die vorliegenden Urteile 24
verworfen habe, über Undeutliches ein Urteil abgeben soll,
will ich vorlegen, weshalb nach meiner Ansicht der Nil im
Sommer anschwillt. Zur Winterszeit geht die Sonne von Stür-
men aus ihrer alten Bahn gedrängt über das obere Libyen.
Soll es in aller Kürze angegeben werden, so ist damit alles ge-
sagt. Denn in dem Land, dem diese Gottheit am nächsten ist
und wo sie weilt, ist klärlich am meisten Mangel an Wasser
und trocknen die einheimischen Flußläufe aus. Soll es aber mit 25
mehr Worten angegeben werden, verhält sich's also: Wäh-
rend die Sonne das obere Libyen durchläuft, bewirkt sie fol-
gendes: Da die Luft in diesen Gegenden andauernd heiter und
das Land dort der Sonne ausgesetzt ist und ohne kühle Winde,
so bewirkt sie bei ihren Durchgängen, was sie auch bei uns
im Sommer zu bewirken pflegt, wenn sie hoch am Himmel
steht. Sie zieht nämlich das Wasser an sich, und wie sie's an-
zieht, treibt sie's in die oberen Räume, die Winde aber neh-
men es auf und verteilen es und verzehren es so. Und so sind
klärlich die Winde, die aus dieser Gegend wehen, der Süd wie
der Südwest, von allen weitaus die regenreichsten. Die Sonne
gibt aber auch, scheint mir, Jahr für Jahr nicht alles Wasser
vom Nil wieder her, sondern behält einen Teil bei sich. Wird
nun der Winter gelinder, so kehrt die Sonne wieder zurück in
die Mitte des Himmels, und von jetzt ab zieht sie von allen
Flüssen in gleicher Weise Wasser an. Bis dahin aber strömen
die, da Regenwasser in Menge sich ihnen beimengt – denn
die Erde ist benetzt von Regen, und Gießbäche treten auf –,
mächtig dahin, im Sommer dagegen, wo die Regenfälle ihnen
fehlen und sie selber von der Sonne aufgesogen werden, sind
sie schwach. Der Nil aber, der keinen Regen bekommt, doch
von der Sonne aufgesogen wird, ist der einzige Fluß, der diese
Zeitdauer über verständlicherweise hinter sich selber zurück-
bleibt und viel weniger Wasser führt als im Sommer; wird er

dann doch gleich wie alle Gewässer aufgesogen, im Winter aber wird ihm allein zugesetzt. So bin ich also zu der Überzeugung gekommen, die Sonne ist die Ursache davon.

26 Und sie ist nach meiner Meinung auch davon die Ursache, daß die Luft dort so trocken ist, indem sie nämlich auf ihrer Bahn die Luft erhitzt. So herrscht im oberen Teil von Libyen ständig Sommer. Wenn aber der Standort der Jahreszeiten vertauscht würde und am Himmel dort, wo jetzt Nordwind und Winter stehen, Südwind und Mittag zu stehen kämen, wo aber jetzt der Süd steht, da der Nord, wenn das so wäre, dann würde die Sonne, vom Winterwind und ‹Nord› aus der Mitte des Himmels gedrängt, zum oberen Teil von Europa gehen, ganz wie sie jetzt zu dem von Libyen geht; und wenn sie ganz Europa durchliefe, so würde sie nach meiner Erwartung bei dem Istros das machen, was sie jetzt beim Nil bewirkt.

27 Daß aber kein kühlender Luftzug von ihm weht, das erkläre ich mir so: Es weht überhaupt nicht so leicht aus warmen Orten etwas, der Luftzug pflegt vielmehr aus einer Kühle zu wehen.

28 Das mag nun sein, wie es ist und wie's von Anbeginn gewesen. Des Nils Quellen aber hat keiner zu kennen vorgegeben, weder von den Ägyptern noch den Libyern noch den Hellenen, mit denen ich darauf zu sprechen kam, ausgenommen in Ägypten zu Saïs der Schreiber von dem heiligen Schatz der Athene. Doch der schien mir jedenfalls zu spaßen mit seiner Behauptung, er kenne sie genau. Er sagte aber so: Es seien da zwei Berge mit spitz zulaufenden Gipfeln, die lägen zwischen der Stadt Syene in der Thebaïs und Elephantine, und diese Berge hießen der eine Krofi, der andere Mofi. Die Quellen des Nils nun seien unergründlich und strömten aus der Mitte zwischen diesen Bergen hervor, und die eine Hälfte des Wassers laufe nach Ägypten zu und gen Norden, die andre

Hälfte aber nach Aithiopien und Süden. Daß die Quellen aber unergründlich sind, an diese Probe, sagte er, sei Psammetichos, der König von Ägypten, gegangen. Denn er habe ein Seil geflochten viele tausend Klafter lang und habe es dort hinuntergelassen und sei nicht auf den Grund gekommen. Besagter Schreiber hat damit – sollte, was er erzählt, wirklich vorgefallen sein – erwiesen, so wie ich es deute, daß es dort manche Strudel gibt von großer Stärke und eine Gegenströmung, weil das Wasser sich an den Bergen bricht, und so kann das herabgelassene Lot nicht an den Boden kommen.

Sonst konnt ich von keinem Menschen etwas erfahren. Je- 29
doch hab ich soweit hinauf, als es ging, noch das Folgende in Erfahrung gebracht, und dabei bin ich bis zur Stadt Elephantine Augenzeuge, von da an aber habe ich meine Erkundung nur noch aus Erzählungen. Geht man von der Stadt Elephantine weiter hinauf, so steigt das Gelände an. Daher muß man da das Fahrzeug auf beiden Seiten an Taue nehmen, wie einen störrischen Ochsen, um voranzukommen; brechen die Taue, so schießt das Fahrzeug hinab durch die Gewalt des Stromes. So bleibt die Gegend vier Tagereisen lang, und der Nil ist da gewunden wie der Mäander. Zwölf Schoinen sind es, die man auf diese Art durchfahren muß. Und dann wirst du in eine flache Ebene kommen, wo der Nil eine Insel umströmt. Tachompso ist ihr Name. Es wohnen aber oberhalb von Elephantine bereits Aithiopen und auch auf der einen Hälfte der Insel, auf der andern aber Ägypter. An die Insel stößt ein großer See, um den herum nomadische Aithiopen wohnen. Hast du den durchfahren, wirst du wieder ins Bett des Nils kommen, der sich in diesen See ergießt. Und dann wirst du aussteigen und längs dem Fluß zu Land reisen vierzig Tage; denn im Nil ragen scharfe Klippen auf und sind viele Riffe, die man nicht durchfahren kann. Und hast du in den vierzig Tagen dies Gebiet durchzogen, steigst du wieder in ein anderes Fahrzeug

und wirst zwölf Tage fahren und dann zu einer großen Stadt kommen, die heißt Meroë. Diese Stadt soll die Mutterstadt sein von den andern Aithiopen. Und die Leute in dieser Stadt verehren einzig Zeus und Dionysos von den Göttern, und denen erweisen sie große Ehren; und es gibt da auch ein Orakel des Zeus. Zu Feld ziehen sie, wenn es ihnen dieser Gott gebietet durch seine Sprüche, und wohin er es gebietet, dorthin.
30 Fährst du von dieser Stadt weiter, wirst du zu den Überläufern kommen in gleichviel weiteren Tagen, wie du brauchtest von Elephantine bis zur Mutterstadt der Aithiopen. Diese Überläufer werden genannt Asmach, und dieses Wort bedeutet in unserer Sprache: die dem König zur Linken stehen. Es waren dies vierundzwanzigmal zehntausend ägyptische Krieger, die gingen über zu den Aithiopen dort aus folgender Ursache: Unter König Psammetichos lagen Grenzwachen zu Elephantine gegen die Aithiopen, ebenso im pelusischen Daphnai gegen die Araber und Syrer und in Marea gegen Libyen. Noch zu meiner Zeit stehen die Grenzwachen der Perser an den gleichen Stellen, wo sie unter Psammetichos waren, denn in Elephantine stehen Perser und auch in Daphnai. Diese Ägypter nun hatten drei Jahre Wache gehalten, und kein Mensch löste sie ab. Da berieten sie und kamen alle überein, von Psammetichos abzufallen, und zogen nach Aithiopien. Als Psammetichos dies erfuhr, setzte er ihnen nach, und als er sie eingeholt, gab er ihnen viele gute Worte und sagte, sie sollten doch die Götter ihrer Väter nicht verlassen und ihre Kinder und Weiber. Da, erzählen sie, habe einer auf sein Glied gezeigt und gesagt, wo das wäre, da würden sie auch Kinder und Weiber haben. Als die nun nach Aithiopien gekommen waren, unterstellten sie sich dem König der Aithiopen. Und der belohnte sie dafür auf folgende Art: Einige der Aithiopen hatten sich feindlich gezeigt gegen ihn; die sollten sie verjagen und deren Land bewohnen. Und als sie nun unter den Aithiopen

Wohnung genommen hatten, nahmen die Aithiopen ägyptische Gewohnheiten an und waren nicht mehr so wild.

Also vier Monate lang aufwärts, auf dem Wasser und zu 31
Land, kennt man den Nil, von dem Lauf in Ägypten abgesehen, denn zählt man zusammen, ergeben sich diese vier Monate, um von Elephantine zu jenen Überläufern zu reisen. Er fließt da von Abend und Sonnenuntergang her. Wie es aber weiter hinaus ist, kann kein Mensch mit Gewißheit angeben; denn das Land dort ist unbewohnt der Hitze wegen.

Jedoch etwas hab ich noch gehört von Leuten aus Kyrene, 32
nämlich folgendes: Sie sagten, sie seien einmal zum Orakel des Ammon gekommen und hätten sich unterhalten mit Etearchos, dem König der Ammonier; und da sei ihre Unterhaltung von allerlei anderm auch auf den Nil gekommen, daß doch kein Mensch seine Quellen kenne, und da habe Etearchos gesagt, einst seien zu ihm gekommen Leute vom Stamm der Nasamonen. Dieser Stamm ist ein libyscher und wohnt an der Syrte und im Land ostwärts der Syrte, nicht sehr weit. Die Nasamonen also seien hingekommen und auf die Frage, ob sie nicht etwas Näheres wüßten von den Wüsten Libyens, hätten sie erzählt, bei ihnen hätten einmal einige führende Leute recht übermütige Knaben gehabt, und als die groß geworden, hätten sie sonst allerlei unnützes Zeug ausgeheckt und so auch fünf unter sich ausgelost, sich in den Wüsten Libyens umzusehen, und ob sie nicht weiter hinaus Ausschau halten könnten, noch weiter als die, die bisher am weitesten vorgedrungen seien. Mit Libyen steht's nämlich so: Den Teil gegen das nördliche Meer, von Ägypten bis zum Vorgebirge Soloeis, wo Libyen endet, bewohnen in seiner ganzen Erstreckung Libyer, und zwar vielerlei Völker von ihnen, außer den Strichen, die Hellenen und Phönizier innehaben. Oberhalb des Meeres aber und der Menschen, die bis ans Meer wohnen, ist Libyen voller wilder Tiere. Die Gegend aber oberhalb der wilden Tiere ist

Sand und furchtbar trocken und völlig verlassen. Die jungen Leute also, erzählten sie, die von ihren Gesellen ausgeschickt wurden, mit Wasser und Lebensmitteln wohl versehen, sind zuerst durch das bewohnte Land gezogen; und als sie dieses durchquert, sind sie in die Region der wilden Tiere gekommen, danach ist es durch die Wüste gegangen, wobei sie eine westliche Richtung einschlugen; nachdem sie aber eine lange Strecke hinter sich gebracht hatten, viele, viele Tage und immer nur Sand, haben sie endlich wieder Bäume gesehen, die wuchsen in einer Ebene; und sie gingen hinzu und machten sich an die Früchte, die an den Bäumen hingen, und wie sie dabei waren, kamen kleine Männer herbei, kleiner als mittelgroße Männer, und griffen sie und führten sie weg. Sie verstanden aber kein Wort voneinander, weder die Nasamonen von deren Sprache noch die sie wegführten von der der Nasamonen. Sie brachten sie durch gewaltige Sümpfe, und wie sie durch die hindurch waren, kamen sie in einen großen Ort, da waren alle Leute ebenso klein wie die, die sie weggeführt, und schwarz von Farbe. Und an dem Ort vorbei floß ein großer Fluß und floß von Abend nach Sonnenaufgang, und es waren
33 Krokodile in ihm zu sehen. Soweit meinerseits von der Erzählung des Etearchos, des Ammoniers, und damit Schluß; bloß das eine noch, daß er, wie die Kyrenaier sagten, auch erzählt hat, diese Nasamonen seien glücklich wieder heimgekehrt, und die Leute, zu denen sie gekommen, seien alle miteinander Zauberer gewesen. Jenen Fluß aber, der dort vorbeifließt, hielt Etearchos für den Nil, und dafür spricht denn auch die Überlegung.

Denn der Nil kommt aus Libyen und schneidet Libyen mitten durch; und wie ich meinerseits vermute, und dabei schließe ich von Bekanntem auf Unbekanntes, kommt er gleich weit und aus gleicher Richtung wie der Istros (Donau). Denn der Istros entspringt bei den Kelten und der Stadt Pyrene und

strömt mitten durch Europa hindurch. Diese Kelten aber sitzen jenseits der Säulen des Herakles und sind Nachbarn der Kynesier, die als letzte gegen Abend wohnen von den Völkern Europas. Es mündet aber der Istros, nachdem er ganz Europa durchlaufen, ins Meer, in den Pontos Euxeinos, da wo Istria liegt, eine Pflanzstadt der Milesier. Es wird nun der Istros, 34
weil er durch bewohntes Land fließt, von vielen Leuten gekannt, über die Quellen des Nils jedoch weiß niemand etwas zu sagen; denn unbewohnt und öde ist der Teil Libyens, durch den er fließt. Soweit man aber seinen Lauf hinauf kommen konnte durch Nachforschen, darüber ist berichtet. Am Ende aber kommt er nach Ägypten. Ägypten liegt etwa dem Bergland von Kilikien grade gegenüber. Von da nach Sinope am Schwarzen Meer sind es auf dem nächsten Weg fünf Tage für einen eilig Reisenden; Sinope aber liegt der Istrosmündung gegenüber. So nehme ich an, daß der Nil in seinem Lauf durch ganz Libyen gleichkommt dem des Istros. Und damit genug vom Nil.

Jetzt gehe ich daran, noch ausführlicher von Ägypten zu 35
erzählen, weil es mehr Merkwürdigkeiten enthält als jedes andere Land und unter allen Ländern Bauten bietet, die man kaum beschreiben kann. Deswegen soll mehr darüber gesagt werden. Wie die Ägypter einen Himmel haben, der besonders ist, und einen Fluß, der eine andere Art hat als die übrigen Flüsse, so haben sie sich auch in fast allen Stücken Gewohnheiten und Sitten zugelegt, die denen anderer Menschen grad entgegengesetzt sind. So gehen bei ihnen die Frauen auf den Markt und handeln, die Männer aber sitzen zuhaus und weben. Und beim Weben schlagen die andern den Einschlag nach oben, die Ägypter nach unten. Lasten tragen die Männer auf den Köpfen, die Frauen auf den Schultern. Die Frauen lassen Wasser im Stehen und die Männer im Hocken. Ihre Notdurft verrichten sie in den Häusern, essen aber tun sie draußen auf

den Straßen und sagen dazu, was unanständig, aber notwendig ist, solle man im Verborgenen tun, was aber nicht unanständig ist, vor aller Augen. Keine Frau versieht Priesterdienst, weder bei einem Gott noch einer Göttin, sondern nur Männer, bei allen Göttern und Göttinnen. Die Söhne brauchen ihre Eltern nicht zu ernähren, wenn sie keine Lust haben, aber die Töchter müssen es, auch wenn sie keine Lust
36 haben. Die Priester tragen anderswo das Haar lang, in Ägypten schneiden sie es kurz. Andere Menschen haben den Brauch, daß bei Trauer die Nächsten ihr Haupt scheren, die Ägypter lassen bei Sterbefällen ihre Haare wachsen, auf dem Kopf und am Kinn, zu andern Zeiten aber rasieren sie sich. Andere Menschen leben getrennt von ihrem Vieh, die Ägypter leben mit dem Vieh zusammen. Von Weizen und Gerste leben andere, nährt sich aber ein Ägypter davon, so bringt ihm das größten Tadel ein, vielmehr aus Emmer bereiten sie sich Brot und Fladen – einige nennen ihn auch Spelt. Sie kneten den Teig mit den Füßen und den Lehm mit den Händen, und auch Mist sammeln sie mit der Hand. Die Schamglieder lassen andere, wie sie sind, außer denen, die es von ihnen angenommen haben, die Ägypter beschneiden sie. Kleider trägt der Mann zwei, die Frau nur eins. Ringe und Taue der Segel belegen andere Menschen außen am Bord, die Ägypter innen im Schiff. Buchstaben schreiben und mit Steinchen rechnen die Hellenen, indem sie die Hand von links nach rechts führen, die Ägypter von rechts nach links. Das tun sie und sagen doch, sie täten es rechtsläufig und die Hellenen linksläufig. Sie haben aber zwei Arten von Schrift im Gebrauch, und die eine heißt die heilige, die andere die volkstümliche.

37 Gottesfürchtig sind sie über die Maßen, mehr als alle anderen Menschen, und dabei haben sie folgende Bräuche. Sie trinken aus ehernen Bechern und scheuern sie Tag für Tag aus, und nicht etwa nur der eine, der andere nicht, sondern

einer wie der andere. Die Linnenkleider, die sie tragen, sind immer neugewaschen, darauf sehen sie besonders. Das Glied beschneiden sie der Reinlichkeit wegen und wollen lieber reinlich sein als gut aussehen.

Die Priester rasieren sich am ganzen Körper, jeden dritten Tag, daß keine Laus noch sonst ein Ungeziefer sich bei ihnen findet, wenn sie den Göttern dienen. Kleider tragen die Priester nur aus Leinen und Schuhe aus Papyros, andere Kleidung dürfen sie nicht anlegen, und keine anderen Schuhe. Sie waschen sich zweimal an jedem Tag mit kaltem Wasser, und zweimal des Nachts. Und noch andere kultische Verrichtungen führen sie aus, zu Tausenden kann man sagen. Dafür erfreuen sie sich auch nicht geringer Vorteile. Denn ihren Besitz brauchen sie nicht anzugreifen und geben nichts davon aus, sondern sie haben die heiligen Brote, die man für sie bäckt, und Rind- und Gänsefleisch hat jeder in großer Fülle, Tag für Tag, und man gibt ihnen auch Wein von Trauben; Fisch essen ist ihnen aber nicht gestattet. Bohnen säen die Ägypter überhaupt nicht in ihrem Land, und sollten doch welche wachsen, knabbern sie sie weder roh, noch genießt man sie gekocht. Die Priester aber verabscheuen sogar ihren Anblick, weil sie glauben, sie seien keine reine Hülsenfrucht. Es hat aber jeder Gott nicht bloß einen Priester, sondern viele, und einer von denen ist der Oberpriester. Stirbt einer, so tritt sein Sohn an seine Stelle.

Die Stiere halten sie für das Eigentum des Epaphos und prü- 38
fen sie deswegen so: Wenn der Beschauer ein einziges schwarzes Haar entdeckt, meint er, das Tier sei nicht rein. Es untersucht dies ein dazu bestellter Priester, wobei das Opfertier steht und auch auf den Rücken gelegt wird, und er zieht auch die Zunge heraus, ob sie frei ist von den festgelegten Zeichen, von denen ich in anderem Zusammenhang sprechen werde. Und er beschaut sich auch die Haare des Schwanzes, ob sie

nach ihrer natürlichen Weise gewachsen sind. Ist der Stier
aber in allem diesem fehlerlos, dann zeichnet er ihn mit
Papyrus, den er um die Hörner wickelt, und dann streicht er
Siegelton darüber und drückt seinen Siegelring darauf; und so
führen sie ihn ab. Und auf das Opfern eines ungezeichneten
Tieres steht die Todesstrafe. Auf die Art wird also das Opfer-
39 tier geprüft, das Opfer aber wird so vollzogen. Sie führen das
gezeichnete Tier zum Altar, an dem sie gerade opfern, und
zünden ein Feuer an, und bei ihm sprengen sie dann Wein auf
das Opfertier, rufen den Gott an und schlachten es, und haben
sie's geschlachtet, schneiden sie den Kopf ab. Den Leib des
Tieres häuten sie, über den Kopf aber sprechen sie allerlei Ver-
wünschungen und bringen ihn, gibt's einen Markt bei ihnen
und sind hellenische Händler dort ansässig, dann bringen sie
ihn auf den Markt und schlagen ihn los, die aber keine Helle-
nen bei sich haben, die werfen ihn in den Fluß. Und bei dem
Verwünschen sprechen sie folgendes zum Kopf: Soll ihnen,
die da opfern, oder aber ganz Ägypten ein Unglück wider-
fahren, das soll über diesen Kopf kommen. Mit den Köpfen
der geopferten Tiere nun und mit der Weinspende verfahren
alle Ägypter nach demselben Brauch und gleich bei allen Op-
fern, und infolge dieses Brauches wird auch vom Kopf eines
anderen Lebewesens kein Ägypter etwas essen.

40 Das Ausweiden der Opfer aber und das Verbrennen ist bei den einzelnen Opfern verschieden. Die sie nun für die größte Gottheit halten und der sie das größte Fest begehen, bei der will ich's sagen. Erst ziehen sie das Rind ab, dann sprechen sie Gebete und nehmen die ganze Bauchhöhle aus, doch die edlen Innereien lassen sie im Leib und auch das Fett, und trennen die Schenkel ab und das Steißbein mit den Lenden und die Schulterstücke und den Nacken. Sind sie damit fertig, füllen sie den restlichen Leib des Rindes mit reinen Broten und Honig und Rosinen und Feigen und Weihrauch und Myrrhe und

sonstigem Räucherwerk, und haben sie es damit gefüllt, verbrennen sie es und gießen reichlich Öl darüber. Vor dem Opfer fasten sie, und während das Opfer brennt, schlagen sich alle mit Wehklagen. Und haben sie sich genug geschlagen, dann tischen sie sich ein Mahl auf von dem, was sie vom Opfer übriggelassen haben.

Reine Stiere nun und Kälber schlachten alle Ägypter als 41
Opfer, Kühe aber dürfen sie nicht schlachten, sondern sie sind der Isis heilig. So ist auch das Bild der Isis das eines Weibes, aber mit Rinderhörnern, ganz wie die Hellenen die Io malen, und die weiblichen Rinder verehren alle Ägypter in gleicher Weise, weit mehr als all das andere Vieh. Deswegen wird auch kein ägyptischer Mann und keine Frau einen Hellenen auf den Mund küssen, und er wird auch kein Messer eines Hellenen gebrauchen noch Bratspieß noch Kessel, und wird auch nicht vom Fleisch eines reinen Stieres kosten, das mit einem hellenischen Messer zerlegt ist. Verendet ein Rind, bestatten sie's auf folgende Weise: Die weiblichen werfen sie in den Fluß, die männlichen aber begraben sie jeweils vor ihren Städten, und so, daß ein Horn oder auch beide hervorragen, zum Wahrzeichen. Und ist es verwest und die festgelegte Zeit da, kommt in jede Stadt ein Kahn von der Insel Prosopitis. Die liegt im Delta, und ihr Umfang beträgt neun Schoinen. Auf dieser Insel Prosopitis nun liegen viele andere Städte, aus der aber die Kähne kommen, um die Knochen der Stiere aufzunehmen, die heißt Atarbechis, und in ihr steht ein ehrwürdiges Heiligtum Aphrodites: Aus dieser Stadt ziehen viele Leute umher, die einen zu der Stadt, die andern zu jener, die graben die Gebeine aus, nehmen sie mit sich und bestatten sie miteinander an einer Stelle. Und ebenso wie die Rinder bestatten sie auch die anderen Tiere, die verenden. Denn auch bei denen haben sie einen solchen Brauch. Töten nämlich tun sie auch die nicht.

42 Alle nun, die bei sich ein Heiligtum des Zeus von Theben haben oder zum Gau von Theben gehören, die enthalten sich alle der Schafe und opfern Ziegen. Nämlich nicht alle Ägypter verehren ja dieselben Götter und in gleicher Weise, ausgenommen Isis und Osiris, der, wie sie sagen, niemand anders ist als Dionysos; diese beiden verehren alle in gleicher Weise. Die Leute aber, die ein Heiligtum des Mendes besitzen oder zum Mendesischen Gau gehören, die enthalten sich der Ziegen und opfern Schafe. Die Leute von Theben nun und die andern, die ihretwegen sich der Schafe enthalten, erzählen, dieser Brauch sei bei ihnen eingeführt aus folgendem Anlaß: Herakles habe durchaus gewünscht, Zeus zu sehen, und der wünschte nicht, sich von ihm sehen zu lassen, schließlich aber, als Herakles hartnäckig blieb, habe Zeus zu folgendem Ausweg gegriffen: Er zog einen Widder ab und hielt sich den Kopf vor, den er abgeschnitten hatte, und tat sich das Vlies um, und so zeigte er sich ihm. Daher geben die Ägypter dem Bild des Zeus einen Widderkopf, und von den Ägyptern haben es die Ammonier, die Kolonisten sind von den Ägyptern sowie den Aithiopen und eine Sprache sprechen, die zwischen diesen beiden liegt. Ich meine aber, die Ammonier haben auch ihren Namen daher genommen, denn Zeus nennen die Ägypter Amun. Widder also opfern die Thebaier nicht, sondern halten sie heilig, und das aus dem genannten Grund. An einem Tag des Jahres aber, am Fest des Zeus, töten sie einen Widder, einen einzigen, ziehen ihm das Fell ab und bekleiden damit das Bild des Zeus wie berichtet, und dann bringen sie ein anderes Bildnis, das des Herakles, an dieses heran. Ist das geschehen, schlagen alle, die im Tempel sind, um den Widder klagend Haupt und Brust, und dann bestatten sie ihn in einer geweihten Lade.

43 Von Herakles hab ich sie sagen hören, er sei einer der zwölf Götter (Chons). Von dem andern Herakles aber, den die Grie-

chen kennen, konnte ich nirgends in Ägypten etwas hören. Und daß jedenfalls die Ägypter seinen Namen (und seine Person) nicht von den Hellenen übernommen haben, sondern vielmehr die Hellenen von den Ägyptern, und zwar die unter den Hellenen, die Amphitryons Sproß den Namen Herakles gaben, daß dem so ist, dafür hab ich viele Belege, unter anderen besonders den, daß bei diesem Herakles die beiden Eltern Amphitryon und Alkmene ursprünglich aus Ägypten kamen, und dann, daß die Ägypter behaupten, sie kennten weder den Namen (und die Person) Poseidons noch den der Dioskuren, und weil diese Götter auch nicht unter ihre anderen Götter aufgenommen sind. Nun müßten sie doch, wenn sie überhaupt den Namen einer höheren Macht von den Hellenen angenommen hätten, gerade an diese nicht nur eine schwache, sondern eine sehr deutliche Erinnerung haben, wenn sie jedenfalls damals schon zur See fuhren und es auch einige hellenische Seefahrer gab, wie ich es erwarte und wofür mein Urteil sich entscheidet. Also kann man schließen, daß den Ägyptern deren Namen eher bekannt sein mußten als der des Herakles. Nein, Herakles ist als Gott uralt bei den Ägyptern. Und wie sie selber sagen, sind es siebzehntausend Jahre bis zur Regierung des Amasis, von der Zeit, als aus den acht Göttern die zwölf hervorgingen, unter die sie Herakles zählen.

Und weil ich hierüber gern etwas Genaues wissen wollte, 44
von wem es nur möglich war, so bin ich auch nach Tyros in Phönizien gefahren, da ich hörte, dort gebe es ein angesehenes Heiligtum des Herakles. Und ich hab es gesehen und fand es reich ausgeschmückt mit vielen Weihgeschenken, und darunter, in seinem Inneren, gab es zwei Säulen, die eine von reinem Gold, die andere von durchscheinendem Stein, die leuchtete des Nachts ganz hell. Als ich nun mit den Priestern des Gottes ins Gespräch kam, stellte ich die Frage, wie lange die Errichtung ihres Heiligtums zurückliegt. Und ich fand, daß auch sie

nicht mit den Hellenen übereinstimmten, denn sie behaupteten, gleich bei der Gründung von Tyros sei auch das Heiligtum des Gottes erbaut worden und Tyros stehe nun schon zweitausend und dreihundert Jahre. Und ich sah in Tyros noch ein anderes Heiligtum des Herakles, der den Beinamen «der aus Thasos» trägt. Ich bin auch nach Thasos gekommen und hab dort einen Tempel des Herakles vorgefunden, errichtet von den Phöniziern, die auf der Suche nach der Europa ausgefahren sind und die Stadt Thasos gegründet haben. Und das war fünf Menschenalter, bevor der Amphitryonsohn Herakles in Hellas geboren ist. All diese Ergebnisse der Nachforschungen zeigen deutlich, daß Herakles ein alter Gott ist. Und bei den Hellenen scheinen mir die am richtigsten zu verfahren, die zwei Heraklesheiligtümer errichtet haben und besitzen, und dem einen Herakles bringen sie Opfer dar, als einem Unsterblichen, der hat den Beinamen Olympier, dem andern aber Totenspenden, als einem Heros.

45 Es erzählen aber die Hellenen auch sonst noch allerlei ohne Nachprüfung. Einfältig ist auch diese Geschichte, die sie von Herakles erzählen. Er sei nach Ägypten gekommen und die Ägypter hätten ihn bekränzt und im Festzug hingeführt, um ihn dem Zeus zu opfern. Bis dahin habe er sich ruhig verhalten, als sie aber am Altar sich an ihm zu schaffen machten, um ihn zu weihen, habe er sich zur Wehr gesetzt und sie alle erschlagen. Mir machen Hellenen, die solches erzählen, den Eindruck, daß sie überhaupt keine Ahnung haben von Art und Bräuchen der Ägypter. Denn die nach heiligem Brauch kein Tier opfern außer Schafen und Stieren und Kälbern, und auch die nur, wenn sie rein sind, und Gänsen – wie werden die wohl Menschen opfern? Und dann, Herakles war doch allein und noch ein Mensch, wie sie doch sagen; woher hatte der die Kraft, viele Tausende zu erschlagen? Uns aber, die wir

darüber schon viel zu viel gesprochen haben, mögen gnädig bleiben Götter wie Heroen.

Daß nun die vorgenannten Ägypter keine Ziegen und Bök- 46
ke opfern, hat folgenden Grund. Den Pan rechnen die Mendesier unter die acht Götter, und die, behaupten sie, sind eher gewesen als die zwölf. Nun malen und formen ihre Maler und Bildhauer das Bild des Pan wie die Hellenen, mit Ziegenkopf und Bocksbeinen, sie glauben aber keineswegs, so sehe er aus, sondern ähnlich wie die übrigen Götter. Warum sie ihn aber so malen, das möchte ich lieber nicht sagen. Es verehren die Mendesier aber alle Ziegen, die Böcke noch mehr als die Geißen, und die Bockshirten haben größeres Ansehn; unter den Böcken aber vor allem einen, und stirbt der, wird eine große Trauer für den ganzen Mendesischen Gau festgesetzt. Es heißt aber sowohl der Bock wie Pan auf ägyptisch «Mendes». Und zu meiner Zeit ist in diesem Gau dies Zeichen geschehen: Der heilige Bock besprang vor aller Augen ein Weib, und alle Welt bekam's zu wissen.

Das Schwein halten die Ägypter für ein unreines Tier. Und 47
so gilt erstens: hat einer im Vorbeigehn ein Schwein berührt, so steigt er in den Fluß und taucht mit seinen Kleidern unter, und zweitens: es haben die Schweinehirten, obwohl sie eingeborene Ägypter sind, zu keinem Heiligtum in Ägypten Zutritt, sie allein von allen, und keiner mag ihnen seine Tochter geben noch sich eine von ihnen holen, sondern die Schweinehirten geben und nehmen ihre Frauen untereinander. Andern Göttern nun Schweine zu opfern, halten die Ägypter nicht für gestattet, wohl aber opfern sie Selene und Dionysos Schweine, denen allein und zur gleichen Zeit, am Vollmond, und dann essen sie Schweinefleisch. Weshalb sie aber die Schweine bei den übrigen Festen verabscheuen, bei diesem aber opfern, darüber erzählen die Ägypter eine Geschichte, die kenne ich, doch ist es anständiger, ich erzähle sie nicht. So aber geht das

Schweineopfer für Selene vor sich: Hat man das Tier geschlachtet, legt man die Schwanzspitze und die Milz und das Bauchfell zusammen und schlägt das dann mit dem gesamten Speck ein, der am Bauch sitzt, und darauf verbrennt man das im Feuer. Das übrige verzehren sie beim Vollmond, an dem sie die Opfer schlachten, an einem andern Tag aber würde keiner davon kosten. Die Armen in ihrer Bedürftigkeit kneten Schweine aus Teig und backen und opfern die.

48 Dem Dionysos schlachtet ein jeder am Vorabend des Festes ein Ferkel vor der Tür und schenkt dies Ferkel demselben Schweinehirten, der es geliefert hat, zum Mitnehmen. Sonst aber feiern die Ägypter das Dionysosfest fast genau so wie die Hellenen, nur ohne Chöre. Statt der Phallen aber haben sie sich was anderes ausgedacht, Figuren etwa eine Elle groß, mit einer Schnur, daran zu ziehen, und die tragen die Frauen in den Dörfern umher, und das Glied hebt und senkt sich, und es ist nur ein wenig kürzer als die ganze Gestalt. Voran zieht die Flöte, und die Frauen folgen hinterdrein und besingen Dionysos. Warum der aber ein so großes Glied hat und nur das sich am Körper bewegt, darüber erzählt man eine heilige Geschichte.

49 Ich bin nun zu der Ansicht gekommen, daß dem Melampus, dem Sohn Amythaons, diese Feier nicht unbekannt war, sondern wohl vertraut. Wer nämlich bei den Hellenen Dionysos' Namen und Opferfest und seine Phallos-Prozession mit den einzelnen Riten eingeführt hat, das war gewiß Melampus; allerdings hat er die Kultgeschichte nicht ganz genau verstanden und dargestellt, sondern kluge Leute, die nach ihm kamen, haben sie in weiterem Umfang dargestellt. Doch den Phallos, der Dionysos zu Ehren im Festzug herumgeführt wird, den hat schon Melampus als Ritus eingeführt, und von ihm haben die Hellenen gelernt zu tun, was sie tun. Und ich behaupte nun, Melampus ist ein gelehrter Mann gewesen und

hat sich seine eigene Seherlehre zurechtgelegt, und was er von Ägypten hörte, das lehrte er die Hellenen, sonst allerlei und so auch die Dionysosdinge, und nur hier und da hat er etwas abgeändert. Denn ich kann nicht zugeben, daß der Kult des Gottes in Ägypten und der bei den Hellenen ganz zufällig so ähnlich sind; dann wäre er doch wohl gleichartig mit andern hellenischen Riten und wäre auch früher eingeführt, als er es ist. Und auch das kann ich nicht zugeben, daß die Ägypter von den Hellenen einen Brauch übernommen haben, diesen nicht und auch sonst keinen. Ich meine vielmehr, Melampus hat von der Dionysosverehrung vor allem von Kadmos, dem Mann aus Tyros, gehört und von seiner Begleitung, die aus Phönizien in das Land kamen, das jetzt Boiotien heißt.

Ja fast von allen Göttern sind die Namen und Gestalten aus 50 Ägypten nach Hellas gekommen. Denn daß sie von Nichthellenen herkommen, ist Tatsache, wie ich bei meinem Nachforschen herausgefunden habe. Ich meine nun, hauptsächlich sind sie von Ägypten gekommen. Denn sieht man ab von Poseidon und den Dioskuren, von denen ich schon vorher gesprochen habe, und von Hera, Hestia, Themis, den Chariten und Nereïden, die Namen der übrigen Götter sind schon immer bei den Ägyptern in ihrem Land heimisch gewesen. Ich sage nur, was die Ägypter selber sagen. Die Götter aber, deren Namen sie nicht kennen, wie sie sagen, die haben, glaub ich, von den Pelasgern Namen erhalten, nur Poseidon nicht. Diesen Gott haben die Hellenen von den Libyern kennengelernt. Denn kein Volk hat seit ältesten Zeiten den Namen des Poseidon besessen außer den Libyern, und sie verehren diesen Gott von jeher. Und auch Verehrung der Heroen ist bei den Ägyptern gar nicht üblich.

Nun, diese Namen also und noch anderes dazu, das ich noch 51 nennen werde, haben die Hellenen von den Ägyptern angenommen. Daß sie aber die Hermessäulen mit aufrechtem Glied bilden, das haben sie nicht von den Ägyptern gelernt, sondern von den Pelasgern, und unter den Hellenen haben das zuerst die Athener übernommen, von denen dann die andern. Nämlich zu der Zeit, als die Athener schon auf die Hellenen hinauskamen, siedelten sich bei ihnen im Land Pelasger an, und so begannen auch sie für Hellenen zu gelten. Und wer in den Dienst der Kabiren eingeweiht ist, wie ihn die Samothraker begehen, die ihn von den Pelasgern übernommen haben, der weiß schon, warum ich das sage. Es steht nämlich so: Samothrake bewohnten früher eben die Pelasger, die sich auch bei den Athenern ansiedelten, und von denen haben die Samothraker den Mysterienkult übernommen. Die Hermen mit aufrechtem Glied haben also unter den Hellenen zuerst die Athener von den Pelasgern gelernt und sie so gebildet. Und die Pelasger erzählten eine heilige Geschichte darüber, die wird in den Mysterienbegehungen auf Samothrake offenbart.

52 In früherer Zeit brachten die Pelasger durchaus Opfer dar und beteten dabei zu Göttern, wie ich weiß, da ich's in Dodona hörte, gaben aber keinem von ihnen einen Beinamen noch auch einen Namen, denn davon hatten sie noch nichts vernommen. Götter, das heißt Bringer, nannten sie sie etwa danach, daß sie Ordnung in alles brachten und so auch alles Verteilen bei ihnen liegt. Später, als viel Zeit vergangen war, hörten sie von den einzelnen Götternamen, die aus Ägypten kamen, und zwar von denen der übrigen Götter, von Dionysos aber hörten sie erst viel später. Und nach einer Zeit befragten sie wegen der Götternamen das Orakel in Dodona; nämlich diese Weissagungsstätte gilt für das älteste Orakel unter den hellenischen, und zu der Zeit war es das einzige. Als die Pelasger nun in Dodona anfragten, ob sie die Namen, die von den Ausländern kamen, aufnehmen sollten, gab das Orakel den Bescheid, sie sollten sie in Gebrauch neh-

men. Und seit der Zeit gebrauchten sie die Namen der Götter bei den Opfern. Und von den Pelasgern nahmen es die Hellenen an, später erst.

Woher ein jeder der Götter aber seinen Ursprung hat, ob 53
sie alle schon immer waren und wie ihre Gestalten sind, das wußten sie nicht, bis eben und gestern erst sozusagen. Denn Hesiod und Homer haben, wie ich meine, etwa vierhundert Jahre vor mir gelebt und nicht mehr. Und sie sind es, die den Hellenen Entstehung und Stammbaum der Götter geschaffen und den Göttern die Beinamen gegeben und ihre Ämter und Fertigkeiten gesondert und ihre Gestalten deutlich gemacht haben. Die Dichter aber, von denen man sagt, sie hätten vor diesen gelebt, haben, so meine ich jedenfalls, später gelebt. Und hiervon sagen das erste die Priesterinnen in Dodona, das zweite aber, von Hesiod und Homer, das sage ich.

Über die beiden Orakel, das in Hellas und das in Libyen, er- 54
zählen die Ägypter folgende Geschichte. Die Priester des Zeus in Theben sagten, zwei Frauen, beides Priesterinnen, seien aus Theben entführt worden von Phöniziern, und sie hätten erfahren, daß die eine nach Libyen verkauft worden sei, die andere nach Hellas. Und diese Frauen seien es, die zuerst die Orakel gestiftet hätten bei den genannten Völkern. Und als ich fragte, woher sie das so genau wüßten, meinten sie dazu, bei ihnen sei eine große Suche nach diesen Frauen eingeleitet worden, und sie seien nicht in der Lage gewesen, sie aufzufinden, später aber hätten sie das gehört, was sie eben erzählt
hätten. Das hab ich also von den Priestern in Theben gehört, 55
folgendes aber sagen die Prophetinnen in Dodona: Zwei schwarze Tauben seien aufgeflogen im ägyptischen Theben, und die eine sei nach Libyen gekommen, die andere aber zu ihnen. Und die habe sich auf eine Eiche gesetzt und mit Menschenstimme gesagt, hier müsse ein Orakel des Zeus entstehen, und sie hätten verstanden, daß dieser Auftrag an sie von

Gott komme, und hätten danach gehandelt. Die Taube aber, die nach Libyen flog, habe den Libyern anbefohlen, sagen sie, ein Orakel des Ammon einzurichten. Auch das gehört ja Zeus. Das war's, was die Priesterinnen in Dodona gesagt haben – die älteste hieß Promeneia, die nächste Timarete und die jüngste Nikandre –, und die andern Leute von Dodona, die
56 um das Heiligtum wohnen, pflichteten dem bei. Meine Meinung darüber aber ist die: Wenn diese Phönizier wirklich die heiligen Frauen entführt und die eine nach Libyen und die andere nach Hellas verkauft haben, dann wird die Frau in dem jetzigen Hellas, das früher aber einmal, das gleiche Land, Pelasgien hieß, zu den Thesproten verkauft worden sein, schätze ich. Dann, als sie dort als Magd diente, hat sie unter einer Eiche, die dort wuchs, ein Heiligtum des Zeus begründet, wie es nahelag, da sie in Theben schon ein Heiligtum des Zeus zu warten hatte, und so hielt sie das Gedächtnis an ihn fest auch dort, wo sie hingekommen war. Darauf hat sie es als eine Stätte der Weissagung eingerichtet, nachdem sie die hellenische Sprache gelernt; und sie hat gesagt, ihre Schwester sei in Libyen verkauft worden, von denselben Phöniziern, von de-
57 nen auch sie verkauft wurde. Tauben aber sind die Frauen, vermute ich, von den Dodonern genannt worden, weil sie doch fremdsprachig waren und bei ihnen den Eindruck erweckten, daß sie wie Vögel zwitscherten. Nach einiger Zeit aber hat «die Taube» mit Menschenstimme gesprochen, das meint ihre Erzählung, nämlich als die Frau ihnen verständlich sprach; solange sie aber in fremder Zunge redete, klang es ihnen wie eine Vogelstimme. Denn wie sollte wohl eine richtige Taube mit Menschenstimme reden? Daß sie aber sagen, die Taube sei schwarz gewesen, damit deuten sie an, daß die Frau aus Ägypten war. Das Weissagen im ägyptischen Theben und in Dodona ist einander wirklich recht ähnlich. Auch die Kunst, aus Opfern zu weissagen, ist aus Ägypten gekommen.

Festversammlungen und Prozessionen und Festzüge mit 58 Darbringungen haben in aller Welt zuerst die Ägypter veranstaltet, und von diesen haben es die Hellenen gelernt. Beleg dafür ist mir, daß jene, wie man sehen kann, sie schon seit alter Zeit veranstalten, die Hellenen aber haben sie erst kürzlich eingerichtet.

Und die Ägypter machen Festversammlungen nicht nur ein- 59 mal im Jahr, sondern oft, hier und da, vor allem und am liebsten in der Stadt Bubastis für Artemis, zweitens in der Stadt Busiris für Isis; denn in dieser Stadt ist ja auch das größte Heiligtum der Isis, und es liegt diese Stadt Ägyptens mitten im Delta, Isis aber ist hellenisch gesprochen Demeter. Drittens feiern sie in der Stadt Saïs durch Versammlungen Athene, viertens Helios in Heliupolis, fünftens in Buto Leto, sechstens in Papremis Ares.

Wenn sie nun zum Fest nach Bubastis ziehen, tun sie fol- 60 gendes: Männer und Frauen fahren zusammen, und auf jedem Kahn eine Menge von beiden. Einige der Frauen haben Klappern bei sich, und damit klappern sie, die Männer aber blasen Flöte, die ganze Fahrt über, die restlichen Frauen und Männer aber singen und klatschen mit den Händen. Und wenn sie auf ihrer Fahrt zu einer anderen Stadt kommen, legen sie mit dem Boot am Ufer an und tun folgendes: Einige Frauen tun, wie ich schon sagte, andere aber höhnen und necken mit lauten Rufen die Frauen in dieser Stadt, andere führen einen Tanz auf, andere stehen auf und heben ihre Kleider hoch. Das tun sie bei jeder Stadt am Fluß. Wenn sie aber nach Bubastis gekommen sind, feiern sie und bringen große Opfer dar, und Wein aus Reben geht bei diesem Fest drauf mehr als in dem ganzen Jahr sonst. Und da kommen zusammen, Männer und Frauen, die Kinder nicht gerechnet, an die siebenmal hunderttausend, wie die Einheimischen erzählen.

So geht es dort zu; wie sie aber in der Stadt Busiris das Fest 61 der Isis feiern, hab ich vorher schon berichtet. Nämlich alle schlagen sich wehklagend nach dem Opfer, Männer wie Frauen, Tausende und Abertausende. Um wen sie aber wehklagen, scheue ich mich zu sagen. Die Karer aber, die in Ägypten wohnen, treiben es noch ärger, denn sie zerschneiden sich das Gesicht mit Messern, und daran erkennt man, daß sie Fremde sind und keine Ägypter.

62 Wenn man sich in Saïs zu den Opfern versammelt, zünden alle Leute in einer bestimmten Nacht der Festzeit Leuchter an in Menge, draußen im Freien, rings um die Häuser. Diese Leuchter sind flache Schalen, mit Salz und Öl gefüllt, und der eigentliche Dochthalter schwimmt oben darauf, und sie brennen die ganze Nacht, und das Fest hat den Namen Lampenfest. Die Ägypter, die nicht zu diesem Fest kommen können, nehmen doch diese Nacht wahr und zünden auch alle Lampen an, und so leuchtet es nicht nur in Saïs, sondern in ganz Ägypten. Weshalb aber dieser Nacht Licht und Ehre zuteil geworden sind, darüber wird eine heilige Geschichte erzählt.

63 Wenn sie nach Heliupolis und Buto gehen, verrichten sie nur ihre Opfer. In Papremis aber begehen sie beides, Opfer und heilige Bräuche, wie an den andern Orten. Wenn die Sonne sich neigt, sind einige wenige Priester eifrig mit den Riten am Kultbild beschäftigt, die meisten aber halten Holzknüppel und stehen am Eingang des Tempels, andere aber, die Gelübde einlösen, mehr als tausend Mann, haben auch jeder einen Knüppel und stehen in einem Haufen gegenüber. Das Gottesbild nun, das in einem kleinen vergoldeten Gehäuse aus Holz steht, schaffen sie am Tag zuvor unter Geleit in ein anderes heiliges Haus. Und die wenigen, die bei dem Bild zurückgelassen sind, ziehen einen vierrädrigen Wagen, der das Gehäuse trägt und in ihm das Bild, doch die in der Vorhalle stehen, lassen es nicht ein; die Leute mit dem Gelübde aber kommen dem Gott zu Hilfe und schlagen auf sie los, und

die wehren sich. Da gibt's nun einen mächtigen Kampf mit den Stöcken, und sie schlagen sich auf die Köpfe und viele, möchte ich meinen, sterben auch an den Wunden. Doch das geben die Ägypter nicht zu; es komme keiner um.

Diese Feier sei so in Brauch gekommen, sagen die Einheimischen: In diesem Tempel wohnte die Mutter des Ares, und Ares, fern von ihr aufgezogen, kam, als er groß geworden war, und wollte mit seiner Mutter Umgang haben, und die Diener der Mutter, da sie ihn ja vorher nicht gesehen hatten, wollten ihn nicht vorbeilassen, sondern hielten ihn zurück, er aber holte Leute aus einer andern Stadt herbei und richtete die Diener übel zu und drang ein zu seiner Mutter. Daher sei diese Schlägerei für Ares Brauch geworden bei dem Fest, sagen sie.

Und daß man auf heiligem Boden keinen Umgang mit 64
Frauen hat und auch nicht ungewaschen, wenn man bei einem Weib gelegen, das Heiligtum betritt, darauf haben sie zuerst streng gehalten. Fast alle andern Menschen nämlich, nicht aber Ägypter und Hellenen, haben Geschlechtsverkehr in Heiligtümern und betreten Heiligtümer ungewaschen, wenn sie von einem Weib kommen, da sie meinen, die Menschen seien doch nichts anderes als die übrigen Tiere. Sämtliche Tiere nämlich und die vielerlei Vögel sähen sie sich begatten in den Gotteshäusern und heiligen Bezirken. Das tun sie also und begründen es so, mir aber will das nicht gefallen.

Die Ägypter halten auch sonst streng auf den Dienst in den 65
Heiligtümern und so auch in dem Folgenden: Ägypten grenzt zwar an Libyen, ist aber nicht reich an wilden Tieren. Doch die da sind, gelten alle als heilig, und die einen leben unter den Menschen, andere nicht. Weswegen sie aber für heilig gelten – würde ich das erzählen, dann würde meine Darstellung in die göttlichen Dinge eindringen, und das zu enthüllen sträube ich mich durchaus. Und wenn ich dergleichen schon

angerührt habe mit meinen Worten, so sagte ich es, weil ich es nicht umgehen konnte. Der Brauch bei den Tieren ist nun so: Für Pflege und Nahrung der einzelnen Tiere sind besondere Wärter angestellt, Ägypter und Ägypterinnen, und diese Würde vererbt sich vom Vater auf den Sohn. Und die Leute in den Städten bringen ihnen ihre Verehrung dar wie folgt: Sie beten zu dem Gott, dem das Tier gehört, und scheren ihren Kindern entweder den ganzen Kopf oder die Hälfte oder ein Drittel des Kopfes und wiegen die Haare gegen Silber auf, und was die wiegen, das gibt man der Wärterin der Tiere, und sie zerschneidet dafür Fische und gibt sie den Tieren zum Futter. Auf die Weise ist für ihren Unterhalt gesorgt. Und tötet jemand eins von diesen Tieren, steht darauf der Tod, wenn er's absichtlich tat, wenn aber unabsichtlich, hat er eine Strafe zu zahlen, wie die Priester sie festsetzen. Wer aber einen Ibis oder einen Falken tötet, der muß sterben, ob es nun absichtlich oder unabsichtlich geschah.

66 So zahlreich die Tiere auch sind, die in Gemeinschaft mit den Menschen leben, es würden noch viel mehr sein, wenn bei den Katzen nicht folgendes einträte: Haben die Katzen geworfen, gehen sie nicht mehr zu den Katern, die aber suchen sich mit ihnen zu begatten und können es nicht. Darum greifen sie nun zu einer List: Sie nehmen den Weibchen die Jungen weg, tragen sie fort und töten sie, fressen sie aber nicht. Und die, der Jungen beraubt, möchten neue, und so kommen sie denn zu den Katern. Denn dies Tier mag gern Junge haben. Und bricht Feuer aus, geht etwas Unheimliches vor mit den Katzen. Die Ägypter stellen sich nämlich hin, in Abständen, und passen auf die Katzen auf, und um das Löschen des Feuers kümmern sie sich weniger, die Katzen aber wischen zwischen durch oder springen auch über die Leute und stürzen sich ins Feuer. Und geschieht das, trauern die Ägypter gewaltig. Und auch in jedem Haus, wo eine Katze von selbst eingeht, scheren

sich alle Bewohner die Augenbrauen, wo aber ein Hund, den ganzen Leib und den Kopf.

Gestorbene Katzen werden in heilige Häuser gebracht, wo 67 sie einbalsamiert und beigesetzt werden, in der Stadt Bubastis; Hunde aber setzen sie in ihrer eignen Stadt bei, in heiligen Laden. Und wie die Hunde werden auch die Ichneumonen begraben. Die Spitzmäuse aber und Falken bringt man in die Stadt Buto und die Ibisse nach Hermupolis. Bären, die nur selten vorkommen, und Wölfe, die nicht viel größer sind als Füchse, begraben sie da, wo man sie liegen findet.

Das Krokodil hat folgende Art und Beschaffenheit: Vier Mo- 68 nate, wenn es am kühlsten ist, frißt es nichts, und es ist ausgestattet mit vier Beinen, ein Land- wie auch Wassertier. Nämlich seine Eier legt und bebrütet es auf dem Land und bringt den größten Teil des Tags auf dem Trocknen zu, die ganze Nacht aber im Fluß. Denn im Wasser ist es doch wärmer als unter klarem Himmel und bei Tau. Und unter allen sterblichen Wesen, die wir kennen, wird dies aus dem kleinsten das größte. Denn die Eier, die es legt, sind nicht viel größer als die von Gänsen, und das Junge entspricht dem Ei, dann wächst es und kommt auf siebzehn Ellen und noch mehr. Augen hat es wie ein Schwein, und große hauerartige Zähne. Es ist das einzige Tier, das es zu keiner Zunge gebracht hat; auch bewegt es den unteren Kiefer nicht, sondern bewegt – und auch das ist einzigartig unter den Tieren – den oberen Kiefer gegen den unteren. Es hat auch starke Klauen und auf dem Rücken eine Schuppenhaut, die undurchdringlich ist. Im Wasser blind hat es draußen sehr scharfe Augen. Und da es viel im Wasser lebt, ist sein Rachen drinnen ganz voll von Blutegeln. Alle andern Vögel und Tiere flüchten vor ihm, mit dem Läufervogel aber steht es auf gutem Fuß, denn von ihm hat es Nutzen. Nämlich wenn das Krokodil vom Wasser aufs Land steigt und dann das Maul aufsperrt – das tut es nämlich gerne, im allgemeinen gegen den West hin –, dann schlüpft der Läufer hinein und verschlingt die Blutegel. Diese Hilfe gefällt ihm, und es tut dem Läufer nichts.

69 Einigen Ägyptern nun sind die Krokodile heilig, andern wieder nicht, sondern sie setzen ihnen zu als Feinden. Die um Theben und den Moiris-See wohnen, die haben ganz besonders den Glauben, daß sie heilig sind. An beiden Stellen hegt man je ein ausgewähltes Krokodil, das abgerichtet und zahm ist, und sie tun ihm Gehänge in die Ohren, von Glasfluß und Gold, und Spangen um die Vorderfüße, und geben ihm vorgeschriebene und geweihte Speisen und pflegen es aufs beste, solange es lebt. Ist es gestorben, balsamieren sie es ein und setzen es in heiliger Lade bei. Die aber in der Gegend von Elephantine wohnen, essen sie sogar und glauben nicht, daß sie heilig sind. Ihr Name ist nicht Krokodil, sondern Champsa, Krokodile haben die Jonier sie genannt, die sie nach ihrer Gestalt mit den Eidechsen bei ihnen, die in den Steinwällen leben, gleichsetzten.

70 Gejagt werden sie auf viele, ganz verschiedene Arten; die mir am meisten einen Bericht zu verdienen scheint, die zeichne ich auf. Erst steckt einer einen Schweinerücken auf den Haken, dann wirft er ihn mitten in den Strom, er seinerseits steht aber am Ufer des Flusses, hält ein lebendes Ferkel fest und schlägt das. Und wenn das Krokodil das Schreien hört, schwimmt es los in Richtung auf das Schreien, trifft auf den Rücken und verschlingt ihn. Und die ziehen. Ist es aber an Land gezogen, klebt der Jäger ihm nun zu allererst die Augen mit Lehm zu. Tut er das, wird er im übrigen leicht mit ihm fertig, tut er's nicht, nur mit Mühe.

71 Die Flußpferde sind dem Gau von Papremis heilig, den übrigen Ägyptern nicht. Art und Aussehen sind folgende: Es ist ein Vierfüßler, die Hufe gespalten, wie beim Rind, die Nase stumpf, hat die Mähne eines Pferdes, die Hauer sind sichtbar,

Schwanz und Stimme wie beim Pferd, groß wie das größte Rind. Seine Haut ist derartig dick, daß man aus der getrockneten Haut Speerschäfte macht.

Auch Fischottern finden sich im Fluß, die gelten als heilig. 72
Und von Fischen gelten als heilig der sogenannte Schuppenfisch und der Aal. Die, sagen sie, sind dem Nil heilig, und von den Vögeln die Fuchsgans.

Es gibt aber noch einen andern heiligen Vogel, der heißt 73
Phoinix. Ich allerdings hab ihn nicht gesehen, außer im Bild. Er kommt ja auch nur selten zu ihnen, alle fünfhundert Jahre, wie die Leute von Heliupolis sagen. Dann komme er, behaupten sie, wenn sein Vater stirbt. Er hat aber, wenn er in Wirklichkeit so aussieht wie auf dem Bild, diese Größe und Gestalt: Teils sind seine Schwingen golden, teils rot; im Umriß ist er am ehesten einem Adler ähnlich und auch in der Größe. Dieser Vogel treffe nun folgende sinnreiche Anstalten, erzählen sie, doch kann ich's nicht glauben: Er komme aus Arabien hergeflogen und bringe seinen Vater in das Heiligtum des Helios, in Myrrhen eingehüllt, und bestatte ihn im Heiligtum. Er bringe ihn aber so: Zuerst forme er aus den Myrrhen ein Ei, so groß er es tragen könne, und dann probiere er, ob er es tragen kann, und wenn er das ausprobiert hat, dann höhle er das Ei aus und tue seinen Vater hinein und stopfe mit weiteren Myrrhen die Stelle zu, wo er's ausgehöhlt und seinen Vater hineingetan hat, und ist der Vater drin, hat es das gleiche Gewicht, und hat er es zugestopft, so bringe er ihn nach Ägypten in des Helios Heiligtum. Das wär's, was sie vom Tun dieses Vogels erzählen.

Es gibt in der Gegend von Theben heilige Schlangen, die 74
Menschen nichts tun, die sind ziemlich klein und tragen zwei Hörner, die vorn auf dem Kopf wachsen, und sterben die, begraben sie sie im Heiligtum des Zeus; diesem Gott nämlich seien sie heilig, sagen sie.

75 Es gibt einen Platz in Arabien, etwa auf der Höhe der Stadt Buto, und an diese Stelle bin ich gegangen, da ich etwas wissen wollte von den geflügelten Schlangen. Als ich hinkam, sah ich Knochen von Schlangen und Gerippe in einer Fülle, die man nicht beschreiben kann, und da waren Haufen von Gerippen, große und geringere und noch kleinere, und es gab viele davon. Es ist aber dieser Platz, wo die Gerippe aufgeschüttet sind, etwa so beschaffen: Ein enger Paß zwischen Bergen zu einer großen Ebene, und diese Ebene hängt mit der Ebene Ägyptens zusammen. Es wird nun erzählt, mit dem Frühling kämen geflügelte Schlangen nach Ägypten geflogen, jene Vögel aber, die Ibisse, zögen ihnen entgegen bis zu dem Paß in dieser Gegend und ließen die Schlangen nicht durch, sondern bissen sie tot. Und weil er das tut, sagen die Araber, steht der Ibis bei den Ägyptern so in Ehren; und die Ägypter stimmen zu, daß sie deshalb diese Vögel so hochhalten.

76 Das Aussehen des Ibis ist dies: tiefdunkel überall, stolziert wie ein Kranich, der Schnabel stark gebogen, Größe etwa wie ein Krex. So sehen also die dunklen Ibisse aus, die gegen die Schlangen kämpfen; die sich aber mehr unter Menschen bewegen – denn es gibt zwei Arten Ibisse –, so: kahl am Kopf und ganzen Hals, mit weißem Gefieder, bis auf Kopf und Hals und bis auf die Enden von Flügel und Steiß – die sind tief dunkel –, Beine und Kopf ähnlich der anderen Art. Die Gestalt der Schlange aber ist wie bei Wasserschlangen; ihre Flügel sind nicht gefiedert, sondern ganz ähnlich wie die von Fledermäusen. Soviel von heiligen Tieren.

77 Und nun zu den Ägyptern selber. Die in den bestellten Gebieten Ägyptens wohnen, pflegen die Erinnerung mehr als alle andern Menschen und wissen weitaus am meisten zu berichten von allen, bei denen ich es erproben konnte. Ihre Lebensweise ist die folgende: In jedem Monat brauchen sie drei Tage hintereinander Abführmittel und sind hinter ihrer

Gesundheit her mit Brechmitteln und Klistieren, denn sie glauben, von Nahrung und Speisen kämen alle Krankheiten bei den Menschen. Die Ägypter sind übrigens auch aus andern Gründen, nächst den Libyern, die gesündesten Menschen auf der Welt, meines Erachtens infolge des Klimas, weil das Wetter sich nicht ändert. Denn besonders durch die Veränderlichkeit entstehen bei den Menschen die Krankheiten, von allem andern und ganz besonders vom Wetter. Sie sind Brotesser und backen ihr Brot aus Dinkel und nennen das Kyllestis. Wein trinken sie auch und machen ihn aus Gerste, denn Rebstöcke haben sie nicht im Lande. Fische essen sie ungekocht und dörren sie zum Teil an der Sonne, Meerfische aber salzen sie ein. Vom Geflügel essen sie Wachteln und Enten und alles kleinere roh, nachdem sie es vorher eingepökelt haben. Alle sonstige Art Geflügel und Fisch aber, was es bei ihnen gibt, nur das nicht, was bei ihnen als heilig gilt, sonst aber alles, essen sie gebraten und gekocht.

Bei den Zusammenkünften ihrer Wohlhabenden trägt ein 78
Mann, wenn sie mit dem Essen fertig sind, in einem Sarg einen Toten herum, aus Holz geschnitzt, möglichst naturnah in Bemalung und Form, etwa eine Elle lang oder auch zwei, und zeigt ihn jedem der Trinkgenossen vor und spricht dazu: «Schau den an und trink und freue dich. Denn bist du tot, bist du wie der.» So tun sie bei ihrem geselligen Trinken.

Sie halten sich an die Bräuche ihrer Väter und lassen keinen 79
neuen zu. Unter dem mancherlei Brauchtum bei ihnen, das Beachtung verdient, gibt es nun auch ihr einziges Lied, den Linos, der auch in Phönizien gesungen wird und auf Zypern und anderswo, doch hat er bei jedem Volk seinen eigenen Namen, und ist ein und derselbe Gesang wie der, den die Hellenen singen, die ihn Linos nennen. Daher wundert mich wie so vieles andere, was es in Ägypten gibt, so auch der Linos, wie sie wohl zu dem gekommen sind. Denn es sieht ganz so

aus, als ob sie den seit eh und je singen; auf ägyptisch aber heißt der Linos «Maneros». Die Ägypter behaupteten, er sei der Sohn des ersten Königs von Ägypten gewesen, sein einziger, und als er im Jugendalter starb, hätten ihm die Ägypter mit diesem Klagelied Ehre erwiesen, und dieses Lied sei ihr erstes und einziges.

80 Dann gibt es noch etwas, was die Ägypter mit den Hellenen gemein haben, genauer nur mit den Lakedaimoniern: Wenn Jüngere Älteren begegnen, geben sie ihnen den Weg frei und treten beiseite, und sie stehen auf von ihrem Platz, wenn die kommen. Dies jedoch haben sie mit keinem hellenischen Volk gemein: Statt einander auf der Straße mit Worten zu begrüßen, verbeugen sie sich tief und senken die Hände vor die Knie.

81 Ihr Anzug ist ein Linnenrock, mit Fransen um die Beine, den sie Kalasiris nennen. Über dem tragen sie einen weißen, wollenen, umgeworfenen Überrock. Jedoch wird nichts Wollenes in die Tempel hineingenommen noch wird man in solchem begraben; denn das wäre Sünde. Und darin stimmen sie überein mit den sogenannten orphischen und bakchischen Geboten, die in Wirklichkeit ägyptische und pythagoreische sind. Auch für den nämlich, der an diesen Riten Anteil hat, ist es Sünde, in wollenen Kleidern begraben zu werden. Darüber wird eine heilige Geschichte erzählt.

82 Und auch dies haben die Ägypter herausgefunden: welchem Gott jeder Monat und Tag zugehört, und was einem, wenn man an dem und dem Tag geboren ist, begegnen wird und wie man enden wird und was für einer man sein wird. Auch davon haben Hellenen, die sich mit dem Dichten befaßten, Gebrauch gemacht.

Wunderbare Zeichen haben sie mehr aufgefunden als alle andern Menschen. Wenn nämlich ein Zeichen geschieht, geben sie acht und zeichnen auf, was sich danach ereignet, und wenn später einmal ein ähnliches Zeichen geschieht, glauben sie, nun werde sich das gleiche ereignen.

Mit ihrer Seherkunst steht es so: Von den Menschen ist niemand im Besitz dieser Kunst, von den Göttern aber mehrere. 83 So gibt's dort ein Orakel des Herakles, des Apollon, der Athene, der Artemis, des Ares, des Zeus, das Orakel aber, das sie am meisten verehren von allen, ist das der Leto in der Stadt Buto. Doch ergehen die Weissagungen bei ihnen nicht auf gleiche Art, sondern sind verschieden geregelt.

Die Heilkunst ist bei ihnen folgendermaßen unterteilt: Jeder Arzt ist nur für eine Krankheit da und nicht für mehrere. 84 Und alles ist voll von Ärzten. Denn die einen sind Ärzte für die Augen, andere für den Kopf, andere für die Zähne, andere für den Unterleib, wieder andere für innere Krankheiten.

Mit Totenklage und Begräbnis steht es bei ihnen so. Ist 85 in einem Haus jemand verschieden, der etwas gilt, so schmiert sich alles, was weiblichen Geschlechts ist in diesem Haus, den Kopf mit Lehm ein und auch das Gesicht, und dann lassen sie den Leichnam im Haus, selber aber laufen sie die Stadt auf und ab und schlagen sich, wobei sie das Gewand unter der Brust gürten und die Brüste frei lassen, und mit ihnen alle verwandten Frauen. An anderem Ort klagen und schlagen sich die Männer, auch sie mit entblößter Brust. Haben sie das getan, bringen sie ihn gleich zum Einbalsamieren.

Es gibt nun Leute, die eben dazu da sind und diese Kunst 86 in ihrer Hand haben. Die zeigen, wenn der Tote zu ihnen gebracht wird, denen, die ihn bringen, Muster von Leichen, aus Holz und recht natürlich bemalt, und eine Art empfehlen sie als die sorgfältigste; nach wem dies Verfahren aber seinen Namen hat, den zu nennen scheue ich mich; eine zweite Art zeigen sie vor als nicht so vollkommen wie die erste und billiger, eine dritte aber als billigste. Die zeigen sie und erkundigen sich bei ihnen, welche von diesen Behandlungen sie für ihre Leiche wünschten. Die einigen sich nun auf einen Preis und gehen davon, die aber bleiben in ihrer Werkstatt zurück und machen sich ans Balsamieren. Ist es die anspruchsvollste Art, geht das so vor sich. Zuerst ziehen sie mit einem Eisenhaken das Gehirn durch die Nasenlöcher heraus, doch entfernen sie nur einen Teil auf diese Weise, den anderen durch Essenzen, die sie eingießen. Darauf machen sie mit einem scharfen aithiopischen Stein einen Schnitt längs der Weiche und holen nun Stück um Stück alle Eingeweide aus dem Innern heraus, und haben sie das Innere gereinigt und mit Palmwein ausgewaschen, wischen sie es nochmals mit zerstoßenen Spezereien aus. Darauf füllen sie die Höhlung mit gereinigter zerstoßener Myrrhe und Kasia und den andern Spezereien, mit Ausnahme von Weihrauch, und nähen sie wieder zu. Sind sie damit fertig, legen sie die Leiche in Natron ein und lassen sie siebzig Tage darin stehen; sie länger einzulegen ist ihnen nicht gestattet. Sind die siebzig Tage um, waschen sie die Leiche und wickeln dann den Leib ganz in Binden, die sie aus feinem Byssosleinen zuschneiden und mit Gummi bestreichen; den braucht man in Ägypten sehr häufig statt des Leims. Nun nehmen ihn die Angehörigen in Empfang und lassen eine Form in Menschengestalt machen, und ist die fertig, legen sie die Leiche hinein, und wenn sie sie auf diese Art verschlossen haben, heben sie sie als Kostbarkeit im Grabgemach auf, indem sie sie aufrecht gegen die Wand stellen.

87 Das ist die kostspieligste Art, die Leichen herzurichten, wünscht man aber die mittlere und scheut die Kosten, richten sie sie so her: Sie füllen Klistierspritzen mit Saft, den man von Zedern gewinnt, und drücken ihn ins Innere der Leiche, ohne sie aufzuschneiden und das Eingeweide herauszunehmen, sondern führen sie im Gesäß ein, verschließen der Flüssigkeit den Ausweg, und dann legen sie die Toten die bestimmten Tage ein, am letzten Tag aber lassen sie den Zedernsaft, den sie

hineingedrückt hatten, wieder heraus. Der hat solche Kraft, daß er die Gedärme und Eingeweide völlig zersetzt mit herausbringt. Das Fleisch aber wird vom Natron vertilgt, und übrig bleiben von der Leiche nur Haut und Knochen. Sind sie damit fertig, geben sie so die Leiche zurück, ohne noch mehr mit ihr anzustellen.

Die dritte Art Einbalsamieren, mit der man die Ärmeren zu- 88
richtet, ist folgende: Sie spülen den Bauch mit einem scharfen Purgiersaft, legen sie siebzig Tage ein und liefern sie so zum Abholen aus.

Frauen angesehener Männer aber geben sie, wenn sie ge- 89
storben sind, nicht sofort zum Balsamieren, auch die Frauen nicht, die sehr schön oder von größerer Bedeutung sind, sondern lassen sie erst drei, vier Tage alt werden und übergeben sie dann erst den Balsamierern. Das machen sie deswegen, damit die Balsamierer den Frauen nicht beiwohnen. Es soll nämlich einer dabei ertappt worden sein, wie er mit einer frischen Frauenleiche Umgang hatte, und sein Mitarbeiter habe es angezeigt.

Findet man aber einen Toten, ob einen Ägypter oder einen 90
Fremden, dem man ansieht, daß er von einem Krokodil gerissen ist oder durch den Fluß selber umgekommen, so sind die, bei deren Stadt er angeschwemmt ist, streng gebunden, ihn einzubalsamieren und prächtig auszustatten und in heiligen Gräbern beizusetzen. Und keiner darf ihn anfassen, Verwandte nicht und Freunde nicht, sondern die Priester des Nils selber bestatten ihn mit eignen Händen, da er mehr sei als bloß ein toter Mensch.

Hellenische Sitten und Gebräuche anzunehmen, weisen sie 91
weit von sich, und überhaupt auch die aller andern Menschen. So halten es jedenfalls die übrigen Ägypter, doch gibt es da Chemmis, eine große Stadt im thebanischen Gau, nicht weit von Neapolis. In der Stadt gibt es einen viereckigen heiligen

Bezirk des Perseus, des Danaësohnes, und rings um ihn stehen Palmen. Die Eingangshalle des Heiligtums ist aus Stein und sehr groß, und an ihr stehen zwei steinerne, große Standbilder. Und drinnen in dem von einer Mauer umschlossenen Hof ist ein Gotteshaus, und in ihm steht ein Bild des Perseus. Diese Chemmiten erzählen, Perseus erscheine ihnen oft im Lande, oft aber auch drinnen im Heiligtum, und ein Schuh, den er getragen, sei dort von Zeit zu Zeit zu finden, zwei Ellen lang, und wenn der sich sehen lasse, gehe es ganz Ägypten gut. Das erzählen sie, folgendes aber tun sie Perseus zu Ehren, ganz auf griechische Art: Sie halten einen sportlichen Wettkampf ab, mit allen möglichen Kampfarten, wobei sie auch Preise aussetzen, Vieh und Mäntel und Felle. Als ich nachfragte, warum Perseus nur ihnen zu erscheinen pflege und warum sie sich unterschieden von den andern Ägyptern, indem sie sportliche Wettkämpfe abhalten, meinten sie, Perseus stamme ja aus ihrer Stadt. Der Danaos nämlich und der Lynkeus seien aus Chemmis und von dort zu Schiff nach Hellas ausgewandert. Und von denen sagten sie die Nachkommen her bis herunter zu Perseus. Als er aber nach Ägypten kam, aus demselben Grund, den auch die Hellenen nennen, um das Haupt der Gorgo aus Libyen zu holen, sei er, sagten sie, auch zu ihnen gekommen und habe sich dort mit allen seinen Verwandten bekannt gemacht; und als er nach Ägypten gekommen sei, habe er den Namen Chemmis schon gekannt, da er ihn von der Mutter erfahren hatte; und die Kampfspiele hielten sie ab auf sein Gebot.

92 All das ist Brauch bei den Ägyptern, die oberhalb der Niederungen wohnen. Nun die in den Niederungen wohnen. Sie haben die gleichen Sitten und Bräuche wie die übrigen Ägypter, so auch den, daß jeder nur mit einer Frau lebt, wie die Hellenen; doch haben sie, um es leichter mit ihrer Ernährung zu haben, dazu noch folgendes ausfindig gemacht.

Wenn der Fluß seinen hohen Stand erreicht und die Ebenen zu einem Meer macht, wachsen in dem Wasser Lilien in Menge, von einer Art, die die Ägypter Lotos nennen. Die pflücken sie und trocknen sie erst an der Sonne, und dann zerstampfen sie die Körner, die in der Mitte des Lotos sitzen, ähnlich wie beim Mohn, und bereiten sich daraus Brot, das sie im Feuer backen. Auch die Wurzel dieses Lotos ist eßbar und hat einen angenehmen süßen Geschmack; sie ist rundlich, groß etwa wie ein Apfel. Es gibt aber noch eine andere Lilie, der Rose ähnlich, die auch im Fluß wächst; deren Frucht sitzt in einer besonderen Kapsel, die getrennt aus der Wurzel aufwächst, ähnlich geformt wie ein Wespennest. In der sitzen eine Menge eßbarer Körner von der Größe eines Olivenkerns, und man ißt sie frisch wie auch getrocknet.

Die Papyrusstaude, die jährig wächst, ziehen sie aus dem Sumpfboden, schneiden den oberen Teil ab und verwenden ihn zu anderen Zwecken, den unteren aber, den sie etwa eine Elle lang lassen, essen oder verkaufen sie. Und will man den Papyrus recht schmackhaft machen, röstet man ihn in stark erhitztem Backofen und ißt ihn so.

Einige von ihnen leben nur von Fischen. Die nehmen sie nach dem Fang aus, trocknen sie an der Sonne und essen sie gedörrt.

Die Fische, die in Schwärmen auftreten, kommen meist 93
nicht in den Flußarmen vor, sondern sie wachsen und nähren sich in den stehenden Gewässern, und dann tun sie wie folgt: Wenn der Stachel der Zeugung sie erregt und bedrängt, schwimmen sie in Scharen hinaus ins Meer. Voran schwimmen die Männchen und stoßen von Zeit zu Zeit ihre Samenmilch aus, die Weibchen hinterdrein und schnappen es und werden davon befruchtet. Wenn die Rogner dann im Meer schwanger geworden sind, schwimmen sie zurück, jeder Schwarm an seinen gewohnten Ort. Doch nun schwimmen nicht mehr die

Männchen voran, sondern die Führung liegt bei den Weibchen, und wenn sie in Schwärmen voranschwimmen, tun sie wie die Milcher getan, nämlich sie stoßen von Zeit zu Zeit ihre Eier aus, immer nur einige von den Körnern, die Männchen aber, die nachfolgen, verschlucken sie. [Diese Körner sind Fische.] Aus den Körnern, die übrigbleiben und nicht verschluckt werden, kommt die Fischbrut, die sich dann weiter ernährt. Fängt man nun Fische, die ins Meer hinausziehen, so kann man feststellen, daß an der linken Seite des Kopfes Scheuerstellen sind, bei denen aber, die zurückschwimmen, an der rechten Seite. Und das kommt daher: Sie halten sich links hart am Land, wenn sie ins Meer hinabziehen, und wenn sie hinaufschwimmen, halten sie sich an dasselbe Ufer und drängen sich so dicht wie möglich heran und stoßen an, damit sie den Weg im Strom nicht verfehlen.

Wenn der Nil zu steigen beginnt, so füllen sich zuerst die Vertiefungen in der Erde und die Lachen am Fluß, wo das Wasser des Flusses einsickert. Und kaum sind die voll, so wimmelt schon alles von kleinen Fischen. Woher die aller Wahrscheinlichkeit nach kommen, das glaube ich zu verstehen. Wenn im Jahr zuvor der Nil zurücktritt, ziehen sich auch die Fische, nachdem sie zuvor ihre Eier in den Schlamm gelegt haben, mit dem letzten Wasser zurück; wenn nun die Zeit um ist und das Wasser wiederkehrt, entstehen aus diesen Eiern sogleich die Fische. So steht's mit den Fischen.

94 Das Salböl, das die Ägypter, die in den Niederungen wohnen, verwenden, kommt von der Frucht des Sillikyprion (des Rizinusstrauchs), die die Ägypter Kiki nennen, und sie gewinnen es so. Sie säen an den Rändern der Flußläufe und Seen diese Pflanze Sillikyprion aus, die bei den Hellenen wild wächst; die wird in Ägypten gesät und trägt reichlich Früchte, die aber nicht gut riechen. Die sammeln sie, zerstampfen sie und pressen sie aus, rösten sie auch und kochen sie aus,

und was daraus abfließt, füllen sie ab. Es ist fett und ebenso wie Olivenöl für Leuchter geeignet, verbreitet aber einen lästigen Geruch.

Gegen die Mücken, die es reichlich gibt, schützen sie sich 95
mit folgenden Mitteln. Denen, die oberhalb der Niederungen wohnen, sind ihre Türme von Nutzen; auf die steigen sie hinauf und schlafen dort; denn die Mücken können, weil es dort weht, nicht so hoch fliegen. Die aber in den Niederungen wohnen, haben keine Türme und sich dafür anders geholfen. Ein jeder besitzt ein enges Wurfnetz, damit fängt er tags Fische, nachts aber braucht er's anders, nämlich dazu: er stellt das Netz um das Bett, in dem er schläft, und schlüpft dann hinein und schläft. Ruht er bloß in sein Gewand eingewickelt oder in ein Leintuch, stechen die Mücken hindurch, bei dem Netz aber versuchen sie's erst gar nicht.

Die Kähne für die Lastfahrt werden bei ihnen aus dem Holz 96
von Akazien gebaut, deren Gestalt am ehesten dem Kreuzdorn in Kyrene ähnelt und deren Harz das Gummi ist. Aus diesen Akazien also hauen sie Schiffshölzer zu, etwa zwei Ellen lang, und fügen sie in Schichten zusammen, wie man Ziegel versetzt, und zwar bringen sie es so in Schiffsform: Sie setzen die zwei Ellen langen Balken auf kräftige lange Pflöcke, die hindurchgehen, und nachdem sie das Schiff auf diese Weise zusammengefügt haben, spannen sie oben Querbalken darüber, Spanten aber verwenden sie gar nicht. Innen verstopfen sie die Fugen mit Papyrusbast. Steuer machen sie nur eins, und das wird hinten durch den Mittelbalken geführt. Für den Mast gebrauchen sie Akazienholz, für die Segel Papyrusbast. Diese Kähne können nicht stromaufwärts fahren, es sei denn, es geht ein frischer Wind, sondern werden vom Land aus gezogen, stromab aber geht die Fahrt so vor sich: Es ist ein Floß aus Tamarisken vorhanden, mit einer Schilfmatte zusammengefaßt, und dann ein durchbohrter Stein, etwa zwei

Talente schwer. Nun läßt man das Floß, das vorn am Schiff mit einem Tau festgebunden ist, ins Wasser und dahintreiben, und den Stein, auch an einem Tau, hinten. Das Floß wird nun von der Strömung erfaßt und geht rasch dahin und zieht die Baris – das ist nämlich der Name dieser Kähne –, der Stein aber, der hinten nachschleppt und tief unten ist, hält den Kahn in der richtigen Stellung. Von diesen Fahrzeugen haben sie sehr viele, und einige können viele tausend Talente Last tragen.

97 Wenn der Nil über das Land geht, sieht man nur noch die Städte herausragen, beinahe wie die Inseln im Ägäischen Meer. Denn das übrige Ägypten wird eine Meeresfläche, aber die Städte, sie allein, ragen heraus. Nun steuern sie, wenn das eintritt, nicht mehr in den Flußbetten, sondern mitten durch die Ebene. So geht, wenn sie von Naukratis nach Memphis hinauffahren, die Fahrt direkt an den Pyramiden vorbei; das ist aber der gewöhnliche Weg nicht, sondern an der Spitze des Delta vorbei und vorbei an der Stadt Kerkasoros.

Fährst du aber vom Meer und der Stadt Kanobos durch die Tiefebene nach Naukratis, wirst du nach der Stadt Anthylla kommen und nach der, die ‹Stadt des Archandros› heißt.
98 Von diesen ist Anthylla eine beachtliche Stadt und ausersehen, daß sie der jeweilige König von Ägypten seiner Frau für ihre Fußbekleidung schenkt. Und das geschieht, seitdem Ägypten unter den Persern steht. Die andere Stadt trägt ihren Namen wohl nach Danaos' Eidam Archandros, dem Sohn des Phthios, des Sohns des Achaios. Doch mag es auch ein anderer Archandros sein, jedenfalls ist der Name nicht ägyptisch.

99 Bis hierher hab ich berichtet, was ich mit meinen Augen gesehen, mit meinem Urteil abgewogen, mit meinem Erkunden festgestellt habe, von nun an aber werde ich ägyptische Geschichten erzählen, so wie ich sie gehört habe. Doch wird auch das eine oder andere dabei sein, was ich selber gesehen habe.

Min, der erste König Ägyptens, erzählten die Priester, habe erstens Memphis durch Dämme abgeschlossen. Der Fluß habe nämlich mit all seinem Wasser seinen Lauf entlang dem sandigen Höhenzug auf der libyschen Seite gehabt, Min aber habe oberhalb, etwa hundert Stadien von Memphis, den Lauf bei dem jetzigen Bogen im Süden zugeschüttet und dadurch das alte Bett trockengelegt und den Fluß durch eine Aushebung in der Mitte zwischen den beiden Bergzügen fließen lassen. Und noch jetzt geben die Perser auf diesen Bogen des Nils sorgfältig acht, daß der Strom abgedämmt bleibt, und lassen daran alle Jahre bauen. Wollte der Fluß hier nämlich durchbrechen und das Land überfluten, besteht Gefahr für das gesamte Memphis, von der Flut zerstört zu werden. Als nun Min, der erste König Ägyptens, das abgeschnittene Stück zu festem Land gemacht habe, habe er auf ihm zunächst eine Stadt gegründet, die jetzt Memphis heißt – auch Memphis liegt übrigens in dem schmalen Teil Ägyptens –, außerhalb der Stadt aber habe er einen See gegraben, mit Wasser vom Fluß, im Norden und Westen – denn im Osten grenzt der Nil selber an –, und dann habe er den Tempel des Hephaistos in ihm erbaut, der groß ist und wohl wert, daß man von ihm berichte.

Nach diesem zählten die Priester aus einer aufgeschriebenen 100
Liste die Namen von dreihundert und dreißig anderen Königen her. Unter all diesen Menschengenerationen waren achtzehn Aithiopen, eine aber war eine Frau, eine einheimische, alle andern aber ägyptische Männer. Und die Frau, die Königin gewesen war, hatte den gleichen Namen wie die Babylonierin, Nitokris. Die hat Rache genommen für ihren Bruder, erzählten sie, den Ägypter umgebracht hatten, als er König war über sie, und nachdem sie ihn umgebracht, gaben sie ihr die Königsherrschaft – für den nahm sie also Rache und brachte viele Ägypter durch eine List um. Sie baute nämlich einen weiten unterirdischen Saal und gab vor, ihn einzuweihen,

hatte aber ganz anderes im Sinn. Sie lud Ägypter ein, die sie vor allem an dem Mord schuldig wußte, und bewirtete sie, eine große Menge, und als sie beim Mahl waren, leitete sie den Fluß hinein durch einen großen versteckten Tunnel. Das wäre alles, was sie von der erzählten, nur noch, daß sie, als sie dies vollbracht hatte, sich in eine Kammer voll Asche stürzte, damit man keine Rache an ihr nehmen könne.

101 An den andern Königen, konnten sie doch auch keine Werke nennen, die jene vorzuweisen hätten, sei in keiner Hinsicht etwas Glanzvolles gewesen, einen ausgenommen, den allerletzten, Moiris. Der habe vorzuweisen als ein Denkmal die Vorhalle des Hephaistostempels, die nach Norden geht, und er habe einen See gegraben, dessen Umfang, wieviel Stadien es sind, ich später angeben werde, und in ihm Pyramiden erbaut, über deren Größe ich in Zusammenhang mit dem See sprechen werde. Der habe solches geschaffen, von den andern aber keiner etwas.

102 Die will ich also übergehen und dessen, der nach denen König wurde und den Namen Sesostris trug, dessen will ich gedenken. Von ihm wußten die Priester zu erzählen, er sei der erste gewesen, der mit Kriegsschiffen ausgelaufen ist aus dem arabischen Busen und die Völker, die an den Küsten des Roten Meers wohnten, unterworfen hat. Und er sei immer weiter gefahren, bis er in ein Meer kam, das nicht mehr zu befahren war wegen der Untiefen. Und als er von dort nach Ägypten zurückkehrte, hat er, nach der Erzählung der Priester, ein großes Heer genommen und ist durchs Festland gezogen und hat jedes Volk, das ihm vor die Füße kam, unterworfen. Und wenn er auf ein wehrhaftes traf, das zäh an seiner Freiheit festhielt, bei denen errichtete er Säulen in ihrem Lande, die berichteten in Schriftzeichen den Namen von ihm und seinem Vaterland, und daß er sie mit seiner Macht unterworfen; deren Städte er aber ohne Kampf und Mühe einnahm, bei denen zeichnete er es

auch auf Säulen auf, ebenso wie bei den mannhaften Völkern, setzte aber noch eine weibliche Scham dazu, um so kundzugeben, daß sie feige seien. Das tat er und zog weiter durchs 103
Festland, bis er schließlich von Asien hinüberging nach Europa und die Skythen unterwarf und die Thraker. Bis zu denen, meine ich, ist das ägyptische Heer gelangt und nicht weiter. Denn in deren Land sieht man solche Säulen aufgestellt, weiterhin aber nicht mehr. Dort also kehrte er um und zog nach Hause, und als er am Phasisfluß war – das Weitere kann ich nun nicht mit Gewißheit sagen, ob nämlich der König Sesostris von sich aus einen gewissen Teil seines Heeres abzweigte und ihn dort im Land als Siedler zurückließ, oder ob einige seiner Krieger das Herumziehen satt hatten und deshalb in der Gegend des Phasis zurückblieben.

Die Kolcher sind nämlich offensichtlich Ägypter, und wenn 104
ich das sage, so hab ich's von mir aus schon eher bemerkt als von andern gehört. Aber weil es mir sehr darum zu tun war, befragte ich beide, und die Kolcher erinnerten sich der Ägypter mehr als die Ägypter der Kolcher. Aber sie glaubten schon, meinten die Ägypter, daß die Kolcher einmal zum Heer des Sesostris gehörten. Ich meinerseits folgerte dies daraus, daß sie eine dunkle Haut haben und gewellte Haare – aber das bedeutet nicht viel, denn auch andere Menschen sind so –, jedoch mehr noch daraus, daß unter allen Menschen allein Kolcher und Ägypter und Aithiopen seit ältesten Zeiten das Glied beschneiden. Die Phönizier und die Syrer in Palästina geben selber zu, daß sie es von den Ägyptern gelernt haben, die Syrer aber an den Flüssen Thermodon und Parthenios und die Makronen, die ihnen benachbart sind, behaupten, sie hätten es erst jüngst von den Kolchern gelernt. Das sind nämlich die einzigen Völker, die sich beschneiden, und die machen es offensichtlich den Ägyptern nach. Bei den Ägyptern selber aber und den Aithiopen vermag ich nicht zu sagen, wer es von

wem übernommen hat. Denn offenbar ist es bei beiden uralt. Daß die Phönizier es aber im Verkehr mit Ägypten angenommen haben, dafür ist mir auch das ein gewichtiges Zeugnis: soweit die Phönizier mit Hellas Verkehr haben, ahmen sie nicht mehr die Ägypter nach, sondern beschneiden die Söhne nicht.

105 Nun gut, ich will aber noch weiteres nennen bei den Kolchern dafür, daß sie den Ägyptern verwandt sind. Die Leinwand stellen sie allein gleich her wie die Ägypter, und dann sind auch die ganze Lebensweise und die Sprache einander ähnlich. Das kolchische Leinen wird bei den Hellenen sardonisches genannt, das aber von Ägypten kommt, heißt ägyptisches.

106 Von den Säulen aber, die Sesostris, der König Ägyptens, aufrichtete in den Ländern, sind die meisten nicht mehr vorhanden, doch im palästinensischen Syrien hab ich selber noch welche gesehen und darauf die genannten Schriftzeichen und auch die weibliche Scham. Es gibt auch in Jonien zwei Bilder dieses Mannes, in den Fels eingemeißelt, eins an dem Weg von Ephesos nach Phokaia, eins an dem von Sardes nach Smyrna. An beiden Stellen ist ein Mann eingemeißelt, viereinhalb Ellen groß, und hält in der rechten Hand einen Speer und in der linken einen Bogen, und mit der andern Rüstung, die er trägt, steht es auch so, nämlich sie ist teils ägyptisch, teils aithiopisch, und von einer Schulter zur andern gehen über die Brust eingemeißelt heilige ägyptische Schriftzeichen, die sprechen also: «Ich habe dies Land mit diesen meinen Armen gewonnen.» Wer und woher er ist, gibt er hier nicht an, anderswo aber hat er es getan. Einige, die das Bild gesehen haben, meinen denn auch, es stelle Memnon dar, aber die irren sich erheblich.

107 Als dieser Ägypter Sesostris also heimkehrte und viel Volk von den Ländern, die er unterworfen hatte, mitbrachte, so erzählten die Priester, und er auf dem Rückweg in Daphnai bei

Pelusion war, da lud ihn sein Bruder, dem Sesostris Ägypten anvertraut hatte, zu einem Mahl ein und mit ihm seine Söhne, und schichtete Holz auf um das Haus, und als er das getan hatte, steckte er es an. Jener aber beriet sich, als er das wahrnahm, sogleich mit seiner Frau; denn auch seine Frau hatte er mitgenommen. Und die riet ihm, von seinen sechs Söhnen, die er hatte, zwei lang über den Scheiterhaufen zu legen und so die Flammen zu überbrücken, und sie selber sollten auf jenen gehen und sich nach draußen retten. Das tat Sesostris, und zwei Söhne sind auf diese Weise verbrannt, die übrigen aber wurden gerettet wie auch der Vater.

Als nun Sesostris zurückgekehrt war nach Ägypten und Ra- 108
che genommen hatte an seinem Bruder, verwandte er die Menge, die er mitgeführt hatte aus den bezwungenen Ländern, zu folgendem: Die Steine, die unter diesem König in das Heiligtum des Hephaistos gebracht worden sind, und sie waren von gewaltiger Größe, die zogen diese Leute, und eben sie hoben auch all die Gräben aus, die jetzt in Ägypten sind, unter hartem Zwang, und so machten sie, nicht aus eigenem Antrieb, Ägypten, wo man früher überall mit Pferden und Karren hinkommen konnte, ungeeignet dafür. Seit der Zeit nämlich ist Ägypten, das doch überall eben ist, nicht für Pferde und nicht für Karren geeignet, und daran sind die Gräben schuld, die in Menge vorhanden sind und nach allen möglichen Richtungen gehen. Der Grund aber, weswegen der König das Land zerschnitt, ist der: Die Ägypter, deren Städte nicht am Fluß lagen, sondern mitten im Land, all diese hatten, sooft der Fluß zurückwich, Wassermangel und mußten brackiges Wasser trinken aus den Zisternen. Deswegen also ist Ägypten zerschnitten worden.

Dieser König, erzählten sie, hat auch das Land unter alle 109
Ägypter aufgeteilt und gab jedem das gleiche rechtwinklige Landstück, und daraus verschaffte er sich die Einnahmen, in-

dem er eine Abgabe auferlegte, jährlich zu entrichten. Wenn aber der Fluß von einem Landstück einen Teil wegnahm, ging der Besitzer zu ihm und machte Anzeige von dem Vorfall. Er schickte dann die Leute hin, die das zu besichtigen hatten und auszumessen, wieviel kleiner das Stück geworden war, damit er für das übrige eine der festgesetzten genau entsprechende Abgabe leistete. Und ich meine, auf die Art ist dort die Feldmeßkunst, die Geometrie, erfunden worden und von dort nach Hellas gekommen. Übrigens haben anderes, die gekrümmte Sonnenuhr und den Sonnenstandsweiser und die Zwölfteilung des Tages, die Hellenen von den Babyloniern kennengelernt.

110 Er ist der einzige ägyptische König gewesen, der über Aithiopien geherrscht hat. Und hat auch Denkmale hinterlassen, steinerne Standbilder vor dem Hephaistostempel, zwei dreißig Ellen groß, er und seine Frau, und dann seine Kinder, vier an der Zahl, zwanzig Ellen ein jedes. Und viel später einmal wollte der Priester des Hephaistos nicht zugestehen, daß Dareios der Perser vor diese sein Bild aufstellte, und sagte, er hätte nicht solche Werke vollbracht wie Sesostris der Ägypter. Denn Sesostris habe allerlei Völker sonst unterworfen, nicht weniger als jener, aber dazu auch noch die Skythen, Dareios aber sei nicht imstande gewesen, die Skythen zu bezwingen. Es sei also nicht angemessen, daß er sein Bild vor dessen Weihungen hinstellte, denn er habe ihn nicht in den Taten übertroffen. Dareios nun, erzählen sie, habe das eingesehen und sich gefallen lassen.

111 Als Sesostris gestorben war, kam die Königswürde, so erzählten sie, an seinen Sohn Pheros. Einen Feldzug habe der nicht vorzuweisen, aber bei ihm gab's etwas anderes, nämlich er mußte erblinden, und zwar aus folgendem Grunde. Zu seiner Zeit stieg der Fluß einmal ganz besonders stark, gegen achtzehn Ellen, und als er die Felder überflutete, fiel ein Sturm

ein, und die Wasser waren ein wildes Meer. Da nahm dieser König, wissen sie zu erzählen, in seiner Vermessenheit einen Speer und warf ihn mitten hinein in den aufgeregten Strom, danach aber bekam er alsbald eine Augenkrankheit und erblindete. Da war er nun blind, zehn lange Jahre, im elften aber bekam er ein Orakel aus der Stadt Buto, die Zeit seiner Buße sei um und er werde wieder sehen, wenn er sich die Augen wasche mit dem Urin einer Frau, die nur zu ihrem eigenen Mann gegangen sei, sonst aber von keinem Mann wisse. Und zuerst versuchte er es mit seiner eigenen Frau, dann aber, als er hier das Augenlicht nicht wiedererlangte, versuchte er's mit allen, der Reihe nach. Als er schließlich wieder sehen konnte, ließ er alle Frauen, mit denen er es versucht hatte, bis auf die eine, durch die er, als er sich mit ihrem Urin die Augen wusch, wieder sehen konnte, zusammenkommen in einer Stadt, die heute Rote Scholle (Erythra Bolos) heißt, dort also versammelte er sie und verbrannte sie und die Stadt gleich mit. Deren Urin ihm aber das Augenlicht wiedergeschenkt hatte, die behielt er für sich als seine Frau. Weihgeschenke hat er, als er das Augenleiden los war, viele geweiht, in alle angesehenen Heiligtümer, vor allem aber der Erwähnung wert sind die, die er im Heliosheiligtum aufstellte, sehenswürdige Stücke, zwei steinerne Spitzsäulen, jede aus einem einzigen Stein, hundert Ellen hoch jede und acht Ellen breit.

Nach diesem, erzählten sie, kam die Königswürde an einen 112
Mann aus Memphis, mit dem Namen Proteus, griechisch gesprochen. Der hat heutigentags einen heiligen Bezirk in Memphis, der ist sehr schön und herrlich ausgestaltet, gelegen ist er im Süden vom Hephaistostempel. Um diesen heiligen Bezirk herum wohnen Phönizier aus Tyros, und diese ganze Gegend heißt «Quartier der Tyrier». Und es gibt in dem heiligen Bezirk des Proteus einen Tempel, der heißt Tempel der «Aphrodite aus der Fremde». Ich vermute, dieser Tempel ge-

hört der Helena, der Tochter des Tyndareos, einmal, weil ich die Geschichte gehört habe, daß Helena bei Proteus geweilt hat, und dann vor allem, weil er den Namen «Aphrodite aus der Fremde» trägt. Denn was da sonst noch für Tempel der Aphrodite sind, nirgends hat einer den Namen der «Aphrodite aus der Fremde».

113 Und die Priester erzählten mir, als ich nachforschte in Sachen Helena, das habe sich folgendermaßen zugetragen. Als Alexandros Helena aus Sparta entführte, fuhr er davon in seine Heimat. Und als er in der Ägäis war, verschlagen ihn widrige Winde in das ägyptische Meer, und von dem kommt er, denn der Sturm läßt nicht nach, nach Ägypten und in die Nilmündung, die heutigentags die Kanobische genannt wird, und nach Taricheiai (Pökeleien). Nun stand da am Ufer, wie auch heute noch, ein Heraklestempel, und wenn ein Knecht – er mochte angehören, wem er wollte – zu dem seine Zuflucht nahm und das heilige Siegel aufgedrückt bekam, womit er sich dem Gott übergab, den durfte niemand anrühren. Und dieser Brauch hat überdauert und ist noch bis zu meiner Zeit der gleiche wie im Anbeginn. Einige Diener des Alexandros entliefen nun also, als sie von diesem im Heiligtum geltenden Brauch erfuhren, setzten sich als Schutzbefohlene des Gottes nieder und verklagten Alexandros, denn sie wollten ihm gerne etwas anhaben, und erzählten die ganze Geschichte, wie es stand mit Helena und dem Unrecht gegen Menelaos. Diese Anschuldigungen brachten sie bei den Priestern vor und auch
bei dem Aufseher über diese Mündung, der den Namen Tho-
114 nis hatte. Als dieser Thonis das erfährt, schickt er sofort nach
Memphis zu Proteus einen Bericht, der besagt: «Es ist ein Fremder angekommen, ein Teukrer von Geburt, und der hat eine schändliche Tat in Hellas getan; denn er hat die Frau seines Gastfreundes verführt und sie mit sich genommen und sehr viele Schätze dazu, und damit ist er nun hier, von Stür-

men an dein Land verschlagen. Sollen wir diesen Mann nun ungeschoren wegfahren lassen, oder sollen wir ihm abnehmen, was er bei sich hat?» Darauf sendet Proteus zurück und spricht: «Euern Mann da, sei er, wer er sei, der seinem Wirt Schändliches angetan hat, nehmt fest und bringt ihn zu mir,
damit ich sehe, was *er* denn wohl dazu zu sagen hat.» Als Tho- 115
nis das hörte, nimmt er erst mal Alexandros fest und hält seine Schiffe zurück, und dann führte er ihn nach Memphis, ihn selber und die Helena sowie die Schätze, dazu auch die Schutzsuchenden. Als nun alles an Ort und Stelle war, fragte unser Proteus den Alexandros, wer er sei und woher er komme. Der zählte ihm seine ganzen Vorfahren her und nannte ihm den Namen seines Vaterlandes und berichtete ihm dann auch von seiner Fahrt, woher er kam. Darauf fragte ihn der Proteus, wo er denn die Helena her habe. Als der Alexandros nun hin und her redete und nicht mit der Wahrheit heraus wollte, da überführten ihn jene Schutzsuchenden und erzählten die ganze Geschichte von dem Vergehen. Am Ende ließ sich Proteus wie folgt vernehmen und sprach: «Ich, hätte ich nicht meine Ehre daran gesetzt, nie einen Fremden zu töten, der von Stürmen verschlagen in mein Land kam, ich würde dich schon büßen lassen in Vertretung des Hellenen, Mensch, du nichtswürdigster, der du gastfreundlich aufgenommen eine so ruchlose Tat getan hast. Zu des Gastfreundes, deines Wirtes Frau bist du gegangen. Und das hat dir noch nicht gereicht, sondern aufgescheucht hast du sie, sie gestohlen und dich mit ihr davongemacht. Und das hat dir immer noch nicht gereicht, sondern du hast das Haus deines Gastfreundes geplündert, und so kommst du nun her. Nun gut, da ich nun einmal meine Ehre daransetze, keinen Fremden zu töten, diese Frau hier und die Schätze werde ich dich nicht wegschaffen lassen, sondern ich persönlich werde sie für deinen hellenischen Gastfreund aufbewahren, bis zu dem Tag, wo jener selber kommt, wenn er

wünscht, sie mitzunehmen. Dir aber und deinen Mitfahrern gebe ich hiermit den Befehl, binnen dreier Tage mein Land zu verlassen und euch sonstwo einen Hafen zu suchen; wo nicht, werde ich euch als Feinde behandeln.»

116 So sei Helena zu Proteus gekommen, erzählten die Priester. Auch Homer, scheint mir, hat von dieser Geschichte gehört. Doch ließ er sie, denn sie paßte nicht so gut zur Dichtung seines Epos wie die andere, die er benutzt hat, er ließ sie also auf sich beruhen, gab aber zu erkennen, daß er auch von *dieser* Geschichte wußte. Das wird an dem deutlich, was er in der «Ilias» an einer Stelle so nebenbei angeführt hat – und er hat nicht irgendwo anders von dieser Version deutlich Abstand genommen – über die Irrfahrt des Alexandros: Er sei verschlagen worden mit Helena und sei weit umhergeirrt und so auch nach Sidon in Phönizien gekommen. Das erwähnt er in dem Gesang von Diomedes' Heldentaten, und so lauten die Hexameter:

Wo sie die festlichen Kleider bewahrt, von Frauen in Sidon
Farbfroh bestickt, die einst Alexandros selber, der Schöne,
Fernher aus Sidon gebracht, als er fuhr über Weiten des Meeres,
Als er die Helena brachte, die Tochter herrlicher Ahnen.[1]

[1] Das folgende Stück ist nicht von Herodot, sondern ein späterer Zusatz. Es unterbricht den Zusammenhang und bringt keinen Beleg für Alexandros' Aufenthalt in Ägypten, auf den das Vorige und die Fortsetzung gehen; die beiden Zitate belegen nur Menelaos' und Helenas Besuch in Ägypten; Herodot weiß aber natürlich, daß in der «Odyssee» Menelaos Helena von Troja nach Ägypten mitbringt, sie nicht dort vorfindet. Der Einschub lautet:
«Er kommt darauf auch in der «Odyssee» in den folgenden Versen:
Solcherlei Kräuter besaß Zeus' Tochter, kunstreiche Mittel,
Treffliche, die Polydamne, die Gattin des Thon, ihr gegeben
Einst im Ägyptenland; dort trägt die gesegnete Scholle
Gifte verschiedenster Art, sie zu mischen, gut oft, oft böse.

Und dann noch diese Verse, die Menelaos zu Telemach spricht:
Noch in Ägypten hielten, so sehr mich heimwärts verlangte,
Damals die Götter mich fest, denn ich hatte die Opfer verabsäumt.»

In diesen Versen wird deutlich, daß er von Alexandros' Irrfahrt nach Ägypten wußte, denn Syrien grenzt an Ägypten, und die Phönizier, deren Stadt Sidon ist, wohnen in Syrien. Nach dem Ausweis dieser Verse ist aber auch Weiteres deut- 117
lich, nicht bloß so ungefähr, sondern ganz sicher, daß nämlich das Epos «Die Kyprien» nicht von Homer stammt, sondern von jemand anderem. Denn in den «Kyprien» ist gesagt, daß Alexandros bereits am dritten Tag von Sparta nach Ilion kam und Helena mitbrachte, denn er hatte günstigen Wind und das Meer war ruhig; in der «Ilias» aber heißt es, daß er, als er sie mit sich führte, verschlagen wurde. Nun, damit lebt wohl, Homer und «Kyprien».

Ich aber fragte die Priester, ob es denn nun bloßes Gerede 118
sei, was die Hellenen von den Geschehnissen um Ilion erzählen, oder nicht, und da sagten sie dazu das Folgende und behaupteten, sie wüßten das, weil man sich bei Menelaos selber danach erkundigt habe. Also nach der Entführung der Helena sei ein großes Hellenenheer nach dem Teukrerland gefahren, Menelaos zu helfen, und als es an Land gegangen und ein festes Lager aufgeschlagen war, habe man Gesandte nach Ilion geschickt, und Menelaos sei selber mit denen gegangen. Als die nun in die Burg kamen, forderten sie Helena zurück und auch die Schätze, mit denen Alexandros sich heimlich davongemacht, und dann forderten sie Genugtuung für die Vergehen. Die Teukrer aber sagten, gleich damals wie auch später, mit Eid und ohne, sie hätten die Helena nicht und auch nicht die berufenen Schätze, sondern das sei alles in Ägypten, und es sei doch nicht gerecht, daß sie Genugtuung leisten sollten für Dinge, die Proteus, der Ägypterkönig, habe. Die Hellenen aber glaubten, sie würden von denen zum Narren gehalten, und so machten sie sich denn ans Belagern, und schließlich wurden sie Herr über die Stadt. Die Mauern nahmen sie, aber keine Helena war zu sehen, vielmehr bekamen

sie dasselbe zu hören wie vorher, und da glauben die Hellenen
endlich, was man gleich anfangs gesagt hatte, und senden Me-
119 nelaos selber zu Proteus. Als nun Menelaos nach Ägypten kam
und nach Memphis hinauffuhr und alles, was vor sich gegangen
war, berichtete, erhielt er große Gastgeschenke und bekam
Helena zurück, die nichts auszustehen gehabt hatte, dazu
auch all seine Schätze. Obwohl man jedoch Menelaos so be-
handelte, setzte er sich schwer ins Unrecht gegenüber den
Ägyptern. Als es ihn nämlich abzufahren drängte, hielten Ge-
genwinde ihn zurück, und als das lange so blieb, dachte er sich
etwas aus, das war gar nicht recht. Er griff sich nämlich zwei
Knaben, Kinder von Einheimischen, und brachte sie dar als
Blutopfer. Danach aber, als diese seine Tat ruchbar wurde,
war man wütend auf ihn und suchte ihn zu fassen, er aber fuhr
mit den Schiffen eilends davon nach Libyen. Wohin er sich
von dort aus weiter gewandt hat, konnten die Ägypter nicht
sagen. Von dem Angeführten aber wüßten sie das erste aus
Nachfragen, behaupteten sie, das Weitere aber, das sich bei
ihnen abgespielt hatte, das könnten sie allerdings aus genaue-
ster Kenntnis berichten.

120 Das war's, was die ägyptischen Priester erzählten, und ich meinerseits trete der Geschichte, die sie von Helena erzählen, bei, und das ist meine Überlegung: Wäre Helena in Ilion gewesen, wäre sie doch wohl den Hellenen wiedergegeben worden, ob Alexandros nun wollte oder nicht. Priamos nämlich war sicherlich nicht so von allen guten Geistern verlassen, und die andern, seine Angehörigen, auch nicht, daß sie den Wunsch hatten, ihre Person und ihre Kinder und die Stadt aufs Spiel zu setzen, bloß damit Alexandros mit Helena schlafen könne. Und mögen sie auch anfangs eine Weile so gedacht haben; nachdem aber viele andere Troer, sooft sie mit den Hellenen sich maßen, gefallen und von Priamos selber gewiß zwei oder drei Söhne oder auch noch mehr, als es zum Kampf

kam, gestorben waren – wenn man denn nach dem reden darf, was die Ependichter erzählen – nachdem die Sache so stand, erwarte ich jedenfalls, daß Priamos, und hätte er selber bei Helena geschlafen, sie den Achaiern zurückgab, jedenfalls wenn ihm etwas daran lag, loszukommen vom Unheil ringsum. Und dann ging die Königsherrschaft auch nicht auf Alexandros über, so daß die Geschäfte, da Priamos schon so alt war, in seinen Händen lagen, sondern Hektor war älter und auch mehr Mann als jener, und er sollte die Königsherrschaft übernehmen, wenn Priamos starb, und dem hätte es schlecht angestanden, das Unrecht seines Bruders zu decken, zumal ihm dessentwegen großes Unglück widerfuhr, ihm selber und all den andern Troern. Nein, sie hatten ja gar keine Helena auszuliefern, und die Hellenen glaubten ihnen bloß nicht, obwohl sie die Wahrheit sprachen, und das geschah, wenn ich meine Meinung dazu sagen soll, weil die Gottheit es so lenkte, auf daß die Troer mit ihrem vollständigen Untergang das allen Menschen deutlich machten, daß für großes Unrechttun groß ist auch die Strafe der Götter. Und was ich zu dieser Geschichte zu sagen habe, ist hiermit gesagt.

Auf Proteus, wußten sie weiter zu sagen, folgte als König 121
Rhampsinitos, und der hinterließ denkwürdige Bauten, die Vorhalle im Hephaistosheiligtum, die gegen Abend, und vor dieser Vorhalle stellte er zwei Bilder auf, fünfundzwanzig Ellen hoch, deren eines, das nach Norden zu, die Ägypter Sommer nennen, und das nach Süden Winter. Und vor dem, das sie Sommer nennen, verbeugen sie sich und erweisen ihm Ehre, bei dem Winter genannten aber tun sie genau das Gegenteil.

Dieser König hatte Gold und Silber in Hülle und Fülle, und keiner der Könige, die später lebten, konnte ihn darin überholen oder ihm auch nur nahkommen. Da er nun seine Schätze an einem sicheren Ort zu bewahren wünschte, baute er eine Kammer aus Stein, und eine ihrer Wände lag im Palast nach draußen zu. Der Baumeister aber dachte nach und ersann folgende Vorrichtung: Von den Steinblöcken richtete er einen so her, daß er aus der Wand herausgenommen werden konnte, ohne Mühe, schon von zwei Leuten oder auch von einem. Als nun die Kammer fertig war, barg der König die Schätze in ihr. Die Zeit verging, und der Baumeister kam zum Sterben, und da rief er seine Söhne – er hatte nämlich zwei –, diesen erzählte er, er habe für sie gesorgt, daß sie ihr reichliches Auskommen hätten, und eine kunstvolle Vorrichtung angebracht beim Bau des königlichen Schatzhauses. Er erklärte ihnen alles ganz genau, wie der Stein herauszunehmen sei, und beschrieb ihnen seine Lage, und fügte hinzu, die sollten sie genau behalten und niemand verraten, und so würden sie des Königs Schatzmeister sein.

Und er schied nun von hinnen, seine Söhne aber schoben die Sache nicht lange auf und gingen nachts zu des Königs Haus, fanden den Stein in dem Bau und konnten ihn ohne Mühe handhaben, und so trugen sie von den Schätzen ein gut Teil weg. Wie nun aber der König einmal das Schatzhaus öffnete, wunderte er sich, als er sah, daß in den Gefäßen allerlei fehlte, wußte aber nicht, wen verdächtigen, denn die Siegel an der Tür waren unversehrt und die Kammer wohl verschlossen. Als er aber zwei- oder dreimal die Kammer öffnete und sah, daß die Schätze deutlich weniger wurden – die Diebe hörten nämlich nicht auf zu plündern –, tat er folgendes: Er ordnete an, daß man Fallen baute und diese rings zwischen den Behältern, in denen die Schätze lagen, aufstellte. Die Diebe aber kamen wie vordem, und als der eine von ihnen hineinschlüpfte und zu einem Gefäß ging, war er sogleich in einer Falle gefangen. Und als er merkte, wie schlimm seine Lage war, rief er sogleich nach seinem Bruder, teilte ihm mit, wie die Sache hier drinnen stand, und trieb ihn an, rasch hereinzukriechen und ihm den Kopf abzuschneiden, damit man nicht sein Gesicht zu sehen bekomme und erkenne, wer er sei, und er jenen so nicht mit ins Verderben ziehe. Dem schien das gut gesprochen, und er folgte ihm und tat das, und dann fügte er den Stein wieder ein und ging nach Hause, im Beutel den Kopf des Bruders. Und als es Tag wurde und der König in die Kammer trat, war er entsetzt, als er den Körper des Diebes in der Falle sah, aber ohne Kopf, die Kammer aber war unversehrt, und keine Stelle war zu sehen, wo man hinein oder hinaus konnte. Er war ratlos, tat aber nun folgendes: Er ließ des Diebes Leiche an der Mauer aufhängen und stellte Wächter dazu und trug ihnen auf, wenn sie einen jammern sähen oder auch sehr bekümmert, den zu greifen und vor ihn zu führen. Wie nun die Leiche aufgehängt war, ging es der Mutter sehr zu Herzen, und sie redete auf den übriggebliebenen Sohn ein und befahl ihm, einen Weg zu finden, ganz gleich wie, um den Leib des Bruders loszubekommen und herzubringen; tue er's nicht, so war ihre Drohung, werde sie zum König gehen und ihn anzeigen, daß er die Schätze habe. Wie nun die Mutter den übriggebliebenen Sohn so bedrängte und er sie, so viel er auch dagegen redete, nicht davon abbringen konnte, dachte er sich folgende List aus: Er machte seine Esel zurecht, füllte Schläuche mit Wein, packte sie auf die Esel und trieb die dann des Wegs. Und als er dicht bei denen war, die bei der aufgehängten Leiche Wache hielten, zog er die Schläuche zurecht und löste dabei von zweien oder dreien die Schnur, mit der der Zipfel zugebunden war. Und als der Wein zu fließen begann, schlug er sich an den Kopf und schrie laut und tat so, als ob er nicht wüßte, welchem Esel sich zuerst zuwenden. Als aber die Wächter sahen, daß der Wein reichlich floß, rannten sie alle an die Straße mit ihren Töpfen, fingen den auslaufenden Wein auf und waren recht vergnügt über ihr Glück. Er aber schalt sie alle und tat, als sei er sehr böse. Die Wächter aber redeten ihm gut zu, und mit der Zeit tat er so, als beruhigte er sich und ließe seinen Ärger fahren, und schließlich trieb er die Esel von der Straße weg und brachte alles wieder in Ordnung. Wie nun aber die Worte hin und her gingen und einer seine Späße mit ihm machte und ihn zum Lachen brachte, überließ er ihnen einen von seinen Schläuchen. Sie aber lagerten sich dort, wo sie waren, und gedachten zu zechen und zogen ihn hinzu und hießen ihn dort bleiben und mittrinken. Der ließ sich also überreden und blieb. Als sie aber beim Trinken ganz freundschaftlich zu ihm waren, überließ er ihnen noch einen Schlauch. Und die Wächter hielten sich wacker dran, und allmählich waren sie völlig betrunken, und der Schlaf übermannte sie, und sie schlummerten an der Stelle, wo sie getrunken hatten, ein. Er aber wartete die tiefe Nacht ab und nahm die Leiche seines Bruders herab, und den Wächtern schor er zum Hohn allen die rechte Backe kahl, den Toten aber packte er auf die Esel und trieb sie nach Hause, und so hatte er fertiggebracht, was seine Mutter ihm befohlen hatte.

Der König aber tobte, als man ihm meldete, die Leiche des Diebes sei gestohlen, und da er nun um jeden Preis wollte, daß man den entdeckte, der imstande war, solche Stücke fertigzubringen, da machte er, erzählten sie, das Folgende – ich kann es freilich nicht recht glauben: Er gab seine Tochter öffentlich preis und befahl ihr, ohne Unterschied jeden zuzulassen und ihn, bevor sie sich mit ihm einließ, zu nötigen, ihr zu erzählen, welche Tat in seinem Leben wohl seine schlaueste sei und welches seine schlimmste. Wenn aber einer die Vorgänge erzähle, die auf den Dieb paßten, den solle sie pakken und nicht weglaufen lassen. Die Tochter tat nun, wie ihr der Vater befohlen hatte, der Dieb aber brachte in Erfahrung, weswegen das angestellt wurde, und nahm sich nun vor, den König an Schlauheit zu übertreffen, und machte folgendes: Er trennte einer frischen Leiche einen Arm an der Schulter ab, verbarg ihn im Gewand und ging hin, und wie er zur Tochter des Königs kam und das gleiche gefragt wurde wie schon die andern, erzählte er, seine schlimmste Tat sei gewesen, daß er seinem Bruder, der in der Schatzkammer des Königs in der Falle gefangen war, den Kopf abschnitt, seine schlaueste aber, daß er die Wächter betrunken machte und so die aufgehängte Leiche seines Bruders losband. Und sie, wie sie das hörte, griff nach ihm, der Dieb aber hielt ihr im Dunkeln den Arm des Toten hin, und sie hielt ihn fest, im Glauben, sie halte seinen eignen Arm. Der Dieb aber ließ ihn ihr, ging zur Tür, und weg war er. Wie nun auch dies Stück dem König gemeldet wurde, bekam er einen richtigen Schreck vor der Gewandtheit und der Tollkühnheit dieses Menschen, schließlich aber sandte er zu allen Städten und ließ ansagen, er gewähre ihm Straffreiheit und verspreche eine große Belohnung, wenn er vor sein Angesicht komme. Und der Dieb glaubte dem und kam zu ihm, Rhampsinitos aber bewunderte ihn sehr und gab ihm jene Tochter zur Frau, als dem größten Könner auf der ganzen Welt. Denn die Ägypter seien den andern über, er aber den Ägyptern.

Danach, so erzählten sie, sei dieser König lebend hinab- 122
gestiegen an den Ort, von dem die Hellenen glauben, er sei Hades (der Unsichtbare), und dort habe er mit Demeter gewürfelt, und mal habe er gegen sie gewonnen, mal verloren, und als er wieder an die Oberwelt kam, habe er ein Geschenk von ihr mitgebracht, ein golddurchwirktes Handtuch. In Erinnerung an diese Niederfahrt des Rhampsinitos, daß er wieder kam, feiern die Ägypter nun ein Fest, sagten sie, und von dem weiß auch ich, daß sie es bis auf meine Tage feiern. Doch vermag ich nicht zu sagen, ob sie dies Fest wirklich deswegen feiern. Nämlich die Priester weben an eben diesem Tag ein Gewand und verbinden einem von ihnen die Augen mit einer Binde und führen ihn, mit dem Gewand angetan, auf den Weg, der zum Tempel der Demeter führt, und dann gehen sie zurück. Dieser Priester, dem die Augen verbunden sind, werde

von zwei Wölfen, erzählen sie, in das Demeterheiligtum geführt, das von der Stadt zwanzig Stadien abliegt, und dann führten ihn die Wölfe vom Heiligtum zurück, zum gleichen
123 Ort. Wem so etwas glaubwürdig ist, der mag sich an diese ägyptische Erzählung halten; für meine ganze Darstellung aber ist Grundsatz, daß ich, was die Leute jeweils berichten, wie ich's hörte, aufzeichne.

Fürsten der Unterirdischen sind, sagen die Ägypter, Demeter und Dionysos. Die Ägypter haben aber auch, und zwar als erste, die Behauptung ausgesprochen, daß des Menschen Lebensseele unsterblich sei; vergehe aber der Leib, gehe sie ein in ein anderes Lebewesen, das grade entsteht; wenn sie aber ihren Durchgang vollendet habe durch all die Wesen des Festlands und des Meers und der Luft, trete sie wieder ein in den Leib eines Menschen, der grade geboren werde, es währe aber dreitausend Jahre, bis sie ihre Wanderung abgeschlossen habe. Diese Lehre haben gewisse Hellenen, die einen früher, andere später, vorgetragen, als wäre es ihre eigene. Deren Namen weiß ich, zeichne sie aber nicht auf.

124 Bis auf den König Rhampsinitos nun, sagten sie, habe es in Ägypten allewege eine gute und gerechte Ordnung gegeben und Ägypten sei es sehr gut gegangen, nach ihm aber sei Cheops ihr König geworden, und der brachte Schlimmes in Fülle. Denn er habe gleich alle Tempel geschlossen und das Volk am Opfern gehindert, dann aber befohlen, alle Ägypter hätten für ihn zu arbeiten. Da sei denn den einen auferlegt worden, aus den Steinbrüchen, denen im arabischen Gebirge, aus denen also die Steinblöcke bis zum Nil zu ziehen. Die Steinblöcke, auf Kähnen über den Fluß gebracht, auszuladen, legte er andern auf, und sie dann nach dem Gebirge zu, das man das libysche nennt, weiter zu ziehen. Und es waren immer zehnmal zehntausend Menschen bei der Arbeit, jeweils drei Monate lang. Zehn lange Jahre dauerte es, bis das ge-

plagte Volk die Straße gebaut hatte, auf der sie die Steine zogen, und ihre Erbauung war eine Leistung nicht viel geringer als die Erbauung der Pyramide, meine ich jedenfalls; denn lang ist sie fünf Stadien und breit zehn Klafter und hoch, da wo sie am meisten herausragt, acht Klafter, und ist aus geglätteten Steinen, und Bilder sind darin eingemeißelt. Also zehn Jahre vergingen darüber und über dem Bau der Kammern in dem Hügel, auf dem die Pyramiden stehen. Diese Kammern unter der Erde erbaute er als Grüfte für sich, auf einer Insel, denn er leitete einen künstlichen Nilarm herzu. Aber zwanzig Jahre dauerte es, die Pyramide selber zu bauen, deren Fronten, eine wie die andre, denn sie ist quadratisch, acht Plethren messen, und die Höhe das gleiche, und die Steine sind geglättet und genau aneinander gepaßt. Kein Steinblock ist kleiner als dreißig Fuß.

Der Bau dieser Pyramide ging so vor sich: abgestuft wie 125
Treppen, oder wie Absätze oder Altarstufen, wie man's auch nennen kann. Nachdem sie das Unterste gelegt hatten, hoben sie die weiteren Steine mit Hebewerken, die aus kurzen Balken gebaut waren, und so hoben sie die vom Boden auf den ersten Absatz der Stufenfolge. Und wenn ein Stein dann auf ihm war, wurde er auf ein weiteres Hebewerk gelegt, das auf der ersten Stufe stand, und von dieser Stufe wurde der Stein, mit dem weiteren Hebewerk, auf die zweite Stufe gehoben. Denn soviel Stufen es waren, soviel Hebewerke waren es auch; oder es war auch dasselbe Hebewerk, ein einziges nur und leicht zu transportieren, und das schafften sie von Stufe zu Stufe, nachdem sie den Stein von ihm weggenommen hatten. Denn ich will beide Arten angeben, so wie man es mir auch erzählt hat. Fertig gemacht wurde nun zuerst das Oberste, dann machten sie das jeweils Anschließende fertig, und erst zuletzt machten sie's endgültig fertig, mit dem Untersten, dem auf dem Boden.

Und in ägyptischer Schrift ist auf der Pyramide angegeben die Gesamtsumme, die ausgegeben worden ist allein für Rettich und Zwiebeln und Knoblauch zur Betreuung der Arbeiter, und wie ich mich ganz gut erinnere, nach dem, was der Dolmetscher sagte, als er mir die Inschrift vorlas, sind eintausend und sechshundert Talente Silber dafür ausgegeben worden. Wenn sich das wirklich so verhält, was muß da sonst noch alles draufgegangen sein für all das Eisen, mit dem sie die Steine bearbeiteten, und für die eigentliche Beköstigung und die Kleidung der Arbeiter. Wenn es so lange dauerte, wie ich eben sagte, daß sie am Bau selber arbeiteten, dann dauerte es noch eine weitere Zeit, möchte ich meinen, daß sie die Steine brachen und sie hinbrachten und am Aushub unter der Erde arbeiteten, und das keine geringe.

126 Und Cheops sei so weit in seiner Raffgier gegangen, daß er, da er immer Geld brauchte, seine eigene Tochter in ein öffentliches Haus brachte und ihr auferlegte, Geld einzunehmen, so und so viel; den Betrag nämlich konnten sie nicht nennen. Und sie brachte die Summe zusammen, die der Vater ihr auferlegt hatte. Sie gedachte aber auch, sich selber ein Denkmal zu hinterlassen, und jeden, der mit ihr schlief, bedrängte sie, daß er ihr einen ganzen Stein verehrte, einen aus den Werkstätten. Aus diesen Steinen, sagten sie, sei die Pyramide gebaut, die in der Mitte steht von den dreien, vor der großen Pyramide, und jede ihrer Seiten beträgt anderthalb Plethren.

127 Geherrscht hat dieser Cheops, sagten die Ägypter, fünfzig Jahre; als er aber schließlich starb, habe sein Bruder die Herrschaft übernommen, Chephren. Und der habe es genau so gemacht wie der andere, in allen Stücken, und so habe auch er eine Pyramide gebaut, die freilich in den Ausmaßen der seines Bruders nicht beikam – nämlich sie hab ich nun selber ausgemessen –; also einmal sind da keine Kammern darunter, unter der Erde, und dann führt zu ihr auch kein Graben vom Nil

wie zu der anderen; in den fließt das Wasser durch einen gemauerten Eintrittskanal hinein und bildet eine Insel, und auf der liegt Cheops selber begraben, sagen sie. Chephren errichtete unten eine Stufe mit der Behausung, aus farbigem aithiopischem Stein, und baute seine Pyramide mit sonst gleichen Maßen, blieb aber in der Höhe vierzig Fuß unter der andern, der großen. Es stehen aber beide auf der gleichen Erhebung, die ungefähr hundert Fuß hoch ist. Geherrscht hat Chephren, sagten sie, sechsundfünfzig Jahre. Damit zählen sie 128
hundert und sechs Jahre, solange habe es bei den Ägyptern Übel über Übel gegeben, und während dieser ganzen Zeit seien die geschlossenen Tempel nicht einmal geöffnet worden. Von diesen beiden möchten die Ägypter in ihrem Haß am liebsten nicht einmal die Namen erwähnen, und auch die Pyramiden nennen sie nach Philitis, einem Hirten, der zu der Zeit seine Herden in dieser Gegend hütete.

Nach diesem, sagten sie, wurde König von Ägypten My- 129
kerinos, Cheops' Sohn; der mißbilligte, was sein Vater getan, und er öffnete wieder die Tempel und entließ die Leute, aus denen man das Letzte herausgeholt hatte, zu ihren eignen Tätigkeiten und zu den Opferfesten, und sprach ihnen Recht gerechter als alle anderen Könige. Und weil er solches getan hat, preisen sie von all den Königen, die Ägypten gehabt hat, ihn am meisten. Denn er habe alles wohl gerichtet und sogar dem, der sich zu beklagen hatte über ein Urteil, manches aus seinen eignen Mitteln dazugegeben, um den Menschen zufriedenzustellen. Doch so mild Mykerinos gegen das Volk war und so Gutes er tat, das Unglück kam. Es begann damit, daß seine Tochter starb, das einzige Kind in seinem Hause. Er grämte und härmte sich über dies Leid, das ihn traf, und hatte den Wunsch, seine Tochter in besonderer Weise zu begraben, anders als andere, und machte eine hölzerne Kuh, innen hohl, und vergoldete sie dann, und in ihrem Inneren be-

130 stattete er diese seine verstorbene Tochter. Und diese Kuh
wurde nicht unter die Erde gebracht, sondern war offen zu se-
hen, noch bis auf meine Zeit, in der Stadt Saïs, und stand im
Palast in einem feinverzierten Gemach. Und sie verbrennen
bei ihr allerlei Räucherwerk Tag um Tag, jede Nacht aber
brennt vom Abend bis zum Morgen eine Lampe daneben. Nicht
weit von dieser Kuh, in einem andern Gemach, stehen Bilder,
von Mykerinos' Nebenfrauen, wie die Priester in Saïs sagten.
Dort stehen nämlich übergroße Menschenbilder aus Holz, et-
wa zwanzig an der Zahl, in nackter Gestalt. Wen die jedoch
darstellen, kann ich nicht sagen, berichte aber, was man mir
131 erzählt hat. Einige erzählen aber von diesem Rind und den
großen Statuen das Folgende: Mykerinos war heftig verliebt
in seine eigene Tochter, und schließlich hat er mit ihr ge-
schlafen, gegen ihren Willen. Darauf hat sich das Mädchen
aus Gram aufgehängt, sagen sie, er aber setzte sie bei in dieser
Kuh, ihre Mutter aber ließ den Dienerinnen, die die Tochter
dem Vater preisgaben, die Hände abhacken, und nun geben
die Statuen die gleiche Bestrafung kund wie die, die sie bei le-
bendem Leib erfuhren. Das ist aber, meine ich, bloßes Ge-
schwätz, das übrige und besonders das mit den Händen der
großen Bilder. Denn das hab ich nun selber gesehen, daß ihre
Hände vor Alter abgefallen sind; lagen sie doch neben ihren
132 Füßen, noch in meiner Zeit. Diese Kuh aber ist mit einer Pur-
purdecke bedeckt, nur Hals und Kopf schauen hervor, ver-
goldet mit einem sehr starken Goldüberzug, und oben zwi-
schen den Hörnern befindet sich ein Abbild der Sonnenschei-
be, aus Gold. Und die Kuh steht nicht aufrecht, sondern liegt
auf den Knien, und groß ist sie wie eine große lebende Kuh.
Und jedes Jahr wird sie herausgebracht aus dem Gemach,
wenn die Ägypter sich schlagen in Trauer um den Gott, den
ich nicht nennen darf in diesem Zusammenhang. Dann brin-
gen sie also auch die Kuh heraus ans Licht des Tages. Sagen

sie doch, sie habe, als sie starb, von ihrem Vater erbeten, daß sie einmal im Lauf des Jahres die Sonne sehen dürfe.

Nach dem Tod seiner Tochter traf diesen König ein zweites 133 Unglück, nämlich dies: Aus der Stadt Buto kam ihm ein Spruch, ihm stehe bevor, nur noch sechs Jahre zu leben, im siebenten aber zu sterben. Das brachte ihn gewaltig auf, und er sandte zum Orakel und beschwerte sich mit bitteren Vorwürfen bei dem Gott: Sein Vater und sein Oheim hätten die Tempel geschlossen und der Götter nicht gedacht, hätten vielmehr auch das Volk ins Elend gebracht und hätten doch eine lange Zeit gelebt, und er, ein frommer Mann, solle so bald sterben. Und vom Orakel erging ein zweiter Spruch an ihn, der besagte, gerade darum solle das Leben so bald für ihn enden. Denn er tue nicht, was zu tun not sei. Denn Ägypten solle es einhundert und fünfzig Jahre schlechtgehen, und die beiden, die vor ihm König gewesen, hätten das gemerkt, er nicht. Als Mykerinos das hörte, daß dies alles schon für ihn entschieden war, machte er viele Lampen und zündete sie jeden Abend, der heraufkam, an und trank und gönnte sich alles Gute, und hatte kein Ende damit, nicht tags und nicht nachts, und zog umher in den Niederungen und den Hainen und an allen Orten, von denen er erfuhr, daß man sich dort fein vergnügen konnte. Und das hatte er sich ausgedacht, um das Orakel Lügen zu strafen, damit nämlich aus sechs Jahren zwölf für ihn würden, indem er auch die Nächte zu Tagen machte.

Auch er hinterließ eine Pyramide, aber eine viel kleinere als 134 sein Vater. Jede Seite des Quadrats war drei Plethren lang weniger zwanzig Fuß, und zur Hälfte war sie aus aithiopischem Stein. Die schreiben einige der Hellenen der Hetäre Rhodopis zu, doch zu Unrecht. Leute, die das behaupten, wissen doch offensichtlich gar nicht, wer diese Rhodopis wirklich gewesen ist – denn sonst würden sie ihr nicht den Bau einer solchen Pyramide zuschreiben, die, möchte ich meinen, Tausende und aber Tausende von Talenten gekostet haben wird. Und dann fällt Rhodopis' Lebensmitte in die Zeit von König Amasis und nicht von diesem. Denn viele, viele Jahre später als diese Könige, die diese Pyramiden hinterlassen haben, hat Rhodopis gelebt, die der Herkunft nach eine Thrakerin war und die Sklavin des Iadmon, Hephaistopolis' Sohn, eines Samiers, und Mitsklavin des Aisopos, des Fabeldichters. Auch der war nämlich Iadmon zu eigen, wie vor allem aus folgendem hervorgeht: Nachdem die Delpher schon öfter, auf Grund eines Göttersspruchs, öffentlich Umfrage gehalten hatten, wer das Bußgeld für Aisopos' Tötung entgegenzunehmen wünsche, meldete sich sonst niemand, nur ein Sohn des Sohnes des Iadmon, wieder ein Iadmon, gab Antwort und nahm es entgegen. Danach ist auch Aisopos Eigentum des Iadmon gewesen.

135 Rhodopis aber kam nach Ägypten mit dem Xanthos von Samos, der sie dorthin brachte, um Geld mit ihr zu verdienen, dann aber wurde sie für eine gewaltige Summe losgekauft von einem Mann aus Mytilene, Charaxos, dem Sohn des Skamandronymos, und das war der Bruder der Sappho, der Dichterin. So wurde Rhodopis frei, blieb aber in Ägypten und war dort sehr begehrt wegen ihrer Reize und erwarb sich großes Vermögen, groß für eine Rhodopis, für eine solche Pyramide aber langte es denn doch nicht. Denn den zehnten Teil ihres Vermögens kann jetzt noch jeder, der Lust hat, sich ansehen, man darf ihr also keinesfalls ein riesiges Vermögen zuschreiben. Rhodopis verlangte es nämlich, ein Denkmal von sich in Hellas zu hinterlassen, und da ließ sie eine Arbeit fertigen, auf die sonst noch niemand verfallen war und wie sie noch in kein Heiligtum geweiht war, so etwas weihte sie nach Delphi, als ein Denkmal für sich. Also vom Zehnten ihres Vermögens machte sie Bratspieße für Rinder, eine große Menge, aus Eisen, soviel der Zehnte es ihr nur erlaubte, und sandte die nach Delphi. Noch jetzt liegen die aufgestapelt hinter dem Al-

tar, den die Chier errichtet haben, grade gegenüber dem Tempel. Es scheint in Naukratis so in der Luft zu liegen, daß es hier besonders anziehende Hetären gibt. Ist doch erstens diese Frau, von der hier die Rede ist, wirklich so berühmt geworden, daß die Hellenen in aller Welt den Namen Rhodopis kannten, und dann hat man, eine Zeit nach Rhodopis, von einer andern, die Archidike hieß, in ganz Hellas gesungen; doch sprach man von ihr nicht so an allen Ecken wie von der andern. Als Charaxos aber Rhodopis freigekauft hatte und nach Mytilene heimkehrte, hat ihn Sappho in einem Lied viel gescholten. Das war Rhodopis, und nun Schluß damit.

Nach Mykerinos wurde König von Ägypten, erzählten die 136
Priester, Asychis, er, der dem Hephaistos die Vorhalle nach Sonnenaufgang zu gebaut hat, und die ist weitaus die schönste und weitaus die größte. Denn es haben zwar alle Vorhallen eingemeißelte Bilder und tausenderlei sonst zu sehen an den Wänden, jene aber doch weitaus am meisten. Unter dessen Herrschaft, sagten sie, gab es fast gar keinen Geldumlauf im Lande, und so kamen die Ägypter zu der Bestimmung, daß man, wenn man Geld brauchte, den Leichnam seines Vaters als Pfand einsetzen mußte, um ein Darlehen aufzunehmen. Ergänzend zu dieser Bestimmung wurde noch die folgende erlassen: Wer ein Darlehen gab, sollte verfügen auch über das gesamte Familiengrab des Schuldners, und wer dieses Pfand belastet hatte, sollte, wenn er die Schuld doch nicht zurückzahlen wollte, mit folgender Strafe bedroht sein: Weder durfte er selbst, wenn er starb, bestattet werden, in der Familiengruft nicht und auch sonst in keiner, noch durfte er einen seiner Angehörigen, der verschieden war, beisetzen.

Dieser König hinterließ in dem Wunsch, die vor ihm in Ägypten König gewesen zu übertreffen, als Denkmal für sich eine Pyramide, die er aus Backsteinen baute, und an ihr ist eine Inschrift, in Stein gehauen, die lautet: «Halte mich nicht für gering, im Vergleich zu den Pyramiden aus Stein. Denn unter ihnen rage ich hervor so wie Zeus unter den andern Göttern. Denn mit Stangen stießen sie tief in den Schlamm, und was vom Lehm an den Stangen haften blieb, das sammelten sie und strichen Ziegel daraus, und auf solche Art haben sie mich schließlich vollendet.» Das wär's, was dieser König der Welt vorzuweisen hatte.

137 Nach diesem, sagten sie, war König ein Blinder, ein Mann aus Anysis, und Anysis hieß er. Unter seiner Herrschaft zogen gegen Ägypten mit großer Streitmacht die Aithiopen und Sabakos, der Aithiopen König. Dieser Blinde machte sich nun auf und floh in die Sümpfe, der Aithiope aber war König in Ägypten, fünfzig Jahre lang, und in dieser Zeit führte er das Folgende durch: So oft ein Ägypter sich etwas zuschulden kommen ließ, von denen wollte er keinen hinrichten, vielmehr stufte er bei jedem die Strafe ab nach der Größe seines Vergehens, und zwar legte er ihm auf, einen Schutt aufzuschütten in seiner eigenen Stadt, wo der Schuldhafte jeweils her war. Auf die Weise wurden die Städte noch höher. Denn schon anfangs wurde der Grund aufgeschüttet, von denen, die die Gräben aushoben, unter dem König Sesostris, in der Folge aber unter dem Aithiopen, und sie wurden recht hoch. So sind auch andere Städte in Ägypten erheblich erhöht worden, am meisten aber, meine ich, ist der Boden aufgeschüttet worden bei der Stadt Bubastis.

Dort liegt auch das Heiligtum der Bubastis, und das verdient die Erwähnung wie nur eines. Gewaltiger nämlich und aufwendiger mögen andere Heiligtümer sein, keins aber ist eine größere Augenweide als dies. Bubastis, das ist in hellenischer Sprache Artemis.

138 Und so ist ihr Heiligtum beschaffen: Den Eingang ausgenommen, ist alles andere eine Insel. Vom Nil nämlich führen Gräben hinzu, die laufen aber nicht ineinander, sondern bis

zum Heiligtum geht jeder für sich, und nun führt der eine hier herum, der andere dort, und jeder ist einhundert Fuß breit und von Bäumen beschattet. Die Eintrittshalle ist zehn Klafter hoch und mit Reliefs bedeckt, jedes sechs Ellen lang und alle sehr bemerkenswert. Und da das Heiligtum mitten in der Stadt liegt, kann man herumgehen und von überall hineinschauen. Denn der Grund der Stadt ist hoch angehoben worden, das Heiligtum aber ist unverändert, so wie es anfänglich erbaut wurde, geblieben, und so kann man es von oben übersehen. Ein Wall läuft rings herum, und auf dem sind Reliefs eingelassen. Drinnen steht ein Hain von mächtigen Bäumen, rings um das große Tempelhaus angelegt, und in dessen Innerem steht nun das Bild. Breite und Länge des Heiligtums betragen, eine wie die andere, ein Stadion. Zum Eingang zu ist eine Straße aus Stein hingebreitet, etwa drei Stadien lang, die führt über den säulenumgebenen Platz in die Anlage nach Osten zu und ist vier Plethren breit, und rechts und links von dieser Straße ragen Bäume hoch in den Himmel; sie führt aber zum Heiligtum des Hermes. Das ist also dieses Heiligtum, und so ist es angelegt.

Endlich aber seien sie, sagten sie, den Aithiopen auf folgende 139
Weise losgeworden: Er habe ein Gesicht im Traum gesehen und sei dann auf und davon, und das Gesicht sei dies gewesen: Es dünkte ihm, ein Mann trat an ihn heran und gab ihm den Rat, die Priester in Ägypten zu versammeln und sie allesamt mitten durchzuschneiden. Als er dies Gesicht sah, sagte er, er habe den Eindruck, die Götter zeigten ihm dies als eine Verlockung, damit er sich vergehe an den Heiligtümern und so irgend etwas Schlimmes empfange von Göttern oder von Menschen. Keinesfalls also werde er das tun, sondern er werde – denn die Zeit, die er über Ägypten herrschen solle, sei um – das Land verlassen. Nämlich als er noch in Aithiopien weilte, hatten die Orakel, deren sich die Aithiopen bedienen, ihm den

Spruch gegeben, er solle fünfzig Jahre über Ägypten herrschen. Als also diese Zeit vergangen war und ihn das Traumgesicht beunruhigte, verließ dieser Sabakos von sich aus Ägypten.

140 Als nun der Aithiope fort war aus Ägypten, regierte wieder der Blinde, der aus seinem Schlupfwinkel im Sumpf zurückkehrte. Dort hatte er sich eine Insel aufgeworfen aus Asche und Erde und auf der fünfzig Jahre gelebt. So oft nämlich Ägypter kamen und ihm zu essen brachten, der Reihe nach, wie es ihnen aufgetragen war, in aller Stille, daß der Aithiope es nicht merkte, hieß er sie zu der Gabe auch Asche mitbringen. Diese Insel vermochte niemand aufzufinden, bis hin zu Amyrtaios, sondern mehr als siebenhundert Jahre waren die Könige vor Amyrtaios nicht imstande, sie aufzufinden. Der Name dieser Insel ist Elbo, und ihre Abmessung beträgt in Länge und Breite zehn Stadien.

141 Nach diesem habe der Priester des Hephaistos regiert, der Sethos hieß. Der vernachlässigte den ägyptischen Kriegerstand und tat nichts für ihn, in der Meinung, er werde ihn nie brauchen, und fügte den Kriegern allerlei Kränkendes zu und nahm ihnen auch ihre Äcker, die sie von den früheren Königen geschenkt bekommen hatten, Mann für Mann zwölf erlesene Äcker. Darauf aber führte gegen Ägypten ein gewaltiges Heer Sanacharibos (Sanherib), König der Araber und Assyrer. Nun waren denn also die Krieger der Ägypter nicht willens, ihm zu helfen. Und wie der Priester da bedrängt und hilflos war, ging er in die Halle, trat vor das Bild und klagte, was für Leiden ihm drohten. Wie er nun so jammerte, überkam ihn der Schlaf, und im Traum war ihm, als trete der Gott zu ihm und mache ihm Mut, er solle dem arabischen Heer nur entgegentreten, nichts Unangenehmes werde ihm widerfahren; werde er doch selber ihm Helfer senden. Auf dies Gesicht habe er gebaut und von den Ägyptern mitgenommen alle, die noch gewillt wa-

ren, ihm zu folgen, und habe sich gelagert in Pelusion – dort nämlich ist das Einfallstor Ägyptens. Es folgte ihm aber kein einziger von den Kriegern, nur Krämer und Handwerker und Leute von der Straße. Als die Gegner dort angekommen waren, fielen nachts Feldmäuse über sie her und zernagten ihre Köcher, zernagten ihre Bögen, dazu auch die Riemen ihrer Schilde, und so waren sie am nächsten Morgen wehrlos und flohen, und viele kamen ums Leben. Und jetzt noch steht dieser König im Heiligtum des Hephaistos, aus Stein, und hält auf der Hand eine Maus, und durch eine Inschrift spricht er: «Man schaue auf mich und sei fromm!»

Was ich bisher berichtete, haben mir Ägypter und Priester 142
erzählt. Und sie zählten mir vor, vom ersten König bis hin zu diesem Priester des Hephaistos, der zuletzt regierte, dreihundert und einundvierzig Generationen von Menschen, soviel kämen zusammen, und in denen seien es ebenso viele Oberpriester und Könige gewesen, beide genau gleich viele. Nun sind dreihundert Generationen von Menschen soviel wie zehntausend Jahre, denn drei Generationen machen hundert Jahre. Die einundvierzig übrigen Generationen, die zu den dreihundert hinzukamen, machen eintausend und dreihundert und vierzig Jahre. So sei in zehntausend und tausend und dazu vierhundert und vierzig Jahren, sagten sie, kein Gott in Menschengestalt aufgetreten. Weder aus der früheren Zeit noch aus der späteren, bei denen, die dann weiterhin Könige von Ägypten geworden sind, haben sie etwas Derartiges erzählt. In dieser ganzen Zeitdauer nun sei die Sonne, sagten sie, viermal abweichend von ihrem gewohnten Ort aufgegangen. Wo sie jetzt untergeht, von da sei sie zweimal aufgegangen, und woher sie jetzt aufgeht, da sei sie zweimal untergegangen. Und dadurch habe sich gar nichts in Ägypten geändert, nicht was sie von der Erde noch was sie vom Fluß erhalten, nichts bei den Krankheiten, nichts bei den Arten des Todes.

143 Als aber vormals Hekataios, der Schriftsteller, in Theben seine Ahnen herzählte und im sechzehnten Glied sein väterliches Geschlecht an einen Gott anknüpfte, taten die Priester des Zeus das gleiche, was sie bei mir taten, der ich nicht meine Ahnen herzählte: Sie führten hinein in die Halle im Inneren, und die ist gewaltig, wiesen dort auf die mächtigen Bilder aus Holz und zählten die ab, so viele, wie ich eben sagte. Jeder Oberpriester nämlich stellt dort zu seinen Lebzeiten ein Bild von sich auf. Es zählten also und zeigten diese Priester und erläuterten mir, wie immer der und der auf den und den Vater gefolgt sei, und gingen sie vom Bild des jüngst Gestorbenen an durch, bis sie alle Bilder gezeigt hatten. Und als Hekataios seine Ahnen herzählte und sie im sechzehnten Glied an einen Gott anknüpfte, zählten sie ihrerseits die Geschlechter her anhand der Reihe und wollten die Meinung nicht gelten lassen, daß ein Mensch von einem Gott abstammt. Und die Gegenrechnung mit den Ahnen stellten sie so auf: Sie behaupteten, jedes der übergroßen Bilder bedeute einen Piromis, der immer von einem Piromis abstamme, bis sie durch waren mit dem Vorzeigen der dreihundert und fünfunddreißig großen Bilder, und verknüpften sie weder mit einem Gott noch einem Heros. Piromis aber bedeutet in hellenischer Sprache: der Edle und
144 Tüchtige. Sie erklärten nun also, alle, deren Bilder da standen, seien Leute der Art, von Göttern völlig verschieden.

Was aber die Zeit vor diesen Leuten betrifft, da seien Götter die Regenten in Ägypten gewesen, die hätten mit den Menschen zusammengewohnt, und jeweils sei ihrer einer der Oberherr gewesen. Und als letzter sei Herrscher im Land gewesen Horos, des Osiris Sohn, den die Hellenen Apollon nennen. Der habe den Typhon gestürzt und sei als letzter Gott König von Ägypten gewesen. Osiris aber ist Dionysos, in hellenischer Sprache.

145 Bei den Hellenen gelten nun als die jüngsten Götter Herakles und Dionysos und Pan, bei den Ägyptern aber ist Pan ur-

alt und einer der Götter, von denen man sagt, sie seien die acht ersten, Herakles aber gehört zu denen, die, wie man sagt, die folgenden sind und zwölf, und Dionysos zu den dritten, die aus den zwölf Göttern hervorgegangen sein sollen. Wieviel Jahre es nun sind, nach der Behauptung der Ägypter selber, von Herakles bis zum König Amasis, hab ich vorher schon dargelegt. Bei Pan sollen es noch mehr sein, bei Dionysos aber die wenigsten unter den dreien, und für ihn rechnen sie fünfzehntausend aus, bis hin zum König Amasis. Und das wüßten sie ganz genau, behaupten die Ägypter, da sie immer mitgezählt hätten und die Jahre jedesmal aufgeschrieben. Bei dem Dionysos, von dem man sagt, er sei geboren von Semele, Kadmos' Tochter, sind es nun etwa tausend Jahre bis auf meine Zeit, bei Herakles, Alkmenes Sohn, gegen neunhundert, und bei Pan, Penelopes Sohn – denn von ihr und Hermes stammt, nach der Erzählung der Hellenen, Pan ab –, ist es eine kürzere Zeitdauer als die seit dem Troischen Krieg, etwa achthundert Jahre bis zu meiner Zeit. So verschieden erzählen das 146
Griechen und Ägypter, und von diesen beiden Betrachtungsweisen die zu verwenden, die ihm mehr einleuchtet, steht jedem frei. Ich meinerseits habe meine Meinung darüber ausgesprochen. Hätten im übrigen auch die beiden andern in Hellas vor aller Augen gelebt und wären dort alt geworden, wie Herakles, der Sohn des Amphitryon, so auch Dionysos, der Sohn Semeles, und Pan, der Sohn Penelopes, dann könnte man behaupten, auch sie seien nur Menschen wie jener gewesen und hätten bloß die Namen nach jenen Göttern, die viel früher dagewesen sind, erhalten. Nun erzählen aber die Hellenen von Dionysos, daß Zeus ihn gleich nach seiner Entstehung in seinen Schenkel einnähte und ihn nach Nysa brachte, das jenseits von Ägypten liegt, in Aithiopien; und bei Pan wissen sie überhaupt nicht zu erzählen, wo er sich eigentlich hingewendet hat nach seiner Geburt. Mir ist also deutlich geworden, daß

die Hellenen deren Namen später erfahren haben als die der andern Götter. Und in die Zeit, in der sie ihre Namen erfahren haben, setzen sie ihre Entstehung und ordnen so deren Geschlechter ein.

147 Das war nun das, was die Ägypter selber erzählen. Was aber die andern Menschen, doch auch die Ägypter, die hierin mit den andern übereinstimmen, zu erzählen haben von dem, was in diesem Land geschah, das will ich nun berichten. Doch wird auch dies und das darunter sein, was ich mit eignen Augen gesehn.

Als die Ägypter frei geworden, nach der Herrschaft des Priesters des Hephaistos, setzten sie – waren sie doch keinen Augenblick imstande, ohne König zu leben – nun zwölf Könige über sich und teilten ganz Ägypten in zwölf Gaue auf. Diese Könige verschwägerten sich untereinander und befestigten ihre Herrschaft auch mit folgender Abmachung: Sie wollten einander nicht verdrängen, und keiner sollte suchen, mehr zu haben als der andere, sondern sie wollten Freunde sein, so sehr es nur ging. Und diese Abmachung trafen sie und hielten streng darauf deswegen: Sie hatten einen Spruch erhalten am Anfang, gleich als sie ihre Einzelherrschaften antraten, wer von ihnen aus einer Schale von Erz den Weihguß spende im Heiligtum des Hephaistos, der werde König sein über ganz Ägypten. Sie trafen sich nämlich bei den Opfern in den Tempeln des Landes.

148 Und sie beschlossen, ein Denkmal zu hinterlassen für alle gemeinsam. Und wie sie das beschlossen hatten, bauten sie das Labyrinth, nicht weit vom Südufer des Moiris-Sees und in der Nähe der Stadt gelegen, die nach den Krokodilen heißt. Das hab ich selber gesehen, und es übersteigt alle Beschreibung. Denn wenn man die Mauern von hellenischer Hand und alles, was sie an Bauten vorzuweisen haben, zusammennähme, würde man finden, daß das an Arbeit sowie an Kosten zurückbleibt

hinter diesem Labyrinth; und der Tempel von Ephesos ist doch auch bemerkenswert und so der auf Samos. Zwar waren auch die Pyramiden über alle Beschreibung, und eine jede einzelne von ihnen wiegt viele unserer hellenischen Bauten auf, auch der großen, das Labyrinth jedoch übertrifft nun selbst die Pyramiden. Denn da gibt es zwölf überdachte Höfe, die Portale einander zugewandt, sechs nach Norden, sechs nach Süden gewendet, ein Hof am andern. Außen umschließt sie eine Mauer, in einem Zuge. Die Räume sind gedoppelt, die einen unter der Erde, die andern über der Erde, genau über jenen gelegen, dreitausend im ganzen, eintausend fünfhundert von jeder Art. Die oberen von diesen Räumen hab ich selber gesehen und bin hindurchgegangen und rede davon aus eigener Anschauung, von den unterirdischen aber hab ich nur berichten hören. Denn die ägyptischen Aufseher wollten sie um keinen Preis zeigen und sagten, dort befänden sich die Särge der Könige, die dies Labyrinth einstmals erbaut haben, und die der heiligen Krokodile. So kann ich von den Räumen unterhalb nur sprechen nach dem, was ich hörte, daß aber die oberen Räume das Maß von Menschenwerk übersteigen, hab ich mit eigenen Augen gesehn. Nämlich beim Durchschreiten der Gemächer und wenn man hin und her ging in den Höfen, die bunt ausgeziert sind, folgte ein Staunen dem andern, und man kam vom Hof in die Gemächer und von den Gemächern in Bauten mit Säulengalerien, und wieder in andere überdachte Räume aus den Galerien und aus den Gemächern in neue Höfe. Und die Decke all dieser Räume ist aus Stein, wie die Wände, und die Wände sind bedeckt mit eingemeißelten Bildern, und jeder Hof hat rings eine Säulenhalle aus hellem Stein, aufs sorgfältigste gefugt. Am Ende des Labyrinths schließt sich an die eine Ecke eine Pyramide an, von vierzig Klaftern, und an ihr sind große Figuren eingemeißelt. Zu ihr ist ein Weg gebaut unter der Erde.

149 So erstaunlich dies Labyrinth auch ist, noch größeres Staunen ruft der See hervor, den man Moiris-See nennt, an dem dieser Labyrinth-Bau sich erstreckt. Das Maß seines Umfangs beträgt dreitausendsechshundert Stadien, soviel ergeben nämlich sechzig Schoinen, und das ist ebensoviel wie die gesamte Küste von Ägypten. Seiner Länge nach erstreckt sich der See nach Norden und Süden, die Tiefe beträgt an seiner tiefsten Stelle fünfzig Klafter. Daß er aber von Menschenhänden geschaffen und ausgehoben, darauf weist er selber hin. Denn ungefähr in der Mitte des Gewässers stehen zwei Pyramiden, deren jede fünfzig Klafter aus dem Wasser hervorragt, und der Bau unter Wasser mißt noch einmal soviel, und oben auf beiden ist ein Koloß aus Stein, der sitzt auf einem Sessel. So sind diese Pyramiden einhundert Klafter hoch, und diese hundert Klafter machen genau ein Stadion von sechs Plethren; denn ein Klafter mißt sechs Fuß oder vier Ellen, wenn der Fuß vier Händen entspricht und die Elle sechsen. Das Wasser in dem See entspringt nicht dort – denn in der Gegend dort herrscht schrecklicher Wassermangel –, sondern es wird vom Nil herangeführt, durch einen Kanal, und sechs Monate lang strömt es hinein in den See und sechs Monate heraus, in den Nil zurück. Und wenn es herausströmt, dann wirft der See die ganzen sechs Monate über, Tag für Tag, ein Talent Silber für die königliche Kasse ab, aus dem Fischfang, doch wenn das Wasser in ihn eintritt, nur zwanzig Minen.

150 Die Einheimischen haben mir auch erzählt, dieser See habe einen unterirdischen Ausfluß in die Syrte in Libyen, der längs dem Höhenzug jenseits von Memphis nach Westen ins Land hineinläuft.

Als ich aber nirgends die Aufschüttung dieses ausgehobenen Landes erblicken konnte, fragte ich, denn die Sache ließ mir keine Ruhe, die Leute, die ganz dicht beim See wohnen, wo denn die Erde, die man ausgehoben, aufgeschüttet sei. Und die zeigten mir, wohin sie gebracht war, und ich glaubte es ihnen gern. Wußte ich doch durch eine Erzählung, daß man in Ninos, der Stadt der Assyrer, einmal grad so vorgegangen ist. Da nämlich die Schätze des Sardanapal, des Königs von Ninos, gewaltig waren und bewahrt wurden in unterirdischen Schatzkammern, waren Diebe darauf aus, sie von dort wegzubekommen. Da fingen also die Diebe in ihrem eignen Hause an, und indem sie die Richtung unter der Erde festlegten, gruben sie immer weiter auf die Königsburg zu, den Aushub aber, den sie aus dem Gang herausschafften, trugen sie Nacht für Nacht zum Tigris, der an Ninos vorbeifließt, bis sie fertiggebracht hatten, was sie wünschten. Genau so ist man, wie ich hörte, auch in Ägypten mit dem Aushub aus dem Seebecken verfahren, nur daß man es nicht bei Nacht, sondern bei Tag tat. Als die Ägypter nämlich gruben, schafften sie den Aushub zum Nil, und der nahm ihn auf und sollte ihn schon verteilen. Dieser See also soll auf diese Weise ausgehoben worden sein.

Die zwölf Könige aber hielten sich getreulich an ihre Ver- 151
einbarungen. Nach einer Weile aber, als sie einmal das Opfer begingen im Tempel des Hephaistos und am letzten Tag des Festes den Weihguß darbringen wollten, holte ihnen der Oberpriester aus der Kammer die Schalen aus Gold, mit denen sie zu spenden pflegten, versah sich aber in der Zahl und brachte nur elf, wo sie doch zwölf waren. Wie nun Psammetichos, der in der Reihe zuäußerst stand, keine Schale in seiner Hand hatte, nahm er den Helm ab, und der war aus Erz, und hielt ihn unter die Kanne und spendete. Einen Helm pflegten auch die anderen Könige alle zu tragen, und so hatten sie ihn auch damals auf. Psammetichos hatte nun keinerlei Hintergedanken, als er den Helm hinhielt, die andern aber dachten darüber nach, was Psammetichos getan und was die Weissagung ihnen vorausgesagt hatte, daß nämlich der von ihnen, der aus einer Schale von Erz die Spende darbringe, König sein

werde von Ägypten, er allein. Dieses Wahrspruches gedachten sie, und als sie ihn verhört und herausgefunden hatten, daß er's ohne jede Absicht getan, hielten sie es zwar nicht für recht, ihn zu töten, beschlossen aber, ihn in die Marschen zu verbannen und ihm den größten Teil seiner Macht zu nehmen; und die Marschen sollte er nicht verlassen und keinen Verkehr mit dem übrigen Ägypten haben.

152 Dieser Psammetichos war schon früher einmal in die Verbannung gegangen, vor dem Aithiopen Sabakos, der seinen Vater Nekos getötet hatte, vor dem war er damals nach Syrien entwichen, und als auf Grund des Traumgesichts der Aithiope abgezogen war, holten ihn diejenigen Ägypter wieder heim, die zum Gau von Saïs gehören. Später nun, als er König ist, trifft es ihn zum zweitenmal, von der Seite jener elf Könige, daß er in die Verbannung mußte wegen des Helms, in die Marschen. Und weil er nun glaubte, daß ihm furchtbares Unrecht geschehen war von ihnen, sann er, wie er Rache nähme an denen, die ihn verstoßen. Und er sandte nach der Stadt Buto zum Orakel der Leto, dorthin also, wo die Ägypter ihr untrüglichstes Orakel haben, und erhielt den Spruch, die Vergeltung werde kommen vom Meer, von dem her eherne Männer erscheinen würden. Er wollte nun gar nicht daran glauben, daß eherne Männer kommen würden, ihm zu helfen. Aber wenig Zeit verging, und Seenot zwang einige Jonier und Karer, die ausgefahren waren auf Seeraub, Ägypten anzulaufen, und als sie an Land gingen und in Erz gerüstet waren, geht einer der Ägypter in die Marschen und meldet Psammetichos, da er doch vorher noch nie in Erz gerüstete Krieger gesehen hatte, eherne Männer seien vom Meer gekommen und plünderten in der Ebene. Der erkennt, daß der Spruch in Erfüllung gegangen, und schließt mit diesen Joniern und Karern Freundschaft und verspricht ihnen große Dinge und bringt sie dahin, daß sie in seine Dienste treten. Und als er sie dahin ge-

bracht hat, kann er mit den Ägyptern, die zu ihm halten, und den Söldnern die Könige vertreiben.

Als Psammetichos nun Herr war über ganz Ägypten, baute 153
er dem Hephaistos in Memphis die Vorhalle, die nach Süden zu liegt, und für den Apis baute er einen Hof, in dem der Apis gehalten wird, wenn er erschienen ist, der Vorhalle gegenüber, und der ist überall von Hallen umgeben und voll von Reliefs, und statt Säulen stützen riesige Menschenbilder den Hof ab. Der Apis heißt aber auf hellenisch Epaphos.

Den Joniern aber und den Karern, die ihm beigestanden, 154
schenkt Psammetichos Ländereien, darauf zu wohnen; die liegen einander gegenüber, in der Mitte getrennt durch den Nil, und man gab ihnen den Namen «Lager». Diese Ländereien also schenkte er ihnen, und was er sonst noch versprochen hatte, das erfüllte er ihnen alles. Ja er vertraute ihnen sogar ägyptische Knaben an, daß sie die gründlich in der hellenischen Sprache unterwiesen, und von ihnen, die damals die Sprache erlernt haben, stammen die jetzigen Dolmetscher in Ägypten ab. Die Jonier sowie die Karer haben lange Zeit an diesen Plätzen gewohnt, und es liegen diese Plätze nach dem Meer hin, etwas unterhalb von Bubastis, an dem Nilarm, der der Pelusische heißt. Einige Zeit später nahm dann König Amasis diese Leute von dort weg, siedelte sie in Memphis an und machte sie zu seiner Leibwache, zum Schutz gegen die Ägypter. Nachdem diese Männer ansässig geworden in Ägypten, hatten die Hellenen nun Verkehr mit ihnen, und so wissen wir alles, was sich in Ägypten zugetragen hat zur Zeit des Königs Psammetichos und später, mit Zuverlässigkeit. Denn sie sind die ersten Fremdsprachigen in Ägypten gewesen, die sich dort fest niedergelassen haben. An der Stelle, von der sie umgesiedelt worden sind, standen noch zu meiner Zeit ihre Schiffsschleifen und die Ruinen ihrer Häuser. Psammetichos also war auf diese Weise Herr von Ägypten geworden.

155 Der Spruchstätte, der bedeutendsten in Ägypten, hab ich schon mehrfach gedacht, und nun will ich zusammenhängend davon berichten, denn sie verdient es. Dieses Orakel in Ägypten also ist der Leto heilig und ist errichtet in einer großen Stadt an dem Nilarm, der der Sebennytische heißt, und man kann zu ihr hinauffahren vom Meer. Der Name dieser Stadt, in der das Orakel liegt, ist Buto, und den hab ich auch schon früher genannt. Es gibt in diesem Buto auch ein Heiligtum des Apollon und der Artemis. Und nun der Tempel der Leto, in dessen Innerem das Orakel ist: Er ist selber von beträchtlicher Größe und hat Vorhallen zehn Klafter hoch. Was mich aber am meisten in Erstaunen versetzte von den Dingen, die man dort zu sehen bekommt, darauf will ich hinweisen. Es befindet sich in diesem heiligen Bezirk das heilige Haus der Leto, das ist aus einem einzigen Stein gearbeitet, hoch wie breit, und so Wand für Wand; vierzig Ellen hat jede einzelne. Decke und Dach sind aus einem weiteren Stein, der liegt darauf und hat ein vorspringendes Gesims von vier Ellen.

156 So ist denn dies heilige Haus von all dem, was man in diesem Heiligtum zu sehen bekommt, das Erstaunlichste, doch dann folgt gleich die Insel, die Chemmis heißt. Sie liegt in einem tiefen und breiten See, neben dem Heiligtum von Buto, und die Ägypter sagen, das sei eine schwimmende Insel. Ich für meinen Teil habe nichts davon gesehen, daß sie schwamm oder sich bewegte, immerhin war ich erstaunt, als ich's hörte, und vielleicht schwimmt sie wirklich. Jedenfalls befindet sich auf ihr ein großer Tempel des Apollon, und drei zusammenhängende Altäre sind dort errichtet, und es wachsen auf ihr zahlreiche Palmen und auch viele andere Bäume, Frucht tragende und nicht Frucht tragende. Die Ägypter aber erzählen zur Bekräftigung ihrer Behauptung, daß die Insel schwimme, noch folgende Geschichte: Früher schwamm diese Insel nicht, Leto aber, eine von den acht Göttern, den zuerst entstande-

nen, die ihre Wohnstatt in der Stadt Buto hatte, dort also, wo sich ihr Orakel befindet, verbarg auf dieser Insel Apollon, den sie von Isis in Verwahrung genommen hatte, und indem sie ihn dort auf der Insel versteckte, die nun schwimmen soll, wie man erzählt, rettete sie ihn, damals als Typhon herannahte, als er alles durchsuchte in der Absicht, den Sohn des Osiris ausfindig zu machen. Von Apollon und Artemis sagen sie, sie seien die Kinder des Dionysos und der Isis, Leto aber sei nur ihre Ziehmutter und Retterin geworden. Und auf ägyptisch ist Apollon Horos, Demeter Isis und Artemis Bubastis. Von dieser Geschichte und keiner andern hat Aischylos, der Sohn des Euphorion, sich angeeignet, was ich gleich nennen werde, und er ist darin der einzige unter allen früheren Dichtern. Er hat nämlich in seiner Dichtung Artemis zur Tochter Demeters gemacht. Also das sei der Grund, daß die Insel nun schwimme. Das wäre die Geschichte, die sie erzählen.

Psammetichos aber war König von Ägypten vierundfünfzig 157
Jahre, und von diesen saß er dreißig Jahre weniger eins vor Azotos, einer großen Stadt in Syrien, und belagerte es, bis er's endlich einnahm. Dies Azotos hat damit der längsten Belagerung standgehalten von allen Städten, von denen wir wissen.

Psammetichos' Sohn war Nekos, und der wurde nun König 158
von Ägypten. Und er war es, der zuerst Hand an den Kanal legte, der ins Rote Meer führt, Dareios der Perser war dann der nächste, und er vollendete den Durchstich. Dessen Länge beträgt vier Tage Fahrt, und so breit wurde er ausgehoben, daß zwei Triëren gleichzeitig fahren können, mit ausgelegten Rudern. Das Wasser wird vom Nil in ihn geleitet, und es wird etwas oberhalb der Stadt Bubastis abgeleitet und geht dann vorbei an Patumos, der arabischen Stadt, und mündet in das Rote Meer. Der Graben ist zuerst in der Ebene gezogen, wo Ägypten an Arabien stößt, oberhalb aber stößt an diese Ebene der Höhenzug, der sich nach Memphis zu hinzieht, in

dem auch die Steinbrüche liegen. Am Fuß dieses Höhenzuges entlang also zieht der Kanal sich hin, eine lange Strecke vom Abend zum Morgen, dann aber geht er in eine Schlucht hinein und läuft vom Gebirge gegen Mittag und Süden bis hin zur arabischen Bucht. Da aber, wo das Land am schmalsten ist und der Weg am kürzesten, um vom nördlichen Meer hinüberzugelangen zum südlichen, das auch das Rote Meer genannt wird – es ist das gleiche –, vom Berg Kasios, der die Grenze bildet zwischen Ägypten und Syrien, von da an beträgt die Strecke genau eintausend Stadien. Das wäre der kürzeste Weg, der Kanal aber ist viel länger, da er doch viele Windungen macht. Als sie ihn unter König Nekos gruben, gingen von den Ägyptern zwölf mal zehntausend Leute zugrunde. Und Nekos hörte mitten im Graben auf, denn ihm kam ein Spruch dazwischen, der lautete, er leiste Vorarbeit für den Barbaren. Barbaren aber nennen die Ägypter alle Leute, die nicht die gleiche Sprache sprechen wie sie.

159 Als er nun den Bau des Grabens eingestellt hatte, wandte sich Nekos Kriegszügen zu, und Triëren wurden gebaut, sowohl auf dem nördlichen Meer wie im arabischen Golf, dem Ausläufer des Roten Meers, und deren Schleppbahnen sind noch zu sehen. Die setzte er ein, wie und wann er sie brauchte, und auf dem Land traf dieser Nekos mit den Syrern zusammen, bei Magdolos, und besiegte sie, und nach dieser Schlacht nahm er Kadytis in Syrien, und das war eine große Stadt. Das Gewand aber, in dem ihm solche Erfolge geglückt waren, sandte er zu den Branchiden im Land der Milesier und weihte es dem dortigen Apollon. Doch dann, als er sechzehn Jahre insgesamt regiert hatte, stirbt er und die Herrschaft hinterließ er seinem Sohn Psammis.

160 Zu diesem Psammis nun kamen, als er König war von Ägypten, Gesandte der Eleier, und die rühmten sich, sie die Eleier hätten die Wettkämpfe in Olympia geregelt auf eine Weise,

die die allergerechteste sei und die beste, soweit die Erde reicht, und sie seien der Ansicht, verglichen damit seien sogar all die Erfindungen der gescheitesten unter den Menschen, der Ägypter, ein Nichts. Als also die Eleier in Ägypten eingetroffen waren und gesagt hatten, weswegen sie gekommen, da ruft dieser König die von den Ägyptern zusammen, denen man nachsagte, sie seien die gescheitesten. Diese Ägypter kamen also zusammen und befragten die Eleier, und die sagten, was sie satzungsgemäß alles zu tun hätten hinsichtlich der Kampfspiele. Und als sie all die Sachen hergezählt hatten, bemerkten sie, sie seien da, um sich weiter zu belehren, ob die Ägypter vielleicht Einfälle hätten, die noch sachgerechter wären als die ihren. Und die berieten sich und richteten dann die Frage an die Eleier, ob ihre eigenen Mitbürger beteiligt seien an den Wettkämpfen. Die sagten ja, sie wie die andern Hellenen, jeder, der es wünsche, ohne Unterschied, dürfe am Wettkampf teilnehmen. Und die Ägypter sagten, wenn sie es so geregelt hätten, dann hätten sie das Gerechte völlig verfehlt. Denn dagegen sei kein Kraut gewachsen, daß sie für einen Landsmann, der mitkämpft, nicht Partei nähmen und so Unrecht täten. Vielmehr, wollten sie es wirklich gerecht regeln und seien sie dieserhalb nach Ägypten gekommen, dann sollten sie, das sei ihre Meinung, die Wettspiele nur für auswärtige Kämpfer einrichten, von den Eleiern aber dürfe es keinem erlaubt sein zu kämpfen. Das war der Rat, den die Ägypter den Eleiern mit auf den Weg gaben.

Psammis aber war nur sechs Jahre König über Ägypten und 161
zog in den Streit gegen Aithiopien, doch dann starb er gleich, und ihm folgte Apriës, Psammis' Sohn. Dessen Regierung war, nach der des Psammetichos, seines Urgroßvaters, die glücklichste von all den Königen vor ihm, und er herrschte fünfundzwanzig Jahre, und in dieser Zeit führte er sein Heer gegen Sidon und kämpfte zur See mit dem Tyrier. Doch da es

ihm nun einmal schlimm ergehen sollte, so kam das Unglück, und zwar aus einem Anlaß, von dem ich später ausführlicher berichten werde, in den libyschen Geschichten, hier aber nur soweit nötig. Nämlich dieser Apries entsandte ein großes Heer gegen die Leute von Kyrene und strauchelte dabei übel, die Ägypter aber legten ihm das zur Last und fielen ab von ihm, da sie meinten, Apries habe sie mit Vorbedacht in ein offenbares Unheil geschickt, damit sie verdürben, er aber über die andern Ägypter desto sicherer herrsche. Darüber waren sie erbittert, die Leute, die heimgekehrt waren, und die Freunde der Untergegangenen, und traten offen in Aufruhr.

162 Als Apries das hört, schickt er Amasis zu ihnen, damit er sie durch gute Worte davon abbringe. Als der kam und die Ägypter davon abzubringen suchte, so zu handeln, trat, während er sprach, einer der Ägypter hinter ihn und setzte ihm einen Helm auf, und wie er das getan, sagte er, nun sei er ihr König. Und dem kam der Vorgang nicht ganz ungelegen, wie er bald zu erkennen gab. Denn kaum hatten die abtrünnigen Ägypter ihn zum König ausgerufen, so bereitete er sich vor, gegen den Apries zu ziehen. Als Apries das vernahm, sandte er zu Amasis einen angesehenen Mann aus dem Kreis der Ägypter um ihn, Patarbemis mit Namen, und trug ihm auf, Amasis lebendig vor ihn zu bringen. Als Patarbemis nun da war, lud er Amasis vor, Amasis aber – er saß nämlich gerade zu Pferde – hob den Schenkel, ließ einen fahren und sagte, den solle er Apries bringen. Trotzdem stellte ihm Patarbemis vor, der König rufe ihn und er solle doch zu ihm gehen. Der aber gab ihm zur Antwort, schon lange bereite er sich vor, das zu tun, und Apries solle nicht über ihn zu klagen haben, denn er werde selber kommen und auch noch andere mitbringen. Patarbemis wußte nach diesen Worten über Amasis' Absichten Bescheid und sah auch, wie er seine Vorbereitungen traf, und so machte er sich

eilends auf den Rückweg, erfüllt vom Wunsch, so rasch wie möglich dem König zu melden, was bevorstand. Als er aber zu Apries kam, ohne Amasis mitzubringen, gab der, ohne ihm das Wort zu erteilen, blind vor Wut den Befehl, ihm Ohren und Nase abzuschneiden. Als die übrigen Ägypter, die noch zu ihm hielten, sahen, wie der angesehenste Mann unter ihnen so schmählich mißhandelt wurde, zögerten sie keinen Augenblick mehr, sondern fielen ab zu den anderen und stellten sich dem Amasis zur Verfügung. Als Apries auch das erfuhr, 163
wappnete er seine Söldner und führte sie gegen die Ägypter. Und er hatte von Joniern und Karern bei sich dreißigtausend Mann Söldner, seine Königsburg aber lag in der Stadt Saïs und war stattlich und sehenswert. Und Apries und seine Leute zogen gegen die Ägypter und Amasis und seine Leute gegen die Fremden. Und nun kamen beide nach der Stadt Momemphis und wollten sich messen miteinander.

Bei den Ägyptern gibt es nun sieben Kasten, und das sind 164
die Namen: die Priester, die Krieger, die Rinderhirten, die Schweinehirten, die Krämer, die Dolmetscher, die Schiffer. Das sind die sieben Kasten der Ägypter, und ihre Namen haben sie von den Berufen. Die Krieger aber heißen Kalasirier und Hermotybier und kommen aus den folgenden Gauen – denn ganz Ägypten ist in Gaue unterteilt; das also sind die 165
Gaue der Hermotybier: der von Busiris, Saïs, Chemmis, Papremis, der Insel, die Prosopitis heißt, und von halb Nathos. Aus diesen Gauen kommen die Hermotybier, und sie erreichen im höchsten Fall eine Stärke von sechzehnmal zehntausend. Und von diesen krümmt keiner auch nur einen Finger, ein Handwerk zu lernen, sondern sie sind bloß für den Kampf da. Nun die 166
Gaue der Kalasirier, die folgenden: der von Theben, von Bubastis, von Aphthis, Tanis, Mendes, Sebennys, Athribis, Pharbaithis, Thmuis, Onuphis, Anytis und der von Myekphoris. Dieser Gau liegt auf einer Insel gegenüber der Stadt

Bubastis. Das sind die Gaue der Kalasirier, und sie erreichen im höchsten Fall eine Stärke von fünfundzwanzigmal zehntausend Mann. Auch diesen ist es nicht erlaubt, irgendein Handwerk zu betreiben, sondern sie treiben nur, was zum Kriegsgeschäft gehört, und das geht immer vom Vater auf den Sohn über.

167 Ob nun die Hellenen auch dies von den Ägyptern angenommen haben, kann ich nicht mit Sicherheit entscheiden, da ich sehe, daß auch die Thraker und Skythen und Perser und Lyder, kurz, fast alle Nichtgriechen ihre Landsleute, die ein Handwerk gelernt haben, für geringer halten als die sonstigen, sie und deren Kinder, die aber, die sich fernhalten von jeder handwerklichen Beschäftigung, gelten für edel, und besonders die, die sich nur dem Kampf widmen. Das haben also alle Hellenen angenommen und die Lakedaimonier am meisten, am wenigsten aber finden die Korinther etwas auszusetzen an den Handwerkern.

168 Und ihnen allein unter den Ägyptern, sieht man von den Priestern ab, waren besondere Pfründen vorbehalten, zwölf ausgesuchte Äcker für jeden, frei von Abgaben. Ein Acker beträgt einhundert ägyptische Ellen im Geviert, die ägyptische Elle aber ist genauso lang wie die samische. Das war jedem Einzelnen für sich vorbehalten, von folgendem aber hatten sie reihum den Nießnutz, nie dieselben: Tausend Kalasirier und weitere tausend Hermotybier bildeten jeweils für ein Jahr die Leibwache des Königs. Denen wurde also noch folgendes, außer den Einkünften aus den Äckern, gereicht, Tag für Tag: gebackenes Brot im Gewicht von fünf Minen für einen jeden, Rindfleisch zwei Minen, Wein vier Maß. Das wär's, was die jeweiligen Leibwachen bekamen.

169 Als sie nun gegeneinander rückten, Apries mit seinen Söldnern und Amasis mit allen Ägyptern, kamen sie also zur Stadt Momemphis, und dann fielen sie übereinander her. Und die

Fremden kämpften gut, da sie aber an Zahl weit unterlegen
waren, wurden sie besiegt. Apries aber soll, so erzählt man,
der Meinung gewesen sein, selbst ein Gott vermöchte ihm
das Königtum nicht zu nehmen. So fest glaubte er auf seinem
Thron zu sitzen. Und nun unterlag er damals im Treffen und
wurde gefangen und zur Stadt Saïs gebracht, in den Palast,
der früher der seine gewesen, damals aber war er schon des
Amasis Königsburg. Dort in der königlichen Burg wurde er
eine Zeitlang festgehalten, und Amasis behandelte ihn gut.
Schließlich murrten aber die Ägypter, er tue nicht recht dar-
an, daß er den füttere, der der schlimmste Feind sei von ih-
nen und auch von ihm, und so liefert er denn den Apries aus
an die Ägypter. Die erwürgten ihn, und dann bestatteten
sie ihn feierlich in den Grüften seiner Väter. Die liegen in dem
Heiligtum der Athene, ganz dicht beim Tempelhaus, zur rech-
ten Hand, tritt man ein. Es bestatteten aber die Saïten jeden
König, der aus diesem Gau hervorgegangen war, drinnen in
diesem Heiligtum. Das trifft übrigens auch für Amasis' Grab-
mal zu, das zwar vom Tempelhaus etwas abliegt, weiter als
das des Apries und dessen Vorfahren, aber doch auch im Hof
des Heiligtums liegt, ein steinerner Bau mit einer Säulenhalle
davor, groß, und die Säulen, die den Bau bilden, ahmen Palm-
bäume nach, und auch sonst gibt's da viel kostbaren Schmuck.
Und in dieser Säulenhalle ragt ein Torbau mit zwei Türen
auf, und in dem Torbau liegt das Grab. Es befindet sich aber 170
auch die Stätte von einem, den bei solcher Gelegenheit zu
nennen ich Scheu trage, zu Saïs, im Heiligtum der Athene,
hinter dem Tempel, entlang der ganzen Wand, die das heilige
Haus der Athene abschließt. Drinnen im heiligen Bezirk ste-
hen große Obelisken aus Stein, und dabei liegt ein See, der ist
gefaßt mit einer kunstvollen Umrandung von Stein und in
einem schönen Kreisrund angelegt, und ist so groß, schien
mir, wie der auf Delos, den man den radrunden nennt.

171 Und auf diesem See stellen sie bei Nacht dar, was Er alles erlitten hat, und dem geben die Ägypter den Namen Mysterien. Doch darüber, obwohl ich recht gut weiß, was da vorgeht, Stück um Stück, soll Schweigen gebreitet sein. Auch über die Weihen der Demeter, die die Hellenen Thesmophorien nennen, auch darüber will ich Schweigen breiten. Nur das eine, was ich davon sagen darf: Danaos' Töchter sind es gewesen, die diese Weihen von Ägypten mitgebracht und die pelasgischen Frauen gelehrt haben, dann aber, als die ganze Peloponnes auswanderte vor den Dorern, sind diese Weihen untergegangen, nur bei den Peloponnesiern, die zurückblieben und nicht vertrieben worden sind, bei den Arkadern, sind sie erhalten geblieben, sonst nicht.

172 Das war also des Apries Ende, und König war Amasis, und der kam vom saïtischen Gau, und die Stadt, aus der er stammte, die heißt Siuph. Zuerst achteten die Ägypter den Amasis wenig und machten sich nicht viel aus ihm, da er doch vorher ein Mann aus dem Volke gewesen war und nicht aus vornehmem Haus. Allmählich aber gewann Amasis sie mit seiner Klugheit, und weil er keineswegs ungeschickt war.

Unter den tausend Kostbarkeiten, die ihm zur Verfügung standen, war auch ein Fußbecken aus Gold, in dem Amasis selbst und all seine Tischgenossen sich jedesmal die Füße waschen ließen. Das schlug er nun zusammen und machte das Bild eines Gottes daraus, und das stellte er an einer besonders belebten Stelle der Stadt auf. Die Ägypter nun, die zu dem Bild kamen, bezeigten ihm große Verehrung. Als aber Amasis merkte, wie die Städter sich verhielten, rief er die Ägypter zusammen und legte es ihnen klar mit den Worten, dies Bild sei aus dem Fußbecken hervorgegangen, in das die Ägypter früher gebrochen und ihr Wasser gelassen und in dem sie ihre Füße gewaschen hätten, jetzt aber bezeigten sie ihm große Verehrung. Nun stehe es, fuhr er fort, mit ihm selber genauso wie mit dem Becken. Wenn er früher auch ein Mann des Volkes gewesen sei, gut, jetzt aber sei er ihr König, und sie sollten, hieß er sie, ihn ehren und ihm ihre Fürsorge widmen. Auf diese Art gewann er die Ägypter, so daß sie ihm gern und willig dienten.

Seine Geschäfte aber erledigte er nach folgendem Verfahren: 173
Morgens, bis zur Stunde, wo der Markt voller Menschen ist, erledigte er alles, was ihm vorgelegt wurde, mit großem Eifer, dann aber trank er und trieb seine Späße mit den Zechgenossen und hatte Unsinn und Flausen im Kopf. Seine Freunde aber nahmen daran Anstoß und wollten ihm den Kopf zurechtsetzen und sprachen: «König, das ist nicht richtig, daß du dich so wenig in der Hand hast und dich einen Weg gehen läßt, der bestimmt zu nichts Gutem führt. Denn du auf deinem erhabenen Thron solltest auch erhaben dasitzen und deine Geschäfte den ganzen Tag betreiben, und so würden die Ägypter auch gewiß sein, daß sie von einem großen Mann regiert werden, und alle würden dann Gutes von dir sagen. Jetzt aber führst du dich keineswegs wie ein König auf.» Doch er antwortete ihnen wie folgt: «Wenn man einen Bogen hat, spannt man ihn, wenn man ihn braucht, hat man ihn aber ausgebraucht, spannt man ihn ab. Denn bleibt er ständig gespannt, bricht er einmal, und dann kann man ihn nicht verwenden, wenn es nottut. Nicht anders ist auch der Mensch beschaffen. Wollte er immer ernst und angespannt sein und sich nicht auch locker lassen und dem Scherz sein Recht geben, dann würde er überspannt werden, ohne es zu merken, oder, ebenso schlimm, starr und steif wie vom Schlag gerührt. Ich meinerseits weiß das gut, und so gebe ich allem beiden sein Recht.» Das war seine Antwort an die Freunde.

Amasis soll aber, erzählt man, auch schon zu der Zeit, als er 174
noch ein einfacher Mann war, das Trinken gern gehabt haben und das Scherzen und durchaus kein würdevoller Mann ge-

wesen sein. Und gingen ihm bei seinem Trinken und lustigen Leben einmal die Mittel aus, so streifte er umher und stahl. Und wenn die Leute sagten, was er da habe, gehöre ihnen, und er es leugnete, führten sie ihn zur Stätte der Offenbarung, bald hier, bald da, wo sie jeweils war. Oft wurde er nun von diesen Stätten auch für schuldig erkannt, oft aber auch freigesprochen. Nachdem er nun König geworden, verfuhr er wie folgt: All die Götter, die ihn von der Schuld, ein Dieb zu sein, freigesprochen, um deren Heiligtümer kümmerte er sich nicht und gab nicht das Geringste für ihre Ausstattung und ging auch nicht hin und opferte dort, da sie es nicht verdienten und verlogene Wahrsagungsstätten besäßen. Die ihn aber zum Dieb erklärt hatten, für die sorgte er sehr, da sie wirklich Götter seien und wahre Bescheide gäben.

175 So hat er erstlich für die Athene zu Saïs eine Vorhalle, und was für eine erstaunliche, erbaut, und hat alle andern in Höhe und Größe weit übertroffen, und gewaltig sind ihre Steine und wie gut gearbeitet! Dann hat er riesige Menschenbilder aus Stein aufgestellt und ungeheure Menschensphinxe, und hat auch sonst für den Ausbau Steine besorgt, die in der Größe alles übersteigen, was der Stein eigentlich hergibt. Von denen hat er die einen aus den Steinbrüchen, die sich bei Memphis befinden, herangeschafft, die ganz besonders großen aber aus der Stadt Elephantine, die eine Fahrt von zwanzig Tagen entfernt ist von Saïs. Was mich dabei, und das nicht zum wenigsten, nein am meisten in Erstaunen setzt, ist das Folgende: Ein Haus aus einem einzigen Stein hat er herbeigeschafft aus der weit abgelegenen Stadt Elephantine, und die Überführung hat drei Jahre gedauert, und zweitausend Mann sind beordert gewesen, es hinzuschaffen, alles Schiffsleute. In der Länge hat dieses Haus mit Dach außen einundzwanzig Ellen, in der Breite vierzehn, in der Höhe acht. Das sind die Außenmaße dieses Hauses aus einem Stein, innen aber beträgt seine Länge acht-

zehn und dreiviertel Ellen, die Breite zwölf Ellen und die Höhe fünf Ellen. Dies Haus steht beim Eingang des Heiligtums. Sie hätten es nämlich aus folgendem Grund nicht ins Innere des Heiligtums gezogen, sagen sie: Sein Baumeister habe, als man das Haus zog, laut aufgestöhnt, da es nun schon so lange dauerte und er die Arbeit satt hatte, Amasis aber habe sich das zu Herzen genommen und verboten, es weiterzuziehen. Einige wissen aber auch zu erzählen, daß einer von den Leuten, die mit Hebeln daran drückten, unter dem Haus zu Tode gekommen sei, und deswegen sei es nicht hineingezogen worden.

Aber auch in den andern Heiligtümern allen, die einiges An- 176
sehen besaßen, hat Amasis Werke errichtet von Ausmaßen, die schon sehenswert sind, darunter auch in Memphis das riesige Bild, das auf dem Rücken liegt, vor dem Tempel des Hephaistos; dessen Länge beträgt fünfundsiebzig Fuß. Auf dem gleichen Postament stehen, beide aus aithiopischem Stein, zwei weitere gewaltige Bilder aufrecht, jedes zwanzig Fuß hoch, das eine links, das andere rechts vom großen. Es gibt aber noch ein weiteres, ebenso großes aus Stein, in Saïs, auch das auf dem Boden liegend wie das in Memphis. Amasis ist es auch, der das Heiligtum der Isis in Memphis erbaut hat, auch dies groß und sehr sehenswert.

Unter dem König Amasis ist Ägypten, damals mehr als je 177
zuvor, sagt man, in schönstem Glück gewesen, denn dem Land wurde reicher Segen vom Fluß geschenkt und den Menschen vom Land, und es sollen damals im Lande gewesen sein insgesamt zweitausend Ortschaften, nur die bewohnten. Amasis ist es auch, der den Ägyptern das folgende Gesetz gab: Jahr für Jahr muß jeder Ägypter dem Aufseher des Gaus anzeigen, wovon er lebt, und wer das nicht tut und keinen rechtschaffenen Lebensunterhalt nachweist, wird mit dem Tode bestraft. Solon, der Athener, übernahm dies Gesetz aus Ägypten

und gab es den Athenern. Die bedienen sich seiner fort und fort, denn es ist ein untadliges Gesetz.

178 Amasis ist auch ein Freund der Hellenen gewesen und hat manchen Hellenen viel Gutes erwiesen und so denn auch denen, die nach Ägypten kamen, die Erlaubnis gegeben, sich in der Stadt Naukratis niederzulassen, und die nicht den Wunsch hatten, sich niederzulassen, aber dort Seehandel zu treiben, denen verlieh er Landstücke, daß sie Altäre und heilige Bezirke für ihre Götter anlegen könnten. Den größten nun unter diesen heiligen Bezirken und den bekanntesten und besuchtesten, der Hellenion heißt, haben die folgenden Städte gemeinsam eingerichtet: Von den Joniern Chios und Teos und Phokaia und Klazomenai, von den Dorern Rhodos und Knidos und Halikarnaß und Phaselis, von den Aiolern aber nur die Stadt der Mytilener, sonst keine. Denen gehört also dies Heiligtum, und diese Städte sind es auch, die die Vorsteher des Handelsplatzes stellen. Die andern Städte aber, die daran teilhaben wollen, die tun das, ohne daß es ihnen eigentlich zusteht. Für sich besonders haben die Aigineten einen Bezirk des Zeus eingerichtet, und einen andern die Samier, für Hera, und die Milesier einen für Apollon.

179 Vor alters ist Naukratis der einzige Handelsort gewesen, und sonst gab es keinen in Ägypten. Kam aber jemand zu einer der anderen Nilmündungen, so mußte er schwören, daß er nichts dafür gekonnt, und hatte er den Schwur geleistet, mußte er mit seinem Schiff zu dem Kanobischen Arm fahren. Sollte er aber zu solcher Fahrt nicht in der Lage sein, widriger Winde wegen, so mußte er die Fracht auf Lastkähnen unten um das Delta herumschaffen, bis hin nach Naukratis. Solche Vorrechte genoß Naukratis.

180 Ferner, als die Amphiktyonen den Aufbau des heutigen Tempels in Delphi für dreihundert Talente vergeben hatten – denn der früher dort gestanden hatte, war durch ein Mißge-

schick niedergebrannt –, da fiel es den Delphern zu, den vierten Teil der Summe zu stellen. Die Delpher zogen nun von Stadt zu Stadt und sammelten Beiträge, und als sie das taten, brachten sie nicht den kleinsten Betrag aus Ägypten heim. Amasis schenkte ihnen nämlich tausend Talente Alaun, doch die Hellenen, die in Ägypten ansässig waren, ganze zwanzig Minen.

Mit den Leuten von Kyrene schloß Amasis einen Freund- 181
schafts- und Bündnisvertrag. Ja er wollte auch gern eine Frau von dort haben, ob er nun Verlangen hatte nach einer hellenischen Frau oder aus einem andern Grund, zur Stärkung der Freundschaft mit Kyrene. Er heiratet also, die einen sagen die Tochter des Battos, des Sohnes des Arkesilaos, andere die Tochter des Kritobulos, eines angesehenen Bürgers; ihr Name war Ladike. Als sich Amasis nun zu ihr legte, war er nicht in der Lage, ihr beizuwohnen, bei seinen andern Frauen aber hatte er keine Schwierigkeiten. Als sich das nun mehrmals wiederholte, sprach Amasis zu dieser Frau, die Ladike hieß: «Frau, du hast mich mit einem Zaubertrunk behext, und nun hilft dir nichts, du mußt des Todes sterben, schlimmer als ihn je eine Frau erlitten hat.» Ladike stritt es ab, Amasis aber war durchaus nicht zu besänftigen, und da fleht sie im Geist zu Aphrodite, wenn Amasis ihr noch in dieser Nacht beiwohnen könne, denn das rette sie vor dem Tode, würde sie ein Bild für sie in die Heimat Kyrene senden. Nach diesem Gebet wohnte ihr Amasis alsbald bei. Und von da an, er mochte zu ihr kommen, wann er wollte, konnte er ihr beiwohnen und gewann sie seitdem sehr lieb. Ladike aber löste der Göttin ihr Gelübde ein. Sie ließ nämlich ein Bild machen und sandte es nach Kyrene, und das war noch vorhanden zu meiner Zeit und stand draußen vor der Stadt Kyrene.

Diese Ladike hat Kambyses, als er Herr geworden war über Ägypten und von ihr erfuhr, wer sie sei, ohne ihr etwas anzutun, zurückgesandt nach Kyrene.

182 Auch nach Hellas hat Amasis Weihgeschenke gestiftet, zum ersten nach Kyrene ein vergoldetes Bild der Athene und ein Bild von sich, mit dem Pinsel gemalt, nach dem Leben, dann für die Athene von Lindos zwei Statuen aus Stein und einen Panzer von Leinen, der ist sehenswert, ferner nach Samos für die Hera dort zwei Bilder von sich, aus Holz, die in dem großen Tempel aufgestellt waren noch zu meiner Zeit, hinter der Türe. Die Weihung nach Samos nahm er vor wegen der Gastfreundschaft zwischen ihm und Polykrates, dem Sohn des Aiakos, die nach Lindos aber nicht wegen einer Gastfreundschaft, sondern weil den Tempel in Lindos, den Athenetempel, die Danaostöchter erbaut haben sollen, wie man erzählt, die dort landeten, als sie auf der Flucht waren vor den Söhnen des Aigyptos. Das waren Amasis' Weihgeschenke. Und er nahm Zypern ein, der erste Mensch, dem das glückte, und unterwarf es und ließ es Tribut zahlen.

DRITTES BUCH

Gegen diesen Amasis also zog Kambyses, Kyros' Sohn, und 1
führte mit sich viele andere Völker, über die er herrschte, und von den Hellenen die Jonier wie die Aioler. Zu diesem Krieg aber kam es so. Kambyses schickte einen Herold nach Ägypten und warb bei Amasis um dessen Tochter; er warb aber auf den Rat eines Ägypters, der das riet, weil er einen Groll hatte auf Amasis, daß der gerade ihn von all den Ärzten in Ägypten von Weib und Kind gerissen und weggegeben hatte an die Perser, damals als Kyros zu Amasis sandte und einen Augenarzt wünschte, der der beste wäre von denen in Ägypten. Darum grollte ihm also der Ägypter und setzte Kambyses zu mit seinem Rat und hieß ihn bei Amasis um die Tochter werben, damit der entweder Kummer hätte, wenn er sie hergibt, oder wenn nicht, Kambyses zum Feind. Amasis aber, aufgeregt und in Angst vor der Macht der Perser, wußte nicht, ob geben oder abschlagen. Er nahm übrigens ganz richtig an, daß Kambyses sie nicht als Gemahlin halten wollte, sondern als Nebenfrau. Das überschlug er also alles und tat dann folgendes: Es gab da eine Tochter des vorigen Königs Apriës, recht stattlich und schön anzusehen, die einzige aus dem Hause, die überlebt hatte, die hieß Nitetis. Dieses Mädchen schmückt nun Amasis mit Gewändern und Gold und sendet sie zu den Persern als seine Tochter. Und als nach einer Weile Kambyses sie willkommen hieß und dabei mit dem Vatersnamen anredete, spricht das Mädchen zu ihm: «Mein König, merkst du nicht, daß du von Amasis hintergangen bist? Er hat mich prächtig geschmückt, als er mich zu dir sandte, als gäbe er seine eigene Tochter, wo ich doch

in Wahrheit Apriës angehöre, der einst sein Herr war und den er, nachdem er einen Aufstand gemacht hatte mit den Ägyptern, umgebracht hat.» Dieses Wort nun und dieser Anlaß ließen Kyros' Sohn Kambyses in großem Zorn gegen Ägypten ziehen. Das ist der Hergang, wie ihn die Perser erzählen.

2 Die Ägypter aber eignen sich Kambyses an, indem sie behaupten, er stamme von eben dieser Tochter des Apriës ab. Kyros nämlich sei es gewesen, der zu Amasis gesandt habe um seine Tochter, und nicht Kambyses. Das erzählen sie, doch erzählen sie Falsches. Und es kann ihnen auch gar nicht entgangen sein – denn wenn einer die Bräuche der Perser kennt, so sind es die Ägypter –, daß es erstens nicht Brauch bei ihnen ist, daß ein Bastard König wird, wenn ein Echtbürtiger da ist, sodann, daß Kambyses der Sohn der Kassandane war, der Tochter des Pharnaspes, eines Achaimeniden, und nicht der Frau aus Ägypten. Aber sie verdrehen die Geschichte und wollen nur gern mit dem Haus des Kyros verwandt sein. So steht es also damit.

3 Aber auch die folgende Geschichte wird erzählt, glauben kann ich sie freilich nicht. Eine der persischen Frauen trat einmal ein bei den Frauen des Kyros, und wie sie neben Kassandane deren Kinder stehen sieht, schön und groß, war sie voller Bewunderung und sparte nicht mit Lob. Kassandane aber, die Frau des Kyros, sagte: «Und doch achtet mich, die Mutter solcher Kinder, Kyros gering; die er sich aber aus Ägypten geholt hat, die hält er hoch in Ehren.» Die sagte das aus Unwillen über Nitetis, der ältere ihrer beiden Söhne aber, Kambyses, sagte: «Darum will ich denn, Mutter, wenn ich ein Mann geworden bin, in Ägypten das Unterste zuoberst kehren und das Oberste zuunterst.» Das habe er gesagt, als er etwa zehn Jahre alt war, und die Frauen hätten sich verwundert. Er aber habe immer daran gedacht, und so habe er dann,

als er ein Mann geworden war und dazu der König, den Feldzug gegen Ägypten unternommen.

Noch ein anderer Vorfall sollte bei diesem Kriegszug mit- 4
spielen, nämlich der folgende. Es war bei den Söldnern des Amasis ein Mann, der stammte aus Halikarnaß und hatte den Namen Phanes, fähig im Urteil und tapfer im Kampf. Dieser Phanes hatte irgendwie einen Groll auf Amasis und entweicht auf einem Schiff aus Ägypten, denn er wollte gern mit Kambyses ins Gespräch kommen. Weil er aber von nicht geringer Bedeutung war unter den Söldnern und mit den Verhältnissen in Ägypten aufs genaueste vertraut, so gibt sich Amasis alle Mühe, seiner habhaft zu werden, und setzt ihm nach, und zwar so, daß er den verläßlichsten seiner Eunuchen mit einem Kriegsschiff nach ihm aussendet, und der fängt ihn in Lykien, doch brachte er den Gefangenen nicht zurück nach Ägypten; denn Phanes war gewitzt und schneller. Er machte nämlich die Wächter betrunken und entkam zu den Persern. Kambyses aber war gerade dabei, gegen Amasis nach Ägypten zu ziehen, und war in Verlegenheit, wie er die wasserlose Strecke durchqueren sollte, da trifft nun der ein und unterrichtet ihn über die ganze Lage bei Amasis, zeigt ihm auch an, wie er hinkommen könne, und gibt diesen Rat: Er solle zum König der Araber schicken und ihn bitten, ihm den Durchzug zu gewähren und zu sichern.

Dort allein aber liegt der Zugang nach Ägypten offen. Näm- 5
lich von Phönizien bis zu den Grenzen der Stadt Kadytis gehört das Land den Syrern, die Palästiner heißen, von Kadytis aber, einer Stadt, die, wie ich schätze, nicht viel kleiner ist als Sardes, von da an gehören die Handelsstätten am Meer bis an den Ort Janysos dem Araber, von Janysos an wieder den Syrern bis zum Serbonischen See, neben dem sich das Kasiosgebirge erstreckt bis hin zum Meer; vom Serbonischen See aber, in dem, so erzählt man, Typhon verborgen ist, von da

an beginnt Ägypten. Was nun zwischen der Stadt Janysos und dem Kasiosgebirge und Serbonischen See liegt – und das ist keine kleine Strecke, sondern gegen drei Tage Weg – das ist schrecklich wasserarm.

6 Hier will ich doch auf etwas hinweisen, was nur wenige von den Ägyptenfahrern bemerkt haben. Nach Ägypten wird aus ganz Hellas und dazu aus Phönizien Tonzeug eingeführt, gefüllt mit Wein, Jahr für Jahr, und doch bekommt man dort sozusagen nicht einen einzigen leeren Weinkrug zu sehen. Wo in aller Welt, könnte einer fragen, bleiben sie denn? Die Antwort kann ich geben. Jeder Ortsvorsteher muß in seiner Stadt alle Tonkrüge sammeln und nach Memphis bringen, die aber füllen sie mit Wasser und schaffen sie in jene wasserlose Gegend von Syrien. So kommt alles Tonzeug, das eingeführt und in Ägypten geleert ist, zu dem alten nach Syrien.

7 Doch sind es die Perser, die diesen Zugang nach Ägypten auf diese Weise ausgestattet haben, indem sie ihn so wie gesagt mit Wasser versahen, sogleich nach der Einnahme Ägyptens. Damals aber stand noch kein Wasser bereit, und so sandte Kambyses, der es von dem Fremden aus Halikarnaß erfuhr, Boten zu dem Araber und bat um sicheren Durchzug und bekam ihn; dabei gab er sein Treuwort und erhielt es von jenem.

8 Es halten aber die Araber solchen Bund heilig wie nur irgendein Volk. Die Art, wie sie ihn schließen, ist die folgende. Wenn zwei einen Bund machen wollen, stellt sich ein dritter zwischen sie und schneidet mit einem scharfen Stein denen, die den Bund machen wollen, in die Handfläche am Daumen, und dann zupft er je eine Flocke aus beider Mantel und bestreicht mit dem Blut sieben Steine, die in die Mitte gelegt sind, und dabei ruft er Dionysos an und die Urania. Wenn dieser nun fertig ist damit, empfiehlt der, der den Bund geschlossen hat, den Fremden oder auch Stammesgenossen, wenn er

ihn mit einem solchen schloß, seiner Sippschaft, und die glaubt nun auch den Bund heilig halten zu müssen. Nur an Dionysos glauben sie von den Göttern und an die Urania, die seien die einzigen, und vom Schnitt ihrer Haare behaupten sie, er werde geschnitten nach dem des Dionysos selber. Sie scheren sich aber ringsum, bis hinauf zu den Schläfen. Und sie nennen den Dionysos Orotalt, die Urania Alilat.

Als nun der Araber mit den Boten, die von Kambyses ge- 9
kommen waren, den Bund geschlossen hatte, traf er folgende Vorkehrung. Er füllte Kamelschläuche mit Wasser und belud mit denen alle Kamele, die laufen konnten, und als er das getan, zog er in die Wüste und erwartete dort Kambyses' Heer. So lautet die glaubwürdigere Erzählung, es muß aber auch die weniger glaubwürdige berichtet werden, da sie nun einmal erzählt wird. Es gibt einen großen Fluß in Arabien mit Namen Korys, der mündet in das sogenannte Rote Meer. Von diesem Fluß also soll der König der Araber, nachdem er aus Häuten von Rindern und anderen Tieren einen Schlauch hatte nähen lassen, der bis zur Wüste reichte, das Wasser durch diesen Schlauch geleitet haben, in der Wüste aber habe er große Zisternen ausgehoben, das Wasser aufzunehmen und zu bewahren. Es ist dies aber ein Weg von zwölf Tagen, vom Fluß bis in diese Wüste! Und er soll es durch drei Röhren auf drei Orte verteilt haben.

Aber an der Mündung des Nils, die man die Pelusische 10
nennt, lagerte Psammenitos, Amasis' Sohn, und erwartete Kambyses. Denn den Amasis traf Kambyses bei seinem Zug gegen Ägypten nicht mehr am Leben, sondern er war gestorben, nachdem er König gewesen vierundvierzig Jahre, und in all diesen war ihm nichts wirklich Schlimmes widerfahren. Als er nun gestorben war und einbalsamiert, wurde er beigesetzt in den Kammern im Heiligtum, die er selbst errichtet hatte. In der Zeit aber, als Psammenitos, Amasis' Sohn, König war

in Ägypten, geschah den Ägyptern ein ganz großes Wunder. Es fiel nämlich Regen im ägyptischen Theben, wo es weder vorher jemals geregnet hat noch nachher bis auf meine Zeit, wie die von Theben selber sagen. Es fällt nämlich in Oberägypten überhaupt kein Regen, damals aber fiel er in Theben, ein richtiger Nieselregen.

11 Die Perser aber lagerten, als sie die Wüste durchzogen hatten, in der Nähe der Ägypter bereit zum Treffen, und da denken sich die Söldner des Ägypters – es waren Hellenen und Karer –, erbittert auf Phanes, weil er ein fremdes Heer gegen Ägypten geführt, folgendes gegen ihn aus. Phanes hatte Söhne und sie in Ägypten zurückgelassen, die führten sie in das Lager, so, daß der Vater es sehen konnte, und stellten einen Mischkessel auf zwischen den beiden Lagern, dann führten sie die Söhne einen nach dem andern vor und schlachteten sie über dem Kessel. Als sie mit allen Knaben fertig waren, gossen sie Wein und Wasser hinein, und alle Söldner tranken vom Blut, und so ging's in die Schlacht. Es wurde ein heißer Kampf, und viele auf beiden Seiten sanken zu Boden, dann aber wichen die Ägypter.

12 Da hab ich etwas sehr Seltsames von den Einheimischen erfahren und auch gesehen. Die Gebeine der in dieser Schlacht Gefallenen liegen noch da, jede Volksgruppe der Gegner für sich – für sich also lagen auch die Gebeine der Perser, so wie die Toten gleich anfangs ausgesondert waren, und an anderer Stelle die der Ägypter –, und da sind nun die Schädel der Perser so schwach, daß man, würfe man einen einzigen Stein, sie durchschlagen würde, die Schädel der Ägypter aber sind so hart, daß man kaum durchkäme, wenn man mit einem Stein draufschlägt. Als Grund dafür gaben sie an, und ich hab's ihnen gern geglaubt, daß die Ägypter von Kind an sich die Köpfe kahl scheren, und da wird der Knochen von der Sonne hart. Und das ist auch der Grund, daß sie keine Glatze bekommen;

denn auf der ganzen Welt wird man bei den Ägyptern die wenigsten Glatzen sehen. Das also ist der Grund, daß diese Leute harte Schädel haben; daß die Perser aber schwache haben, hat diesen Grund: Sie tragen von früh auf ihre Tiaren-Hüte, und so im Schatten verweichlichen sie. Das wäre also das. Dem ähnliches hab ich auch in Papremis gesehen, bei denen, die mit dem Dareiossohn Achaimenes erschlagen sind von Inaros, dem Libyer.

Als nun die Ägypter von dem Schlachtfeld wichen, flohen 13
sie ohne alle Ordnung und schlossen sich ein in Memphis. Da schickte Kambyses ein Schiff aus Mytilene den Fluß hinauf, mit einem persischen Herold an Bord, um die Ägypter zu einer Vereinbarung aufzufordern. Als die aber das Schiff sich Memphis nähern sahen, ergossen sie sich dichtgedrängt aus der Burg, zerstörten das Schiff, hackten die Besatzung wie Metzger in Stücke und trugen die in die Burg. Darauf wurden die Ägypter belagert und mußten sich schließlich ergeben.

Die benachbarten Libyer aber, aus Furcht, es möchte ihnen so ergehen wie den Ägyptern, ergaben sich ohne Schwertstreich, übernahmen die Zinspflicht und sandten Geschenke. Und ebenso handelten die Einwohner von Kyrene und Barke, in gleicher Furcht wie die Libyer. Kambyses nahm die Geschenke aus Libyen gnädig auf, die aber von den Kyrenaiern kamen, gefielen ihm nicht, meiner Meinung nach, weil sie so gering waren – die Kyrenaier sandten nämlich ganze fünfhundert Minen Silber –, und die nahm er und streute sie eigenhändig aus unter den Soldaten.

Am zehnten Tag nun, seit Kambyses die Burg in Memphis 14
genommen, ließ er zum Schimpf Psammenitos, den König der Ägypter, vor die Stadt bringen und sich dort setzen, ihn, der ganze sechs Monate König gewesen, den ließ er sich setzen und mit ihm andere Ägypter und machte einen Versuch mit seiner Seelenstärke, indem er folgendes tat. Er legte seiner

Tochter Sklavenkleidung an und schickte sie mit einem Krug nach Wasser, und mit ihr schickte er noch andere Jungfrauen, die er ausgesucht hatte unter den Töchtern der Ersten, ebenso gekleidet wie die des Königs. Wie die Jungfrauen nun vorübergingen an ihren Vätern, mit Schreien und Jammern, begannen die andern Väter alle mit ihnen zu schreien und zu jammern, Psammenitos aber schaute hin, nahm es wahr und neigte den Kopf zur Erde. Und als der Zug der Wasserträgerinnen vorüber war, schickte er ihm zum zweiten seinen Sohn mit andern Ägyptern, zweitausend, alle im gleichen Alter, einen Strick um den Hals und im Mund einen Zaum. Die wurden hinausgeführt, Buße zu zahlen für die Männer aus Mytilene, die in Memphis umgekommen waren mit ihrem Schiff. Denn so hatten die königlichen Richter den Spruch gefällt, daß für jeden Mann zehn Ägypter, aus den Ersten, umkommen sollten. Er aber schaute hin und nahm den Sohn wahr und daß er zum Tod geführt wurde, und während die übrigen Ägypter, die bei ihm saßen, jammerten und außer sich waren vor Schmerz, tat er das gleiche wie zuvor bei seiner Tochter. Als nun auch diese vorübergezogen waren, traf es sich so, daß einer seiner Tischgenossen, ein bejahrter Mann, der all sein Hab und Gut verloren und nicht mehr hatte als ein Bettler und bei den Soldaten umherstrich, vorbeikam bei Psammenitos, Amasis' Sohn, und den Ägyptern, die da vor der Stadt saßen. Als Psammenitos den sah, schluchzte er laut auf und rief den Gefährten bei Namen und schlug sich an den Kopf. Es waren nun Aufpasser in seiner Nähe, die gaben von seinem Verhalten bei jedem Aufzug genaue Meldung an Kambyses. Kambyses aber verwunderte sein Verhalten, und er schickte einen Boten und fragte ihn und sprach so: «Kambyses, dein Gebieter, fragt dich, Psammenitos, warum du, als du deine Tochter entehrt sahst und deinen Sohn zum Tode gehen, nicht aufschriest noch in Klagen ausbrachst, wohl aber dem

Bettler, der, wie er hört, doch gar nicht mit dir verwandt ist, solche Ehre erwiesen hast.» Er also stellte diese Frage, der aber gab zur Antwort: «Sohn des Kyros, das Leid in meinem eignen Hause war zu groß, um es zu beklagen, doch das Elend des Gefährten war der Tränen wert, der aus reichem Glück gestürzt und an den Bettelstab gekommen ist, jetzt, an der Schwelle des Greisenalters.» Und als das überbracht wurde, schien es ihnen recht gesprochen. Und wie die Ägypter erzählen, habe Kroisos geweint, denn der war auch Kambyses nach Ägypten gefolgt, und es weinten alle Perser, die zugegen waren, und Kambyses selber kam der Jammer an, und er befahl sogleich, dessen Sohn aus der Schar der Verlorenen zu retten und ihn selber von seinem Platz vor der Stadt zu holen und zu ihm zu bringen. Den Sohn fanden nun die Boten nicht mehr am Leben, sondern er war als erster hingerichtet, Psammenitos aber hießen die Boten aufstehen und führten ihn zu Kambyses. Da lebte er nun fortan, ohne weiter Gewalt zu leiden.

Und wenn er es auch verstanden hätte, Ruhe zu geben, so hätte er wohl Ägypten wiederbekommen, dort zu regieren im Auftrag des Königs, da es die Weise der Perser ist, Söhne von Königen in Ehren zu halten. Selbst wenn ein König von ihnen abfällt, so geben sie seinem Sohn die Herrschaft wieder. An vielen sonst kann man ermessen, daß es ihr Brauch ist, so zu handeln, darunter auch an Inaros' Sohn Thannyras, der die Herrschaft wiederbekam, die der Vater gehabt hatte, und auch am Sohn des Amyrtaios, Pausiris; denn auch er bekam seines Vaters Herrschaft wieder. Und doch hat niemand den Persern Schlimmeres angetan als Inaros und Amyrtaios. Nun aber betrieb Psammenitos schlimme Dinge und empfing seinen Lohn. Denn er suchte die Ägypter aufzuwiegeln und wurde dabei ertappt, und als er von Kambyses überführt war, mußte er Stierblut trinken und starb auf der Stelle. So fand dieser sein Ende.

16 Kambyses aber kam von Memphis nach Saïs, mit dem Verlangen, das zu tun, was er denn auch wirklich tat. Kaum war er nämlich in Amasis' Palast eingezogen, gab er den Befehl, Amasis' Leiche aus ihrer Gruft herauszuholen. Und als sie das ausgeführt hatten, ließ er ihn geißeln, mit Stacheln bearbeiten, ihm die Haare ausreißen und ihn sonst auf jede Weise mißhandeln. Und als sie sich daran müde gearbeitet hatten – denn die Leiche, einbalsamiert, wie sie war, widerstand und ging nicht auseinander –, befahl Kambyses, sie zu verbrennen, und das war ein recht gottloser Befehl. Denn die Perser halten das Feuer für einen Gott. Leichen also zu verbrennen ist bei beiden Völkern durchaus nicht in Übung, bei den Persern nicht aus dem angegebenen Grund, denn sie sagen, es sei Unrecht, einem Gott eines Menschen Leiche anzubieten. Bei den Ägyptern aber gilt das Feuer als ein lebendiges Tier, das fresse alles, was es ergreife, und wenn es satt sei vom Fraß, sterbe es zugleich mit dem Gefressenen. Nun ist es bei ihnen durchaus nicht Sitte, eine Leiche Tieren zu überlassen. Und deswegen machen sie auch eine Mumie aus ihr, damit sie nicht in der Erde liegt und von Maden verzehrt wird. So war also, was Kambyses befahl, gegen Brauch und Glauben beider Völker.

Wie jedoch die Ägypter behaupten, war es nicht Amasis, dem das widerfuhr, sondern irgendein andrer Ägypter, gleichen Alters wie Amasis, und den haben die Perser geschändet und geglaubt, sie schändeten Amasis. Sie erzählen nämlich, Amasis habe schon durch eine Wahrsagung erfahren, was mit ihm nach seinem Tode geschehen solle, und so habe er, um sich gegen das Kommende zu sichern, diesen Menschen, der dann gegeißelt wurde, nach dessen Tod in seiner eignen Grabkammer bestattet, dicht an der Türe, seinem Sohn aber aufgetragen, ihn selber ganz hinten in einen Winkel der Kammer zu stellen. Aber diese Aufträge des Amasis, für seine Bestattung und jenen Menschen, sind meines Erachtens nie gegeben worden, sondern das ist nur so eine Prahlerei der Ägypter.

Danach plante nun Kambyses gleich drei Feldzüge, einen 17
gegen die Karthager, einen gegen die Ammonier und einen gegen die langlebigen Aithiopen, die in Libyen am Südmeer wohnen. Wie er das plante, kam er zu dem Schluß, gegen die Karthager die Flotte zu senden, gegen die Ammonier einen Teil seines Fußvolkes, zu den Aithiopen aber zuerst nur Späher, die sollten sehen nach dem Tisch der Sonne, der sich dem Gerücht nach bei diesen Aithiopen befinden sollte, ob's ihn wirklich gebe, und dazu das andere auskundschaften, unter dem Vorwand, ihrem König Geschenke zu überbringen.

Mit dem Tisch der Sonne soll es folgendermaßen stehen. 18
Es gibt dort einen Anger vor der Stadt, da liegt gekochtes Fleisch von vierfüßigen Tieren aller Art in Fülle; auf den legen nämlich Leute, deren Amt das jeweils ist, Nacht für Nacht in aller Stille das Fleisch, tags aber kann kommen wer will und essen; die Einheimischen aber behaupten, die Erde selber sende ihnen das immerfort empor. Das sei also, sagt man, der sogenannte Tisch der Sonne.

Als nun Kambyses beschlossen hatte, die Späher auszusenden, 19
ließ er sofort aus der Stadt Elephantine einige Ichthyophagen kommen, die der aithiopischen Sprache mächtig waren. Während diese geholt wurden, befahl er der Flotte, gegen Karthago auszulaufen. Die Phönizier aber sagten, sie würden das nicht tun. Denn sie seien durch unverbrüchliche Eide gebunden, und es sei doch gottlos, gegen die eigenen Kinder zu ziehen. Wo nun die Phönizier nicht wollten, waren die übrigen dem Kampf nicht mehr gewachsen. So kam's, daß die Karthager der Knechtschaft der Perser entgingen. Denn die Phönizier zwingen wollte Kambyses lieber nicht, weil sie aus freien Stücken sich den Persern unterstellt hatten und die Flotte ganz auf den Phöniziern stand. Auch die Kyprier hatten sich

frühzeitig den Persern unterstellt und zogen mit nach Ägypten.

20 Als nun die Ichthyophagen aus Elephantine bei Kambyses eintrafen, sandte er sie zu den Aithiopen und trug ihnen auf, was sie zu sagen hätten, und sie sollten Geschenke mitnehmen, ein Purpurgewand, aus Gold einen gedrehten Halsring und Armbänder, ein Alabastergefäß mit Myrrhen und einen Krug mit phönizischem Palmwein. Diese Aithiopen, zu denen Kambyses sandte, sollen die größten und schönsten Menschen auf der Welt sein. Ihre Bräuche, sagt man, sind verschieden von denen aller anderen Menschen, und so denn auch der folgende mit der Königswürde. Sie suchen unter ihren Landsleuten den Größten aus und dessen Stärke seiner Größe entspricht, und den halten sie für würdig, ihr König zu sein.

21 Zu diesen Leuten kamen nun also die Ichthyophagen, gaben ihrem König die Geschenke und sprachen: «Der König der Perser Kambyses, getrieben von dem Wunsch, dein Freund und Gastfreund zu werden, hat uns entsandt und anbefohlen, mit dir zu sprechen, und gibt dir diese Geschenke hier, von dem was er selber am liebsten um sich hat.» Der Aithiope aber merkte wohl, daß sie als Kundschafter kämen, und spricht so zu ihnen: «Mitnichten hat der König der Perser euch mit den Geschenken geschickt, weil ihm so viel daran liegt, mein Gastfreund zu werden, und ihr sprecht nicht die Wahrheit, denn ihr seid gekommen, mein Reich auszukundschaften, und jener ist kein rechtschaffener Mann. Denn wenn er das wäre, hätte er nicht Lust zu einem andern Land als dem seinen, und er würde nicht Leute zu seinen Knechten machen, die ihm gar nichts getan haben. Nun aber gebt ihm diesen Bogen und sagt dazu diese Worte: Der König der Aithiopen gibt dem König der Perser den guten Rat, erst wenn die Perser so leicht einen Bogen dieser Größe spannen, erst dann gegen die langlebigen Aithiopen zu Felde zu ziehen und recht viele mitzunehmen.

Bis dahin aber mag er den Göttern danken, daß sie den Kindern der Aithiopen nicht eingeben, ein anderes Land zu gewinnen, hinzu zu dem ihren.» So sprach er, spannte die Sehne 22
ab und gab den Bogen den Boten.

Dann nahm er das Purpurgewand und fragte, was das wäre und wie gefertigt. Als ihm nun die Ichthyophagen vom Purpur berichteten und vom Färben, wie es wirklich ist, sagte er, Betrüger seien diese Menschen und Betrug ihre Kleidung. Zweitens fragte er dann nach dem Gold, dem gedrehten Halsreif und den Armspangen, und als die Ichthyophagen ihm genau erklärten, wie es gemacht ist und wie man sich damit schmückt, lachte der König, und weil er sie für nichts anderes als Fesseln hielt, sagte er, bei ihnen seien die Fesseln schon stärker als die da. Drittens fragte er nach dem Myrrhenöl. Als sie erzählten von dessen Bereitung und vom Salben, war sein Urteil das gleiche wie beim Gewand. Wie er aber zum Wein kam und seine Herstellung erfuhr, war er hocherfreut über den Trank und fragte gleich, was denn der König esse und wie lange wohl im Höchstfall ein Perser lebe. Sie sagten, er esse Brot, und erläuterten ihm die Beschaffenheit des Weizens, und achtzig Jahre sei das Maß des Lebens, das ein Mensch als hochstes erreiche. Dazu sagte der Aithiope, das wundere ihn nicht, daß sie so wenige Jahre lebten, wenn sie Dreck äßen, und übrigens würden sie nicht einmal die Kraft haben, solange zu leben, wenn dieser Trank sie nicht stärkte, und dabei deutete er vor den Ichthyophagen auf den Wein; denn darin seien die Perser ihnen über.

Als nun die Ichthyophagen ihrerseits den König nach Dauer 23
und Art des Lebens fragten, sagte er, auf einhundertzwanzig Jahre brächten es die meisten, einige aber kämen auch noch höher, ihre Speise aber sei gekochtes Fleisch und ihr Getränk Milch. Und als sich die Kundschafter erstaunt zeigten über die Jahre, führte man sie zu einer Quelle; wenn sie sich in der

wuschen, glänzte ihre Haut richtig, wie von Öl, und ein Duft ging von der Quelle aus wie von Veilchen. Und das Wasser dieser Quelle sei so schwach, sagten die Kundschafter, daß nichts in ihr oben schwimme, weder Holz noch was leichter ist als Holz, sondern all das sinke zum Grund. Ist dies Wasser dort wirklich so, wie erzählt wird, mag das der Grund sein, daß diese Leute so lange leben, da sie's zu allem gebrauchen. Als sie sich von der Quelle getrennt hatten, führte er sie weiter in das Gefängnis, da waren die Leute alle mit goldenen Ketten gebunden. Bronze ist bei diesen Aithiopen das Allerseltenste und Allerteuerste. Als sie sich auch das Gefängnis angesehen, besahen sie sich auch den sogenannten Tisch der Sonne.

24 Nach diesem sahen sie sich als letztes ihre Särge an. Die sollen aus durchsichtigem Stoff gefertigt sein, und zwar so: Erst trocknen sie den Toten, sei's auf die ägyptische Art oder sonst eine, dann überziehn sie ihn ganz mit Gips und bemalen ihn kunstvoll, wobei sie sein Aussehen so natürlich wie möglich nachmachen, und dann stellen sie ihn in einen hohen Ständer aus dem durchsichtigen Stoff; der wird dort in Menge gegraben und ist leicht zu bearbeiten. Nun scheint der Tote durch den Ständer durch, in dem er eingeschlossen ist, und es gibt weder üblen Geruch noch sonst etwas Unangenehmes, und er ist ganz zu sehen, als wär's der Verstorbene selber. Ein Jahr lang behalten die nächsten Angehörigen diese Säule in ihrem Hause und geben ihm von allem den Erstlingsteil und bringen ihm Opfer dar. Danach schaffen sie die Behälter heraus und stellen sie auf rings um die Stadt.

25 Als die Kundschafter alles besehen hatten, traten sie den Rückweg an. Und wie sie Bericht gaben, geriet Kambyses sogleich in Wut und zog aus gegen die Aithiopen, ohne eine Bereitstellung des Proviants zu verfügen noch sich Rechnung zu geben, daß er einen Feldzug bis an die Grenzen der Welt vor-

hatte. Sondern wie ein Wahnsinniger und als ob er seine Sinne nicht beisammen hätte, wie er's gehört hatte von den Ichthyophagen, zog er los; die Hellenen, die bei ihm waren, sollten dort bleiben, ordnete er an, das ganze Fußheer aber mußte mit. Als er auf seinem Marsch nach Theben gekommen war, sonderte er von seinem Heer an die fünfzigtausend ab, und diesen trug er auf, sie sollten die Ammonier zu Knechten machen und das Orakel des Zeus verbrennen, er selbst aber führte das restliche Heer, und weiter ging's gegen die Aithiopen. Noch ehe aber sein Heer ein Fünftel des Wegs hinter sich hatte, war es soweit und ihr gesamter Proviant verbraucht, nach dem Proviant aber waren auch die Zugtiere bald aufgegessen. Hätte nun Kambyses, als er das wahrnahm, sich zur Einsicht durchgerungen und sein Heer zurückgeführt, wäre er trotz seines anfänglichen Irrtums ein vernünftiger Mensch gewesen; aber er kehrte sich nicht daran und ging immer weiter vorwärts. Solange die Leute noch etwas auf der Erde fanden, fristeten sie ihr Leben mit Gras und Kräutern, als sie aber in den Sand kamen, taten einige von ihnen etwas Schreckliches. Von je zehn Mann nämlich losten sie einen aus und aßen ihn auf. Als Kambyses das erfuhr, fürchtete er, sie möchten sich weiter gegenseitig auffressen, ließ den Zug gegen die Aithiopen, marschierte zurück und kam schließlich wieder in Theben an, hatte aber einen Teil seines Heeres verloren. Von Theben zog er hinab nach Memphis und entließ die Hellenen in die Heimat.

Der Zug gegen die Aithiopen hatte solch einen Ausgang, 26
die aber ausgesandt waren gegen die Ammonier, kamen, als sie nach ihrem Aufbruch von Theben unter Führung von Ortskundigen vorwärtszogen, bis zum Ort Oasis, soviel ist gewiß. Den haben Samier inne, die der Phyle Aischrionia angehören sollen, und die sind von Theben entfernt sieben Tagereisen durch lauter Sand, und ins Hellenische übersetzt, heißt dieser

Platz Makaron Nesoi, Inseln der Seligen. Bis zu diesem Ort also ist nach Berichten das Heer gekommen, von da aber weiß, außer den Ammoniern selbst und denen, die es von ihnen gehört haben, sonst kein Mensch etwas von ihnen zu berichten. Denn sie sind nie zu den Ammoniern gekommen noch zurück zu ihrem Ausgang. Erzählt wird aber das Folgende, eben von den Ammoniern. Als sie von diesem Ort Oasis durch den Sand zogen hin zu ihnen und sich etwa in der Mitte zwischen ihnen und Oasis befanden, da sei, wie sie Mahlzeit hielten, ein Südwind auf sie eingestürmt, ganz ungewöhnlich heftig, der Wellen von Sand mit sich führte und sie verschüttete, und auf die Art seien sie spurlos verschwunden. So ging es mit diesem Feldzug, nach der Erzählung der Ammonier.

27 Kambyses aber kam nach Memphis, und zu der Zeit erschien den Ägyptern der Apis, den die Hellenen Epaphos nennen. Und als der erschienen war, legten die Ägypter sogleich ihre schönsten Kleider an, und alles war voll festlicher Freude. Wie nun Kambyses die Ägypter solches tun sah, schien es ihm gewiß, sie feierten und freuten sich deshalb, weil es ihm übel ergangen war, und er ließ die Obersten von Memphis zu sich entbieten. Als die vor ihn traten, fragte er sie, warum die Ägypter das vorige Mal, als er in Memphis gewesen, nichts dergleichen getan, wohl aber jetzt, wo er käme, nachdem er ein gut Teil seines Heeres verloren. Die aber legten dar, ihnen sei ein Gott erschienen, der nur sehr selten zu erscheinen pflege, und wenn der erscheine, dann seien alle Ägypter voller Freude und feierten ein Fest. Als Kambyses das hörte, sagte er, sie lögen, und als Lügner bestrafte er sie mit dem Tode.

28 Die ließ er also töten und dann zum zweiten die Priester zu sich entbieten. Als aber die Priester ihm denselben Bescheid gaben, sagte er, das möchte er doch sehen, ob ein Gott, den man streicheln könne, zu den Ägyptern gekommen sei. Mehr sagte er nicht und befahl den Priestern, den Apis herbeizuho-

len; die gingen also hin, ihn zu bringen. Dieser Apis, oder Epa-
phos, ist ein Kalb von einer Kuh, die dann keine andere Frucht
mehr empfangen und im Leib tragen darf. Und die Ägypter
sagen, ein Strahl vom Himmel komme auf dieses Rind herab
und von dem gebäre sie den Apis. Es hat aber dieses Kalb, das
man Apis nennt, folgende Kennzeichen: Es ist ganz schwarz,
hat aber auf der Stirn ein weißes Dreieck, auf dem Rücken die
Zeichnung eines Adlers, am Schwanz gespaltene Haare, unter
der Zunge das Bild des heiligen Käfers. Als nun die Priester 29
den Apis brachten, zog Kambyses, halb von Sinnen wie er
war, seinen Dolch und wollte ihn dem Apis in den Bauch sto-
ßen, trifft aber den Schenkel. Da lachte er und sprach zu den
Priestern: «Ihr Gauner, sind Götter wohl von der Art, daß sie
Blut und Fleisch haben und das Eisen spüren? Der Ägypter
wert ist ein Gott wie der; euch aber soll der Spaß vergehen,
mich zum Narren zu halten.» So sprach er und gebot jenen,
die dazu bestellt waren, die Priester durchzupeitschen, jeden
andern Ägypter aber, den sie beim Feiern ergriffen, zu töten.
Da hatte nun das Fest der Ägypter ein Ende, und die Priester
erlitten ihre Strafe, der Apis aber, am Schenkel verwundet,
siechte dahin im Heiligtum, in das man ihn gelegt hatte. Und
als er an seiner Wunde verschieden war, bestatteten ihn die
Priester, ohne daß es Kambyses erfuhr.

Kambyses aber wurde, wie die Ägypter erzählen, wegen die- 30
ses Frevels alsbald wahnsinnig; doch war er schon vorher
nicht recht bei Sinnen. Und seine erste Untat war, daß er sei-
nen Bruder Smerdis umbrachte, der doch den gleichen Vater
und die gleiche Mutter hatte wie er. Den hatte er zu den Per-
sern zurückgesandt von Ägypten, aus Neid, weil er allein un-
ter den Persern ungefähr zwei Finger breit jenen Bogen hatte
spannen können, den die Ichthyophagen von dem Aithiopen-
könig gebracht hatten, von den andern Persern aber vermoch-
te es keiner. Als Smerdis nun fortgezogen war zum Land der

Perser, sah Kambyses im Schlaf ein Traumgesicht, das war so: Es deuchte ihn, ein Bote komme von den Persern und melde, Smerdis sitze auf dem Königsthron und berühre mit dem Scheitel den Himmel. Dies Gesicht bezog er auf sich und fürchtete, der Bruder werde ihn umbringen und König sein, und so schickte er den Mann, dem er am meisten unter den Persern vertraute, Prexaspes, nach Persien, ihn zu beseitigen. Der ging fort nach Susa und tötete Smerdis, wie die einen sagen, auf einer Jagd, zu der er ihn einlud aufs Land, nach andern aber ging er mit ihm ans Rote Meer und ertränkte ihn.

31 Das war Kambyses' erste Untat, sagt man, und damit fing es an. Die nächste war, daß er seine Schwester ums Leben brachte, die mitgegangen war nach Ägypten. Mit der schlief er auch, und sie war doch seine rechte Schwester von den gleichen Eltern. Er hatte sie aber auf folgende Weise zur Frau genommen – war es doch vorher gar nicht Sitte bei den Persern, eine Schwester zur Frau zu nehmen. Kambyses erfaßte ein heftiges Begehren nach der einen seiner Schwestern, und er wollte sie zur Frau haben. Weil er aber etwas zu tun gedachte, was gegen das Herkommen war, berief er die sogenannten königlichen Richter und stellte ihnen die Frage, ob es einen Rechtssatz gebe, der es dem, der es wünsche, freistelle, seine Schwester zur Frau zu nehmen. Diese königlichen Richter werden aus den Persern auserlesen und haben ihr Amt inne bis zum Tod, es sei denn, sie werden einer Ungerechtigkeit überführt, dann bis dahin. Sie sprechen bei den Rechtsstreitigkeiten der Perser Recht und legen ihnen die väterlichen Satzungen aus, und von ihrer Entscheidung hängt alles ab. Als nun Kambyses denen seine Frage stellte, gaben sie einen Entscheid, der sowohl rechtens war wie ohne Gefahr, indem sie sagten, sie fänden keinen Rechtssatz, der dem Bruder freistellte, seine Schwester zu heiraten, jedoch finde sich ein anderer Rechtssatz, daß dem König der Perser freistehe zu tun, was er wünsche. So ho-

ben sie zwar nicht, in Angst vor Kambyses, das Recht auf, um aber nicht selber umzukommen, wenn sie starr auf dem Recht bestünden, holten sie ein anderes Recht hervor, das ihn, der seine Schwestern heiraten wollte, begünstigte. Damals also heiratete Kambyses die Geliebte, nicht lange danach aber nahm er noch eine andere Schwester zur Frau. Von diesen bringt er nun die jüngere, die ihm nach Ägypten gefolgt war, ums Leben.

Von ihrem Tod erzählt man, wie bei Smerdis, zwei Ge- 32
schichten. Die Hellenen erzählen, Kambyses habe ein Löwenjunges und einen jungen Hund aufeinander losgelassen, und diese seine Frau habe auch zugeschaut, und als der junge Hund unterlag, habe dessen Bruder sich von der Leine losgerissen und sei ihm zur Hilfe gekommen, und so, zu zweien, hätten sie das Löwenjunge bezwungen. Und Kambyses hatte seine Freude beim Zuschaun, sie aber saß dabei und weinte. Als Kambyses das wahrnahm, fragte er, warum sie weine, sie aber sagte, wie sie gesehen, daß der junge Hund seinem Bruder zu Hilfe kam, habe sie weinen müssen, weil sie des Smerdis gedacht habe und inne geworden sei, daß nun keiner mehr da sei, der auch ihm einmal zu Hilfe kommen könne. Die Hellenen erzählen also, um dieses Wortes willen habe Kambyses sie umgebracht, die Ägypter aber folgendes. Als sie bei Tisch saßen, habe die Frau einen Salatkopf genommen und die Blätter abgepflückt und dann ihren Mann gefragt, welcher Kopf schöner sei, so ein entblätterter oder ein voller. Der sagte, ein voller, sie aber sprach: «Und doch hast du dir jenen Salatkopf zum Vorbild genommen, da du Kyros' Haus entblättert hast.» Da geriet er in Wut und trat ihr in den Leib, in dem sie trug, und sie hatte eine Fehlgeburt und starb daran.

So wütete Kambyses in seinem Wahnsinn gegen seine Näch- 33
sten, ob nun des Apis wegen oder sonst warum, wie ja man-

cherlei Leiden die Menschen befallen können. Soll doch Kambyses von Geburt an ein schweres Leiden gehabt haben, die heilige Krankheit, wie einige sie nennen (Epilepsie). Wenn sein Leib an einer so schweren Krankheit litt, war es nicht so abliegend, daß auch sein Geist nicht gesund war.

34 Aber auch gegen die anderen Perser wütete er, mit folgenden irren Taten. Man erzählt nämlich, er habe zu Prexaspes gesagt, der bei ihm in den größten Ehren stand und auch das Amt hatte, die Botschaften vor ihn zu bringen, und sein Sohn war Mundschenk bei Kambyses, und das ist auch keine geringe Ehre – zu dem also, erzählt man, habe er gesagt: «Prexaspes, was halten wohl die Perser von mir? Und was reden sie so über mich?» Der sprach: «Herr, in allem sonst ist man des Lobes voll, nur dem Trunk, sagen sie, wärst du zu ergeben.» Das berichtete er über die Perser, der aber geriet in Wut und erwiderte: «Jetzt also sagen die Perser, ich sei dem Trunk ergeben und unvernünftig und nicht recht bei Sinnen. So waren ihre früheren Worte also gelogen.» Nämlich zuvor hatte Kambyses den Persern, die in seinem Rate saßen, und Kroisos die Frage vorgelegt, was für ein Mann er ihnen zu sein schiene im Vergleich zu seinem Vater Kyros. Sie aber gaben zur Antwort, er sei größer als sein Vater; denn er besitze dessen ganzes Reich und habe noch Ägypten dazugewonnen und das Meer. So die Perser, Kroisos aber, der zugegen und nicht mit diesem Urteil zufrieden war, sprach zu Kambyses: «Ich für meinen Teil, hoher Sohn des Kyros, finde nicht, daß du deinem Vater gleichkommst; denn du hast noch keinen Sohn, wie er einen in dir hinterließ.» Da freute sich Kambyses, als er das hörte, und lobte Kroisos' Urteil.

35 Daran dachte er also, und voller Zorn sprach er zu Prexaspes: «Du sollst nun selber sehn, ob es wahr ist, was die Perser reden, oder ob sie mit solchen Reden ihre eigene Unvernunft zeigen. Wenn ich nämlich deinen Sohn, der dort in der Vor-

halle steht, mit meinem Schuß mitten ins Herz treffe, ist klar bewiesen, daß das Gerede der Perser ein Nichts ist. Fehle ich aber, magst du behaupten, daß die Perser die Wahrheit sagen und ich meine Sinne nicht beisammen habe.» So sprach er und spannte den Bogen und schoß auf den Knaben, und als der Knabe zusammenbrach, ließ er ihn aufschneiden und den Schuß untersuchen. Und als man fand, daß der Pfeil im Herzen saß, lachte er und wurde sehr fröhlich und sprach zu dem Vater des Knaben: «Prexaspes, daß ich nicht wahnsinnig bin, sondern die Perser von Sinnen sind, das ist dir ja nun klar. Jetzt aber sage mir, hast du in der ganzen Welt schon einen so sicheren Schützen gesehen?» Prexaspes aber, der sah, daß der Mensch nicht bei Sinnen war, und der für sein eignes Leben fürchtete, sprach: «Herr, ich glaube, der Gott selber kann so gut nicht schießen.» Damals also vollbrachte er diese Untat, ein andermal aber ließ er zwölf Perser, an Rang nahe den höchsten, denen er nichts Ernstes vorzuwerfen hatte, lebendig mit dem Kopf nach unten eingraben.

Als er solches tat, meinte Kroisos, der Lyder, er müsse ihm 36
ins Gewissen reden, und sprach so: «Herr und König, erlaube nicht alles dem Ungestüm deiner Jugend und deinem Belieben, sondern fasse und beherrsche dich. Gut ist's, vorher zu überlegen, klug, vorzusorgen. Du aber tötest Landsleute, denen du nichts Ernstes vorzuwerfen hast, und tötest Kinder. Wenn du es öfter so machst, dann sieh dich vor, daß die Perser sich nicht gegen dich auflehnen. Mir aber hat Kyros, dein Vater, den Auftrag gegeben und hat mir dringend ans Herz gelegt, dich zu ermahnen und zu raten, wenn ich etwas finde, was gut ist.» Diesen Rat gab ihm Kroisos und zeigte damit, daß er es gut mit ihm meinte, der aber gab ihm zurück: «Du unterstehst dich, mir zu raten, du der sein eigenes Land so trefflich regiert und meinen Vater so gut beraten hat, als du ihm sagtest, er solle den Araxes überschreiten und so auf die

Massageten losgehen, wo die in unser Land herüberkommen wollten, und hast dich selber ins Verderben gebracht, ein schlechter Leiter deines Vaterlands, ins Verderben Kyros, den du beredet hast. Aber dessen sollst du nicht froh werden, denn schon lange habe ich gewünscht, einen Anlaß gegen dich zu bekommen.» So sagte er und griff nach dem Bogen, ihn niederzuschießen, Kroisos aber sprang auf und lief nach draußen. Er aber, als er ihn nicht erschießen konnte, befahl seinen Dienern, ihn zu ergreifen und umzubringen. Die Diener aber, die seine Art schon kannten, versteckten Kroisos, mit dieser Berechnung: Wenn es Kambyses gereute und ihn nach Kroisos verlangte, würden sie ihn zum Vorschein bringen und Geschenke empfangen für Kroisos' Rettung, wenn's ihn aber nicht gereute und er ihn nicht vermißte, dann wollten sie ihn umbringen. Nun verlangte es Kambyses nach Kroisos nicht lange darauf, und als die Diener das bemerkten, berichteten sie, er sei noch am Leben. Kambyses aber sagte, er freue sich mit Kroisos, daß er noch am Leben sei, sie aber, die ihn erhalten, sollten nicht ungestraft davonkommen, sondern er werde sie hinrichten; und das tat er auch.

37 Solche irren Taten vollführte er viel in seinem Rasen gegen Perser wie Verbündete, und in Memphis, wo er länger weilte, öffnete er alte Gräber und besah sich die Toten. Auch in des Hephaistos Heiligtum kam er und trieb seinen Spott mit dessen Bild. Das Bild des Hephaistos nämlich ist ganz ähnlich den Pataïken der Phönizier, die die Phönizier am Bug ihrer Kriegsschiffe mit sich führen. Wer die nicht gesehen hat, dem will ich's angeben: es ist das Abbild eines Zwerges. Er ging auch in das Heiligtum der Kabiren, das zu betreten jedem untersagt ist außer dem Priester. Diese Bilder verbrannte er auch, nachdem er sie verhöhnt und verspottet hatte. Sie sind aber ähnlich wie die Bilder des Hephaistos; dessen Kinder sollen sie auch sein.

In allem liegt es mir klar zutage, daß Kambyses von schwe- 38
rem Wahnsinn befallen war; denn sonst hätte er's gelassen, mit Heiligem und mit Gebräuchen seinen Spott zu treiben. Wenn einer nämlich allen Menschen auf der Welt die Aufgabe stellte und sie aufriefe, sich die schönsten Sitten und Gebräuche von all den bestehenden auszusuchen, so würden sie sich die ansehen und jeder würde die seines Volkes wählen. So fest glaubt ein jedes Volk, seine Sitten seien bei weitem die besten. Nur ein Wahnwitziger kann also derartiges zum Gelächter machen.

Daß über ihre Sitten und Gebräuche alle Menschen so denken, kann man aus vielen verschiedenen Zeugnissen entnehmen, darunter denn auch aus dem Folgenden. Dareios ließ einmal, als er König war, die Hellenen, die in seiner Umgebung waren, rufen und fragte sie, um welchen Preis sie bereit wären, ihre verstorbenen Väter zu verspeisen. Und sie sagten, um keinen Preis würden sie das tun. Und danach ließ Dareios die Kallatier, ein indisches Volk, rufen, die ihre Väter aufessen, und fragte sie, in Gegenwart der Hellenen, die durch einen Dolmetscher erfuhren, was gesprochen wurde, um welchen Preis sie bereit wären, ihre gestorbenen Väter im Feuer zu verbrennen; die aber schrien laut auf und sagten, er solle nicht so gottlos reden. So steht es also mit dem Glauben an Sitte und Brauch, und richtig scheint mir Pindar zu dichten, wenn er sagt, die Sitte sei aller Menschen König.

Zu der Zeit, als Kambyses gegen Ägypten zog, machten 39
auch die Lakedaimonier einen Feldzug gegen Samos und Polykrates, Aiakes' Sohn, der sich erhoben und Samos in seine Hand gebracht hatte. Zuerst teilte er die Stadt in drei Teile und wies zwei davon seinen Brüdern Pantagnotos und Syloson zu, dann aber tötete er den einen und vertrieb Syloson, den jüngeren, und nun war er Herr über ganz Samos, und als solcher schloß er einen Bund der Gastfreundschaft mit Ama-

sis, dem König Ägyptens, und sandte ihm Geschenke und empfing welche von ihm. Kurze Zeit verging, und schon wuchs Polykrates' Macht, und man sprach von ihr überall in Jonien und sonst in Hellas. Denn er konnte in den Krieg ziehen wohin er wollte, es glückte ihm alles. Einhundert Fünfzigruderer besaß er und tausend Bogenschützen. In aller Welt plünderte er und führte die Leute davon und verschonte niemand. Denn er gewinne eher Freunde und ihren Dank, war sein Wort, wenn er ihnen etwas nehme und dann wiedergebe, als wenn er's gar nicht erst nehme. Zahlreiche Inseln hatte er schon gewonnen und viele Orte auf dem Festland. Wie andere überwand er, in einer Seeschlacht, auch die Lesbier, die mit ihrem ganzen Aufgebot Milet zu Hilfe kamen, und nahm sie gefangen; die hoben den ganzen Graben um die Mauer auf Samos aus, in Ketten gebunden.

40 Und wie es so geht, blieb Polykrates' großes Glück auch Amasis nicht verborgen, doch gab es ihm zu denken. Und als dessen Glück immer größer und größer wurde, schrieb er diesen Brief und sandte ihn nach Samos: «Amasis spricht also zu Polykrates. Es ist angenehm zu vernehmen, daß es einem lieben Gastfreund wohl geht, mir aber will dein großes Glück nicht gefallen; denn ich weiß, daß das Göttliche neidisch ist. Ich habe es lieber, daß mir und denen, die mir am Herzen liegen, das eine glücklich gelingt, anderes aber fehlschlägt, und ich in solchem Wechsel meine Tage verbringe, als daß mir alles glückt. Denn noch habe ich von keinem gehört und weiß von niemand, der nicht schließlich ein schlimmes Ende fand, wenn ihm alles geglückt war. Du aber folge mir nun und tu etwas gegen dein Glück, etwa dies: Überleg's dir und such etwas aus, was dir das Teuerste ist, und dessen Verlust dir am meisten wehtut, und das wirf fort, und zwar so, daß es nie wieder auftaucht unter den Menschen. Und wenn danach Glück und Leid dir noch nicht im Wechsel begegnen,

behandle dich weiter mit dem Verfahren, das ich dir empfehle.»

Polykrates las das aufmerksam und sah wohl ein, daß Amasis ihm eine gute Empfehlung gab, und dann suchte er nach einer Kostbarkeit, deren Verlust seinem Herzen wohl den größten Kummer machen würde, und fand beim Suchen dieses: Er hatte einen Siegelring, den er stets trug, in Gold gefaßt, der Stein ein Smaragd, und war eine Arbeit des Theodoros, Telekles' Sohn, von Samos. Als er sich nun entschlossen hatte, diesen fortzuwerfen, machte er folgendes. Er bemannte einen Fünfzigruderer, bestieg ihn und befahl, hinauszufahren auf die hohe See; und als er weit von der Insel weg ist, zieht er den Ring vom Finger und wirft ihn vor den Augen der ganzen Mannschaft ins Meer. Dann fuhr er davon, und als er wieder zu Hause war, fühlte er sich wirklich unglücklich. 41

Am fünften oder sechsten Tage danach aber geschah ihm das Folgende. Ein Fischer hatte einen großen, prächtigen Fisch gefangen und meinte, der verdiene es, Polykrates als Geschenk überreicht zu werden. Er brachte ihn also an das Tor und sagte, er möchte gern Polykrates persönlich sprechen, und als der ihm das gestattete, überreichte er den Fisch und sprach: «Mein König, ich habe mir, als ich den hier fing, gedacht, den solltest du nicht auf den Markt bringen, obwohl ich von meiner Hände Arbeit leben muß, sondern er schien mir nur deiner würdig und deiner Herrschaft. Dir bringe und schenke ich ihn also.» Er aber freute sich der Worte und erwiderte: «Da hast du recht daran getan und mich doppelt zu Dank verpflichtet, mit deinen Worten und deinem Geschenk; und wir laden dich zu Tisch.» Der Fischer fühlte sich hoch geehrt und ging nach Hause, den Fisch aber schneiden die Diener auf und finden in seinem Magen Polykrates' Ring. Und wie sie ihn erblickten, nahmen sie ihn und brachten ihn sogleich voller Freude zu Polykrates, gaben ihm den Ring und 42 erzählten, wie er gefunden war. Da geht ihm auf, daß hier eine höhere Fügung am Werk ist, und er schreibt in einem Brief alles, was er getan und was sich begeben, und als er's geschrieben, sandte er ihn ab nach Ägypten.

43 Als aber Amasis diesen Brief von Polykrates las, sah er ein, daß es nicht in der Macht eines Menschen steht, einen Menschen zu bewahren vor dem, was da kommen soll, und daß es kein gutes Ende nehmen sollte mit Polykrates, dem alles zum Guten ausschlägt, der auch, was er wegwirft, wiederfindet. Und er sandte einen Herold nach Samos und kündete die Gastfreundschaft auf. Das tat er darum, daß er nicht selber, wenn den Polykrates ein furchtbares und gewaltiges Schicksal ereilte, Schmerzen hätte in seiner Seele, weil er sein Gastfreund war.

44 Gegen diesen Polykrates also, dem alles so glücklich auskam, zogen zu Felde die Lakedaimonier, zu Hilfe gerufen von den Samiern, die später Kydonia auf Kreta gründeten. Ohne Wissen der Samier nämlich hatte Polykrates einen Herold zu Kambyses, Kyros' Sohn, gesandt, wie der dabei war, ein Heer gegen Ägypten zu sammeln, und ihn gebeten, er möge auch zu ihm nach Samos schicken und um Truppen bitten. Als Kambyses das hörte, schickte er sehr gerne nach Samos und bat Polykrates, ihm ein Heer zu Schiff mitzugeben gegen Ägypten. Da las er von den Bürgern die aus, die er am meisten im Verdacht hatte, an einen Aufstand zu denken, und sandte sie fort auf vierzig Dreiruderern, Kambyses aber gab er den Bescheid, er möge sie nicht wieder nach Hause schicken.

45 Einige sagen nun, die ausgesandten Samier seien gar nicht bis nach Ägypten gekommen, sondern als sie auf der Fahrt nach Karpathos kamen, hätten sie sich besprochen und beschlossen, die Fahrt nicht fortzusetzen. Andere aber sagen, sie seien bis nach Ägypten gekommen, und als man sie dort unter Aufsicht hielt, seien sie davongefahren. Und als sie heimfuh-

ren nach Samos, fuhr Polykrates ihnen entgegen und lieferte ihnen eine Schlacht. Und die Heimkehrer siegten und landeten auf der Insel, im Kampf zu Land aber unterlagen sie, und so fuhren sie denn nach Lakedaimon. Es gibt aber auch Leute, die sagen, die von Ägypten hätten Polykrates besiegt, aber das sagen sie nicht richtig, meine ich. Denn sie hätten doch nicht nötig gehabt, die Lakedaimonier zu Hilfe zu rufen, wenn sie selbst stark genug waren, Polykrates zu bezwingen. Auch die Berechnung spricht nicht dafür, daß einer, der fremde Söldner und Bogenschützen aus seinem Volk in Menge hatte, daß der den heimkehrenden Samiern, die doch nur wenige waren, unterlegen sein soll. Die Kinder und Frauen der Bürger aber, die in seiner Hand waren, sperrte Polykrates in die Schiffsschuppen und hielt sie bereit, für den Fall, daß diese Bürger übergehen sollten zu den Rückkehrern, um sie dann samt den Schuppen zu verbrennen.

Als nun die von Polykrates vertriebenen Samier nach Sparta 46
kamen, traten sie vor die Regierenden und redeten lang, denn sie baten sehr dringlich. Die aber gaben bei dem ersten Auftreten die Antwort, den ersten Teil ihrer Rede hätten sie vergessen und den Schluß verständen sie nicht. Als sie danach ein zweites Mal vor sie traten, sagten sie weiter nichts, hatten aber einen Mehlbeutel und sagten, der Beutel brauche Mehl. Die gaben ihnen zur Antwort, das mit dem Beutel sei überflüssig. Doch beschlossen sie, ihnen zu helfen. Und darauf 47
rüsteten die Lakedaimonier und zogen aus gegen Samos, wie die Samier sagen, um gute Dienste zu vergelten, weil sie ihnen früher mit Schiffen gegen die Messenier beigestanden hatten, wie die Lakedaimonier aber sagen, zogen sie nicht so sehr aus, um den Samiern auf ihre Bitten zu helfen, als weil sie Rache zu nehmen wünschten für den Raub des Mischkessels, den sie zu Kroisos hatten bringen wollen, und des Panzers, den Ägyptens König Amasis als Geschenk an sie gesandt hatte.

Nämlich auch das Panzerhemd hatten die Samier als Beute eingebracht, ein Jahr früher als den Kessel. Das ist aus Leinen, und viele Bilder sind eingewebt, verziert ist es mit Fäden von Gold und Baumwolle. Was es aber des Staunens wert macht, das sind die einzelnen Fäden des Aufzugs. Sie sind nämlich gar nicht sehr stark und bestehen doch aus dreihundertsechzig Fäden, jeder zu erkennen. Es gibt noch ein zweites der Art, das, welches Amasis der Athene in Lindos geweiht hat.

48 Damit der Heereszug gegen Samos ja zustande kam, waren auch die Korinther sehr willig, an ihm teilzunehmen. Denn auch gegen sie hatten die Samier sich einen Übergriff herausgenommen, ein Menschenalter vor diesem Kriegszug, zur gleichen Zeit wie der Raub des Kessels. Periander, Kypselos' Sohn, sandte nämlich dreihundert Knaben der führenden Männer in Kerkyra nach Sardes zu Alyattes, daß der sie verschneiden ließe. Als aber die Korinther, die die Knaben mitführten, in Samos anlegten und die Samier die Geschichte erfuhren, wozu sie nach Sardes gebracht wurden, gaben sie zuerst den Knaben die Weisung, den Tempel der Artemis anzufassen, und dann duldeten sie nicht, daß man die Schutzflehenden vom Heiligtum wegriß, und als die Korinther keinerlei Speise an die Knaben heranließen, veranstalteten die Samier ein Fest, das sie auch jetzt noch begehen, ganz auf die gleiche Art. Immer wenn es dunkel wurde, in der ganzen Zeit, solange die Knaben im Schutze der Göttin saßen, führten sie Reigen auf von Mädchen und Jünglingen, und bei diesen Reigen führten sie den Ritus ein, daß kleine Kuchen von Sesam und Honig getragen wurden, damit die Knaben der Kerkyraier sich die wegnahmen und so zu essen hätten. Und das ging so lange, bis die Korinther, die die Knaben bewachten, schließlich weggingen und sie daließen. Die Knaben aber brachten die Samier heim nach Kerkyra.

Hätten nun nach Perianders Tod die Korinther ein gutes 49
Einvernehmen gehabt mit den Kerkyraiern, sie würden nicht
teilgenommen haben am Zug gegen Samos, wegen dieses
Vorwurfs. Nun sind sie aber ständig, seit die Korinther die
Insel besiedelt haben, obwohl gleicher Herkunft, miteinander
zerstritten. Deswegen also trugen die Korinther den Samiern
das so nach.

Daß aber Periander die Söhne der führenden Kerkyraier
auswählte und zum Verschneiden nach Sardes schickte, war
Rache. Denn die Kerkyraier hatten angefangen und ihm zu-
erst Schreckliches angetan.

Als nämlich Periander seine eigene Frau Melissa ohne Ab- 50
sicht getötet hatte, sollte ihn zu diesem Unglück noch ein
weiteres treffen, und das kam so. Er hatte von Melissa zwei
Söhne, einer damals siebzehn Jahre alt, der andere achtzehn.
Die ließ der Vater ihrer Mutter Proklees, der Herr war von
Epidauros, zu sich kommen und erwies ihnen alle Liebe, waren
sie ja seiner Tochter Kinder. Und als er sie wieder heimsandte,
begleitete er sie ein Stück und sagte dabei zu ihnen: «Wißt
ihr eigentlich auch, meine lieben Kinder, wer eure Mutter
getötet hat?» Der ältere beachtete dieses Wort nicht weiter,
den jüngeren aber, der Lykophron hieß, schmerzte, was er
gehört hatte, so, daß er bei der Ankunft in Korinth seinen
Vater als den Mörder seiner Mutter nicht begrüßte, und als
der sich unterhalten wollte, redete er nicht, und als er nach-
forschte, gab er keinerlei Antwort. Schließlich wird Periander
böse und jagt ihn aus dem Hause.

Und als er den weggejagt, fragte er den älteren aus, was 51
der Großvater mit ihnen gesprochen. Der erzählte ihm, daß
er sie sehr freundlich aufgenommen, jenes Wortes aber, das
ihnen Proklees mit auf den Weg gab, gedachte er nicht, da
er's gar nicht recht begriffen hatte. Periander jedoch meinte,
es sei ganz unmöglich, daß der ihnen nicht etwas gesteckt

habe, und ließ nicht locker mit dem Nachfragen. Da fiel es ihm ein, und er sagte auch das. Periander verstand es jetzt, wollte sich aber auf keinen Fall weich und nachgiebig zeigen und schickte einen Boten zu den Leuten, bei denen sich der von ihm verjagte Sohn aufhielt, und untersagte es, ihn zu beherbergen. Wiesen den nun die einen fort, ging er in ein anderes Haus, wurde aber auch dort wieder fortgewiesen, denn Periander drohte denen, die ihn aufnahmen, und befahl, ihn auszuschließen. Wurde er weggewiesen, ging er in das Haus eines anderen seiner Gefährten, und die nahmen ihn, da er doch Perianders Sohn war, obwohl sie sich fürchteten, den-
52 noch auf. Schließlich ließ Periander durch einen Herold ausrufen, wer ihn in seinem Haus aufnehme oder nur mit ihm spreche, der schulde Apollon eine heilige Buße, so und so viel. Auf diese Kundmachung hin wollte nun kein Mensch mehr mit ihm reden oder ihn aufnehmen; und auch er selber glaubte nun, er dürfe es nicht mehr versuchen gegen das Verbot, gab aber nicht nach, sondern trieb sich in den Hallen umher.

Am vierten Tag aber sah ihn Periander, ganz verfallen, weil er sich nicht mehr gewaschen noch etwas gegessen hatte, und es jammerte ihn seiner. Sein Zorn schwand, und er trat näher und sagte: «Mein Sohn, was ist nun vorzuziehen, das Leben, das du jetzt führst, oder die Herrschaft und die Güter, die *ich* besitze, das alles zu übernehmen und freundlich zu sein zu deinem Vater? Du bist ja mein Sohn und König des reichen Korinth und hast das Leben eines Bettlers gewählt, nur weil du widerspenstig bist und dem zürnst, bei dem du's am wenigsten dürftest. Ist da nämlich ein Mißgeschick vorgekommen, und das gibt dir Argwohn gegen mich ein, so ist das meines, und ich habe den größten Teil davon zu tragen, soweit ich das selber verschuldet habe. Du aber hast nun gelernt, wieviel besser es ist, beneidet zu werden als bedauert, und auch, was es heißt, zornig zu sein auf die Eltern und die

Mächtigeren, und nun geh nach Hause.» So suchte Periander ihn zu gewinnen, der aber antwortete seinem Vater sonst nichts, sondern sagte bloß, er schulde dem Gott die heilige Buße, da er mit ihm gesprochen habe. Da sah Periander ein, daß es für seines Sohnes Übel keine Hilfe gab und keine Heilung, und er sandte ein Schiff nach Kerkyra – denn auch das war ihm untertan – und schaffte ihn aus den Augen. Und als er den fortgeschickt hatte, zog Periander gegen seinen Schwiegervater Proklees, weil der am meisten Schuld hatte an all diesen Schwierigkeiten, nahm Epidauros, bekam auch Proklees selber in die Hand und setzte ihn fest.

Als die Zeit nun voranschritt und Periander über das beste 53
Alter hinaus war und einsehen mußte, daß er nicht mehr imstande war, die Geschäfte zu übersehen und zu besorgen, sandte er nach Kerkyra und rief Lykophron zurück, die Herrschaft zu übernehmen; denn dem älteren Sohn traute er's nicht zu, sondern der schien ihm zu stumpf dazu. Lykophron jedoch würdigte den, der die Botschaft brachte, nicht einmal einer Ablehnung. Periander aber, denn sein Herz hing nun einmal an dem Sohn, schickte zum zweitenmal zu ihm, nun seine Tochter, dessen Schwester, und dachte, auf sie würde er noch am ehesten hören. Als sie dort war, sprach sie so: «Mein Bruder, möchtest du wirklich lieber, daß die Herrschaft an andere fällt und des Vaters Haus sich auflöst, als daß du kommst und das alles selber besitzt? Komm nach Hause, hör auf, dich selber zu strafen. Stolz ist ein zweifelhaftes Gut. Behandle nicht ein Übel mit einem Übel. Mancher stellt das Angemessenere über starres Recht. Und mancher hat schon sein Muttererbe gesucht und verlor sein Vatererbe. Herrschaft ist ein schwankend Ding, und zahlreich sind ihre Bewerber. Er ist nun alt und seine Kraft dahin; gib du doch nicht dein Eigentum an andere weg.» Ihr hatte der Vater eingegeben, was ihn am ehesten bewegen konnte, und das sagte

sie zu ihm, er aber antwortete und sagte, er würde niemals nach Korinth kommen, solange er höre, daß der Vater noch lebe. Als sie das zu Hause berichtete, sandte Periander zum drittenmal, nun einen Herold; er wolle selber nach Kerkyra gehen, ihn aber hieß er nach Korinth kommen und sein Nachfolger werden in der Herrschaft. Und als der Sohn unter der Bedingung zustimmte, bereitete er sich vor für Kerkyra und der Sohn für Korinth. Wie aber die Kerkyraier das im einzelnen erfuhren, brachten sie, damit ihnen Periander nicht ins Land komme, den jungen Mann um. Das war der Grund für Perianders Rache an den Kerkyraiern.

54 Die Lakedaimonier aber kamen mit einer großen Flotte und belagerten Samos. Und bei einem Angriff auf die Mauer erstiegen sie den Turm, der am Meer steht in der Vorstadt, als dann aber Polykrates mit zahlreicher Mannschaft zu Hilfe kam, wurden sie wieder geworfen. An dem oberen Turm aber, der auf dem Bergrücken steht, machten die Söldner und zahlreiche samische Bürger einen Ausfall; eine kurze Zeit standen sie gegen die Lakedaimonier, dann machten sie kehrt und flohen, und die waren hinter ihnen her und schlugen
55 drein. Wenn nun alle beteiligten Lakedaimonier es an diesem Tage Archias und Lykopas gleichgetan hätten, wäre Samos gefallen. Archias nämlich und Lykopas drangen bei der Flucht zusammen mit den Samiern in die Mauer ein und fanden, abgeschnitten in der Stadt der Samier, den Tod. Mit dem Enkel dieses Archias, wieder einem Archias, Sohn des Samios, des Sohnes des Archias, habe ich selber in Pitane gesprochen – denn aus dieser Gemeinde war er –, und er ehrte von allen Fremden die Samier am meisten und sagte auch, sein Vater habe den Namen Samier bekommen, weil dessen Vater Archias in Samos den Heldentod gefunden hatte; und die Samier, sagte er, ehre er deshalb, weil sein Großvater von ihnen mit staatlichen Ehren bestattet sei.

Die Lakedaimonier aber kehrten, als vierzig Tage bei der 56
Belagerung von Samos vergangen und sie überhaupt nicht vorangekommen waren, heim in die Peloponnes. Doch geht ein unbegründetes Gerücht, das besagt, Polykrates habe eine große Menge einheimischer Münzen schlagen lassen aus vergoldetem Blei und sie ihnen gegeben, und sie hätten's angenommen, und so seien sie abgefahren. Das ist der erste Feldzug, den die Dorer aus Lakedaimon nach Asien machten.

Die Samier aber, die gegen Polykrates zogen, fuhren, als 57
die Lakedaimonier sie verlassen wollten, auch davon, nach Siphnos. Denn sie brauchten Geld, und die Umstände der Siphnier waren in dieser Zeit gut, und unter den Inselleuten waren sie besonders reich, da sie Gold- und Silberbergwerke auf der Insel hatten, so daß vom Zehnten ihres dort gewonnenen Geldes ein Schatzhaus in Delphi geweiht ist, reich wie nur eines; für sich aber teilten sie die Einkünfte Jahr für Jahr auf.

Damals als sie das Schatzhaus errichteten, fragten sie beim Orakel an, ob ihr gegenwärtiger Wohlstand ihnen noch lange erhalten bleiben könnte. Die Pythia aber gab ihnen folgenden Spruch:

«Doch wenn weiß sich erheben die Häuser des Rates in Siphnos,
Weiß sind die Brauen des Markts, dann tut ein verständiger Mann not,
Achtzugeben auf Feinde aus Holz und den roten Gesandten.»

Nun waren zu dieser Zeit in Siphnos Markt und Rathaus aus parischem Marmor errichtet. Diesen Spruch vermochten sie 58
nicht zu verstehen, nicht sogleich und auch dann nicht, als die Samier kamen. Denn kaum hatten die Samier sich der Insel genähert, schickten sie von den Schiffen eins mit einer Gesandtschaft zur Stadt. Früher waren alle Schiffe rot angestrichen, und das war's, was die Pythia den Siphniern geweissagt mit dem Rat, achtzugeben auf den hölzernen Feind und roten Gesandten.

Die Gesandten kamen also und ersuchten die Siphnier, ihnen zehn Talente zu leihen; und wie die Siphnier es ablehnten, sie ihnen zu leihen, verwüsteten die Samier ihre Felder. Kaum hörten es die Siphnier, so kamen sie herbei, stießen mit ihnen zusammen und unterlagen, und die Samier schnitten viele von ihnen ab von der Stadt. Und darauf erpreßten sie von ihnen hundert Talente.

59 Nun übernahmen sie von den Hermioneërn für Geld eine Insel, Hydrea vor der Peloponnes, und gaben sie den Troizeniern in Verwahrung; selber aber gründeten sie das kretische Kydonia neu bei einer Fahrt, die sie nicht dazu unternahmen, sondern um die Zakynthier von der Insel zu vertreiben. Dort blieben sie, und fünf Jahre ging's ihnen wohl, wie denn auch sie die jetzigen Heiligtümer in Kydonia errichtet haben und auch den Diktynnatempel. Im sechsten Jahr aber besiegten die Aigineten sie in einem Seegefecht und versklavten sie, mit Unterstützung der Kreter, und sie nahmen die Rammspitzen in Gestalt von Eberköpfen ab als Beute und weihten sie ins Athene-Heiligtum auf Aigina. Das taten die Aigineten aus einer alten Erbitterung gegen die Samier; denn die Samier waren zuerst, als Amphikrates König in Samos war, ausgezogen gegen Aigina und hatten den Aigineten große Verluste beigebracht und auch von ihnen erlitten. Das war der Grund.

60 Ich habe mich bei den Samiern etwas verweilt, weil sie drei Werke, die größten unter allen Hellenen, geschaffen haben. Durch einen einhundertfünfzig Klafter hohen Berg haben sie unten an der Sohle einen Stollen getrieben mit zwei Mündungen. Lang ist dieser Stollen sieben Stadien, hoch und breit je acht Fuß. In seiner ganzen Länge ist ein zweiter Graben ausgehoben, zwanzig Ellen tief, drei Fuß breit, durch den das Wasser, in Röhren geführt, in die Stadt gelangt, hergeleitet von einer starken Quelle. Der Erbauer dieses Stollens war Eupalinos, Naustrophos' Sohn, aus Megara. Das ist das eine

von den drei Werken, das zweite ein Damm im Meer rings um den Hafen, tief gegen zwanzig Klafter, und die Länge dieses Dammes beträgt mehr als zwei Stadien. Und drittens haben sie einen Tempel erbaut, der soviel ich weiß der größte von allen ist; dessen erster Baumeister war Rhoikos, Phileas' Sohn, aus Samos. Das war's, weswegen ich mich etwas länger bei den Samiern verweilt habe.

Gegen Kambyses, des Kyros Sohn, aber, der lange in 61
Ägypten verweilte und nicht mehr bei Verstand war, erheben sich zwei Mager, die waren Brüder, und einen von ihnen hatte Kambyses zum Leiter des königlichen Hofes bestellt, als er wegzog. Dieser Mann also erhob sich gegen ihn, da er Kenntnis davon bekommen hatte, daß Smerdis tot war, dies aber geheimgehalten wurde, und wohl nur wenige Perser wirklich davon wissen könnten, alle andern aber annähmen, er sei noch am Leben. Darauf baute er seinen Plan, um sich des Throns zu bemächtigen, und zwar so: Er hatte einen Bruder, der wie gesagt mit ihm gemeinsame Sache machte, und dieser sah ganz ähnlich aus wie Kyros' Sohn Smerdis, den Kambyses, ihn seinen leiblichen Bruder, umgebracht hatte. Ja er sah nicht nur aus wie Smerdis, sondern hatte auch noch den gleichen Namen Smerdis. Diesen Menschen beredete der Mager Patizeithes, er werde schon alles für ihn erledigen, und ging hin und setzte ihn auf den Königsthron. Als er das getan, sandte er Herolde aus in alle Lande und so auch nach Ägypten einen, der dem Heer verkünden sollte, man habe künftig Kyros'
Sohn Smerdis zu gehorchen und nicht mehr Kambyses. Da 62
verkündeten das nun die übrigen Herolde und so auch der nach Ägypten abgeordnet war, er traf übrigens Kambyses und das Heer in Agbatana in Syrien, und trat in ihre Mitte und gab kund, was der Mager ihm aufgetragen.

Als nun Kambyses die Botschaft des Herolds zu Ohren kam, meinte er, der spreche die Wahrheit, und er selber sei von

Prexaspes verraten – der habe nämlich, hingesandt, Smerdis zu beseitigen, das nicht getan – und er blickte Prexaspes an und sagte: «Prexaspes, so also hast du die Sache erledigt, die ich dir auftrug?» Der aber sprach: «Herr, das ist unmöglich wahr, daß dein Bruder Smerdis sich erhoben hat gegen dich, auch nicht, daß du mit diesem Mann jemals Streit bekommst, keinen großen und keinen kleinen. Denn ich selber habe vollbracht, was du mir auftrugst, und habe ihn mit meinen eignen Händen begraben. Wenn nun die Toten auferstehen, dann mach dich darauf gefaßt, daß auch Astyages der Meder sich wider dich erhebt. Wenn's aber so ist wie zuvor, wird dir von jenem jedenfalls nie eine Unruhe entstehen. Jetzt aber, meine ich, sollte man dem Herold nachsetzen und ihn genauer vornehmen und befragen, wer ihn denn geschickt hat, uns zu verkünden, daß wir dem König Smerdis gehorchen sollen.»

63 So sprach Prexaspes, und alsbald, denn sein Rat gefiel Kambyses, war der Herold eingeholt und kehrte um. Und als er da war, fragte ihn Prexaspes: «Mensch, du sagst doch, du kämst als Bote von Smerdis, dem Sohn des Kyros. Jetzt sag mir nun die Wahrheit, und dann kannst du ruhig davongehen: Stand Smerdis selber vor deinen eigenen Augen und gab dir diesen Auftrag, oder war's einer von seinen Dienern?» Der aber sagte: «Ich selber habe Smerdis, Kyros' Sohn, seit der Zeit, daß König Kambyses nach Ägypten zog, nie mehr gesehn. Sondern der Mager, den Kambyses zum Verweser seines Hauses bestellt hat, der hat mir dies aufgetragen und dabei gesagt, Smerdis, Kyros' Sohn, sei es, der dieses Gebot an euch erlasse.» So sprach er zu ihnen, ganz nach der Wahrheit, Kambyses aber sprach: «Prexaspes, du bist aller Schuld ledig und hast als ehrlicher Mann getan, was ich befohlen. Wer mag aber der Perser sein, der sich gegen mich erhoben hat, indem er Smerdis' Namen benutzt?» Der aber sagte: «Ich glaube, ich durchschaue, was hier gespielt wird, mein König.

Die Mager sind es, die sich gegen dich erhoben haben, der, den du als Verweser deines Hauses zurückließest, Patizeithes, und sein Bruder Smerdis.»

Da als Kambyses den Namen Smerdis hörte, traf ihn wie 64
ein Schlag die Wahrheit dieser Worte und auch des Traumgesichts – war ihm doch im Traum gewesen, als bringe ihm einer die Botschaft, Smerdis habe sich auf den Königsthron gesetzt und berühre mit dem Scheitel den Himmel. Und wie er inneward, daß er so ganz umsonst seinen Bruder ums Leben gebracht, weinte er um Smerdis, und als er ihn beweint und sich über sein furchtbares Unglück beklagt hatte, schwingt er sich aufs Pferd und gedenkt, aufs rascheste nach Susa zu ziehen gegen den Mager. Und wie er sich aufs Pferd schwingt, springt die Kappe von der Scheide des Dolches ab, und der entblößte Dolch fährt in seinen Schenkel. Als er nun verwundet war an der gleichen Stelle, wo er früher den Gott der Ägypter Apis getroffen hatte, und ihm die Ahnung kam, die Wunde sei verderblich, fragte Kambyses, wie der Name dieser Stadt sei. Und die sagten: Agbatana. Er hatte aber schon früher aus Buto eine Weissagung bekommen, in Agbatana werde sein Leben enden. Er hatte natürlich geglaubt, er werde in Agbatana in Medien sterben, betagt und dort, wo er seine ganze Macht um sich hatte, die Weissagung aber ging in Wirklichkeit auf Agbatana in Syrien. Und da, als er nun auf seine Frage den Namen der Stadt erfuhr, kam er, erschüttert durch das Unglück mit dem Mager und seine Verwundung, wieder zur Besinnung, und nun ging ihm auf, was das Orakel meinte, und er sagte: «Hier ist es Kambyses, Kyros' Sohn, bestimmt zu sterben.»

Damals sagte er nur so viel, etwa zwanzig Tage später aber 65
ließ er die angesehensten der anwesenden Perser zu sich rufen und sprach so zu ihnen: «Ihr Perser, mich zwingt die Not, eine Sache, die ich mehr als alles geheimhielt, nun vor euch

zu bekennen. Als ich in Ägypten war, sah ich nämlich ein Traumgesicht – hätt ich's doch nie gesehen! Ich träumte, es komme ein Bote von zuhause und melde, Smerdis habe sich auf den Königsthron gesetzt und berühre mit dem Scheitel den Himmel. Da fürchtete ich, mein Bruder möchte mir die Herrschaft entreißen, und handelte mehr rasch als klug. Denn dem Menschen ist es doch nicht gegeben abzuwenden, was kommen soll. Und ich Tor schicke Prexaspes nach Susa, Smerdis umzubringen. Als aber dies Furchtbare vollbracht war, lebte ich dahin frei von Furcht, und es kam mir nie in den Sinn, daß nach Smerdis' Beseitigung nun noch irgendein anderer auf der Welt sich einmal gegen mich erheben könnte. Aber ich habe mich ganz geirrt in dem, was kommen sollte, und bin ein Brudermörder geworden ohne jede Not und trotzdem um den Thron gekommen. Denn Smerdis der Mager war es, dessen kommende Empörung die Gottheit mir im Traum offenbaren wollte. Die Tat ist nun getan, von mir, und ihr müßt davon ausgehen, daß Smerdis, Kyros' Sohn, nicht mehr unter euch ist. Sondern die Mager sind es, die das Königtum in ihren Händen haben, der den ich als Verweser meines Hauses zurückließ und dessen Bruder Smerdis. Der mir nun am meisten hätte beistehen sollen bei dem Bösen, das die Mager mir antun, der ist eines ruchlosen Todes gestorben, durch die Hand seiner Nächsten. Und da der nicht mehr am Leben ist, ist es mir, und das ist das zweite, dringender als alles andere, jetzt wo mein Leben endet, euch, ihr Perser, aufzutragen, was nach meinem Wunsch geschehen soll. Und so fordere ich nun das eine von euch, und rufe dabei die Königsgötter an, fordere es von euch allen und besonders von den Achaimeniden, die zugegen sind: Laßt es nicht zu, daß die Herrschaft wieder an die Meder kommt, sondern haben sie diese mit List erlangt, sollt ihr sie mit List ihnen wieder nehmen, haben sie auch Gewalt dabei angewandt, so sollt ihr sie mit Gewalt wieder an euch bringen, nach allen Kräften. Wenn ihr das tut, so soll die Erde euch Frucht tragen, und eure Frauen und Herden sollen fruchtbar sein, und ihr sollt freie Männer sein alle Zeit. Bringt ihr aber die Herrschaft nicht wieder an euch und versucht es auch nicht, so flehe ich zu den Göttern, daß euch das Gegenteil widerfahre, und dazu noch, daß jedem Perser ein Ende zuteil werde so wie mir.» Und bei diesen Worten brach Kambyses in Klagen aus über all sein Unglück.

Die Perser aber, wie sie ihren König klagen und schluchzen 66
sahen, zerrissen alle, was sie am Leibe trugen, von oben bis unten, und erhoben eine große, lange Wehklage. Bald danach aber, als der Knochen sich entzündete und der Schenkel vom Wundbrand faulte, verschied Kambyses, Kyros' Sohn, und war König gewesen im ganzen sieben Jahre und fünf Monate und hinterließ keine Kinder, keinen Sohn und keine Tochter.

Die Perser aber, die um ihn waren, erfüllte tiefes Mißtrauen, und sie wollten nicht glauben, daß die Herrschaft bei den Magern lag, sondern waren überzeugt, Kambyses hätte das, was er über Smerdis' Tod gesagt, aus Bosheit gesagt, um ganz Persien gegen jenen aufzubringen. Sie also 67
waren überzeugt, Smerdis, der Sohn des Kyros, sei der neue König; denn auch Prexaspes bestritt nach Kräften, Smerdis getötet zu haben. War es doch nach Kambyses' Tod gefährlich für ihn, wenn er zugab, Kyros' Sohn mit eignen Händen umgebracht zu haben.

Der Mager Smerdis aber, der sich auf den gleichen Namen des Kyrossohnes stützte, war nun nach Kambyses' Tod ungestört König, sieben Monate lang, die Zeit, die Kambyses abging an den vollen acht Jahren. In dieser Zeit erwies er allen seinen Untertanen große Wohltaten, so daß ihn alle in Asien nach seinem Tod sehnlich vermißten, außer den Persern selber. Es sandte nämlich der Mager Boten aus ringsum zu allen

Völkern, über die er herrschte, und verkündete, daß sie befreit sein sollten von Heeresdienst und Abgaben, auf drei Jahre.

68 Das verkündete er also, und zwar sogleich, als er seine Herrschaft antrat, im achten Monat aber wurde er entlarvt, und das kam so.

Otanes war Sohn des Pharnaspes und an Geburt und Vermögen der Vornehmsten einer unter den Persern. Dieser Otanes schöpfte als erster Verdacht gegen den Mager, daß er nicht der Kyrossohn Smerdis sei, sondern der er wirklich war, und das entnahm er daraus, daß er die Burg nie verließ und keinen der angesehenen Perser vor sein Angesicht kommen hieß. Und als er den Verdacht gefaßt hatte, handelte er so.

Kambyses hatte seine Tochter zur Frau gehabt, die hieß Phaidymië; diese hatte jetzt der Mager und wohnte ihr bei, wie auch allen andern Frauen des Kambyses. Otanes sandte nun zu dieser seiner Tochter und fragte nach, wer in aller Welt das denn sei, der bei ihr schlafe, Kyros' Sohn Smerdis oder sonst jemand. Sie aber sandte zurück und ließ sagen, sie kenne ihn nicht; denn Kyros' Sohn Smerdis habe sie niemals gesehen, und so wisse sie nicht, wer das sei, der bei ihr schlafe. Da sandte Otanes zum zweitenmal und ließ sagen: «Wenn du selber Smerdis, Kyros' Sohn, nicht kennst, so erkundige dich doch bei Atossa, wem ihr beiwohnt, sie selber und du; denn die wird doch wohl ihren eigenen Bruder kennen.» Auf dies hin sendet seine Tochter zurück: «Weder Atossa bekomme ich zu sprechen noch sonst eine zu sehen von den Frauen, die bei ihm sind. Denn als dieser Mensch, sei er wer er sei, das Königtum übernahm, hat er uns unverzüglich voneinander getrennt und die eine hierhin, die andere dorthin getan.»

69 Als Otanes das hörte, wurde die Sache ihm klarer. Und er sendet eine dritte Botschaft an seine Tochter, die lautet: «Meine Tochter, du stammst aus edlem Haus, und das ver-

pflichtet dich, Gefährliches zu wagen, wie es dein Vater dir jetzt anbefiehlt. Denn ist er nicht Kyros' Sohn Smerdis, sondern der, den ich vermute, dann soll er wahrlich nicht so leicht davonkommen, daß er mit dir geschlafen und der Perser Reich gestohlen hat, sondern dafür büßen. Tu jetzt also folgendes: Wenn er bei dir liegt und du merkst, er ist eingeschlafen, dann fühl ihm nach den Ohren. Und zeigt sich, daß er Ohren hat, kannst du gewiß sein, daß du die Frau von Kyros' Sohn Smerdis bist, hat er aber keine, ist Smerdis der Mager dein Mann.» Phaidymië sendet daraufhin zurück und sagt, mache sie das, könne es sie teuer zu stehen kommen; denn habe er nun keine Ohren und sie werde ertappt beim Tasten, so werde er, das wisse sie wohl, sie beseitigen. Dennoch aber wolle sie es tun. Sie also versprach dem Vater, das auszuführen, diesem Mager Smerdis aber hatte Kyros, Kambyses' Sohn, als er König war, die Ohren abschneiden lassen um eines Vergehens willen, das nicht gering war. Phaidymië nun, Otanes' edle Tochter, führte getreulich aus, was sie dem Vater versprochen, und als ihre Zeit kam, zum Mager zu gehn – denn reihum gehen bei den Persern die Frauen zu ihrem Mann –, ging sie und schlief bei ihm. Und als der Mager fest schlief, tastete sie unter der Binde nach den Ohren. Und sie stellte leicht und ohne Zwischenfall fest, daß diesem Mann die Ohren fehlten, und kaum war es Tag geworden, schickte sie zu ihrem Vater und sagte es ihm an.

Otanes aber zog hinzu Aspathines und Gobryas, die zu den 70
Ersten unter den Persern gehörten und ihm besonders vertraut und verbunden waren, und erzählte ihnen die ganze Geschichte. Und die hatten selber schon den Verdacht, daß es so stand, und als Otanes nun das Seine vortrug, stimmten sie ihm zu. Und sie beschlossen, daß sie je einen weiteren Perser zu dem Bund hinzuziehen sollten, jeder den, dem er am meisten vertraute. Otanes führt nun Intaphrenes zu, Gobryas

den Megabyzos, Aspathines den Hydarnes. Als sie nun ihrer sechs waren, trifft Dareios, Hystaspes' Sohn, in Susa ein, der aus dem Perserland kam; dort nämlich war sein Vater Statthalter. Als der nun eintraf, beschlossen die Sechs, auch Dareios in den Bund aufzunehmen.

71 Diese Sieben traten nun zusammen und berieten miteinander und banden sich durch einen Schwur. Als nun die Reihe an Dareios kam, seine Meinung zu sagen, sprach er so zu ihnen: «Ich habe geglaubt, das wisse nur ich und sonst niemand, daß der Mager unser König und Kyros' Sohn Smerdis tot ist. Und eben darum komme ich so eilends, um zu wirken für den Tod des Magers. Da es sich aber so trifft, daß auch ihr es wißt und nicht ich allein, so bin ich dafür, sofort zu handeln und es nicht aufzuschieben; denn das taugt nichts.» Dazu sagte Otanes: «Sohn des Hystaspes, dein Vater ist ein wackerer Mann, und du selber scheinst, wie man sieht, deinem Vater nichts nachzugeben. Bei diesem Unternehmen jedoch dräng nicht so unbedacht zur Eile, sondern faß es besonnen an und mit mehr Ruhe. Denn erst müssen wir unser mehr sein, und dann wollen wir daran gehen.» Auf das erwidert Dareios: «Ihr Männer, hier versammelt, verfahrt ihr so, wie Otanes sagt, dann werdet ihr, des seid gewiß, ein schmähliches Ende nehmen. Denn einer wird auf eigne Hand für seinen eignen Vorteil sorgen und es dem Mager hinterbringen. Am besten hättet ihr auf euch selbst gesetzt und das durchgeführt; da ihr's aber für richtig hieltet, die Sache vor mehrere zu bringen, und ihr mich dazugezogen habt, wollen wir's entweder heute tun, oder nehmt zur Kenntnis, daß, laßt ihr den heutigen Tag verstreichen, dann kein anderer mir zuvorkommen soll mit der Anklage gegen euch, sondern ich selber werde es anzeigen beim Mager.»

72 Auf das erwidert Otanes, als er sieht, daß Dareios gewillt ist wegzugehen: «Da du uns zwingst zu eilen und keinen

Aufschub duldest, auf denn und lege du uns dar, auf welche Weise wir hineinkommen sollen in das Schloß und Hand an die beiden legen. Denn daß da alles voller Wachen steht, weißt du ja wohl selber, und hast du's nicht gesehen, hast du es doch gehört. Wie sollen wir an denen vorbeikommen?» Dareios antwortet: «Otanes, es gibt so manches, was man in Worten nicht erklären kann, wohl aber durch die Tat; anderes ist in Worten möglich, aber keine leuchtende Tat geht daraus hervor. Ihr wißt doch, daß es so schwer gar nicht ist, an den ausgestellten Wachen vorbeizukommen. Denn einmal, da ist keiner, der Männer unseres Ranges nicht passieren läßt, sei's aus Respekt vor uns, sei's auch aus Furcht. Und zum andern hab ich meinerseits den angemessensten Vorwand, unter dem wir passieren können, wenn ich sage, ich käme soeben aus dem Perserland und wolle dem König von meinem Vater eine Meldung bringen. Denn wo du eine Unwahrheit sagen mußt, sag sie. Denn das Ziel ist das gleiche für beide, den Lügner und den, der die Wahrheit sagt. Die einen greifen dann zur Lüge, wenn sie damit überreden und einen Vorteil gewinnen wollen, die andern aber sprechen die Wahrheit, um durch die Wahrheit einen Vorteil zu bekommen und die Leute eher für sich zu gewinnen. So verfahren wir zwar nicht gleich, haben aber das gleiche Ziel im Auge. Fiele aber diese Rücksicht fort, die Hoffnung auf Gewinn, dann würde, wer die Wahrheit spricht, ebenso gern lügen wie der, der lügt, aufrichtig sein. Nun also, der Wächter, der uns gutwillig durchläßt, dem soll's künftig sein Vorteil sein, wer aber versucht, uns entgegenzutreten, den behandle man auf der Stelle als Feind, und dann hinein und ans Werk!» Darauf spricht 73
Gobryas: «Liebe Männer, wann finden wir eine bessere Gelegenheit, die Herrschaft zurückzugewinnen? Oder auch, glückt's nicht, zu sterben? Wo wir, die Perser, beherrscht werden von einem Meder, einem Mager dazu, und dann noch

von einem, der keine Ohren hat. Und wer von euch zugegen war, als Kambyses krank lag, der erinnert sich gewiß noch, wie er kurz vor seinem Ende die Perser verfluchte, wenn sie nicht versuchen würden, die Herrschaft wiederzugewinnen. Damals glaubten wir ihm nicht, sondern meinten, er sage es aus Bosheit gegen Smerdis. Jetzt aber gebe ich meine Stimme ab, Dareios zu folgen und uns nicht zu zerstreuen nach dieser Beratung, sondern geradewegs loszugehen gegen den Mager.» So sprach Gobryas, und alle stimmten zu.

74 Es fügte sich aber, daß grade zu der Zeit, als diese das berieten, folgendes geschah. Die Mager hielten auch Rat und wurden eins, Prexaspes für sich zu gewinnen, da ihm Kambyses so Schreckliches angetan hatte, der seinen Sohn mit dem Pfeil getötet hatte, und weil nur er genau wußte vom Tod des Kyrossohns Smerdis, da er ihn mit eigner Hand umgebracht hatte, und dazu noch, weil er bei den Persern in höchstem Ansehn stand. Deswegen also ließen sie ihn rufen und versicherten sich seiner Freundschaft und banden ihn mit Treuwort und Eid, daß er bei sich behalte und keinem Menschen verrate, wie die Perser von ihnen betrogen wurden, und sie versprachen ihm alles mögliche und tausendfachen Dank.

Und als Prexaspes versprach, so zu tun, und ihn die Mager überredet hatten, rückten sie mit dem Weiteren heraus und sagten, sie ihrerseits wollten alle Perser unten an die Burgmauer laden, er aber solle, so sei ihr Wunsch, auf den Turm steigen und zu ihnen sprechen und sagen, daß Smerdis, Kyros' Sohn, ihr König sei und kein anderer. Das trugen sie ihm darum an, weil er bei den Persern höchstes Vertrauen genoß und schon oft versichert hatte, Kyros' Sohn Smerdis sei am Leben, und seine Ermordung bestritten hatte.

75 Als nun Prexaspes sagte, auch dazu sei er bereit, riefen die Mager die Perser zusammen und sandten ihn auf den Turm und hießen ihn reden. Er aber war gewillt, was sie ihm auf-

getragen, ganz zu vergessen, und er begann mit Achaimenes und sprach von Kyros' Geschlecht und Vorfahren der Reihe nach, und als er dann bei diesem war, kam er schließlich auf all das Gute, das Kyros den Persern getan, und als er damit fertig war, brachte er die Wahrheit ans Licht und sagte, früher habe er sie verborgen, denn es sei gefährlich gewesen für ihn zu berichten, was geschehen war, hier und jetzt aber dränge ihn die Not, alles zu offenbaren. Und nun erzählte er von Kyros' Sohn Smerdis, daß er selber, von Kambyses genötigt, ihn umgebracht, den Thron aber hätten die Mager. Und er fluchte den Persern, wenn sie die Herrschaft nicht wieder an sich brächten und Rache nähmen an den Magern, und dann stürzte er sich kopfüber vom Turm herab. So endete Prexaspes als ein achtbarer Mann, wie er zeit seines Lebens gewesen.

Die Sieben der Perser aber, nachdem sie den Beschluß ge- 76
faßt, sogleich vorzugehen gegen die Mager und nicht abzuwarten, beteten zu den Göttern und machten sich auf, und wußten noch nichts von dem, was sich mit Prexaspes zugetragen. Sie schritten aus und waren schon auf dem halben Weg, und da erfuhren sie die Geschichte mit Prexaspes. Da traten sie abseits der Straße und besprachen sich aufs neue, und die um Otanes drangen darauf abzuwarten und nicht jetzt, wo alles in Gärung war, daran zu gehen, die aber um Dareios, sofort hinzugehen und zu tun, wie beschlossen, und nicht abzuwarten. Und wie sie hin und her stritten, erschienen sieben Paar Habichte, die zwei Paar Geier verfolgten und sie zausten und rissen. Als das die Sieben sahen, stimmten alle Dareios' Meinung zu, und dann schritten sie weiter und auf die Königsburg los, im Vertrauen gestärkt durch die Vögel.

Als sie nun an das Tor traten, ging's so, wie Dareios es er- 77
wartet hatte. Denn die Wachen, voller Ehrfurcht vor den Ersten der Perser und ohne jeden Argwohn, daß sie so etwas

vorhatten, ließen sie durch, und es war, als ob ein Gott sie geleite, und keiner stellte auch nur eine Frage. Und als sie an ihnen vorbei und schon im Hof waren, stießen sie auf die Eunuchen, die die Botschaften hineinbringen, und die erkundigten sich, mit welchem Anliegen sie kämen, und zugleich schalten und bedrohten sie die Wachen, daß sie die Leute vorbeigelassen, und hielten die Sieben an, als die weiter voran wollten. Die aber winkten einander zu, zogen ihre Dolche und machten sie, die sie aufhalten wollten, dort auf der Stelle nieder, und dann eilten sie im Laufschritt hin zum Saal.

78 Die Mager aber waren zu der Zeit gerade beide drinnen und besprachen sich über die Vorgänge um Prexaspes. Als sie nun merkten, daß es bei den Eunuchen Getümmel und Geschrei gab, sprangen sie wieder auf, und als ihnen klar wurde, was vorging, gingen sie daran, sich zu wehren. Der eine kann noch schnell seinen Bogen von der Wand nehmen, der andere aber greift die erste beste Lanze. Da gerieten sie schon aneinander. Der Pfeil und Bogen ergriffen hatte, dem konnten sie, da die Gegner schon nah waren und auf sie eindrangen, nichts mehr nützen, der andere aber setzte sich mit seiner Lanze zur Wehr, und zuerst sticht er Aspathines in den Schenkel, dann Intaphrenes ins Auge. Und Intaphrenes verlor das Auge von dieser Wunde, starb aber nicht daran. Der eine der Mager also verwundete diese beiden, der andre aber, als ihm der Bogen nichts nutzte – es war da nämlich eine Kammer, die an den Saal stieß –, flüchtet in diese und will die Tür verschließen, zwei aber von den Sieben dringen mit ihm herein, Dareios und Gobryas. Gobryas bekam nun den Mager zu packen, Dareios aber stand dabei und wußte nicht, was tun, denn es war finster, und er sorgte, er möchte Gobryas treffen. Und als Gobryas merkte, daß er untätig dabeistand, fragte er, warum er seine Hand nicht brauche. Der sagte: «Aus Sorge, dich zu treffen.» Gobryas aber erwiderte: «Stoß zu

und ging's durch uns beide.» Dareios aber gehorchte und stieß den Dolch hinein und hatte Glück und traf den Mager.

Als nun die Mager getötet waren, hieben sie ihnen die 79
Köpfe ab; und ihre Verwundeten ließen sie dort, weil sie geschwächt waren und auch zur Bewachung der Burg, die andern fünf aber ergriffen die Köpfe der Mager und liefen hinaus und machten ein großes Geschrei und Getümmel, riefen die andern Perser herbei, erzählten ihnen die Sache und zeigten ihnen die Köpfe, und zugleich machten sie jeden Mager, der ihnen in den Weg kam, nieder. Die Perser aber, als sie von der Tat der Sieben hörten und vom Betrug der Mager, meinten, sie müßten das gleiche tun, und zogen ihre Dolche und töteten jeden Mager, wo sie ihn auch fanden; und hätte nicht der Einbruch der Nacht ihnen Einhalt geboten, sie hätten keinen Mager übrig gelassen. Diesen Tag feiern die Perser insgemein vor allen andern und richten an ihm ein großes Fest aus, das sie Magermord nennen, und an dem darf kein Mager ans Tageslicht kommen, sondern die halten sich an jenem Tag in den Häusern.

Als das Getümmel sich nun gelegt hatte und fünf Tage um 80
waren, berieten die Sieben, die sich gegen die Mager erhoben hatten, über den Staat im ganzen, und da wurden Reden gehalten, die einigen Hellenen unglaubwürdig scheinen, gehalten wurden sie immerhin.

Otanes schlug vor, man solle die Regierung den Persern insgesamt in die Hände legen, und sprach:

«Ich bin der Meinung, ein einziger von uns sollte nicht wieder Alleinherrscher werden. Denn das ist weder erfreulich noch gut. Denn ihr kennt Kambyses' Überhebung, wie weit sie ging, und habt zu kosten bekommen die Überhebung des Magers. Wie kann auch Alleinherrschaft eine wohlbestellte Ordnung sein, sie, der es erlaubt ist, ohne Rechenschaft zu tun, was ihr beliebt? Denn gelangte auch der beste aller

Menschen zu solcher Macht, sie stellte ihn außerhalb alles gewohnten Denkens. Denn in ihm wächst Überhebung, aus der Fülle, in der er steht, die Mißgunst aber ist von Anbeginn dem Menschen eingepflanzt. Hat er aber diese zwei, hat er alles Schlimme miteinander. Denn nun, übersättigt und voll Überhebung, tut er vieles Entsetzliche, anderes aber aus Mißgunst. Und doch sollte ein unbeschränkter Herr frei sein von Mißgunst, wo er ja alles hat; aber grade das Gegenteil ist seine Wesensart den Mitbürgern gegenüber. Denn er mißgönnt es den Besten, daß sie wohl und am Leben sind, und hat seinen Gefallen an den Schlechtesten im Volk, Verleumdungen aber zu glauben, darin ist er der Beste. Das Ungereimteste aber von allem: Lobst du ihn, aber mit Maßen, so wird er verstimmt und böse, daß er nicht kräftig genug gefeiert wird, feiert ihn aber wer kräftig, so wird er böse und verstimmt, weil man nur schmeichle. Das Schlimmste aber kommt noch! Ererbte Satzungen erschüttert er, tut den Frauen Gewalt an, tötet ohne Urteil und Recht. Herrscht aber die Gemeinde, trägt das erstens den schönsten aller Namen: gleiches Recht, und zweitens, alles was der Alleinherrscher tut, das tut sie nicht; nach dem Los besetzt sie die Ämter, ist Rechenschaft schuldig über die Leitung, und alle Beschlüsse bringt sie vor die Gemeinschaft. Darum ist meine Meinung, wir lassen von der Alleinherrschaft und stärken die Gemeinde. Denn im Vielen steckt das Ganze.»

81 Otanes also trug diese Meinung vor, Megabyzos aber schlug vor, man solle sich der Herrschaft Weniger anvertrauen, und sprach:

«Was Otanes sagt, wir sollten keinen unumschränkten Herrn mehr haben, das mag für mich mitgelten, daß er aber empfiehlt, die Macht an das Volk zu geben, da hat er die beste Meinung nicht getroffen. Denn nichts ist unverständiger, nichts überheblicher als so ein unnützer Haufe. Sind wir der

Anmaßung und Willkür eines Herrn eben entgangen, nur um der Willkür einer zügellosen Menge in die Hände zu fallen? Das wäre doch ganz unerträglich. Denn tut jener etwas, so weiß er wenigstens, was er will, der Menge aber fehlt selbst dieses Wissen. Wie sollte sie's denn auch wissen, wo sie im Rechten weder unterwiesen ist noch es von selbst aus eigner Kraft je sah, sondern sie fällt über die Angelegenheiten her und stößt sie vor sich her, ohne Verstand, einem Sturzbach im Unwetter gleich. Wer es also mit den Persern schlecht meint, der setze auf das Volk, wir aber sollten eine Gruppe der besten Männer auswählen und die mit der Gewalt bekleiden; denn unter denen werden auch wir selber sein, und von den besten Männern sind gewiß die besten Entscheidungen zu erwarten.»

Megabyzos also trug diese Meinung bei, als dritter aber 82
legte Dareios seine Meinung dar und sprach:

«Ich meine, was Megabyzos sagte zu der Herrschaft der Menge, war gut gesprochen und richtig, das aber zur Herrschaft der Wenigen war es nicht. Denn von den drei Arten, die wir vor uns haben, und nehmen wir an, jede in ihrer vollkommensten Form, die beste Volksgemeinde, die beste Herrschaft Weniger, die beste Alleinherrschaft, von denen ragt, behaupte ich, die letzte weit heraus. Denn Besseres kann man nicht finden als den einen Mann, der der Beste ist. Denn er hat auch das beste Urteil und wird so für das Wohl des Volkes sorgen ohne Tadel, und was zu beschließen ist gegen Feinde, wird so am wenigsten verraten. Bei der Herrschaft Weniger aber, wo viele sich anstrengen, ihre Tüchtigkeit und ihr Verdienst für das Gemeinwohl zu zeigen, pflegen heftige Feindschaften unter den Einzelnen zu entstehen. Denn jeder will selber der Vorderste sein und siegen mit seiner Meinung, und darum geraten sie in große gegenseitige Feindschaften, und daraus entstehen rücksichtslose Parteiungen, aus den Parteiungen Mord, aus dem Mord aber kommt es gewöhnlich zur Herrschaft eines Einzelnen, und daran erweist sich, daß das weitaus das beste ist. Wiederum, wenn das Volk regiert, so ist es gar nicht anders möglich, es muß das Schlechte sich eindrängen. Ist nun aber das Schlechte erst einmal eingedrungen in das Gemeinwesen, so bilden sich zwar keine Feindschaften unter den Schlechten, wohl aber feste Freundschaften; denn die das Gemeinwesen verderben, die stecken unter einer Decke bei ihrem Treiben. Auf die Art geht es so lange, bis endlich einer aus dem Volk hervortritt und diesen Kerlen das Handwerk legt. Darum aber wird der nun vom Volk bewundert, und wird er erst einmal bewundert, nicht lange und er steht da als Alleinherrscher, und damit beweist es auch der, Alleinherrschaft ist das stärkste. Mit einem Wort aber, alles zusammengefaßt: Woher kam unsre herrliche Freiheit? Und wer gab sie? Etwa vom Volk oder von der Oligarchie? Oder von einem Herrn allein? Ich halte also fest an der Meinung, wir, die durch *einen* Mann freie Herren geworden sind, sollen solche Art aufrechthalten, und außerdem, wir wollen der Väter Brauch nicht abschaffen, der gut ist und recht; denn das taugt nichts.»

83 Diese drei Meinungen also standen zur Wahl, die andern vier aber von den Sieben traten der letzten bei.

Als aber Otanes, der für gleiche Rechte unter den Persern eintrat, unterlag mit seiner Meinung, sprach er zu den Versammelten wie folgt: «Ihr Männer, liebe Kampfgefährten! Es ist klar, daß einer von uns König werden muß, sei es daß ihn das Los dazu bestimmt oder wir der Gemeinde der Perser überlassen, wen die wählt, oder auf sonst einem Weg. Ich für meinen Teil aber trete nicht an gegen euch; denn ich wünsche weder zu herrschen noch beherrscht zu werden. Ich stelle aber eine Bedingung, wenn ich ausscheide als Bewerber um die Herrschaft, nämlich die, daß keiner von euch mein Herr sein soll, nicht meiner noch der meiner Nachkommen auf alle Zeit.» Als auf diese seine Worte die Sechs diese Bedingung zugestanden, trat er nicht mehr an gegen sie, sondern schied aus ihrer Mitte aus. Und bis zum heutigen Tag ist dies das einzige freie Haus unter den Persern und untersteht dem Befehl nur soweit, wie es selber will, nur daß es die Satzungen der Perser nicht übertritt.

Die übrigen Sechs aber berieten, wie sie am besten den König bestimmen sollten. Und sie beschlossen zuerst, wenn einer von den Sieben König würde, Otanes und allen seinen Nachkommen erlesene Ehrengaben zu geben, Jahr für Jahr ein medisches Gewand und sonst alles, was bei den Persern als höchste Ehrung gilt. Und diese Ehrungen beschlossen sie deswegen, weil er die Sache als erster geplant und sie zusammengebracht hatte. Das war für Otanes besonders, für alle gemeinschaftlich aber machten sie aus, daß ein jeder von den Sieben freien Zutritt haben solle zum Königsschloß, wie's ihm beliebte, ohne Anmeldung, außer wenn der König grade bei einem Weibe schliefe, und daß der König keine Gemahlin wählen dürfe außer von den Töchtern der Mitverschworenen. Über die Königswürde aber faßten sie folgenden Beschluß: Sie wollten sich in der Vorstadt zu Pferde setzen, und wessen Pferd zuerst wiehern würde beim Aufgang der Sonne, der solle sie haben. 84

Dareios aber hatte einen Stallmeister, der war ein schlauer Mann, und sein Name war Oibares. An diesen Mann wandte sich Dareios, als sie auseinandergegangen waren, und sprach so zu ihm: «Oibares, wir haben beschlossen, mit der Königswürde zu verfahren wie folgt: Wir wollen uns zu Pferde setzen, und wessen Pferd zuerst wiehert bei Aufgang der Sonne, der soll die Königswürde haben. Bist du nun ein kluger Mann, so laß dir jetzt etwas einfallen und richte es ein, daß wir diese Würde bekommen und nicht ein anderer.» Oibares antwortet ihm: 85

«Wenn es denn, Herr, davon abhängt, ob du König wirst oder nicht, brauchst du dir darum keine Sorgen zu machen, sondern sei guten Muts, daß kein anderer eher König wird als du; dafür hab ich schon meine Arzneien.» Spricht Dareios: «Weißt du wirklich einen geeigneten Kunstgriff, dann ist's Zeit, ihn anzuwenden und nicht aufzuschieben, denn morgen früh wird es entschieden.» Wie Oibares das vernimmt, macht er folgendes. Als die Nacht kam, nahm er von den Stuten eine, der Dareios' Hengst am meisten zugetan war, die führte er vor die Stadt, band sie an und holte Dareios' Hengst dazu, und lange Zeit führte er ihn im Kreis um die Stute, ganz nahe, ließ ihn auch die Stute streifen, endlich aber ließ er den Hengst los und sie bespringen.

86 Als aber der Morgen dämmerte, waren die Sechs wie verabredet zur Stelle, auf ihren Pferden. Und sie ritten vor die Stadt und hin und her, und als sie an die Stelle kamen, wo in der vergangenen Nacht die Stute angebunden war, da lief Dareios' Hengst hinzu und wieherte. Und zur gleichen Zeit, als das Pferd das tat, kam ein Blitz aus heiterem Himmel und ein Donnerschlag. Diese Zeichen für Dareios gaben ihm die Weihe, da sie doch wie aus einer Vereinbarung der Götter kamen. Die andern aber sprangen ab von den Pferden und fielen vor Dareios nieder.

87 Die einen also erzählen, Oibares habe dieses Mittel verwandt, andere aber, das folgende – bei den Persern nämlich erzählt man's auf beide Arten –: Er rieb seine Hand an der Scheide der Stute und steckte sie dann in seine Hosen, und als sie beim Aufgang der Sonne die Pferde laufen ließen, zog Oibares die Hand heraus und hielt sie Dareios' Pferd an die Nüstern, und wie es das roch, schnob es und wieherte los.

88 Dareios, Hystaspes' Sohn, war also König, und es war ihm in Asien alles untertan außer den Arabern, alles was Kyros unterworfen hatte und später Kambyses. Die Araber aber sind

den Persern niemals in Knechtschaft untertan gewesen, sondern waren in Freundschaft verbunden, seit sie Kambyses durchgelassen hatten nach Ägypten; denn hätten die Araber es nicht gewollt, hätten die Perser Ägypten gar nicht angreifen können. Und die ersten Ehen schloß Dareios mit persischen Frauen, nämlich mit zwei Töchtern des Kyros, Atossa und Artystone; Atossa war schon die Frau ihres Bruders Kambyses gewesen und dann des Magers, Artystone aber war noch Jungfrau. Weiter heiratete er dann des Kyrossohns Smerdis Tochter, deren Name war Parmys, und nahm auch des Otanes Tochter, die den Mager entlarvt hatte.

Und seine Macht durchdrang alles. Da ließ er nun erst einmal ein Relief aus Stein fertigen und stellte es auf; darauf war abgebildet ein Mann zu Pferd, und dazu schrieb er eine Inschrift, die besagte: Dareios, der Sohn des Hystaspes, erwarb, im Verein mit dem Verdienst seines Pferdes – nun kam der Name – und seines Stallmeisters Oibares, die Königswürde der Perser.

Dies tat er in Persien, und dann richtete er zwanzig Provin- 89
zen ein, die bei ihnen Satrapien heißen. Und als er die Provinzen eingerichtet und Statthalter eingesetzt hatte, legte er Steuern fest, die ihm zu entrichten waren, Volk für Volk, und ordnete dabei den Völkern ihre Nachbarn zu und schlug über die angrenzenden Völker hinaus den fernen Völkern andere zu, die einen diesen und die andern jenen. Die Provinzen und die jährlichen Steuereingänge teilte er aber nach folgender Regelung ein: Die in Silber zahlten, mußten es nach babylonischem Gewicht entrichten, die in Gold zahlten, nach euböischem. Das babylonische Talent aber ist gleich achtundsiebzig euböischen Minen. Unter Kyros' Herrschaft nämlich und dann auch unter der des Kambyses gab es keine feste Regelung mit der Steuer, sondern sie entrichteten Geschenke. Wegen dieser genauen Regelung der Abgaben aber und anderer ähnlicher

Auflagen wegen sagen die Perser, daß Dareios ein Geschäftsmann war, Kambyses ein strenger Herr, Kyros aber ein Vater; der erste, weil er bei allem auf Geld und Gewinn sah, der zweite, weil er hart war und ohne Rücksicht, der dritte, weil er milde war und ihnen alles Gute zuwege gebracht hatte.

90 Von den Joniern nun und Magneten in Kleinasien und den Aiolern und Karern, Lykiern, Milyern und Pamphylern, denn diesen war zusammen eine Steuer auferlegt, kamen ein vierhundert Talente Silber. Dies war der erste Steuerbezirk, den er einrichtete. Von den Mysern aber und Lydern, Lasoniern, Kabaleern und Hytenneern fünfhundert Talente. Das war der zweite Bezirk. Bei den Hellespontiern aber zur Rechten der Einfahrt, den Phrygern, den Thrakern in Asien, den Paphlagonen, Mariandynern und Syriern betrug die Abgabe dreihundertsechzig Talente. Das war der dritte Bezirk. Bei den Kilikern aber dreihundertsechzig Schimmel, einer auf jeden Tag, und Silbertalente fünfhundert. Davon wurden einhundertvierzig verwandt für die Reiterei, die als Wache liegt im kilikischen Land, die übrigen dreihundertsechzig aber gingen
91 an Dareios. Das war der vierte Bezirk. Von der Stadt Posideion aber, die Amphilochos, der Sohn des Amphiaraos, gegründet hat an der Grenze zwischen Kilikien und Syrien, von da an bis nach Ägypten, ausgenommen das Land der Araber, denn das war ja steuerfrei, kamen ein dreihundertfünfzig Talente. In diesem Bezirk ist enthalten ganz Phönizien und von Syrien das, was man Palästina nennt, und Zypern. Das war der fünfte Bezirk. Von Ägypten aber und den Libyern, die an Ägypten grenzen, und von Kyrene und Barke, denn die waren dem ägyptischen Bezirk zugeordnet, gingen ein siebenhundert Talente, ohne das Geld, das vom See Moiris einkam aus der Fischerei, ohne dies also und das gelieferte Getreide waren es siebenhundert Talente, die eingingen; Getreide liefern sie nämlich auch, hundertzwanzigtausend Scheffel, an die Perser,

die in der weißen Burg in Memphis liegen, und deren Söldner.
Das war der sechste Bezirk. Die Sattagyden aber und Ganda-
rier, Dadiken und Aparyten, die in eins gerechnet wurden,
zahlten einhundertsiebzig Talente. Das war der siebente Be-
zirk. Susa aber und das übrige Land der Kissier dreihundert
Talente. Das war der achte Bezirk. Von Babylon aber und dem 92
übrigen Assyrien kamen ihm ein tausend Talente Silber und
fünfhundert verschnittene Knaben. Das war der neunte Be-
zirk. Von Agbatana aber und dem übrigen Medien, von den
Parikaniern und Orthokorybantiern vierhundertfünfzig Ta-
lente. Das war der zehnte Bezirk. Die Kaspier aber und Pau-
siken, Pantimather und Dareiten schossen zusammen und
führten zweihundert Talente ab. Das war der elfte Bezirk. Von
den Baktrianern aber bis zu den Aiglern betrug die Steuer drei-
hundertsechzig Talente. Das war der zwölfte Bezirk. Vom 93
Land der Paktyer aber und den Armeniern und den angren-
zenden Völkern bis hin zum Schwarzen Meer vierhundert Ta-
lente. Das war der dreizehnte Bezirk. Von den Sagartiern aber
und Sarangen, Thamanaiern, Utiern, Mykern und denen, die
auf den Inseln wohnen im Roten Meer, wohin der König die
sogenannten Vertriebenen schickt, von diesen allen war die
Steuer sechshundert Talente. Das war der vierzehnte Bezirk.
Die Saken aber und Kaspier führten ab zweihundertfünfzig
Talente. Das war der fünfzehnte Bezirk. Die Parther aber und
Chorasmier, Sogder und Areier dreihundert Talente. Das war
der sechzehnte Bezirk. Die Parikanier aber und asiatischen 94
Aithiopen führten ab vierhundert Talente. Das war der sieb-
zehnte Bezirk. Den Matienern aber und Saspeiren und Alaro-
diern waren zweihundert Talente auferlegt. Das war der acht-
zehnte Bezirk. Den Moschern aber und Tibarenern, Makronen,
Mossynoiken und Maren waren dreihundert Talente befohlen.
Das war der neunzehnte Bezirk. Die Zahl der Inder aber ist
unter den Menschen der ganzen Welt, soweit wir Kunde ha-

ben, die weitaus größte, und so auch ihre Steuer größer als die aller anderen, dreihundertsechzig Talente Goldstaub. Das war der zwanzigste Bezirk.

95 Rechnet man nun das babylonische Silber nach euböischen Talenten, so sind es neuntausend achthundert und achtzig Talente, und setzt man den Wert des Goldes auf das Dreizehnfache an, so kommt man beim Goldstaub auf viertausend sechshundert und achtzig euböische Talente. Zählt man beides zusammen, kommt man auf die Gesamtsumme von vierzehntausend fünfhundert und sechzig euböischen Talenten als jährliche Steuer für Dareios; dabei lass ich kleinere Abgaben beiseite und zähle sie gar nicht mit.

96 Das war die Steuer, die Dareios einnahm aus Asien und einem kleinen Teil von Libyen. Im Lauf der Zeit aber nahm er noch weitere Steuern ein, von den Inseln und den Völkern Europas bis hin nach Thessalien. Diese Abgaben hortet der König auf folgende Art: Er läßt alles einschmelzen und in irdene Krüge gießen und, ist das Gefäß voll, den Ton wegnehmen. Und wenn er Geld braucht, läßt er jeweils soviel abschlagen, wie er braucht.

97 Dies waren also die Provinzen und die auferlegten Steuern. Einzig das Perserland hab ich nicht mit aufgezählt unter den Abgabepflichtigen, denn die Perser nutzen ihr Land frei von allen Abgaben. Folgende aber waren nicht verpflichtet, Steuern zu zahlen, sondern brachten freie Gaben: die Aithiopen, die an Ägypten grenzen und die Kambyses bezwang auf seinem Zug gegen die langlebigen Aithiopen, und die, welche bei dem heiligen Nyse wohnen und dem Dionysos Feste feiern. Diese Aithiopen und die ihnen benachbarten haben einen Samenfluß gleich wie die indischen Kallantier, und ihre Wohnungen liegen unter der Erde. Diese beiden brachten Geschenke dar, jedes zweite Jahr, und bringen sie noch heutigentags, zwei Choinix geläuterten Goldes, zweihundert Stämme Ebenholz,

fünf aithiopische Knaben und zwanzig große Elefantenzähne. Auch die Kolcher haben sich ein Geschenk auferlegt, sie und ihre Nachbarn bis zum Gebirge Kaukasus – denn bis zu diesem Gebirge geht die Herrschaft der Perser, was aber vom Kaukasus weiter nach Norden wohnt, das kümmert sich nicht mehr um die Perser – diese Leute also entrichteten Geschenke, die sie sich selber auferlegt, und das bis zum heutigen Tag, alle fünf Jahre hundert Knaben und hundert Mädchen. Die Araber aber brachten tausend Talente Weihrauch, Jahr für Jahr. Dies sind die Leute und dies die Geschenke, die sie dem König bringen, und die kommen zu den Steuern hinzu.

Jenes viele Gold aber, davon sie dem König den erwähnten 98
Goldstaub bringen, gewinnen die Inder auf folgende Weise. Von Indien aus ist das Land nach Sonnenaufgang zu reiner Sand. Von den Menschen nämlich, von denen wir jedenfalls Kunde haben und Genaueres erzählt wird, wohnen am weitesten zur Morgenröte hin und zum Aufgang der Sonne in Asien die Inder; denn was östlich der Inder liegt, ist eine Wüste, wegen des Sandes. Es gibt aber viele Völker bei den Indern, und die haben nicht die gleiche Sprache, und die einen sind Nomaden, andere nicht, andere wieder wohnen in den Niederungen des Flusses und essen rohe Fische, die sie von Rohrbooten aus fangen; und so ein Boot wird aus der Länge eines Knotenstücks gemacht. Diese Inder tragen eine Kleidung aus Binsen; erst schneiden sie die Binsen im Fluß und klopfen sie weich, und dann flechten sie sie wie eine Matte und legen das an wie eine Art Panzer.

Andere Inder aber, die nach Osten zu wohnen, sind Noma- 99
den und essen rohes Fleisch und heißen Padaier. Von denen wird folgender Brauch berichtet: Wird einer ihrer Leute krank, sei's Weib, sei's Mann, so töten ihn, ist es ein Mann, die Männer, die seine nächsten Freunde sind, und sagen dazu, ihn zehre die Krankheit ab und das Fleisch verderbe ihnen; der strei-

tet's ab, er sei nicht krank, die aber lassen das nicht gelten, bringen ihn um und verzehren ihn. Wird aber ein Weib krank, machen es die Weiber, die ihr am nächsten stehen, ebenso, ganz wie die Männer. Und kommt nun wirklich einer hoch zu Jahren, schlachten sie ihn feierlich und verspeisen ihn. Doch bringen es nicht viele von ihnen soweit; denn schon vorher töten sie jeden, den Krankheit befällt.

100 Andre Inder haben eine andre Art, nämlich die: Sie töten nichts Lebendiges, sie säen nicht, haben nicht den Brauch, Häuser zu bauen, sondern sie nähren sich von Grünzeug, und bei ihnen gibt's etwas so groß wie Hirse, in Schoten, das wächst von selber aus dem Boden; das sammeln sie und kochen es und essen es mit den Schoten. Wer bei ihnen erkrankt, zieht sich zurück in die Einsamkeit und legt sich dort hin, und keiner kümmert sich um ihn, weder wenn er gestorben ist, noch wenn er krank ist.

101 Alle diese Inder, die ich nannte, begatten sich öffentlich wie das Vieh, und haben alle die gleiche Farbe, dieselbe wie die Aithiopen. Und ihr Same, den sie von sich geben bei den Weibern, ist nicht hell wie bei andern Menschen, sondern dunkel wie ihre Haut; solchen Samen haben auch die Aithiopen.

102 Andere Inder aber sind der Stadt Kaspatyros und dem Land der Paktyer benachbart und wohnen nördlich der andern Inder, und die haben fast dieselbe Lebensweise wie die Baktrier. Das sind auch die streitbarsten unter den Indern, und sie sind es auch, die nach dem Gold ausziehen. Denn in dieser Gegend liegt sandige Wüste. In dieser Wüste und diesem Sande nun gibt es Ameisen, kleiner als Hunde, aber größer als Füchse. Es gibt nämlich solche Exemplare beim Perserkönig, die erlegt und dorthin gebracht sind. Diese Ameisen machen sich einen Bau unter der Erde und schaffen den Sand nach oben, wie die Ameisen, die sich im Hellenenland finden, auf dieselbe Art, und sehen auch ganz ähnlich aus. Der heraufgeschaffte Sand

nun ist goldhaltig. Nach diesem Sand ziehen die Inder aus in die Wüste, wobei jeder drei Kamele zusammenschirrt, an beiden Seiten einen Hengst am Leitseil, in der Mitte eine Stute; auf der reitet er, und dazu nimmt er möglichst eine, die ein ganz junges Füllen daheim läßt. Ihre Kamele sind übrigens ebenso schnell wie Pferde, Lasten tragen aber können sie viel besser. – Wie ein Kamel aussieht, das beschreibe ich nicht, da 103
die Hellenen es kennen. Was aber bei ihnen nicht so bekannt ist, das will ich sagen. An den Hinterbeinen hat das Kamel je zwei Schenkel und zwei Knie, das Glied aber zwischen den Hinterbeinen ist dem Schwanz zugekehrt.

Die Inder nun, wenn sie auf diese Weise ihre Kamele zusam- 104
mengeschirrt haben, ziehen aus nach dem Gold und berechnen dabei, daß sie zur Zeit der brennendsten Hitze bei der Beute sind; denn vor der Hitze verschwinden die Ameisen in der Erde. Am heißesten aber brennt die Sonne früh am Morgen, nicht wie bei andern mittags, sondern sie steht über ihnen bis zur Zeit, da man den Markt verläßt. In dieser Zeit aber brennt sie viel ärger als mittags in Hellas, so daß die Leute dort, wie man erzählt, die Zeit über im Wasser stehen. Des Mittags aber ist bei den Indern die Hitze ähnlich wie bei andern Menschen, nach Mittag ist die Sonne wie anderswo morgens. Von da an kühlt sich's mehr und mehr ab, bis sie untergeht, dann wird's sehr frisch. Wenn nun die Inder an die Stelle kommen, 105
mit Ledersäcken ausgerüstet, füllen sie die mit dem Sand und reiten schleunigst wieder zurück. Denn die Ameisen merken es am Geruch, wie jedenfalls die Perser erzählen, und sind hinter ihnen her, und sie wären so schnell wie nichts anderes, so daß, wenn die Inder nicht einen Vorsprung gewönnen, während die Ameisen sich sammeln, keiner von ihnen davonkäme. Die Kamelhengste nun, die nicht so gut liefen wie die Stuten, würden dann locker gelassen und ließen sich ziehen, doch nicht beide zugleich; die Stuten aber dächten an ihre Füllen

daheim und ließen nicht nach. Auf diese Weise gewinnen die Inder den größten Teil ihres Goldes, wie die Perser sagen. Es wird aber auch welches im Lande gegraben, wiewohl in kleinerer Menge.

106 Überhaupt kann man sagen, die Ränder der bewohnten Welt haben besonders schöne Dinge als Anteil erhalten, gleich wie Hellas bei weitem die beste Mischung der Jahreszeiten erhalten hat. Denn einmal liegt gegen Morgen am Rande Indien, wie ich kurz zuvor gesagt. Hier nun sind einmal die Tiere, Vierfüßer wie geflügelte, viel größer als in den andern Gegenden, die Pferde ausgenommen, denn die werden darin übertroffen von den medischen, die man die Nesaiischen nennt, zum andern gibt's dort unendlich viel Gold, das zum Teil gegraben, zum Teil von Flüssen herabgeführt, zum Teil, wie ich angab, erbeutet wird. Dann tragen dort wild wachsende Bäume als Frucht eine Wolle, die an Schönheit und Güte die Schafwolle übertrifft, und die Inder tragen Kleider aus dieser Baumwolle.

107 Gegen Mittag wiederum liegt Arabien am Rand der bewohnten Länder, und hier allein und sonst nirgends wächst Weihrauch und Myrrhe und Kasia und Zimtholz und Ledanon. Das alles, außer der Myrrhe, gewinnen die Araber nicht ohne Mühe. Um den Weihrauch zu sammeln, räuchern sie mit dem Harz des Styraxstrauches, das die Phönizier nach Hellas ausführen, das lassen sie verdampfen und können nun sammeln. Denn diese Bäume, die den Weihrauch tragen, werden bewacht von geflügelten Schlangen, klein von Gestalt und bunt von Ansehen und sehr viele an jedem Baum, und die sind es, die in Ägypten einfallen. Und man bekommt sie gar nicht anders von den Bäumen weg als mit dem Qualm des Styrax.

108 Die Araber sagen auch, die ganze Erde würde mit diesen Schlangen überschwemmt, wenn es nicht so mit ihnen ginge

wie meines Wissens mit jenen Nattern. Auch hat ja, kann man sagen, die göttliche Vorsehung, wie es naheliegt, da sie ja weise ist, die furchtsamen und zugleich eßbaren Tiere alle miteinander sehr fruchtbar gemacht, damit sie nicht aussterben, wenn sie verzehrt werden, die schlimmen aber und schädlichen wenig fruchtbar. So auf der einen Seite der Hase, weil alles auf ihn Jagd macht, Raubtier, Vogel und Mensch, darum ist er sehr fruchtbar. Er ist das einzige unter allen Tieren, das mehrmals empfängt, und eins von den Jungen im Mutterleib hat schon Haare, eins ist noch kahl, eins bildet sich eben in der Gebärmutter, eins aber wird neu empfangen. So steht es also auf dieser Seite, die Löwin aber, das stärkste und mutigste Tier, wirft nur einmal im Leben und ein Junges; denn wenn sie gebiert, geht mit dem Jungen auch die Gebärmutter ab. Der Grund dafür ist der: Wenn das Junge in der Mutter sich zu regen beginnt, und es hat ja von allen Tieren die schärfsten Krallen, dann kratzt es an der Gebärmutter, und wie es nun wächst, zerkratzt es sie mehr und mehr, und dann steht die Geburt bevor und an der Gebärmutter ist nichts mehr heil.

So ist es auch mit einigen Nattern und den geflügelten 109
Schlangen in Arabien. Wenn sie entständen, wie ihre Natur es ihnen erlaubt, dann könnten die Menschen nicht mehr bestehen. Nun aber, wenn sie sich paaren und das Männchen grade dabei ist und den Samen ausstößt, packt das Weibchen es am Hals und beißt sich fest und läßt nicht los, bis es ihn durchgebissen hat. Das Männchen stirbt also auf die besagte Art, das Weibchen aber hat Buße zu zahlen für das Männchen, und zwar so: Die Kinder rächen ihren Vater noch im Mutterleib und beißen sich durch die Mutter, und wenn sie sich durchgefressen haben durch ihren Leib, haben sie so ihren Ausschlupf. Die übrigen Schlangen aber, die den Menschen nicht schädlich sind, legen Eier und brüten eine ganze Masse Junge

aus. Schlangen gibt es nun auf der ganzen Erde, die geflügelten aber sind alle beisammen in Arabien und nirgendwo sonst. Darum sieht es auch so aus, als ob es sehr viele wären.

110 Den Weihrauch also, von dem die Rede war, gewinnen die Araber auf jene Weise, die Kasia aber auf diese: Erst binden sie den ganzen Leib in Rinderfelle und andere Häute ein und auch das Gesicht, bis auf die Augen, und dann ziehen sie los nach der Kasia. Die wächst in einem See, der ist nicht sehr tief, aber um ihn und in ihm hausen geflügelte Tiere, am ehesten Fledermäusen vergleichbar, und die schwirren entsetzlich und sind äußerst angriffslustig. Die müssen sie abwehren von ihren Augen und so die Kasia pflücken.

111 Das Zimtholz Kinamomon sammeln sie auf noch seltsamere Art. Wo es nämlich wächst und welches das Land ist, das es hervorbringt, das können sie nicht sagen. Nur daß manche sagen, und das ist gut möglich, es wachse in den Gegenden, wo Dionysos aufgezogen ist. Große Vögel aber, sagen sie, bringen diese dürren Stengel, die wir Kinamomon nennen, wie wir's von den Phöniziern gelernt, die Vögel bringen sie also zu ihren Nestern, die aus Lehm sind und an steile Felsen angeklebt, wohin kein Mensch steigen kann. Hierfür hätten die Araber sich nun folgenden Trick ausgedacht: Rinder und Esel, die verendet sind, und anderes Vieh zerlegen sie in möglichst große Stücke und schaffen es in jene Gegend und legen es aus in der Nähe der Nester, und dann gehen sie weit weg. Die Vögel aber fliegen herab und holen die Stücke hoch zu den Nestern, die aber können das nicht tragen und brechen ab und fallen herunter, und sie kommen herzu und sammeln. Das so gesammelte Zimtholz kommt dann von diesen in die anderen Länder.

112 Mit dem Ledanon aber, das die Araber Ladanon nennen, geht es noch wunderlicher zu; denn es kommt vom Stinkendsten und riecht am besten. Es findet sich nämlich am Bart der

Ziegenböcke, wo es sich bildet wie Harz am Holz. Es wird zu vielen Salben gebraucht, und damit räuchern die Araber am liebsten.

Aber nun genug von Gerüchen und Rauch, doch geht von 113 arabischen Landen ein Duft aus, wunder wie süß. Und zwei Arten Schafe gibt's bei ihnen, die schon erstaunlich sind und nirgendwo anders vorkommen. Die eine hat Schwänze drei Ellen lang und nicht weniger, und ließe man sie die schleppen, gäb's Wunden, wenn sich die Schwänze an der Erde reiben. Nun aber versteht ein jeder Hirt von Holzarbeit genug dafür. Sie zimmern nämlich Wägelchen und binden sie unter die Schwänze, und zwar binden sie den Schwanz jedes einzelnen Tieres auf je ein Wägelchen. Die andre Art Schafe aber trägt die breiten Schwänze, und das bis zu einer Elle.

Wo sich der Mittag neigt, erstreckt sich gegen Sonnenun- 114
tergang zu Aithiopien am Rande der bewohnten Welt. Dies bringt Gold in Fülle und gewaltige Elefanten und allerlei wilde Bäume und Ebenholz und Menschen, die größten und schönsten und langlebigsten.

Dies wären die Ränder der Welt in Asien und auch in Li- 115
byen. Über ihre Ränder in Europa gegen Abend zu kann ich Genaueres nicht sagen. Denn daß es da einen Fluß gibt, den die Barbaren Eridanos nennen und der sich ergießt in das nördliche Meer, woher auch der Bernstein kommen soll, dem kann ich jedenfalls nicht beipflichten, und auch von dem Vorhandensein der Zinninseln weiß ich nichts, von denen das Zinn zu uns kommt. Denn einmal steht schon der Name Eridanos in Verdacht, daß er hellenisch ist und nicht fremdländisch und von irgendeinem Dichter erdichtet ist. Zum andern vermag ich, trotz aller Mühe, von keinem, der es selbst gesehn, zu erfahren, wie es steht mit dem Meer jenseits von Europa. Das Zinn freilich kommt von dem äußersten Ende
zu uns und auch der Bernstein. Im Norden von Europa ist sehr 116

viel Gold, das ist deutlich; wie es aber gewonnen wird, das kann ich auch nicht mit Bestimmtheit sagen, man erzählt aber, daß es den Greifen weggenommen wird von den Arimaspen, Leuten mit einem Auge. Aber auch das laß ich mir nicht einreden, daß es Menschen gibt mit einem Auge, sonst aber ganz der gleichen Art wie andere Menschen. – Immerhin steht das eine fest, daß die Länder am Rand, die rings an das übrige Land grenzen und es in sich einschließen, das was uns das Schönste scheint und das Seltenste, daß sie das besitzen.

117 Es gibt aber eine Ebene in Asien, von allen Seiten von Gebirge eingeschlossen, und dieses Gebirge hat fünf Schluchten. Diese Ebene gehörte einstmals den Chorasmiern und grenzt an eben diese Chorasmier und die Hyrkanier, Parther, Sarangen und Thamanaier. Seitdem aber die Perser die Obergewalt haben, gehört sie dem König. Von dem einschließenden Gebirge kommt nun ein großer Fluß, sein Name ist Akes. Dieser teilte sich vormals in fünf Arme und bewässerte die Länder der eben genannten Völker, denn jeder floß durch eine der Schluchten zu einem Volk. Seit sie aber unter den Persern stehen, ist es ihnen folgendermaßen ergangen. Der König versperrte die Bergschluchten und setzte in jeden Damm einen verschließbaren Durchgang, und da nun dem Wasser der Ausweg versperrt ist, wird die Ebene innerhalb der Berge ein großer See, denn der Fluß strömt hinein, hat aber nirgends einen Austritt. Diese Leute aber, die früher gewohnt waren, über das Wasser zu verfügen, haben es nun nicht mehr zur Verfügung, und so sind sie in großer Verlegenheit. Denn den Winter über schickt ihnen der Gott Regen, wie auch den andern Menschen, im Sommer aber mangelt ihnen für ihre Aussaat von Hirse und Sesam das Wasser. Wenn man ihnen nun nichts abgibt von dem Wasser, ziehen sie zu den Persern, sie und ihre Frauen, und stellen sich auf vor den Türen des Königs und schreien und klagen, der König aber gibt Befehl, für die, die

dessen am meisten bedürfen, die Tore zu öffnen, die zu ihnen führen. Wenn aber ihr Land sich satt getrunken hat am Wasser, werden diese Tore wieder geschlossen, andere aber befiehlt er zu öffnen, für andere, die dessen dann am meisten bedürfen. Wie ich mir aber habe sagen lassen, fordert er viel Geld fürs Öffnen, und das außer den Abgaben. So steht es also damit.

Von den sieben Männern aber, die den Mager gestürzt hat- 118
ten, fand alsbald einer, Intaphrenes, sein Ende, einer Anmaßung wegen, nicht lang nach dem Umsturz. Und das kam so. Er wollte Einlaß haben in das königliche Schloß, um mit dem König etwas zu besprechen. Denn so hatten sie es fest abgemacht, daß jeder der Mitverschworenen freien Zugang hatte zum König, ohne Anmeldung, es sei denn, der König liege bei einer seiner Frauen. Intaphrenes also hielt es nicht für angebracht, daß jemand ihn anmelde, sondern weil er zu den Sieben gehörte, wollte er ohne weiteres eintreten. Aber der «Hüter der Pforte» und der «Botschafter» ließen es nicht zu und sagten, der König liege bei einer Frau. Intaphrenes aber glaubt, sie lügen ihm etwas vor, und verfährt so: Er zieht seinen kurzen Säbel und schneidet ihnen Ohren und Nase ab und hängt sie an die Zügel seines Pferdes, legt ihnen diese um den Hals
und läßt sie dann laufen. Sie aber zeigten sich dem König und 119
sagten ihm die Ursache, warum sie so zugerichtet wären. Dareios aber argwöhnte, die Sechs hätten sich verabredet zu solchem Tun, und ließ sie also kommen, einen nach dem andern, und suchte ihre Meinung zu erfahren, ob sie einverstanden seien mit der Tat. Als er aber fand, daß der das ohne sie getan hatte, ließ er Intaphrenes ergreifen und seine Söhne und männlichen Anverwandten, denn er hatte den starken Verdacht, jener bereite mit Unterstützung seiner Sippe eine Empörung gegen ihn vor. Als er sie also ergriffen hatte, legte er sie ins Gefängnis zur Hinrichtung.

Intaphrenes’ Weib aber kam jeglichen Tag vor des Königs Türen und klagte und jammerte, und wie sie nicht abließ damit, brachte sie es so weit, daß Dareios sich ihrer erbarmte, und er sandte einen Boten und sprach: «Frau, König Dareios gewährt dir, einen deiner gefangenen Angehörigen freizubekommen, welchen du willst von allen.» Sie aber besann sich und gab dann folgende Antwort: «Wenn mir also der König das Leben eines einzigen schenkt, so wähle ich von allen meinen Bruder.» Als Dareios das erfuhr, wunderte er sich sehr über das Wort und sandte hin und sprach: «Frau, es fragt dich der König, welche Überlegung es ist, die dich deinen Mann und deine Kinder preisgeben und deinen Bruder wählen läßt, daß *er* dir am Leben bleibt, der dir doch ferner steht als deine Kinder und nicht so teuer ist wie dein Mann.» Sie antwortete: «Hoher König, einen Mann kann ich wieder bekommen, so Gott will, und auch weitere Kinder, wenn ich diese verlieren soll; da aber mein Vater und meine Mutter nicht mehr leben, kann ich nie wieder einen Bruder bekommen.» Das war die Überlegung, die sie so sprechen ließ. Dareios nun schien das wohl gesprochen von der Frau, und er ließ den frei, um den sie gebeten, und dazu den ältesten ihrer Söhne, solche Freude hatte er an ihr, die andern aber brachte er alle um. Einer von den Sieben also kam gleich anfangs ums Leben auf besagte Art.

120 Schon um die Zeit aber, da Kambyses krank war, trug sich folgendes zu. Von Kyros eingesetzt war Statthalter in Sardes Oroites, ein Perser. Der bekam Lust zu einer Tat, die abscheulich war. Denn obwohl Polykrates aus Samos ihm nichts getan noch leichtfertig über ihn geredet, ja er ihn nie zuvor gesehen hatte, so bekam er dennoch Lust, ihn zu fangen und umzubringen, und das, wie die meisten erzählen, wohl aus folgendem Grunde. An des Großkönigs Pforte saßen einmal Oroites und ein anderer Perser, der hieß Mitrobates, Herr des Bezirks

von Daskyleion, diese kamen also vom Reden ins Streiten und gerieten aneinander; und wie sie sich maßen in ihrer Tüchtigkeit, sprach Mitrobates höhnend zu Oroites: «Du willst also als Mann zählen und hast dem König die Insel Samos, die vor der Tür deiner Herrschaft liegt, nicht zugebracht, die doch so leicht zu bezwingen ist, wo so ein Einheimischer, der mit ganzen fünfzehn Bewaffneten einen Aufstand machte, sie in die Hand bekam und jetzt ihr Herr ist.» Die einen erzählen also, als er das hörte, sei ihm der Vorwurf durchs Herz gegangen und das Begehren aufgestiegen, nicht etwa Rache zu nehmen an dem, der ihn geschmäht, als vielmehr Polykrates auf alle Weise zu verderben, dessentwegen er verhöhnt war. Einige 121
wenige aber erzählen, Oroites habe einen Herold nach Samos gesandt mit irgendeinem Ersuchen – denn worum es ging, wird nicht erzählt –, und Polykrates habe grade im Saal auf seinem Ruhebett gelegen, und Anakreon von Teos sei auch dagewesen. Und tat er's nun mit Absicht und wollte zeigen, wie wenig ihm Oroites' Macht bedeutete oder fügte es ein Zufall so – Oroites' Herold nämlich trat ein und richtete seinen Auftrag an ihn, und Polykrates – er lag nämlich grad mit dem Gesicht zur Wand – kehrte sich nicht um und gab keine Antwort. Das sind also die beiden Ursachen, die man vom 122
Tod des Polykrates erzählt, und von ihnen kann jeder die annehmen, die ihm paßt.

Oroites nun, der damals seinen Sitz in Magnesia hatte, das oberhalb des Flusses Maiandros liegt, sandte Myrsos, Gyges' Sohn, einen Lyder, nach Samos mit einer Botschaft; denn er hatte bemerkt, was Polykrates im Sinn hatte. Polykrates ist nämlich unseres Wissens der erste unter den Hellenen, der seinen Sinn auf die Herrschaft zur See richtete. Von Minos in Knossos kann man absehen und wenn sonst noch einer vor diesem über die See herrschte; unter denen aber, von denen man bloß als Menschen berichtet, ist Polykrates der erste, und er hegte große Hoffnungen, über Jonien und die Inseln zu herrschen. Als also Oroites bemerkte, daß er das im Sinne hatte, sandte er eine Botschaft und sprach: «Oroites spricht zu Polykrates also: Ich höre, daß du große Dinge vorhast, deine Mittel aber nicht deinen Gedanken entsprechen. Tu du nun, wie ich sage, und du wirst dich stark machen und zugleich mich retten. Denn mir trachtet König Kambyses nach dem Leben, und davon habe ich ganz sichere Nachricht. Bring mich nun hier heraus, mich selbst und meine Schätze, und behalte du dann einen Teil davon, den Rest aber laß mich behalten, und soweit es am Geld liegt, wirst du Herr werden über ganz Hellas. Wenn du mir aber das mit den Schätzen nicht glauben willst, schick einen, dem du besonders vertraust, ihm will ich sie zeigen.»

123 Als Polykrates das hörte, freute er sich und war bereit. Und wie sollte er nicht, sehnte er sich doch sehr, Mittel in Fülle zu haben. Zuerst entsandte er zur Einsichtnahme Maiandrios, Maiandrios' Sohn, einen der Bürger, der sein Schreiber war. Der war es auch, der nicht lange darauf den Schmuck, den aus dem Saal des Polykrates, und der war das Sehen wert, insgesamt als Weihgabe im Heiligtum der Hera aufstellte. Als aber Oroites erfuhr, daß der Kundschafter zu erwarten war, tat er wie folgt: Er füllte Truhen mit Steinen bis hart unter den Rand, oben aber über die Steine legte er Gold, band dann die Truhen zu und hielt sie bereit. Maiandrios aber kam und schaute und meldete es Polykrates.

124 Der aber, so sehr die Seher abrieten, so sehr die Freunde, rüstete sich, selber hinzureisen, obgleich nun auch noch seine Tochter solch ein Traumgesicht hatte: Ihr schien, der Vater schwebe hoch in der Luft und werde gebadet von Zeus und gesalbt von der Sonne. Weil sie dieses Gesicht gesehen, wandte sie alles auf, daß Polykrates nicht zu Oroites reiste, ja als er schon an Bord des Fünfzigruderers ging, rief sie ihm

ahnungsvolle Worte nach. Er aber drohte ihr, käme er gesund zurück, sollte sie lange warten mit der Heirat. Und sie betete darum, daß es so komme; wolle sie doch lieber lange unverheiratet bleiben als den Vater verlieren.

Aber Polykrates mißachtete jeden guten Rat und fuhr zu 125
Oroites, und hatte bei sich viele seiner Genossen, und darunter auch Demokedes, Kalliphons Sohn, aus Kroton, der ein Arzt war und diese Kunst geschickter betrieb als alle seiner Zeit. Aber als Polykrates nach Magnesia kam, fand er ein schmähliches Ende, unwürdig des Mannes und seiner stolzen Gedanken. Denn außer den Tyrannen von Syrakus ist nicht einer von den andern griechischen Herren wert, mit Polykrates verglichen zu werden an Großzügigkeit und Glanz. Und als Oroites ihn eines Todes hatte sterben lassen, den ich nicht erzählen mag, hängte er ihn ans Kreuz. Aus seinem Gefolge aber ließ er die Samier gehen und verlangte, sie sollten ihm Dank wissen, daß sie nun freie Leute seien, alle Fremden aber und Diener aus dem Gefolge erklärte er zu Sklaven und behielt sie. Polykrates aber, da er am Kreuz hing, erfüllte alles, was seine Tochter gesehen; denn er wurde gebadet von Zeus, wenn es regnete, gesalbt von der Sonne, indem aus seinem eignen Leib der Saft austrat. Ein solches Ende nahm es mit Polykrates' großem Glück, so wie es Amasis, der König Ägyptens, ihm vorausgesagt.

Nicht lange danach ereilte auch Oroites das Verderben, 126
zur Vergeltung für Polykrates. Denn als Kambyses gestorben war und die Mager das Königreich hatten, blieb Oroites ruhig in Sardes und tat nichts für die Perser, als ihnen die Meder die Herrschaft entrissen hatten. Sondern in dieser Unruhe brachte er den Mitrobates um, den Statthalter in Daskyleion, der ihn geschmäht hatte wegen des Polykrates, und brachte um des Mitrobates Sohn Kranaspes, beide angesehene Männer unter den Persern, und beging noch sonst Übergriffe und

Gewalttaten aller Art; so ließ er auch einem Sendboten, den Dareios zu ihm gesandt hatte, bei der Rückkehr, da ihm die Botschaft nicht paßte, am Wege auflauern, ihn umbringen und dann samt dem Pferde verschwinden.

127 Als aber Dareios die Herrschaft in der Hand hatte, verlangte ihn, Oroites zu züchtigen für alle seine Übeltaten, besonders aber wegen des Mitrobates und seines Sohns. Geradewegs ein Heer gegen ihn zu senden, schien ihm nicht ratsam, da alles noch in Gärung und er eben erst König geworden war und, wie er erfuhr, die Macht, über die Oroites gebot, groß war; nämlich tausend Perser waren bei ihm als Leibwache, und in seiner Hand lag der phrygische und lydische und jonische Bezirk. Darum also dachte Dareios sich nun etwas anderes aus. Er rief die angesehensten Perser zusammen und sprach so zu ihnen: «Ihr Perser, wer von euch nimmt's auf sich und kann mir diese Sache durchführen mit Klugheit, ohne Gewalt und viele Leute? Denn wo es auf Klugheit ankommt, hat Gewalt nichts zu schaffen. Wer von euch will mir also Oroites entweder lebendig herschaffen oder töten? Den Menschen, der unserer Sache nie genützt, wohl aber viel geschadet hat. Nicht nur hat er zwei von uns beseitigt, Mitrobates und dessen Sohn, sondern er tötet auch Leute, die ihn vorladen und von mir entsandt sind. Solche Anmaßung ist doch nicht zu ertragen. Ehe er also den Persern ein noch größeres Unheil zu-
128 fügt, müssen wir ihn fassen und töten.» So stellte Dareios seine Frage, von den Persern aber erboten sich dreißig Männer, jeder gewillt, das allein durchzuführen. Und wie sie darum stritten, machte Dareios dem ein Ende und hieß sie losen. Und wie sie losen, zieht von ihnen allen das Los Bagaios, Artontes' Sohn. Und als Bagaios es gezogen, macht er folgendes: Er ließ Briefe schreiben, eine ganze Reihe und über eine Reihe von Angelegenheiten, und drückte Dareios' Siegel darauf, und dann ging er mit diesen nach Sardes. Und als er dort angelangt

und vor Oroites getreten war, holte er von den Briefen einen nach dem andern hervor und gab ihn dem königlichen Schreiber zum Verlesen; alle Statthalter haben nämlich solche königlichen Schreiber bei sich. Bagaios übergab aber die Briefe, um die Leibgarde zu prüfen, ob sie wohl eingehen würde auf einen Abfall von Oroites. Und als er sah, daß sie große Ehrfurcht hatten vor den Briefen und noch mehr vor den Worten, die aus ihnen verlesen wurden, übergibt er einen weiteren, der enthielt die folgenden Worte: «Ihr Perser, euer König Dareios verbietet euch, Oroites weiter zu dienen.» Als sie das vernahmen, legten sie ihre Lanzen ab. Und als Bagaios sah, daß sie dem Erlaß so gehorsam waren, wurde er zuversichtlich, und da übergab er nun dem Schreiber einen letzten Brief, in dem geschrieben stand: «König Dareios gebietet den Persern zu Sardes, Oroites zu töten.» Die Leibwächter aber, wie sie das hören, ziehen ihre Schwerter und töten ihn auf der Stelle. So ereilte den Perser Oroites zur Vergeltung für Polykrates aus Samos das Verhängnis.

Als nun alles Hab und Gut des Oroites nach Susa geschafft 129
und dort war, geschah's nicht lange danach, daß König Dareios sich den Fuß verrenkte, als er bei einer Jagd auf wilde Tiere vom Pferde sprang. Und die Verrenkung war recht schlimm, der Knöchel war nämlich aus dem Gelenk gesprungen. Da er nun auch zuvor schon immer ägyptische Ärzte, und zwar die, die für die Besten in ihrer Kunst galten, bei Hof hatte, zog er diese hinzu. Die aber wandten Gewalt an und drehten am Fuß und machten das Übel nur noch schlimmer. Sieben Tage und sieben Nächte fand Dareios vor Schmerzen keinen Schlaf, am achten Tag aber, als es ihm recht schlecht ging, läßt jemand, der schon vorher in Sardes hatte reden hören von der Kunst des Demokedes aus Kroton, dem Dareios das melden. Und der befahl, man solle ihn schleunigst zu ihm bringen. Und als sie ihn herausgefunden hatten unter den Sklaven des

Oroites, wo er vergessen und verkommen war, führten sie ihn an den Hof vor den König, und er schleppte die Fesseln mit
130 sich und war mit Lumpen bekleidet. Als er nun dastand inmitten der andern, befragte ihn Dareios, ob er sich auskenne in der Kunst. Er aber wollte sich nicht dazu bekennen, denn er fürchtete sehr, wenn er sich zu erkennen gebe, würde er Hellas niemals wiedersehen. Dareios aber wurde bald klar, daß er sie wohl verstand und sich nur mit List verstellte, und befahl denen, die ihn vorführten, Geißeln und Stacheln herbeizuschaffen. Da gibt er sich denn zu erkennen, sagt aber, gründlich beherrsche er die Kunst zwar nicht, habe aber mit einem Arzt Umgang gehabt und wisse so ein wenig davon. Darauf, als Dareios sich ihm anvertraute, wandte er hellenische Heilmittel an und brauchte sanfte nach den gewaltsamen und erreichte es, daß der König wieder Schlaf fand, und nach kurzer Zeit hatte er ihn, der schon ohne Hoffnung war, jemals wieder richtig auftreten zu können, gesund gemacht. Danach beschenkt ihn nun Dareios mit zwei Paar goldener Fesseln. Der aber fragte ihn, ob er denn nun erst recht sein Unglück verdoppeln wolle, als Lohn dafür, daß er ihn gesund gemacht. Und Dareios freut sich über dies Wort und sendet ihn zu seinen Frauen. Und die Eunuchen, die ihn einführten, sagten zu den Frauen, das sei der Mann, der dem König das Leben wiedergeschenkt habe. Und eine jede von ihnen schöpfte mit einer Schale tief in ihrer Lade voll Gold und schenkte sie ihm, und so gehäuft war das Geschenk, daß der Diener, der hinter ihm herging – Skiton war sein Name – und die Goldstücke, die von den Schalen fielen, auflas, sich einen stattlichen Goldhaufen zusammenlas.

131 Dieser Demokedes war aber auf folgende Weise von Kroton zum Gefolge des Polykrates gekommen. Er lebte in Kroton in Unfrieden mit seinem Vater, der von harter und heftiger Gemütsart war. Als er es mit seinem Vater nicht länger aushalten

konnte, verließ er die Heimat und ging fort nach Aigina. Dort ließ er sich nieder und überragte schon im ersten Jahr die Ärzte dort, obwohl er ohne Ausstattung war und keins von all den Instrumenten besaß, die zur Ausübung der Kunst gehören. Und im zweiten Jahr setzen ihm die Aigineten von Staats wegen einen Lohn von einem Talent aus, im dritten die Athener einen von hundert Minen, im vierten Jahr Polykrates einen von zwei Talenten. So kam er nach Samos. Und nicht zum wenigsten mit diesem Mann festigte sich der Ruhm der Ärzte aus Kroton. Denn das geschah zu der Zeit, als die Ärzte aus Kroton schon im Rufe standen, die besten zu sein, die zweitbesten aber die aus Kyrene. Zur gleichen Zeit aber hatten die Argeier den Ruf, in der Musik die Ersten zu sein.

Damals nun in Susa, als er Dareios geheilt hatte, besaß De- 132
mokedes ein sehr großes Haus und speiste an des Königs Tafel, und außer dem einen, daß er gern heimgekehrt wäre zu den Hellenen, ging ihm sonst nichts ab. Und zum einen rettete er die ägyptischen Ärzte, die den König zuvor behandelt hatten und nun am Pfahl sterben sollten, weil sie von einem hellenischen Arzt geschlagen waren, diese rettete er durch seine Fürsprache beim König; zum andern rettete er einen Seher aus Elis, der im Gefolge des Polykrates gewesen und unter den Sklaven vergessen und verkommen war. Kurz, Demokedes galt beim König alles.

Ein wenig später geschah nun das Folgende. Atossa, Kyros' 133
Tochter und Dareios' Frau, bekam ein Geschwür an der Brust, das brach dann auf und fraß um sich. Solang es nun noch harmlos war, verbarg sie es und sagte, denn sie schämte sich, keinem Menschen davon, als es aber schlimmer wurde, ließ sie Demokedes rufen und zeigte es ihm. Und der verspricht, sie gesund zu machen, läßt sie aber schwören, daß sie ihm als Gegendienst gewähren wolle, worum er sie bitten werde,

er werde indes nichts bitten, dessen sie sich zu schämen hätte.

134 Als sie darauf durch seine Mittel geheilt und wieder gesund war, da richtete nun Atossa, wie Demokedes es ihr angegeben, auf dem Lager folgende Worte an Dareios: «Mein König, so groß ist deine Macht und du sitzt still und erwirbst den Persern kein Volk dazu und keine neue Macht. Es gehört sich aber, daß ein Mann, der noch jung ist und großer Mittel Herr, hervortritt und etwas Großes vollbringt, damit auch die Perser wirklich merken, daß ihr Herrscher ein Mann ist. Aus zwei Gründen solltest du solches tun, einmal, damit die Perser wissen, daß ein Mann an ihrer Spitze steht, zum andern, damit sie ihre Kräfte für die Mühen des Krieges brauchen und nicht im Müßiggang auf Unruhe sinnen gegen dich. Und jetzt wär's auch die Zeit, eine Tat zu vollbringen, solange du jung bist an Jahren; denn nimmt der Körper zu, nehmen zu auch die geistigen Kräfte, altert er aber, altern auch sie und werden stumpf zu allen Unternehmungen.» Sie also sagte dieses, so wie es ihr angegeben war, er aber erwiderte: «Frau, all das, was du da sagst, hab ich mir schon selber vorgenommen; denn ich habe mich entschlossen, ein Brücke zu schlagen von diesem Festland zu jenem Festland und dann gegen die Skythen zu ziehen. Und das wird bald vollbracht sein.» Spricht Atossa zu ihm: «Weißt du, das solltest du lassen, zuerst gegen die Skythen zu ziehn. Denn die werden dein sein, wann du willst. Nein, zieh lieber gegen Hellas. Denn ich möchte gern, weil ich soviel davon gehört, Frauen aus Sparta zu meinen Dienerinnen haben und aus Argos und Attika und aus Korinth. Hast du doch den Mann, geeigneter als sonst jemand, dir alles und jedes in Hellas zu zeigen und dich zu führen, nämlich den, der dir den Fuß geheilt hat.» Dareios antwortet: «Frau, wenn du denn meinst, wir sollten es zuerst mit Hellas versuchen, so halte ich's doch für besser, erst einmal einige von meinen Per-

sern zusammen mit dem, den du nennst, als Kundschafter zu ihnen zu schicken; die sollen dort jegliches erkunden und besehen und mir alles melden; und dann, wenn ich gut unterrichtet bin, will ich mich gegen sie wenden.»

So sprach er, und gesagt, getan. Denn kaum brach der Tag 135
an, rief er fünfzehn angesehene Perser zu sich und trug ihnen auf, sie sollten unter Demokedes' Führung die Küsten von Hellas abfahren, doch daß sich ja nicht Demokedes davonmache, sondern sie müßten ihn unbedingt wieder zurückbringen. Und als er denen diesen Auftrag gegeben, ließ er danach Demokedes selber kommen und bat ihn, er möge diesen Persern ganz Hellas erklären und zeigen und dann wiederkommen. Als Geschenk für seinen Vater und seine Brüder hieß er ihn seine ganze bewegliche Habe mit auf die Reise nehmen, er werde sie ihm vielfach ersetzen, sagte er, und außerdem wolle er als seinen Beitrag zu den Geschenken ihm ein Frachtschiff stellen, beladen mit allerlei Gütern, das solle mit ihm fahren. Dareios nun hatte, wie ich glaube, bei diesen Angeboten nichts Hinterhältiges im Sinn, Demokedes aber fürchtete, Dareios wolle ihn auf die Probe stellen, und griff nicht zu und nahm alles Gewährte an, sondern sagte, was sein sei, wolle er im Lande zurücklassen, damit er es selber habe, wenn er wiederkomme, das Frachtschiff jedoch, das Dareios ihm anbietet zum Geschenk für seine Brüder, das, sagte er, nehme er an. Als nun Dareios auch diesem seinen Auftrag gegeben hatte, entsendet er sie zum Meer.

Und die zogen hinab nach Phönizien und dort nach der 136
Stadt Sidon und rüsteten sogleich zwei Dreiruderer aus und dazu ein Frachtschiff mit mancherlei Gütern. Als alles bereit war, fuhren sie ab nach Hellas und hielten sich dort immer nahe am Lande, liefen die Küstenorte an und schrieben alles auf, bis sie die meisten und namhaftesten Orte von Hellas gesehen hatten und nun nach Tarent in Italien kamen. Da nahm

Aristophilides, der Tarentiner König, aus Gefälligkeit gegen Demokedes nicht nur die Steuerruder ab von den medischen Schiffen, sondern setzte auch die Perser selber fest, da sie gewiß Spione seien. In der Zeit aber, als es diesen so erging, gelangt Demokedes nach Kroton. Und als er schon zu Hause war, ließ Aristophilides die Perser frei und gab ihnen wieder,
137 was er von ihren Schiffen genommen. Die Perser aber fuhren weg von dort und verfolgten Demokedes und gelangten nach Kroton; und wie sie ihn unter den Leuten auf dem Markt fanden, griffen sie zu. Von den Krotoniaten aber waren die einen, aus Furcht vor der Macht der Perser, bereit, ihn preiszugeben, andere aber griffen ihrerseits zu und schlugen mit ihren Stöcken ein auf die Perser, und die drohten ihnen und sagten: «Männer von Kroton, seht doch, was ihr tut! Einen Mann des Königs, einen entlaufenen Knecht nehmt ihr uns weg. Wie kann König Dareios sich solche Frechheit gefallen lassen? Wie soll die Tat euch bekommen, wenn ihr ihn uns nehmt? Gegen keine Stadt werden wir eher losschlagen als gegen die eure! Keine werden wir eher zu versklaven suchen!» So sprachen sie, aber die aus Kroton hörten nicht darauf, sondern nahmen den Persern Demokedes ab und auch das Frachtschiff, das sie mit sich führten, und so fuhren die zurück nach Asien und waren nicht mehr darauf aus, noch Weiteres von Hellas aufzusuchen und auszukundschaften, weil ihnen der Führer genommen war. Jedoch das eine trug ihnen Demokedes noch auf, als sie abfuhren, und sagte, sie möchten Dareios bestellen, Demokedes habe die Tochter des Milon zur Frau genommen. Denn von dem Ringkämpfer Milon sprach man viel beim König, und eben darum, glaube ich, hat Demokedes diese Heirat beschleunigt und sich viel kosten lassen, damit er vor Dareios dastand als ein Mann, der auch zu Hause etwas galt.

138 Die Perser aber werden nach ihrer Abfahrt von Kroton mit ihren Schiffen nach Japygien verschlagen, und als sie dort

Sklavenarbeit taten, rettete sie Gillos, ein Mann aus Tarent, von dort verbannt, und brachte sie zum König Dareios. Der aber war gewillt, ihm dafür zu gewähren, was er wünsche. Und Gillos wählt seine Heimführung nach Tarent und erzählt ihm sein Unglück; um aber Hellas nicht in Unruhe zu bringen, wenn seinetwegen eine große Flotte nach Italien fuhr, sagte er, die Knidier allein reichten schon hin, ihn heimzubringen, denn er glaubte, die würden am ehesten seine Aufnahme in der Heimat erreichen, da sie mit den Tarentinern befreundet waren. Dareios willigte ein und führte es aus. Er schickte nämlich einen Gesandten nach Knidos und befahl, sie sollten Gillos heimführen nach Tarent. Die Knidier gehorchten Dareios, konnten indessen die Tarentiner nicht überreden, und Gewalt anzuwenden waren sie zu schwach.

So war der Verlauf dieser Unternehmung. Und dies waren die ersten Perser, die von Asien nach Hellas kamen, und diese Leute waren Kundschafter aus dem berichteten Grund.

Danach gewinnt König Dareios Samos, die erste unter allen 139
Städten, hellenischen wie barbarischen, und dazu kam es etwa so. Als Kambyses, Kyros' Sohn, gegen Ägypten zog, kamen auch sonst zahlreiche Hellenen nach Ägypten, einige, wie zu erwarten, des Handels wegen, andere in Kriegsdiensten, einige wenige aber auch bloß um das Land zu sehen. Unter diesen war nun auch Syloson, Aiakes' Sohn, der des Polykrates Bruder und aus Samos verbannt war. Diesem Syloson begegnete das Glück wie folgt. Er nahm seinen Mantel und warf ihn sich um – er war flammend rot – und ging umher auf dem Markt in Memphis. Ihn sah Dareios, der ein Leibwächter des Kambyses und noch ohne sonderliche Bedeutung war, und bekam Lust zu dem Mantel und trat heran und bot einen Preis. Als aber Syloson sah, daß Dareios solch große Lust zu dem Mantel hatte, sagt er, wie auf göttliche Eingebung: «Verkaufen werd ich den um keinen Preis, ich schenk ihn dir aber, wenn du ihn durch-

aus haben mußt.» Das erkennt Dareios hoch an und übernimmt den Mantel. Syloson aber dachte sich, er sei ihn recht töricht losgeworden.

140 Und es verging eine Zeit, Kambyses starb, die Sieben erhoben sich gegen den Mager, und von den Sieben wurde Dareios König, und nun erfährt Syloson, daß das Königreich an eben den Mann gekommen sei, dem er einst in Ägypten, als der so drängte, den Mantel geschenkt. Und er reiste nach Susa und setzte sich nieder im Vorhof vor des Königs Haus und sagte, er sei ein Wohltäter des Dareios. Als der Torhüter das hört, meldet er's dem König. Der wundert sich und spricht zu ihm: «Und wer soll das sein von den Hellenen, ein Wohltäter, dem ich Dank schulde? Ich bin doch erst seit kurzem König, und ist so gut wie keiner von ihnen zu uns hergekommen, und Schulden sozusagen habe ich nicht bei einem Mann aus Hellas. Gleichwohl, führ ihn herein, damit ich sehe, was er damit sagen will.» Der Torhüter führt Syloson herein, und als er vor dem König stand, fragten ihn die Dolmetscher, wer er sei und was er getan, daß er behaupte, ein Wohltäter des Königs zu sein. Nun erzählte Syloson den ganzen Hergang mit dem Mantel, und er sei jener, der ihn gab. Auf das antwortet Dareios: «Du großmütigster aller Menschen, du bist also der, der mich beschenkte, als ich noch gar keine Macht hatte, wenn auch mit Geringem, aber deine Gefälligkeit wiegt ganz gleich, als wenn ich jetzt von einem etwas Großes empfinge. Als Dank dafür schenke ich dir Gold und Silber in Fülle, daß es dich nie gereuen soll, Dareios, Hystaspes' Sohn, Gutes getan zu haben.» Dazu sagt Syloson: «Weder Gold noch Silber gib mir, großer König, sondern mein Vaterland Samos, und stell mir das wieder her, das jetzt, nachdem mein Bruder Polykrates von Oroites umgebracht ist, ein Knecht von uns in der Hand hat, das gib mir, aber ohne Morden und ohne Versklaven.»

Als Dareios das hörte, entsandte er ein Heer und als Führer 141 Otanes, einen von den Sieben, und trug ihm auf, alles auszurichten, worum Syloson gebeten. Und Otanes zog ans Meer und rüstete das Heer aus.

In Samos aber hatte Maiandrios, Maiandrios' Sohn, die 142
Macht in den Händen, den Polykrates zu seinem Verweser bestimmt hatte. Der hatte den Wunsch, sich als ein höchst gerechter Mann zu bewähren, doch kam es anders. Als er nämlich Nachricht bekam von Polykrates' Tod, tat er folgendes. Zuerst errichtete er für Zeus den Befreier einen Altar und grenzte um ihn einen heiligen Bezirk ab, eben den, den man noch jetzt vor der Stadt sieht. Dann, als das getan war, berief er eine Versammlung aller Bürger ein und sprach zu ihnen wie folgt: «Mir hat, wie auch ihr wißt, Polykrates seinen Herrscherstab und all seine Macht anvertraut, und es steht jetzt bei mir, über euch zu herrschen. Jedoch was ich bei einem andern neben mir tadle, will ich auch selber nicht tun, soviel in meinen Kräften steht. Denn an Polykrates wollte es mir nicht gefallen, daß er den Herrn spielte über seinesgleichen, und auch sonst an keinem, der das tut. Polykrates hat nun sein Schicksal erfüllt, ich aber lege die Herrschaft in euer aller Hände und rufe die Gleichheit der Rechte aus. Jedoch glaub ich, daß ich mit Recht folgende geringe Ehren für mich selber fordern kann, nämlich sechs Talente aus der Fülle von Polykrates' Schätzen, und dazu wähle ich mir, für mich und meine Nachkommen auf alle Zeit, die Priesterwürde für Zeus den Befreier. Hab ich doch selber sein Heiligtum gestiftet, und die Freiheit geb ich in eure Hand.»

Das war sein Anerbieten an die Samier, von denen aber stand einer auf und sagte: «Aber du verdienst es auch gar nicht, unser Herr zu sein, du nicht, von niedriger Herkunft und ein übler Bursche, vielmehr, Rechenschaft sollst du uns
geben über das Geld, das du in deinen Händen hattest.» Der 143

das sprach, war ein angesehener Mann unter den Bürgern, und sein Name war Telesarchos. Maiandrios aber überlegte und begriff, daß, gäbe er die Herrschaft preis, nur jemand anders sich zum Herrn machen würde, statt daß er es tat, und nun hatte er gar nicht mehr vor, sie preiszugeben, sondern er begab sich zurück in die Burg und ließ dann gleich einen nach dem andern kommen, unter dem Vorwand, er wolle ihm Rechenschaft geben über die Gelder, und ergriff sie und legte sie in Fesseln. Die waren also festgesetzt, den Maiandrios aber befiel danach eine schwere Krankheit. Sein Bruder aber, der den Namen Lykaretos hatte, erwartete, er werde sterben, und um Samos leichter in seine Hand zu bekommen, ließ er alle Gefangenen umbringen. Die Samier wollten ja nun einmal, allem Anschein nach, nicht frei sein.

144 Als nun die Perser, die Syloson heimbringen sollten, auf Samos eintrafen, rührte kein Mensch eine Hand gegen sie, und Maiandrios' Anhänger und er selber sagten, sie seien bereit zu einem Vertrag und die Insel zu räumen. Otanes war mit diesem Vorschlag einverstanden und schloß den Vertrag, und nun ließen die Vornehmsten der Perser ihre Sessel aufstellen angesichts der Burg und nahmen Platz.

145 Maiandrios aber, der Machthaber, hatte einen Bruder, der war nicht recht bei Verstand, sein Name war Charilaos. Dieser hatte sich irgendwie vergangen und saß gefesselt in einem Keller der Burg. Und damals hörte er nun etwas von dem, was vorging, und guckte heraus aus dem Keller, und wie er die Perser da ganz friedlich sitzen sah, fing er an zu rufen und sagte, er wolle mit seinem Bruder sprechen. Als Maiandrios davon hörte, befahl er, man solle ihn losmachen und zu ihm bringen. Und kaum war er gebracht, schalt und beschimpfte er ihn und suchte ihn zu bereden, über die Perser herzufallen, und sagte: «Mich, du Allerfeigster, der ich dein Bruder bin und nichts verbrochen habe, was den Kerker verdient, legst

du in Ketten und bestrafst mich mit Gefängnis, aber bei den Persern siehst du es mit an, daß sie dich hinauswerfen und dich heimatlos machen, und hast nicht das Herz, sie zu züchtigen, wo sie doch so leicht zu überwältigen sind. Aber wenn du solche Angst vor ihnen hast, gib mir doch deine Leute, und ich will es denen schon heimzahlen, daß sie hierher gekommen sind; du aber magst, das stelle ich dir frei, mit den Deinen die Insel verlassen.» Das waren Charilaos' Worte; 146
Maiandrios aber nahm den Vorschlag an, nicht etwa, wie ich glaube, weil er dumm genug war zu glauben, seine Macht werde der des Königs überlegen sein, vielmehr, weil er es Syloson nicht gönnte, daß er so ohne Mühe und unversehrt die Stadt gewinnen sollte. Er wollte also die Perser reizen, um Samos soviel wie möglich zu schwächen, ehe er es übergab, da er recht gut wußte, daß die Perser, wenn sie Schlimmes erlitten, erbittert sein würden auf die Samier, und dann wußte er, daß er zu jeder Zeit, wann er wollte, einen sicheren Abzug von der Insel hatte. Er hatte sich nämlich einen geheimen Gang bauen lassen, der führte von der Burg ans Meer.

Maiandrios selber also fuhr ab von Samos, Charilaos aber wappnete alle Söldner und öffnete die Tore und fiel her über die Perser, die mit so etwas überhaupt nicht gerechnet hatten, sondern glaubten, alles wäre geregelt. Die Söldner aber fielen über sie her und töteten die Perser, die da das Vorrecht hatten, Sessel mitzuführen, und Männer hohen Ranges waren. Sie also taten dies, das übrige Heer der Perser aber eilte zur Hilfe herbei, und die Söldner kamen in Bedrängnis und wurden zurückgetrieben in die Burg. Als aber Otanes, 147
der Führer des Heers, sah, daß man den Persern so übel mitgespielt hatte, gedachte er des Auftrags, den ihm Dareios bei seiner Entsendung aufgetragen, keinen der Samier zu töten noch zu versklaven und die Insel ganz unversehrt Syloson zu übergeben, dieses Auftrags, dessen er sich wohl erinnerte,

gedachte er nicht mehr, sondern gab dem Heer Befehl, jeden, den sie griffen, gleichviel ob Mann oder Kind, niederzumachen. Da belagerte nun ein Teil des Heeres die Burg, die andern aber machten jeden, der ihnen in den Weg kam, nieder, gleichviel ob in einem Heiligtum oder draußen.

148 Maiandrios aber fährt, als er von Samos entwichen war, nach Lakedaimon. Und als er dort angekommen war und die Schätze, die er mitbrachte aus der Heimat, in die Stadt geschafft hatte, machte er folgendes. Er stellte des öfteren silberne und goldene Schalen heraus, und seine Diener putzten sie, er aber unterredete sich unterdessen mit Kleomenes, Anaxandrides' Sohn, dem König von Sparta, und führte ihn dabei allmählich bis an sein Haus. Sooft nun der König die Schalen sah, bewunderte er sie und war voller Staunen. Der aber ermunterte ihn, davon zu nehmen, was er nur wünschte. Das wiederholte Maiandrios so zwei- bis dreimal, Kleomenes aber erweist sich als der redlichste Mann, denn er hielt es nicht für richtig, die Geschenke anzunehmen, und da er einsah, daß jener doch Unterstützung finden würde, indem er andere bestäche, ging er zu den Ephoren und sagte, es sei besser für Sparta, der Fremde aus Samos verlasse die Peloponnes, sonst würde der ihn oder einen anderen Spartiaten noch dazu bringen, ein schlechter Mensch zu werden. Und die hörten darauf und verwiesen Maiandrios durch einen Herold des Landes.

149 Samos aber übergaben die Perser, nachdem sie es durchgekämmt hatten, an Syloson, entblößt von Männern. Später jedoch half jener Feldherr Otanes mit, es wieder zu besiedeln, wegen eines Traumgesichts und einer Krankheit, die seine Geschlechtsteile befallen hatte.

150 Zu der Zeit, als das Heer zu Schiff gegen Samos zog, fielen die Babylonier ab, und hatten sich sehr gut darauf vorbereitet. Denn während der Mager herrschte und die Sieben sich gegen

ihn erhoben, in dieser ganzen Zeit und den folgenden Unruhen hatten sie sich vorbereitet, eine Belagerung zu bestehen. Und es glückte ihnen, dieses Vorgehen geheimzuhalten. Als sie sich aber offen empörten, taten sie folgendes. Ihre Mütter sonderten sie aus, und dazu wählte noch jeder eine Frau aus seinem Haus, ganz wie er's wollte, die übrigen aber führten sie alle an einen Ort und erwürgten sie. Die eine wählte sich jeder aus, das Essen zu bereiten, die andern aber erwürgten sie, damit sie ihre Vorräte nicht aufzehrten.

Als Dareios das erfuhr, sammelte er seine ganze Macht und 151
rückte aus gegen sie, und als er nach Babylon gekommen war, schloß er es ein. Die Babylonier aber bekümmerte die Belagerung gar nicht, sondern sie stiegen auf die Zinnen der Mauern und tanzten und verspotteten Dareios und sein Heer, und einer von ihnen sprach dies Wort: «Warum sitzt ihr hier, Perser, und geht nicht lieber nach Hause? Denn uns werdet ihr dann bekommen, wenn Maultiere werfen.» Das sagte einer von den Babyloniern, weil er glaubte, ein Maultier werde niemals werfen.

So vergingen ein Jahr und sieben Monate, und Dareios war 152
schon mißmutig und so das ganze Heer, weil es nicht imstande war, Babylon zu nehmen. Jede List und alle technischen Mittel hatte Dareios gegen sie eingesetzt, aber auch so konnte er die Stadt nicht nehmen, obwohl er es mit andern Listen versucht hatte und so auch mit der, durch die Kyros es genommen, auch mit der versuchte er's. Doch vergeblich, denn die Babylonier waren unermüdlich auf der Hut, und er war nicht imstande, sie zu bezwingen.

Da, im zwanzigsten Monat, geschah dem Zopyros, dem 153
Sohn jenes Megabyzos, der einer von den sieben Männern war, die den Mager erschlugen, dieses Megabyzos' Sohn Zopyros geschah folgendes Wunder: Eins von den Maultieren seines Trosses warf ein Fohlen. Und als ihm das gemeldet

wurde, wollte Zopyros es nicht glauben; als er das Fohlen aber mit eigenen Augen gesehn, verbot er denen, die es gesehen, irgend jemand davon zu sagen, und überlegte sich die Sache. Und nach dem Wort des Babyloniers, der gleich anfangs gesagt hatte, wenn Maultiere würfen, dann werde die Mauer genommen werden, nach dieser Wahrsagung glaubte er, nun könne Babylon fallen. Denn nicht ohne höheres Wirken habe jener das gesagt und bei ihm ein Maultier geworfen.

154 Und wie er nun glaubte, jetzt sei es Babylon bestimmt zu fallen, ging er zu Dareios und fragte ihn, ob ihm viel, sehr viel daran gelegen sei, Babylon zu nehmen. Und als er hört, daß er viel darum gäbe, überlegt er erneut hin und her, wie er es sein könnte, der die Stadt nimmt, und sein die Tat. Bei den Persern nämlich gelten gute Dienste viel und werden sehr hoch geehrt. Er fand nun sonst nichts, was er tun könnte, um die Stadt zu gewinnen, außer dem einen, sich selber zu verstümmeln und so zu ihnen überzulaufen. Da läßt er alle Bedenken fahren und verunstaltet sich selber durch eine gräßliche Entstellung. Denn er schnitt sich die Nase ab und die Ohren und schor sich zum Schimpf das Haupt kahl und geißelte

155 sich, und so kam er zu Dareios. Dareios aber war ganz entsetzt, als er den hoch angesehenen Mann so schimpflich entstellt sah, und sprang von seinem Thron auf und fragte, wer ihn so schändlich zugerichtet und weshalb. Der aber sprach: «Es gibt auf der Welt keinen Menschen außer dir, der die Macht hätte, mich derart zu behandeln, und das hat, mein König, kein Fremder getan, sondern ich mir allein, weil ich es unerträglich finde, daß Assyrier Perser verlachen.» Er aber antwortete: «Entsetzlicher Mensch du, der abscheulichsten Tat gibst du den schönsten Namen, da du behauptest, du habest um der Belagerten willen dich so gräßlich zugerichtet. Wie werden denn, du Narr, wo du entstellt bist, die Feinde sich schneller ergeben? Du mußt doch den Verstand verloren

haben, daß du dich selber zugrunde richtest.» Der aber sprach: «Hätte ich dir erst vorgelegt, was ich vorhatte, du hättest es mir nicht gestattet; nun hab ich's auf meine eigene Kappe genommen und gehandelt. Und wenn du's jetzt nicht an dir fehlen läßt, ist es soweit und wir nehmen Babylon. Ich werde nämlich so wie ich bin überlaufen in die Feste und vor ihnen behaupten, du habest mir das angetan. Und ich schätze, sie werden mir glauben, daß dem so ist, und mir eine Truppe anvertrauen. Du aber warte von dem Tag an, an dem ich in die Stadt gehe, den zehnten ab und nimm von dem Teil deines Heeres, dessen Verlust am ehesten zu verschmerzen ist, von dem nimm tausend Mann und stell sie an das Tor, das nach Semiramis benannt ist. Dann wieder, vom zehnten ab am siebenten, stell mir weitere zweitausend an das Tor, das nach den Niniern benannt ist. Von diesem siebenten ab laß zwanzig Tage verstreichen, und dann führe weitere an das Tor, das nach den Chaldäern benannt ist, und laß sie dort Stellung nehmen, viertausend. Es dürfen aber die Vorigen keinerlei Wehr und Waffen haben und diese auch nicht, außer den Kurzschwertern, die kann man ihnen lassen. Nach diesem zwanzigsten Tag aber befiehl dem übrigen Heer sofort, zum Sturm auf die Mauer anzutreten, von allen Seiten, die Perser aber stell mir an das Belische und das Kissische Tor. Denn ich jedenfalls bin des Glaubens, wenn ich solche Erfolge errungen habe, werden die Babylonier alles übrige in meine Hände geben und so auch die Schlüssel zu den Toren, und dann wollen wir, ich und die Perser, die Sache schon machen.»

Das war seine Anweisung, und dann ging er auf das Tor zu 156
und sah sich dabei von Zeit zu Zeit um, wie ein richtiger Überläufer. Und als ihn die Posten dort auf den Türmen sahen, liefen sie herunter und machten den einen Torflügel ein wenig auf und fragten, wer er sei und was er wolle. Und er berichtete ihnen, er sei Zopyros und komme als Überläufer

zu ihnen. Nun führte ihn die Torwache, als sie das hörte, vor den Gemeinderat der Babylonier. Und als er vor ihm stand, begann er zu wehklagen und sagte, Dareios habe ihm das angetan, was er sich doch selber angetan hatte, und der habe das getan, weil er ihm den Rat gegeben, abzuziehen mit dem Heer, da sich ja doch kein Mittel und Weg zur Einnahme zeigte. «Und nun», sprach er, «bin ich da, für euch, Babylonier, der größte Gewinn, für Dareios aber und sein Heer der größte Schaden. Denn das soll ihm nicht bekommen, daß er mich so schändlich zugerichtet. Kenne ich doch alle seine Pläne, was und wie er es durchführen will.» So waren seine Worte.

157 Als aber die Babylonier einen bei den Persern so hoch angesehenen Mann verstümmelt sahen an Nase und Ohren, bedeckt von Striemen und Blut, waren sie ganz sicher, daß er die Wahrheit sage und komme, ihnen zu helfen, und waren bereit, ihm zu bewilligen, worum er sie bat. Er bat aber um eine Truppe. Als er die von ihnen bekommen, tat er, was er mit Dareios verabredet hatte. Am zehnten Tag nämlich führte er die babylonische Truppe hinaus und umzingelte die Tausend, die ihm Dareios zuerst hatte hinstellen sollen, und erschlug sie. Und als die Babylonier sahen, daß seine Taten seinen Worten entsprachen, waren sie voller Freude und bereit, ihm in allem zu Willen zu sein. Er aber ließ die abgemachten Tage verstreichen, stellte wieder eine Abteilung Babylonier zusammen, führte sie hinaus und erschlug die Zweitausend von dem Heer des Dareios. Und als die Babylonier auch diese Tat sahen, war Zopyros' Ruhm in aller Munde. Er aber ließ wieder die abgemachten Tage verstreichen, führte sie hinaus an den bestimmten Ort und umzingelte und erschlug die Viertausend. Und als er auch das vollbracht hatte, war Zopyros in Babylon alles, und er wurde zum Obersten des
158 Heers und Kommandanten der Festung ernannt. Als aber

Dareios nach der Verabredung zum Sturm ansetzte rings um die Mauer, da brachte nun Zopyros an den Tag, worauf all seine List hinauslief. Denn die Babylonier eilten auf die Mauer und wehrten sich gegen das stürmende Heer des Dareios, Zopyros aber öffnete das Kissische und Belische Tor und ließ die Perser in die Stadt. *Die* Babylonier nun, die sahen, was geschah, flohen in das Heiligtum des Zeus-Baal, die es aber nicht sahen, die harrten aus, jeder auf seinem Posten, bis endlich auch sie begriffen, daß sie verraten waren.

So wurde Babylon zum zweitenmal genommen. Dareios 159
aber ließ, nachdem er ihrer Herr geworden, die Mauern schleifen und alle Tore niederreißen – Kyros hatte nämlich früher, bei der ersten Eroberung, beides nicht getan –, auch schlug Dareios die Ersten der Bürger an den Pfahl, gegen dreitausend, den übrigen Babyloniern aber übergab er die Stadt wieder zum Wohnen. Und daß die Babylonier doch Frauen hätten, um Nachwuchs zu bekommen, dafür sorgte Dareios mit folgender Maßnahme – denn ihre eignen hatten die Babylonier, wie schon vorher berichtet worden ist, erwürgt, aus Besorgnis um die Verpflegung –: Er legte den benachbarten Völkern auf, Frauen nach Babylon abzustellen, und legte dem einen so viel auf, dem andern so viel, so daß die Summe von fünfzigtausend Frauen zusammenkam. Von diesen Frauen stammen die jetzigen Babylonier ab.

Den Zopyros aber hat, nach Dareios' Urteil, keiner der 160
Perser übertroffen an guten Diensten, keiner der späteren und keiner der früheren, außer allein Kyros; denn mit dem glaubt kein Perser sich messen zu können. Und oftmals, erzählt man, hat Dareios seine Meinung dahin geäußert, er wollte lieber, daß Zopyros nicht so schändlich entstellt wäre, als noch zwanzig Babylons zu diesem gewinnen. Er ehrte ihn auch gewaltig. Denn er gab ihm Jahr für Jahr Geschenke, die die ehrenvollsten sind bei den Persern, und schenkte ihm Baby-

lon, daß er es ohne Abgaben verwalte zeit seines Lebens, und dazu schenkte er noch vieles andere. Dieses Zopyros' Sohn war Megabyzos, der in Ägypten das Heer führte gegen die Athener und ihre Bundesgenossen. Und dieses Megabyzos' Sohn ist dann der Zopyros, der nach Athen überlief von den Persern.

VIERTES BUCH

Nach der Eroberung von Babylon kam der Zug gegen die Skythen, den Dareios selber leitete. Denn da Asien in Blüte stand in der Fülle seiner Menschen und Gelder in Menge eingingen, kam Dareios das Verlangen an, die Skythen zu strafen dafür, daß sie früher eingefallen waren ins medische Land und, die ihnen entgegentraten, im Kampf besiegt hatten und so den Anfang gemacht hatten mit Unrechttun. Denn über das hintere Asien haben die Skythen, wie ich vorher schon gesagt habe, achtundzwanzig Jahre geherrscht. Bei der Verfolgung der Kimmerier nämlich fielen sie in Asien ein und machten der Herrschaft der Meder ein Ende; denn die herrschten über Asien, bevor die Skythen kamen. 1

Die Skythen aber, die achtundzwanzig Jahre außer Landes gewesen waren und nach so langer Zeit wieder heimkehrten, erwarteten dort neue Mühen, nicht geringer als die bei den Medern. Sie fanden nämlich ein beträchtliches Heer vor, das sich ihnen entgegenstellte. Denn die Frauen der Skythen waren, als ihre Männer so lange wegblieben, zu ihren Knechten gegangen.

Die Skythen blenden aber alle ihre Knechte, und zwar der Milch wegen, die ihr Getränk ist. Bei der Milch wenden sie folgendes Verfahren an. Sie nehmen beinerne Blasrohre, am ehesten Flöten vergleichbar, und die schieben sie in die Scheide der Stuten und blasen mit dem Mund hinein, und während der eine pustet, melkt der andere. Sie sagen, das täten sie darum: Die Adern der Stuten schwöllen an, wenn sie hineinbliesen, und so träte das Euter nach unten vor. Wenn sie die Milch dann abgemolken haben, gießen sie sie in höl- 2 zerne Bütten und stellen die Blinden um die Bütten und lassen sie die Milch rütteln, und was sich dann oben absetzt, schöpfen sie ab und halten es für das Beste, das aber, was sich unten absetzt, für weniger wertvoll. Deswegen blenden die Skythen jeden, den sie fangen; denn sie sind keine Ackerbauern, sondern Wanderhirten.

3 Von diesen ihren Knechten also und ihren Frauen wuchs ein junges Volk heran, und wie die von ihrer Herkunft erfuhren, traten sie ihnen, als sie von den Medern heimkehrten, entgegen. Und zuerst zogen sie einen breiten Graben und schnitten so ihr Land ab, von den Taurischen Bergen auf der Krim bis zum See Maiotis, dort wo er am breitesten ist. Dann, als die Skythen in dies Land einzudringen suchten, lagerten sie sich ihnen gegenüber und stellten sich zum Kampf. Als es aber wiederholt zu Gefechten kam und die Skythen nichts ausrichten konnten im Kampf, sprach einer von ihnen diese Worte: «Was tun wir da eigentlich, ihr Skythen? Wir kämpfen mit unsern Knechten, werden getötet und so immer weniger oder töten die und haben so künftig weniger Knechte. Ich meine, wir sollten jetzt Speer und Bogen lassen, sondern jeder nehme seine Pferdepeitsche, und so gehen wir auf sie los. Denn solange sie uns in Waffen sahen, hielten sie sich und ihre Väter für unsersgleichen, wenn sie uns aber die Peitsche statt Waffen führen sehen, werden sie schon merken, daß sie unsere Knechte sind, und haben sie das eingesehen, werden sie nicht
4 standhalten.» Als die Skythen das hörten, führten sie es aus. Die aber waren ganz verdutzt bei dem Anblick, ließen den Kampf sein und liefen davon.

So haben die Skythen über Asien geherrscht, und als sie dann wieder von den Medern vertrieben wurden, sind sie auf diese Weise heimgekehrt in ihr Land. Dafür also wollte Dareios sie strafen und zog ein Heer gegen sie zusammen.

5 Wie nun die Skythen erzählen, sei ihr Volk das jüngste von

allen, entstanden aber sei es auf die folgende Art: Der erste Mann, der in diesem Land entstand, als es noch ganz leer war, hatte den Namen Targitaos. Dieses Targitaos Eltern, so erzählen sie – glauben kann ich's zwar nicht, aber sie erzählen es so –, waren Zeus und die Tochter der Flusses Borysthenes. Irgend so eine Herkunft also hatte der Targitaos, und er hatte drei Söhne, Lipoxaïs und Arpoxaïs und als jüngsten Kolaxaïs. In der Zeit nun, als diese herrschten, kamen aus dem Himmel goldene Geräte, ein Pflug, ein Joch, eine Streitaxt und eine Schale, und fielen auf das skythische Land. Der älteste sah sie zuerst, trat heran und wollte sie nehmen, das Gold aber stand in Flammen, als er sich näherte. Da kehrte er um, und der zweite kam herbei, das aber machte wieder das gleiche. Diese beiden wies also das flammende Gold ab, als aber der dritte und jüngste herankam, erlosch es, und er brachte es in sein Haus. Und die älteren Brüder traten zurück und übergaben das ganze Königreich dem jüngsten.

Von Lipoxaïs stammen nun die Skythen ab, die Stamm der 6
Auchaten heißen, von dem mittleren, Arpoxaïs, die Katiarer und Traspier heißen, von dem jüngsten aber die Könige, deren Stamm Paralaten heißt. Insgesamt haben sie den Namen Skoloten, nach dem Namen für den König, Skythen aber nannten sie die Hellenen. Das sei ihre Abstammung, sagen die Skythen. Es seien aber seit ihrer Entstehung, sagen sie, vom 7
ersten König, dem Targitaos, bis zu Dareios' Übersetzen in ihr Land genau tausend Jahre und nicht mehr.

Jenes heilige Gold aber bewahren die Könige mit der größten Sorgfalt, und jedes Jahr wenden sie sich an dies und suchen es mit großen Opfern günstig zu stimmen. Einer hat beim Fest das heilige Gold unter freiem Himmel zu hüten, und wenn er dabei einschläft, lebt er, wie die Skythen sagen, kein ganzes Jahr mehr; doch gibt man ihm deswegen so viel Land, wie er an einem Tag mit dem Pferd umreiten kann. Weil das

Land so groß ist, habe Kolaxaïs drei Königreiche für seine Söhne eingerichtet und eins davon besonders groß gemacht, in dem das Gold bewahrt wird. Was aber oberhalb liegt, nach Norden zu, jenseits des Landes derer, die über ihnen wohnen, da sei es nicht möglich, noch weiter zu sehen oder voranzukommen, weil da Federn ausgeschüttet seien; Erde und Luft seien nämlich voller Federn, und die seien schuld, daß der Ausblick versperrt ist.

8 Solche Dinge erzählen die Skythen von sich selber und dem Land darüber, die Hellenen, die am Pontos (Schwarzen Meer) wohnen, aber folgendes:

Als Herakles die Rinder des Geryones trieb, kam er auch in dies Land, das jetzt die Skythen bewohnen, damals aber noch leer war. Geryones aber wohnte abseits des Pontos, und sein Wohnsitz war die Insel, welche die Hellenen Erytheia nennen, bei Gadeira, das außerhalb der Säulen des Herakles am Okeanos liegt. Vom Okeanos wissen sie zwar zu erzählen, er ströme, von Sonnenaufgang beginnend, um die ganze Erde, durch Tatsachen erweisen aber können sie's nicht. Als Herakles von dort in das jetzt skythisch genannte Land kam, deckte er sich, es überfiel ihn nämlich Sturm und Frost, mit dem Löwenfell zu und schlief ein, seine Pferde aber, die ausgespannt dort weideten, verschwanden unterdes, durch göttliche Fü-
9 gung. Als Herakles nun erwachte, ging er auf die Suche und kam dort überall herum und schließlich in das Land, das man Hylaia nennt. Dort fand er in einer Höhle ein Zwitterwesen, eine Mischung aus Mädchen und Schlange; nämlich das Obere vom Gesäß an war wie bei einem Weib, das Untere aber wie bei einer Schlange. Er sah sie sich an und staunte und fragte sie dann, ob sie vielleicht Pferde habe umherirren sehen. Die sagte, die seien bei ihr und sie würde sie nicht herausgeben, erst müsse er mit ihr schlafen. Und Herakles schlief bei ihr, um diesen Preis. Jene aber schob die Rückgabe der

Pferde auf, denn sie wünschte, möglichst lange mit Herakles Umgang zu haben, und er wollte nur seine Pferde haben und abziehen. Schließlich aber gab sie sie heraus und sprach: «Diese Stuten, die zu mir gekommen sind, hab ich dir geborgen, und du hast mir den Bergelohn gezahlt. Ich habe nämlich von dir drei Söhne. Was soll ich mit denen machen, wenn sie erwachsen sind? Das sag du mir. Soll ich sie hier wohnen lassen, denn über dies Land hab ich selber zu bestimmen, oder soll ich sie zu dir schicken?» Sie stellte also diese Frage, er aber soll geantwortet haben: «Wenn du siehst, daß aus den Knaben Männer geworden sind, dann würdest du nicht fehlgehen, wenn du folgendes tust: Wen von ihnen du den Bogen hier auf *die* Art spannen siehst und diesen Gürtel auf solche Art umlegen, den mach zum Bewohner dieses Landes. Wer aber diese Aufgaben, die ich stelle, verfehlt, den schick außer Landes. Und wenn du das tust, wirst du selber deine Freude haben und auch meinem Auftrag gemäß handeln.»
Er spannte also den einen Bogen – denn bis dahin trug 10
Herakles zwei –, zeigte, wie der Gürtel umzulegen sei, übergab den Bogen und den Gürtel, der oben an dem Verschluß eine goldene Schale hängen hatte, und danach zog er ab. Als aber die Kinder, die sie bekam, groß waren, gab sie ihnen zum einen Namen und nannte den einen Agathyrsos, den folgenden Gelonos und Skythes den Jüngsten; zum andern führte sie, eingedenk des Auftrags, aus, was ihr anbefohlen war. Da nun zwei von ihren Kindern, Agathyrsos und Gelonos, nicht imstande waren, bei dieser Prüfung das gesetzte Ziel zu erreichen, mußten sie, vertrieben von ihrer Mutter, außer Landes gehen, Skythes aber, der jüngste von ihnen, brachte es fertig und blieb im Lande. Und auf Skythes, den Heraklessohn, führen sich zurück die jeweils der Skythen Könige sind, und nach jener Schale tragen noch bis heute die Skythen Schalen an ihren Gürteln. Nur in diesem Brauch soll die

Mutter den Skythes mit ihrem Rat unterstützt haben. Das erzählen die Hellenen, die am Pontos wohnen.

11 Es gibt aber noch einen andern Bericht, an den ich für meinen Teil mich am ehesten halte, und der lautet so.

Die Wanderskythen waren früher in Asien zu Hause, als sie aber von den Massageten im Krieg hart bedrängt wurden, brachen sie auf und zogen über den Fluß Araxes ins Land der Kimmerier; denn wo jetzt die Skythen wohnen, sollen früher einmal die Kimmerier gewohnt haben. Als nun die Skythen anrückten, berieten sich die Kimmerier, denn das anrückende Heer war gewaltig, und da war ihre Meinung nun gespalten, und beide Teile bestanden hartnäckig auf der ihren, die der Häuptlinge war aber die bessere. Die Meinung des Volks ging nämlich dahin, daß es richtig sei abzuziehen und man nicht riskieren solle, sich so vielen zu stellen, die der Häuptlinge aber dahin, man müsse den Kampf um das Land mit den Andringenden austragen. Keiner wollte also nachgeben, weder das Volk den Häuptlingen noch die Häuptlinge dem Volk, sondern die einen waren entschlossen, das Land ohne Kampf den Andringenden zu überlassen und abzuziehen, die Könige aber wollten lieber tot in ihrem Lande liegen als mit dem Volk davongehen, denn sie wogen ab, wieviel Gutes sie gehabt hätten und wieviel Schlechtes zu erwarten sei, wenn sie sich davonmachten aus dem Land ihrer Väter. Als nun beide bei ihrer Meinung blieben, traten sie auseinander zu zwei Haufen, und beide wurden gleich groß, und dann kämpften sie gegeneinander. Und das Volk der Kimmerier begrub all seine Gefallenen am Fluß Tyras, und ihr Grab ist noch zu sehen, und als sie sie bestattet hatten, machten sie ihren Auszug aus dem Lande, und die Skythen nahmen, als
12 sie anrückten, ein verlassenes Land in Besitz. Auch jetzt noch gibt es im Skythenland die Kimmerier-Mauern, gibt es den Kimmerier-Fährplatz, gibt es auch einen Platz, der Kimmeria

heißt, gibt es den sogenannten Kimmerischen Bosporus. Gewiß ist nun, daß die Kimmerier vor den Skythen nach Asien entwichen und eine Siedlung erbauten auf der Halbinsel, auf der jetzt die hellenische Stadt Sinope liegt. Gewiß ist auch, daß die Skythen sie verfolgten und ins Mederland eingedrungen sind, da sie den Weg verfehlten. Denn die Kimmerier eilten immer auf dem Weg längs des Meers, die Skythen aber hatten den Kaukasus zur Rechten, als sie nachsetzten, bis sie ins Land der Meder eindrangen, da sie die Richtung ins Binnenland einschlugen.

Das ist der andere Bericht, und der wird von beiden, Hellenen wie Nichthellenen, erzählt.

Aristeas, der Sohn des Kaÿstrobios, aus Prokonnesos, hat 13
nun in seinem epischen Gedicht behauptet, er sei, von Apollons Ekstase ergriffen, zu den Issedonen gekommen, über den Issedonen aber wohnten die Arimaspen, Leute mit einem Auge, und über diesen die goldhütenden Greifen, und darüber die Hyperboreer, die reichten bis ans Meer. Die alle nun, außer den Hyperboreern, angefangen also mit den Arimaspen, setzten ständig ihren Nachbarn zu, und von den Arimaspen seien die Issedonen aus ihrem Land gedrängt, von den Issedonen die Skythen, und die Kimmerier, die im Süden an dem Meer wohnten, hätten, von den Skythen bedrängt, ihr Land verlassen. So erzählt er und stimmt auch seinerseits nicht mit den Skythen überein, was dies Land betrifft.

Wo Aristeas, der das gedichtet hat, zu Hause war, hab ich 14
schon gesagt, die Geschichte aber, die ich in Prokonnesos und Kyzikos über ihn gehört habe, will ich nun erzählen. Aristeas nämlich, so erzählt man, der an Herkunft keinem der Bürger nachstand, kam in Prokonnesos in eine Walkerei und starb dort, und der Walker schloß seine Werkstatt ab und machte sich auf den Weg, um die Angehörigen des Toten zu benachrichtigen. Und schon hatte sich die Kunde, Aristeas

sei gestorben, in der Stadt verbreitet, da bestritt das vor denen, die es erzählten, ein Mann aus Kyzikos, der eben aus der Stadt Artake kam und behauptete, er habe ihn unterwegs getroffen, und der sei nach Kyzikos gegangen und habe sich mit ihm unterhalten. Der bestritt es also hartnäckig, die Verwandten des Verstorbenen aber kamen zur Walkerei, mit allem Nötigen versehen, ihn aufzubahren. Das Haus wurde aufgeschlossen, und kein Aristeas war zu sehen, nicht tot noch lebendig. Danach, im siebenten Jahr, tauchte er wieder in Prokonnesos auf und dichtete dies Epos, das jetzt bei den Hellenen den Titel Arimaspeia hat, und als er es gedichtet hatte, verschwand er zum zweitenmal.

15 Das erzählt man in diesen beiden Städten, folgendes aber ist, wie ich weiß, den Leuten aus Metapont in Italien passiert, zweihundertvierzig Jahre nach dem zweiten Verschwinden des Aristeas, wie ich herausgefunden habe, indem ich die Ereignisse in Prokonnesos und Metapont miteinander verglich. Die Leute in Metapont behaupten, kein anderer als Aristeas sei in ihrem Lande aufgetaucht und habe ihnen geboten, einen Apollonaltar zu errichten und neben ihm ein Standbild aufzustellen, das den Namen Aristeas von Prokonnesos tragen solle. Er habe nämlich gesagt, zu ihnen allein von allen Italiern sei Apollon gekommen, nur in ihr Land, und er sei sein Begleiter, jetzt wieder Aristeas, damals aber, als er den Gott begleitete, sei er ein Rabe gewesen. Und er sei nach diesen Worten verschwunden, sie aber, erzählen die Metapontier, hätten nach Delphi gesandt und beim Gott angefragt, was die Erscheinung dieses Menschen zu bedeuten habe. Die Pythia habe ihnen geboten, der Erscheinung zu gehorchen, und wenn sie gehorchten, würde es ihr Vorteil sein. Und sie hätten es angenommen und die Sache ausgeführt. Noch jetzt steht da ein Standbild mit der Aufschrift Aristeas, dicht neben dem Apollon geweihten Altar, und um es herum stehen Lor-

beern. Der Altar aber ist auf dem Markt errichtet. Und damit genug von Aristeas.

Bei diesem Land, von dem zu erzählen mein Bericht sich 16
nun aufgemacht hat, weiß kein Mensch mit Gewißheit, was oberhalb von ihm liegt; denn ich kann es von niemand in Erfahrung bringen, der behauptet, er wisse Bescheid, da er's mit eigenen Augen gesehen. Denn auch nicht Aristeas, den ich kurz zuvor erwähnt habe, auch der hat in seinem Gedicht nicht behauptet, daß er selber weiter gekommen sei als bis zu den Issedonen, sondern hat von dem, was oberhalb davon ist, nach dem Hörensagen berichtet und sagt, die Issedonen hätten ihm das berichtet. Doch so weit *wir* vorzudringen vermochten mit Hören und Erfragen, so fern es nur ging, das soll alles berichtet werden.

Von dem Handelsplatz der Borystheneïten (Olbia) – der 17
liegt nämlich am ehesten in der Mitte der Küste des ganzen Skythenlandes – von dem ab wohnen zuerst die Kallhippiden (Schönpferdigen), die sind hellenisierte Skythen, und über denen ein anderer Stamm, die Alizonen genannt werden. Diese und auch die Kallhippiden halten es im übrigen ganz wie die Skythen, bauen aber Korn an und nähren sich davon, auch Zwiebeln, Knoblauch, Linsen und Hirse. Über den Alizonen wohnen die Pflüger-Skythen, die auch Korn anbauen, aber nicht für den eigenen Gebrauch, sondern für den Verkauf. Über denen wohnen die Neuren, nördlich von den Neuren aber ist menschenleeres Land, soweit wir jedenfalls wissen. Das sind die Stämme längs des Hypanisflusses (Bug), gegen Abend vom Borysthenes (Dnjepr) aus.

Überschreitet man den Borysthenes, so kommt vom Meer 18
aus erstens die Hylaia (Waldland), geht man von der aus nach oben, wohnen da die Bauern-Skythen; die Hellenen, die am Hypanisfluß wohnen, nennen diese Borystheneïten, sich selber aber Olbiopoliten (Bürger von Olbia). Diese Bauern-

Skythen nun bewohnen das Land gegen Morgen auf drei Tage Weg und reichen bis zu einem Fluß, der den Namen Pantikapes trägt, und nach Norden zu hat ihr Land eine Ausdehnung von elf Tagen Fahrt auf dem Borysthenes. Das Land über ihnen ist auf eine weite Strecke hin unbewohnt. Hinter diesem unbewohnten Land wohnen die Androphagen (Menschenfresser), ein Volk ganz für sich und in keiner Weise skythisch. Das Gebiet über diesen aber ist nun wirklich eine Einöde, und Menschen gibt es keine mehr, soviel wir wissen.

19 Aber gegen Morgen von diesen Bauern-Skythen, wenn man über den Fluß Pantikapes geht, wohnen schon die Wander-Skythen, die säen nicht und pflügen nicht. Dies ganze Land ist baumlos, die Hylaia ausgenommen. Diese Nomaden haben nach Osten ein Gebiet von vierzehn Tagen Weg bis hin zum Fluß Gerros.

20 Jenseits des Gerros kommen dann die sogenannten Königssitze und die Skythen, welche die tapfersten und zahlreichsten sind und glauben, die andern Skythen seien ihre Knechte. Die reichen nach Mittag zu bis zum Land der Taurer und nach Morgen zu bis zu dem Graben, den die Kinder der Blinden gegraben haben, und zur Handelsstätte am maiotischen See, die den Namen Kremnoi (Klippen) trägt. Andere Teile reichen auch bis an den Fluß Tanaïs (Don). Das Land nach Norden zu oberhalb der Königs-Skythen bewohnen die Melanchlainen (Schwarzröcke), ein anderes Volk, keine Skythen. Was über den Melanchlainen liegt, sind Seen und menschenleeres Land, soweit wir jedenfalls wissen.

21 Wenn man aber den Tanaïs überschreitet, so ist es nicht mehr skythisches Land, sondern der erste Anteil gehört den Sauromaten, die von der innersten Bucht des maiotischen Sees angefangen das Land nach Norden zu bewohnen, fünfzehn Tage Weg, und weit und breit ist kein Baum zu sehen, kein wilder und kein gezogener. Über denen wohnen die Bu-

dinen, die den zweiten Anteil haben, ein Land dicht bedeckt von Wäldern aller Art. Über den Budinen nordwärts ist zuerst 22
leeres Land, sieben Tage Weg, danach, wendet man sich mehr nach Morgen, wohnen die Thyssageten, ein großes Volk für sich. Leben tun sie von der Jagd. Mit ihnen berühren sich, wohnhaft im gleichen Landstrich, die den Namen Iyrken tragen, und auch sie leben von der Jagd, bei der sie folgendermaßen verfahren: Man steigt auf einen Baum und lauert, die aber sind zahlreich im ganzen Land, ein Pferd aber, das abgerichtet ist, auf dem Bauch zu liegen, damit es nicht vorragt, ist bereit und so der Hund. Wenn er nun das Wild vom Baum aus sieht, schießt er mit dem Bogen, steigt aufs Pferd und setzt nach, und der Hund hängt sich ans Wild. Über diesen, wendet man sich nach Morgen, wohnen wieder Skythen, die sich von den Königs-Skythen getrennt haben und an diesen Ort gekommen sind.

Bis zum Land dieser Skythen ist alles aufgezählte Land eben, 23
und die gute Erde reicht tief hinab, von da ab aber ist es steinig und felsig. Durchquert man auch das felsige, bewohnen ein weites Gebiet am Fuß hoher Berge Menschen, von denen man erzählt, daß sie alle kahlköpfig sind, von Geburt an, gleich ob männlich oder weiblich, und daß sie Stupsnasen haben und mächtige Kinnladen, eine besondere Sprache sprechen, skythische Kleidung tragen und sich von Baumfrüchten nähren. Pontikon heiße der Baum, von dem sie sich nähren, und sei etwa so groß wie der Feigenbaum und trage eine Frucht, die der Bohne gleicht, aber einen Kern hat. Wenn diese reif ist, drukken sie sie aus in Tüchern, und etwas Dickes und Schwarzes fließt ab, Aschy heißt dieser Sirup, den lecken sie oder trinken ihn auch mit Milch vermischt, und von dem eingedickten Bodensatz formen sie Fladen, und von denen nähren sie sich. Vieh haben sie nämlich kaum, denn die Weiden taugen dort nicht viel. Jeder hat seinen Wohnplatz unter einem Baum, im

Winter so, daß er rings um den Baum einen dicken weißen Filz ausspannt, im Sommer aber ohne Filz. Denen tut kein Mensch etwas zuleide, denn man sagt, sie seien heilig, auch besitzen sie keine Kriegswaffe. Und zum einen schlichten sie die Streitigkeiten der Umwohner, zum andern, wenn einer flieht und bei ihnen Zuflucht nimmt, tut dem keiner etwas zuleide. Argippaier ist ihr Name.

24 Bis zu diesen Kahlköpfen hin hat man nun einen recht klaren Überblick über das Land und die Völker vor ihnen. Denn vereinzelt kommen Skythen bis zu ihnen, von denen man es ohne Schwierigkeit erfahren kann, und auch Hellenen aus dem Handelsplatz am Borysthenes und den andern Handelsplätzen am Pontos. Die Skythen, die bis zu ihnen kommen, brauchen zu ihren Geschäften sieben Dolmetscher und sieben Sprachen.

25 Bis dahin also kennt man sich aus, doch was über den Kahlköpfen liegt, weiß niemand mit Gewißheit zu sagen; denn hohe unzugängliche Berge schneiden das ab, und kein Mensch überschreitet sie. Diese Kahlköpfe sagen nun, ich glaub es ihnen aber nicht, auf den Bergen wohnten Menschen mit Ziegenbeinen, und wenn man hinübersteige, eine andere Art von Menschen, die sechs Monate schlafen; das nehm ich aber gar nicht erst zur Kenntnis. Nur von der Gegend östlich der Kahlköpfe weiß man mit Gewißheit, daß sie von Issedonen bewohnt wird, doch was nordwärts der Kahlköpfe sowie der Issedonen liegt, ist unbekannt, bis auf das, was die selber darüber erzählen.

26 Folgende Gebräuche schreibt man den Issedonen zu. Wenn einem sein Vater stirbt, bringen alle Verwandten Vieh herbei, und dann schlachten sie es feierlich und schneiden das Fleisch in Stücke und so auch den verstorbenen Vater des Bewirtenden, und schließlich mengen sie alles Fleisch durcheinander und setzen es zum Mahl vor. Seinen Schädel aber legen sie frei und nehmen ihn aus und vergolden ihn, und fortan behandeln

sie ihn als einen heiligen Gegenstand und bringen ihm jedes Jahr große Opfer dar. Das richtet der Sohn für seinen Vater aus, wie die Hellenen die Jahresfeier für den Toten. Sonst aber sollen sie rechtschaffene Leute sein, und die Frauen haben gleich viel zu sagen wie die Männer.

Also die kennt man auch, doch was von diesen aus darüber 27
liegt, davon wissen nur die Issedonen etwas zu erzählen, nämlich das seien die einäugigen Menschen und die goldhütenden Greifen, von denen aber haben es die Skythen übernommen und sprechen es nach, von den Skythen aber haben wir diese Vorstellung und nennen sie mit skythischem Namen Arimaspen; denn zu «eins» sagen die Skythen arima und spu zu «Auge».

All dies aufgezählte Land hat schlimme Winter, so schlimm, 28
daß dort acht Monate ganz unerträglicher Frost herrscht, und dann kannst du Wasser hinschütten und machst keinen Schmutz, zündest du aber Feuer an, machst du Schmutz. Selbst das Meer friert zu und der ganze kimmerische Bosporus. Und auf dem Eis machen die Skythen, die diesseits des Grabens wohnen, Streifzüge und fahren auf ihren Wagen hinüber zu den Sinden. Acht Monate also dauert dieser Winter, in den übrigen vier aber ist es heiß. Dieser Winter unterscheidet sich in seiner Art von jedem Winter, der in andern Ländern auftritt. Denn in der Regenzeit gibt es keinen nennenswerten Regen, im Sommer aber hört der Regen so leicht nicht auf. Und wenn's anderswo Gewitter gibt, gibt es sie dort nicht, im Sommer aber heftige. Wenn es dagegen im Winter mal donnert, dann wird das als ein Wunder angestaunt. Und so auch, wenn's ein Erdbeben gibt – da ist's freilich gleich, ob es Sommer ist oder Winter –, hält man das in Skythien für ein Wunderzeichen. Ihre Pferde können diesen Winter recht gut vertragen, Mäuler und Esel aber überhaupt nicht. Anderswo aber bekommen Pferde, die bei starkem Frost draußen stehen, Beulen und

29 Entzündungen, doch Esel und Mäuler halten es aus. Die Kälte ist auch der Grund, vermute ich, daß die Rinderrasse, die sogenannten Kümmerrinder, dort keine Hörner bekommt. Für diese Meinung ist auch ein Vers Homers in der «Odyssee» Zeuge, der so lautet:

«Libyen auch, wo dem Lamm alsbald aufsprießen die Hörner.»

Diese Bemerkung ist ganz richtig, daß nämlich in den heißen Ländern die Hörner sich rasch einstellen; in den sehr kalten aber bekommt das Vieh überhaupt keine Hörner, oder wenn es welche bekommt, dann nur langsam und kleine.

30 Solche Wirkungen hat also die Kälte dort. Wundern tu ich mich aber, nebenbei gesagt – denn auf Abschweifungen ist meine Erzählung von Anfang an aus –, daß in ganz Elis die Maultierzucht nicht möglich ist, wo das Land doch nicht kalt ist und auch sonst kein Grund klar zutage liegt. Die Eleier selber behaupten, es komme von einer Verwünschung, daß bei ihnen keine Maultiere gezeugt würden. Jedenfalls, wenn die Zeit kommt, daß die Stuten belegt werden, treiben sie sie zu ihren Nachbarn und lassen dann im Land der Nachbarn die Esel sie decken, bis die Stuten trächtig sind; dann treiben sie sie wieder heim.

31 Über die Federn, von denen die Skythen sagen, die Luft sei voll davon und ihretwegen sei man nicht imstande, weiter ins Land zu sehen noch durchzukommen, darüber habe ich folgende Meinung. Im Norden dieses Landes schneit es ständig, im Sommer weniger als im Winter, wie's sich versteht. Wer nun schon einmal ein richtiges Schneegestöber von nahem gesehen hat, weiß, was ich meine; denn der Schnee fliegt dahin wie Federn. Und weil der Winter dort so lang ist, ist der nördliche Teil dieses Erdteils unbewohnbar. Ich glaube also, von Federn sprechen die Skythen und die Umwohner nur als Gleichnis für den Schnee. Damit wäre denn gesagt, was von dem Entferntesten erzählt wird.

Von den Hyperboreern aber, den übernördlichen Menschen, erzählen weder die Skythen das geringste noch sonst welche, die dort wohnen, außer vielleicht die Issedonen. Wie ich aber glaube, erzählen auch die nichts, sonst würden's auch die Skythen tun, wie bei den Einäugigen. Aber bei Hesiod gibt es etwas über die Hyperboreer, und es gibt auch etwas bei Homer in den «Epigonoi», wenn es wirklich Homer ist, der dies Epos gedichtet hat. Aber weitaus am meisten wissen die Delier von ihnen zu erzählen. 32 33

Opfergaben, in Weizenstroh gebunden, sagen sie, würden von den Hyperboreern gebracht und kämen zu den Skythen, von den Skythen ab bekämen's nun immer die Nachbarn von den Nachbarn, und so gelangten sie immer weiter nach Abend bis an die Adria, und von dort würden sie weitergeleitet nach Mittag zu, und als erste Hellenen nähmen sie die von Dodona in Empfang, von denen gelangten sie herunter zur Malischen Bucht und setzten über nach Euböa, und eine Stadt schicke sie zur andern, bis Karystos, von hier aus werde nun Andros überschlagen, die Karystier nämlich und kein anderer brächten sie nach Tenos, die Tenier aber nach Delos. So kommen, wie sie erzählen, heutigentags diese heiligen Opfergaben nach Delos, ursprünglich aber hätten die Hyperboreer zwei Mädchen geschickt, deren Namen die Delier nennen, nämlich Hyperoche und Laodike; mit ihnen hätten die Hyperboreer der Sicherheit halber fünf Männer aus ihrem Volk als Begleiter geschickt, die Perphereer (Überbringer) heißen, wie es sie jetzt noch gibt und die in Delos hohe Ehren genießen. Als aber die Abgesandten nicht zu ihnen zurückkehrten, war es den Hyperboreern doch höchst unangenehm, wenn sie immer das Unglück haben sollten, die Abgesandten nicht wiederzubekommen, und so hüllten sie die Opfergaben in Weizenstroh, brachten sie an die Grenze und ersuchten die Nachbarn dringend, sie weiterzureichen zum nächsten Volk. Und so werden diese

Opfergaben weitergeleitet, sagen sie, und kommen schließlich nach Delos. Ich weiß meinerseits von etwas, das sich mit diesen Gaben vergleichen läßt, bei den Thrakern und Paionen, wo die Frauen, wenn sie Artemis «der Königin» opfern, die Opfer nicht ohne Weizenstroh darbringen.

34 Von denen weiß ich also, daß sie solches tun, jenen Jungfrauen aber aus dem Hyperboreerland, die auf Delos gestorben sind, weihen die Mädchen und Knaben der Delier etwas von ihrem Haar. Die Mädchen schneiden sich vor ihrer Hochzeit eine Locke ab, wickeln sie um eine Spindel und legen sie auf ihr Grabmal – das Grabmal liegt im Heiligtum der Artemis, linker Hand, wenn man hineingeht, und ein Ölbaum ist darauf gewachsen –, die Knaben der Delier aber winden alle etwas von ihrem Haupthaar um einen Schößling und legen es auch auf dem Grab nieder. Diese Ehrung erweisen also diesen Mädchen die Einwohner von Delos.

35 Dieselben Leute erzählen auch, die Arge und die Opis, zwei andere Jungfrauen, hätten noch vor Hyperoche und Laodike den gleichen Weg von den Hyperboreern genommen und seien nach Delos gekommen, um der Eileithyia für leichte Geburt eine Abgabe abzustatten, die die Hyperboreer sich auferlegt hatten. Und sie erzählen, die Arge und die Opis seien zusammen mit den beiden Göttern von Delos eingetroffen und hätten von ihnen andere Ehren erhalten. Denn für sie, sagen sie, sammeln die Frauen und rufen dabei ihre Namen an in dem Hymnos, den Olen aus Lykien für Delos gedichtet hat, und von ihnen hätten es die Leute der Inseln und die Jonier gelernt, heilige Lieder zu singen, bei denen die Namen von Opis und Arge genannt werden und gesammelt wird. Dieser Olen, der aus Lykien kam, hat auch die übrigen alten Hymnen gedichtet, die man auf Delos singt. Und die Asche von den Schenkelstücken, die auf dem Altar verbrannt wurden, die wurde auf das Grab von Opis und Arge

gestreut. Ihr Grab liegt hinter dem Heiligtum der Artemis, nach Morgen zu, ganz nah bei dem Speisesaal der Keïer.

Damit genug von den Hyperboreern. Denn die Geschichte 36
von Abaris, der auch ein Hyperboreer sein soll, erzähl ich erst gar nicht, daß er den Pfeil um die ganze Erde getragen hat, ohne etwas zu essen.

Wenn es nun Menschen jenseits des Nordens gibt, gibt es auch solche jenseits des Südens. Ich muß aber lachen, wenn ich sehe, wie sie ihre Erdkarten zeichnen, viele Leute schon, aber keiner mit rechtem Verstand bei der Ausführung, die den Okeanos auf ihrer Zeichnung rings um die Erde fließen lassen, kreisrund wie abgezirkelt, und einige machen Asien gleich groß wie Europa. Ich will denn selbst mit wenig Worten die Größe eines jeden Teils anzeigen und wie jeder etwa zu zeichnen wäre.

Die Perser wohnen bis an das Meer im Süden, das man das 37
Rote nennt (Persischer Meerbusen und Indischer Ozean). Über ihnen wohnen nach Norden zu die Meder, über den Medern die Saspeiren, über den Saspeiren die Kolcher, die bis an das nördliche Meer (Schwarzes Meer) reichen, in das der Fluß Phasis mündet. Diese vier Völker wohnen von Meer zu Meer.

Von ihnen aus nach Westen erstrecken sich zwei Ausbuch- 38
tungen des Erdteils in das Meer, die will ich beschreiben. Die eine Ausbuchtung fängt im Norden an beim Phasis und ragt ins Meer hinein, indem sie sich dem Pontos und Hellespont entlang bis Sigeion im troischen Land hinzieht, im südlichen Teil aber erstreckt sich die gleiche Ausbuchtung in ihrer Küste von der myriandischen Bucht in der Nähe Phöniziens bis zum Meer am Vorgebirge Triopion (in Karien). Auf dieser
Ausbuchtung leben dreißig Menschenvölker. Das wäre die 39
eine Ausbuchtung, die andere aber erstreckt sich, bei den Persern beginnend, in das Rote Meer (Indischer Ozean), das Land

der Perser und daran anschließend Assyrien und nach Assyrien Arabien. Diese Ausbuchtung endet – wenn man diese Vorstellung verwenden will, die aber nur Übereinkunft ist – beim Arabischen Golf, in den Dareios einen Graben vom Nil geleitet hat. Von den Persern bis nach Phönizien ist es eine breite, große Landmasse, von Phönizien zieht sich diese Ausbuchtung zu unserm Meer (Mittelmeer) hin entlang dem palästinensischen Syrien und Ägypten, dort endet sie. Hier wohnen nur drei Völker.

40 Das sind die Teile Asiens, die von den Persern nach Abend zu liegen. Den Teil jenseits der Perser, Meder, Saspeiren und Kolcher, der nach Morgen und Sonnenaufgang zu liegt, begrenzt auf der einen Seite das Rote Meer, im Norden das Kaspische Meer und der Fluß Araxes, der nach Sonnenaufgang zu fließt. Bis einschließlich Indien ist dieser Teil Asiens bewohnt, was aber danach kommt, gegen Osten, ist leeres Land, und keiner vermag zu sagen, wie es dort wohl aussieht.

41 Das sind Gestalt und Ausdehnung Asiens, Libyen aber gehört eigentlich auch zu der zweiten Ausbuchtung. Denn Libyen schließt sich an Ägypten an. In der Nähe Ägyptens ist diese Ausbuchtung allerdings schmal; denn von diesem Meer bis zum Roten Meer sind es hunderttausend Klafter, das macht etwa tausend Stadien. Von dieser Enge an aber ist diese Ausbuchtung, die hier Libyen genannt wird, sehr breit.

42 Ich wundere mich also über die Leute, die abgrenzen und einteilen in Libyen und Asien und Europa. Denn die Unterschiede im Ausmaß sind doch nicht so gering. Denn in der Länge kommt Europa beiden zusammen gleich, und in der Breite lohnt es sich gar nicht, die mit ihm zu vergleichen. Denn Libyen läßt es nicht im unklaren, daß es ringsum Meer hat, das Stück ausgenommen, wo es an Asien angrenzt.

Nekos, König von Ägypten, hat das als erster, soviel wir wissen, erwiesen. Er stellte damals das Graben an dem Kanal, der vom Nil in die Arabische Bucht führen sollte, ein und schickte Phönizier auf Schiffen aus mit dem Auftrag, den Rückweg durch die Säulen des Herakles zu nehmen und so lange zu fahren, bis sie ins nördliche Meer kämen und so zurück nach Ägypten. Die Phönizier fuhren also ab vom Roten Meer und befuhren das Meer im Süden. Wenn es Herbst wurde, gingen sie an Land und säten Korn, irgendwo in Libyen, wo sie gerade waren, und warteten die Ernte ab. Wenn sie dann das Korn gemäht hatten, fuhren sie wieder ab, und so vergingen zwei Jahre, und im dritten bogen sie um die Säulen des Herakles und kamen an in Ägypten. Und sie haben etwas erzählt, was ich zwar nicht recht glauben kann, aber vielleicht ein anderer, nämlich sie hätten, als sie um Libyen herumbogen, die Sonne zur Rechten gehabt.

So hat man zum erstenmal von der Umschiffbarkeit Li- 43
byens Kenntnis bekommen. Später aber noch einmal, durch Karthager, wie die erzählen. Denn Sataspes, der Sohn des Teaspis, ein Achaimenide, ist nicht um Libyen herumgefahren, sondern er bekam Angst vor der Länge der Fahrt und der Verlassenheit des Landes und kehrte um und vollendete die Arbeit nicht, die seine Mutter ihm auferlegt hatte. Er hatte nämlich der Tochter des Zopyros, des Sohnes des Megabyzos, Gewalt angetan. Wegen dieser Schuld wollte König Xerxes ihn hinrichten durch Pfählen, die Mutter des Sataspes aber, die Dareios' Schwester war, bat um sein Leben und sagte, sie selber werde ihm eine schwerere Strafe auferlegen als er. Denn er solle genötigt werden, um Libyen zu fahren, bis er herum sei und in den Arabischen Golf komme. Als Xerxes ihm unter dieser Bedingung das Leben schenkte, ging Sataspes nach Ägypten und nahm von da Schiff und Besatzung und fuhr zu den Säulen des Herakles, dort hindurch und um das Kap in Libyen, das Soloeis heißt, weiter nach Süden. Als er nun viele Monate lang an vielen Küsten vorübergefahren war und es

immer noch weiter ging, kehrte er um und segelte zurück nach Ägypten. Von dort kam er zum König Xerxes und erzählte, wie sie weit, weit in der Ferne an Menschen vorbeigekommen seien, die klein waren und mit Palmblättern bekleidet, und die seien, sooft sie mit dem Schiff anlegten, in die Berge geflohen und hätten ihre Orte verlassen; sie aber hätten diese Orte aufgesucht, jedoch nichts zerstört, nur Vieh herausgeholt. Daß sie nicht ganz um Libyen herum kamen, dafür gab er als Grund an, das Schiff habe nicht mehr vorwärts kommen können, sondern sei festgehalten worden im Meer. Xerxes aber glaubte ihm nicht, daß er die Wahrheit sagte, und weil er die aufgetragene Arbeit nicht abgeschlossen hatte, vollstreckte er das erste Urteil und ließ ihn an den Pfahl schlagen. Ein Eunuch dieses Sataspes entwich nach Samos, gleich als er erfuhr, daß sein Herr umgekommen war, und nahm große Schätze mit; die eignete sich ein Samier an; dessen Namen weiß ich wohl, will ihn aber lieber verschweigen.

44 Ein sehr großer Teil Asiens ist durch Dareios bekannt geworden. Der wollte gern wissen, wo der Fluß Indos – der beherbergt außer dem Nil als einziger Krokodile – ins Meer mündet, und so sendet er auf Schiffen Männer aus, denen er zutraut, daß sie die Wahrheit sagen, unter ihnen auch Skylax aus Karyanda. Die fuhren ab von der Stadt Kaspatyros und dem Land der Paktyer, immer stromabwärts gegen Morgenröte und Sonnenaufgang hin bis zum Meer, auf dem Meer aber fuhren sie nach Westen, und im dreißigsten Monat kommen sie in demselben Ort an, von dem der Ägypterkönig die Phönizier, die ich vorher erwähnte, losschickte auf die Fahrt um Libyen. Nachdem diese das Land umfahren hatten, unterwarf Dareios die Inder und benutzte dann auch diesen Seeweg. So hat man auch bei Asien, die Teile gegen Sonnenaufgang ausgenommen, entdeckt, daß es ähnlich gestaltet ist wie Libyen.

Von Europa dagegen weiß niemand deutlich, weder von seinem östlichen noch seinem nördlichen Teil, ob das Meer es umfließt. Bekannt aber ist seine Länge, daß sie sich so weit hinzieht wie die andern beiden Erdteile. Ich kann auch nicht herausbekommen, warum das Festland drei Namen trägt, wo es doch eins ist, und Namen von Frauen, und warum man als Grenzen den Nil in Ägypten ansetzt und den Phasis in Kolchis – einige nennen auch den Fluß Tanaïs an der Maiotischen See und die Kimmerische Furt –, und kann auch nicht die Namen derer erfahren, die diese Grenzen gezogen haben, noch was sie darauf brachte, diese Namen zu geben. Denn nehmen wir Libyen: Die meisten Hellenen sagen, es habe seinen Namen von der Libya, einer Frau des Landes; Asien aber soll nach der Frau des Prometheus benannt sein. Diesen Namen beanspruchen aber auch die Lyder und behaupten, nach Asies, dem Sohn des Kotys, des Sohnes des Manes, sei Asien benannt, und nicht nach der Asia des Prometheus; nach dem heiße auch eine Sippe in Sardes die Sippe Asias. Von Europa aber weiß kein Mensch, ob es von Meer umgeben ist, noch woher es diesen Namen bekommen hat, und auch wer ihn gegeben hat, ist nicht klar. Es sei denn, wir behaupten, das Land habe den Namen bekommen von der Europa aus Tyros. Dann war es vorher ohne Namen, wie die andern Erdteile auch. Aber bei der ist doch klar, daß sie aus Asien stammt und gar nicht in dies Land gekommen ist, das jetzt von den Hellenen Europa genannt wird, sondern nur von Phönizien nach Kreta, von dort aber nach Lykien. 45

Doch damit genug davon; im übrigen wollen wir uns hierbei an das Herkömmliche halten.

Der Pontos Euxeinos (das «gastliche» Meer: das Schwarze Meer), wohin Dareios ins Feld zog, stellt von allen Ländern die geistig trägsten Völker, die Skythen ausgenommen. Denn von den Völkern oberhalb des Pontos können wir kein Volk 46 wegen seiner Klugheit anführen und wissen von keinem gescheiten Mann, der von dort herstammt, ausgenommen die Skythen und Anacharsis.

Das Geschlecht der Skythen hat nur in einem, aber einem Hauptstück des menschlichen Lebens eine Regelung gefunden, die die klügste ist von allen, die wir kennen; alles andere kann ich nicht gerade bewundern. Ihr Fund in diesem Hauptanliegen besteht darin, daß keiner, der sie angreift, ihnen entkommt, und anderseits sie nicht zu fassen bekommt, wenn sie nicht gefunden werden wollen. Denn Leute, die weder festgebaute Städte noch Mauern haben, sondern ihre Häuser mit sich herumführen, allesamt berittene Bogenschützen sind, nicht vom Acker leben, sondern von Herden, und auf Gespannen wohnen, wie sollten solche Leute nicht schlecht zu schlagen und schwer zu stellen sein?

47 Bei dieser Einrichtung hat zweierlei mitgewirkt, ein Land, das dazu wie geschaffen ist, und Ströme, die sich ihnen verbünden. Denn dieses Land ist eben und dazu sehr grasreich und auch gut bewässert, und Flüsse durchströmen es, an Zahl nicht viel geringer als die Kanäle in Ägypten.

Die ansehnlichen unter ihnen und die vom Meer her befahrbar sind, die will ich nennen: der Istros (Donau) mit fünf Mündungen, ferner der Tyras (Dnjestr) und Hypanis (Bug) und Borysthenes (Dnjepr) und Pantikapes und Hypakyris und Gerros und Tanaïs (Don). Von ihrem Lauf ist folgendes zu berichten.

48 Der Istros ist der größte aller Flüsse, von denen wir wissen, und führt immer gleich viel Wasser, im Sommer und Winter. Er ist vom Westen her der erste Fluß im Skythenland, und der größte wird er, weil noch andere sich in ihn ergießen. Die ihn groß machen, sind folgende:

Durch das skythische Land fließen fünf, der, den die Skythen Porata nennen, die Hellenen aber Pyretos (Pruth), ferner der Tiarantos, Araros, Naparis und Ordessos. Von diesen

Flüssen, die ihr Wasser dem Istros zuführen, ist der erstgenannte groß, ostwärts strömend, der zweite, Tiarantos genannt, eher westlich strömend, kleiner, dann der Araros und der Naparis und der Ordessos, die fließen zwischen diesen und münden so in den Istros.

Das sind die rein skythischen Flüsse, die ihn vergrößern, von den Agathyrsen aber strömt der Fluß Maris und vereint sich mit dem Istros. Von den Höhen des Haimos (Balkan) 49
fließen drei andere große nach Norden und münden in ihn, Atlas und Auras und Tibisis. Durch Thrakien, und zwar das thrakische Volk der Krobyzer, fließen Athrys und Noes und Artanes und ergießen sich in den Istros. Von den Paionen und dem Rhodopegebirge kommend teilt der Fluß Skios das Haimosgebirge und ergießt sich in ihn. Von den Illyriern fließt der Angros nach Norden in die triballische Ebene und in den Fluß Brongos, der Brongos aber in den Istros. So nimmt alle beide, große Flüsse, der Istros auf. Vom Land über den Ombrikern (Umbrern) fließen der Fluß Karpis und ein anderer, der Alpis (Inn?), nach Norden, und auch diese ergießen sich in ihn. Strömt der Istros doch durch ganz Europa, bei den Kelten beginnend, die nächst den Kyneten zuäußerst nach Sonnenuntergang zu wohnen von den Völkern in Europa. Er durchläuft also ganz Europa und tritt dann erst in die Flanke Skythiens ein.

Dadurch also, daß die aufgezählten und noch viele andere 50
Flüsse ihr Wasser beisteuern, wird der Istros der größte unter den Flüssen. Denn an eigenem Wasser, hielte man dieses für sich gegen jenes für sich, übertrifft ihn in der Menge der Nil. In den nämlich ergießt sich kein Fluß und keine Quelle und trägt zu seiner Fülle bei. Daß der Istros aber immer gleich dahinströmt, im Sommer und Winter, das kommt wohl daher, wie ich meine: Im Winter ist er so groß, wie er ist, und nur ein wenig über seinem natürlichen Maß. Denn in dieser Gegend

der Erde fällt im Winter ganz wenig Regen, es ist alles nur Schnee. Im Sommer aber schmelzen diese Schneemassen, die den Winter über gefallen sind, und das Schmelzwasser ergießt sich von allen Seiten in den Istros. Dieser Schnee nun, der sich in ihn ergießt, füllt ihn auf und mit ihm häufige und starke Regengüsse; denn es regnet da ja im Sommer. Soviel mehr Wasser nun die Sonne im Sommer an sich zieht als im Winter, im selben Maß vervielfacht sich gegenüber dem Winter der Zustrom zum Istros im Sommer. Dies beides gegenübergestellt ergibt ein Gleichgewicht, so daß der Istros immer das gleiche Bild zeigt.

51 Der Istros also ist der eine Strom bei den Skythen. Dann der Tyras. Der kommt vom Norden her und fließt aus einem großen See, der das skythische und das neurische Land voneinander scheidet. An seiner Mündung wohnen Hellenen, die werden Tyriten genannt.

52 Der dritte Fluß ist der Hypanis; er entspringt im Skythenland und kommt aus einem großen See, um den wilde weiße Pferde weiden. Zu Recht hat dieser See den Namen «Mutter des Hypanis». Aus dem geht also der Hypanis hervor und ist auf fünf Tagen Talfahrt seicht und auch süß, dann aber bis zum Meer vier Tage Talfahrt furchtbar bitter. Es fließt nämlich eine bittere Quelle in ihn, so bitter, daß sie, so klein sie ist, den Hypanis ganz durchtränkt, und der ist ein Fluß groß wie nur wenige. Diese Quelle liegt an der Grenze zwischen dem Land der Pflüger-Skythen und der Alizonen und heißt wie der Ort, von dem sie kommt, auf skythisch Exampaios, das ist in hellenischer Sprache Hirai Hodoi, «heilige Wege». Bei den Alizonen nähern der Tyras und der Hypanis ihren Lauf, dann aber wendet sich der eine hierhin, der andere dorthin, und der Abstand wird breit.

53 Viertens der Borysthenes. Er ist nach dem Istros der größte unter ihnen und der ergiebigste nach meiner Meinung, nicht

nur von den skythischen Flüssen, sondern auch von allen andern, den Nil in Ägypten ausgenommen; denn mit dem kann sich kein anderer Fluß messen. Von den übrigen aber ist der Borysthenes der ergiebigste; er bietet die schönsten und bekömmlichsten Weiden für die Herden, und eindeutig die besten und meisten Fische, und es ist ein Vergnügen, von ihm zu trinken, und sein Lauf ist klar, die andern aber sind trübe, und an ihm wächst die Saat am besten und, wo das Land nicht bestellt wird, das Gras am fettesten. Und an seiner Mündung kristallisiert sich ohne Zutun Salz aus in Menge. Und gewaltige Fische ohne Gräten, die sie Antakaien nennen, liefert er, die man einsalzt, und noch vieles andere Erstaunliche. Bis zum Land Gerros nun, zu dem man vierzig Tage hinauffährt, ist sein Lauf, der von Norden kommt, bekannt, darüber aber, an welchen Menschen er da vorbeifließt, das kann keiner sagen. Deutlich ist, daß er aus Ödland in das Land der Bauern-Skythen kommt; diese Skythen wohnen nämlich entlang seinem Lauf, zehn Tage Fahrt. Einzig von diesem Fluß und dem Nil kann ich die Quellen nicht angeben, und ich glaube, auch kein Hellene sonst. Wo des Borysthenes' Lauf sich dem Meer nähert, verbindet sich der Hypanis mit ihm und ergießt sich in die gleiche sumpfige Niederung. Was zwischen diesen Flüssen liegt, eine Landzunge, heißt Hippolaos-Höhe, und auf ihr ist ein Demeterheiligtum errichtet. Jenseits des Heiligtums am Hypanis wohnen die Borystheneïten.

Soviel von diesen Flüssen; dann der fünfte, ein weiterer 54
Fluß mit Namen Pantikapes. Auch der kommt von Norden und aus einem See, und zwischen ihm und dem Borysthenes wohnen die Bauern-Skythen, und er läuft in die Hylaia hinein, und ist er da durch, vereinigt er sich mit dem Borysthenes.

Sechstens der Fluß Hypakyris, der aus einem See kommt, 55
durchs Land der Wander-Skythen fließt und bei der Stadt

Karkinitis mündet, nachdem er die Hylaia und die sogenannte Bahn des Achilleus zur Rechten gelassen.

56 Der siebente Fluß, der Gerros, zweigt sich in der Gegend vom Borysthenes ab, bis zu der dieser bekannt ist. Dort also zweigt er sich ab und hat den gleichen Namen wie das Land, Gerros, und auf seinem Lauf zum Meer hin bildet er die Grenze zwischen dem Land der Wander-Skythen und dem der Königs-Skythen und mündet in den Hypakyris.

57 Achtens nun der Fluß Tanaïs (Don), der von oben her kommt und aus einem großen See fließt und in einen noch größeren mündet, die sogenannte Maiotis, die die Grenze bildet zwischen Königs-Skythen und Sauromaten. In diesen Tanaïs fließt ein weiterer Fluß, der Hyrgis heißt (Donez).

58 Das wären nun die namhaften Flüsse, mit denen die Skythen ausgestattet sind. Dem Vieh fördern die Gräser, die auf skythischer Erde wachsen, die Galle, mehr als alle Gräser sonst, von denen wir wissen; öffnet man die Tiere, so kann man sehen, daß dem so ist.

59 So läßt sie also im Wichtigsten ihre Regelung gut fahren. Im übrigen ist es mit ihren Bräuchen folgendermaßen bestellt.

Götter verehren sie nur diese: Histia vor allem, dann Zeus und Erde – die Erde ist Zeus' Frau, glauben sie –, nach denen Apollon und die Himmlische Aphrodite und Herakles und Ares. An die glauben alle Skythen, die Königs-Skythen aber opfern auch Poseidon. Die skythischen Namen sind für Histia Tabiti, Zeus aber wird, sehr treffend nach meiner Meinung jedenfalls, Papaios (Väterchen) genannt, die Erde Api, Apollon Goitosyros, die Himmlische Aphrodite Argimpasa, Poseidon Thagimasadas. Bilder und Altäre und Häuser zu machen ist nicht Brauch, außer für Ares. Bei dem ist's Brauch.

60 Das Opfer ist bei allen Skythen und bei allen Heiligtümern das gleiche und wird so ausgeführt: Das Opfertier steht da, an den Vorderbeinen gefesselt, der Opfernde aber steht hinter

dem Tier, zieht zuerst an dem Strick und wirft es nieder, und während das geweihte Tier stürzt, ruft er den Gott an, dem er opfert. Sodann schlingt er ihm ein Seil um den Hals, steckt einen Knüppel hinein, dreht ihn herum und erstickt es, und zündet dabei kein Feuer an, macht keine Vorweihe, gießt keine Spende aus. Hat er's erstickt und abgezogen, geht es
ans Kochen. Nun ist die skythische Erde schrecklich holzarm, 61
und so fanden sie folgenden Ausweg für das Kochen des Fleisches. Wenn sie die Opfer enthäutet haben, lösen sie die Knochen aus dem Fleisch. Das werfen sie dann, wenn sie solche dabei haben, in ihre einheimischen Kessel, am ehesten den Mischkrügen von Lesbos ähnlich, nur viel größer; in die werfen sie's und kochen es, indem sie darunter ein Feuer machen aus den Knochen der Opfer. Haben sie aber keinen Kessel zur Hand, stopfen sie alles Fleisch in die Mägen der Opfer und füllen Wasser dazu und zünden darunter die Knochen an. Und so kocht das Rind sich selber gar und auch die andern Tiere jedes sich selber. Wenn das Fleisch nun gekocht ist, nimmt der Opfernde einen Erstlingsteil von dem Fleisch und den Innereien und wirft ihn nach vorne. Sie opfern alles mögliche Vieh, vor allem aber Pferde.

Den übrigen Göttern also opfern sie auf diese Art und diese 62
Tiere, dem Ares aber auf folgende Art: In jeder Herrschaft, Gau für Gau, ist ein Aresheiligtum errichtet, das sieht so aus: Reisigbündel sind aufgehäuft zu einem Hügel, wohl drei Stadien in der Länge und Breite, in der Höhe weniger. Oben auf diesem ist ein ebenes Geviert hergerichtet, und drei Seiten steigen steil an, an einer aber kann man hinaufgehen. Jahr für Jahr schichten sie hundertundfünfzig Wagen Reisig neu dazu, denn bei dem rauhen Wetter setzt sich der Hügel natürlich ständig. Auf diesem Hügel also ist ein uralter eiserner Dolch aufgerichtet, Gau für Gau, und das ist das Bild des Ares. Diesem Dolch bringen sie jährliche Opfer von Vieh und

Pferden, und dann sind die Opfer auch größer als die für die übrigen Götter, nämlich darin: Von allen Feinden, die sie fangen, sondern sie je hundert einen aus, und den opfern sie, nicht auf die Art wie das Vieh, sondern anders. Nämlich sie gießen erst Wein auf die Köpfe, und dann schlachten sie die Menschen über einem Gefäß, und das tragen sie dann auf den Reisighügel und gießen das Blut über den Dolch. Hinauf tragen sie also das, unten aber neben dem Heiligtum tun sie dies: Den geschlachteten Männern trennen sie die rechten Schultern ab, eine nach der andern, mitsamt den Armen, und werfen die hoch in die Luft, und nachdem sie auch die weiteren Riten vollzogen haben, gehen sie weg. Der Arm aber liegt, wo er hinfiel, und die Leiche woanders.

63 Das wären die Opfer, wie sie bei ihnen üblich sind. Von Schweinen aber halten sie nichts und wollen sie überhaupt nicht in ihrem Land haben.

64 Mit den Kriegsbräuchen steht es so bei ihnen: Wenn ein Skythe seinen ersten Mann erlegt, trinkt er von seinem Blut. Von allen, die er im Kampf tötet, bringt er die Köpfe dem Häuptling. Liefert er nämlich einen Kopf ab, bekommt er einen Teil von der Beute, die sie machen, liefert er keinen ab, nicht. Abziehn aber tut er ihn so: Er macht einen Schnitt rings um die Ohren, packt den Kopf und schüttelt ihn heraus, danach schabt er die Haut mit einer Rindsrippe aus und knetet sie mit den Händen, und hat er den Skalp so gegerbt, hat er ein Handtuch. Und an die Zügel des Pferdes, auf dem er selber reitet, da bindet er sie an und tut groß damit. Wer nämlich die meisten Kopf-Handtücher hat, der gilt für den tapfersten Mann. Viele von ihnen machen sich aus den abgezogenen Häuten auch Kleider zum Anziehn, indem sie sie zusammennähen wie Ziegenfelle. Viele ziehen auch die rechten Arme der Leichen ihrer Feinde ab mitsamt den Fingernägeln und machen sich daraus Mützen für den Köcher. Die

Menschenhaut aber ist fest und hell, kann man da sehen, so ziemlich die hellste und weißeste von allen Häuten. Viele ziehen auch ganze Menschen ab und spannen die Haut auf Hölzer und führen sie zu Pferde mit umher.

Das sind so ihre Bräuche. Mit den Schädeln selbst aber, 65
nicht von allen, aber von ihren größten Feinden, verfahren sie so. Man sägt alles unter den Augenbrauen ab und reinigt den Rest. Und wenn einer arm ist, der bespannt ihn außen bloß mit Rindsleder und braucht ihn so, ist er aber reich, so überzieht er ihn auch mit Rindsleder, innen aber vergoldet er ihn und braucht ihn so als Trinkschale. Sie stellen das auch aus Verwandten her, wenn einer mit einem in Streit gerät und über ihn obsiegt beim Häuptling. Kommen nun Gäste zu ihm, die bei ihm was gelten, holt er diese Schädel herbei und erzählt dazu, wie dies seine Verwandten gewesen und wie sie ihn befehdet und wie er es war, der sie überwand, und das nennen sie eines richtigen Mannes Art.

Einmal im Jahr mischt der Häuptling, ein jeder in seinem 66
Gau, einen Mischkrug Wein, davon trinken alle Skythen, die Feinde erlegt haben. Die das aber nicht fertiggebracht haben, bekommen diesen Wein nicht zu kosten, sondern beschämt sitzen sie abseits. Und das ist der größte Schimpf bei ihnen. Die aber recht viele Männer getötet haben, die halten sogar zwei Becher und trinken aus beiden.

Wahrsager gibt's bei den Skythen in Menge. Sie weissagen 67
mit vielen Weidenstäben und machen das so: Erst bringen sie große Bündel Stäbe herbei, legen sie auf den Boden, knoten sie auf, und nun legen sie Stab bei Stab einzeln hin und sprechen ihre Zaubersprüche, und zugleich mit diesen Worten raffen und binden sie die Stäbe wieder zusammen und legen sie aufs neue einzeln aus. Das ist ihre ererbte Art wahrzusagen. Die Enareer aber, die Mannweiber, behaupten, die Aphrodite habe ihnen die Wahrsagekunst gegeben. Die sagen

wahr mit Lindenbast. Nachdem der Betreffende den Bast in drei Schichten aufgespalten hat, flicht er ihn durch seine Finger und löst das Geflecht und sagt dabei wahr.

68 Wird aber ein Häuptling der Skythen krank, läßt er drei Mann holen, besonders angesehene Seher, die sagen wahr wie angegeben. Und die sagen im allgemeinen meist das: Bei den Herdstellen des Häuptlings habe falsch geschworen der und der, und dabei nennen sie von den Landsleuten einen, den sie eben nennen. Bei den Herdstellen des Häuptlings zu schwören ist insbesondere Brauch bei den Skythen, wenn sie den stärksten Eid schwören wollen. Sofort wird der, den sie des Meineids bezichtigen, an beiden Armen ergriffen und vorgeführt, und ist er da, verhören ihn die Seher; es sei klar durch das Wahrsagen, daß er bei den königlichen Herdstellen falsch geschworen hat und der König deswegen krank ist. Der streitet es ab und sagt nein, er habe nicht falsch geschworen, und redet mit allen Kräften dagegen. Streitet der's ab, läßt der König zwei weitere Seher holen. Und wenn auch die, nachdem sie ihrerseits die Wahrzeichen angeschaut haben, ihn verurteilen, er habe falsch geschworen, schlagen sie ihm sofort den Kopf ab, und die ersten Wahrsager verlosen seinen Besitz unter sich. Sprechen ihn aber die dazugekommenen Wahrsager los, sind andere Wahrsager zugegen und noch mal andere. Und sind die den Mann lossprechen in der Überzahl, trifft die ersten Wahrsager selber das Todesurteil.

69 Die bringen sie auf folgende Art zu Tode. Nachdem sie einen Wagen mit Reisig gefüllt und Ochsen eingespannt haben, fesseln sie die Füße der Wahrsager, binden ihnen die Hände auf den Rücken, knebeln sie und packen sie mitten auf das Reisig, dann stecken sie's an, scheuchen die Ochsen und lassen sie laufen. Viele Ochsen verbrennen nun mit den Wahrsagern, viele werden auch nur angesengt und kommen davon, wenn die Deichsel verbrannt ist. Auf besagte Art verbrennen

sie die Wahrsager auch anderer Vorwürfe wegen und schelten sie Lügenwahrsager. Und die der Häuptling umbringen läßt, von denen läßt er auch die Söhne nicht übrig, sondern alles Männliche tötet er, dem Weiblichen aber tut er nichts zuleide.

Einen beschworenen Bund machen die Skythen auf fol- 70
gende Weise, mit wem sie ihn nun machen. In einen großen Becher aus Ton gießen sie Wein und mischen Blut dazu von denen, die sich eidlich binden, indem sie sich mit einem Pfriem stechen oder mit einem Messer ein wenig die Haut aufschneiden. Sodann tunken sie in den Becher einen Dolch, Pfeile, eine Streitaxt und einen Speer. Nachdem sie das getan haben, sprechen sie lange Gebete, und dann trinken davon sie selber, die den Bund beschwören, und aus dem Gefolge die Angesehensten.

Die Gräber der Könige sind bei den Gerrern, bis zu denen 71
man auf dem Borysthenes hinauffahren kann. Dort graben sie, sooft ihnen der König gestorben ist, eine große Grube in die Erde, viereckig, und haben sie die fertig, bahren sie den Toten auf, nachdem sie den Körper mit Wachs überzogen, den Bauch aufgeschnitten und ausgenommen, mit zerstoßenem Safran und Räucherwerk und Eppichsamen und Anis gefüllt und wieder zugenäht haben, und führen ihn auf einem Wagen zum nächsten Stamm. Und die empfangen den Toten, den man daherführt, und tun das gleiche, was die Königs-Skythen taten: Sie schneiden sich ein Stück Ohr ab, scheren sich rings die Haare, ritzen sich rings die Arme, zerkratzen sich Stirn und Nase, stoßen sich Pfeile durch die linke Hand. Von dort führen sie den Toten auf dem Wagen zum nächsten Stamm ihrer Herrschaft. Und das Geleit geben ihm die, zu denen sie vorher kamen. Sind sie aber bei allen herum mit der Leiche und ihrem Geleit, sind sie bei den Gerrern, die zuäußerst wohnen von den Stämmen ihrer Herrschaft, und bei den Gräbern. Und dann, nachdem sie den Toten in das Grab ge-

legt haben auf ein Lager von Kräutern, stecken sie Lanzen ein auf dieser und der andern Seite des Toten und spannen Hölzer darüber, und dann decken sie es ab mit Weidengeflecht, und in dem weiten Raum, der im Grab noch übrig ist, bestatten sie eine der Nebenfrauen, die sie erwürgen, und den Mundschenk und Leibkoch und Stallmeister und Kammerdiener und Melder und Pferde und Ausgewähltes von allem andern und Trinkschalen von Gold. Silber und Erz sind bei ihnen nicht im Gebrauch. Haben sie das getan, schaufeln alle an einem großen Hügel und wetteifern und strengen sich an, ihn möglichst groß zu machen.

72 Und wenn ein Jahr um ist, werden sie aufs neue tätig, nämlich so: Sie nehmen von den übrigen Dienern die geschicktesten – die sind eingeborene Skythen, denn die müssen dienen, denen der König es befiehlt, gekaufte Diener gibt's dort nicht –, nachdem sie also von diesen Dienern fünfzig erwürgt haben und die fünfzig schönsten Pferde, nehmen sie deren Bauch aus, machen ihn sauber, füllen ihn mit Spreu und nähen ihn wieder zu. Nun befestigen sie die Hälfte eines Radkranzes mit der Mitte nach unten auf zwei Stangen und die andere Hälfte des Reifens auf zwei weiteren, und haben sie so eine Menge davon festgemacht, dann treiben sie der Länge nach durch die Pferde dicke Stangen bis zum Nacken und lassen die Pferde aufsitzen auf die Reifen. Dabei halten die vorderen Reifen die Schultern der Pferde und die hinteren den Bauch bei der Hinterhand. Vorder- und Hinterbeine aber hängen in der Luft. Zügel und Zaumzeug legen sie den Pferden an, spannen sie aber nach vorn und binden sie dann an Pflöcke an. Von den jungen Männern aber, den erwürgten, den fünfzig, lassen sie einen jeden aufsitzen auf ein Pferd, und so lassen sie ihn aufsitzen: Zuerst treiben sie durch jede Leiche eine gerade Stange längs der Wirbelsäule bis in den Hals, was aber unten von dieser Stange vorragt, das stecken sie in ein Bohrloch der

andern Stange, die durchs Pferd geht. Und haben sie rings um das Mal solche Reiter aufgestellt, ziehen sie ab.

So begraben sie die Könige. Stirbt aber sonst ein Skythe, 73
so fahren ihn die nächsten Verwandten ringsum zu den Freunden, aufgebahrt auf einem Wagen. Jeder von denen empfängt ihn und bewirtet das Gefolge und setzt dem Toten von allem vor, ganz wie den andern. Vierzig Tage werden die gewöhnlichen Vornehmen so herumgeführt, dann begraben.

Haben sie einen begraben, so reinigen sich die Skythen auf folgende Art: Ihren Kopf reiben sie ein und waschen dann ihre Haare, mit ihrem Körper aber machen sie folgendes: Sie stellen drei Stangen auf, gegeneinandergelehnt, um die spannen sie Filzdecken aus Wolle, und nachdem sie die sorgfältig abgedichtet haben, werfen sie im Feuer erhitzte Steine in eine Wanne, die unter den Stangen und Filzdecken in der Mitte
steht. Es wächst bei ihnen im Lande nun auch Hanf, der ist 74
dem Flachs sehr ähnlich, bis auf die Dicke und Größe; darin übertrifft ihn der Hanf bei weitem. Der wächst wild oder wird angebaut, und aus ihm machen die Thraker auch Stoff für Kleider, der ganz ähnlich ist wie Leinen, und wer sich da nicht gut auskennt, kann nicht unterscheiden, ob etwas aus Leinen ist oder Hanf, und hat er den Hanf noch nie gesehen, wird er
meinen, das Stück sei Leinen. Von diesem Hanf also nehmen 75
die Skythen den Samen, schlüpfen unter den Filz und werfen dann den Samen auf die glühend heißen Steine. Der Samen qualmt auf den Steinen und verbreitet einen solchen Dampf, daß kein hellenisches Schwitzbad dagegen aufkommt. Den Skythen aber wird's richtig wohlig in dem Dampfbad, und sie heulen. Das steht bei ihnen für das Bad; denn mit Wasser waschen sie ihren Körper überhaupt nicht. Ihre Frauen aber gießen Wasser zu dem, was sie von Zypressen- und Zedern- und Weihrauchholz auf einem rauhen Stein zerreiben, und

dann streichen sie dieses Geriebene, eine dicke Masse, fest auf ihren ganzen Leib und ihr Gesicht. Und erreichen zweierlei: Davon haftet ihnen ein Duft an, und wenn sie's am folgenden Tag abnehmen, ist ihre Haut rein und glänzend.

76 Fremde Bräuche verwenden auch sie nicht und haben einen wahren Abscheu davor, nicht die anderer Leute, am wenigsten aber hellenische, wie es Anacharsis gezeigt hat und danach dann wieder Skyles.

Nehmen wir nämlich Anacharsis. Nachdem er ein gut Stück von der Erde gesehen und dort große Klugheit gezeigt hatte, kehrte er heim zu den Wohnsitzen der Skythen, und als er durch den Hellespont fuhr, legt er in Kyzikos an und da – traf er doch die Kyzikener an, wie sie der «Mutter der Götter» das Fest feierten, mit großem Pomp – gelobte Anacharsis der «Mutter», wenn er heil und gesund heimkehre in sein Haus, wolle er ein Opfer darbringen, wie er es die Leute von Kyzikos machen sah, und auch eine Nachtfeier ausrichten. Wie er nun ins Skythenland kam, begab er sich heimlich in das sogenannte Waldland, das liegt an der «Bahn des Achilleus» und ist ganz bedeckt mit Bäumen aller Art, dahin begab er sich also und richtete der Göttin das ganze Fest aus und hielt ein Tympanon in der Hand und hatte sich Götterbildchen umgehängt. Und einer der Skythen beobachtete ihn bei diesem Tun und zeigte es beim König Saulios an. Der ging gleich selber hin, und wie er Anacharsis so tun sah, nahm er den Bogen und erschoß ihn. Und wenn jetzt einer nach Anacharsis fragt, sagen die Skythen, den kennten sie nicht, und das deswegen, weil er außer Landes und nach Hellas gegangen ist und fremde Bräuche angenommen hat. Wie ich aber gehört habe von Tymnes, dem Vormund des Ariapeithes, war er der Vaterbruder von Idanthyrsos, dem Skythenkönig, und der Sohn des Gnuros, des Sohnes des Lykos, des Sohnes des Spargapeithes. Wenn also Anacharsis aus diesem Hause war, dann ist er ja durch die Hand seines Bruders umgekommen. Denn Idanthyrsos war ein Sohn des Saulios, und Saulios war's, der Anacharsis tötete.

Doch hab ich auch noch eine andere Geschichte gehört, die Leute aus der Peloponnes erzählen, nämlich Anacharsis sei vom Skythenkönig abgesandt und ein Schüler von Hellas geworden, und als er wieder zurückkehrte, habe er zu dem, der ihn abgesandt, gesagt, die Hellenen seien alle sehr hinter jeder klugen Kunst her, nur die Lakedaimonier nicht, aber die allein verstünden es, vernünftig zu reden und zuzuhören. Aber diese Geschichte ist bloß so zum Spaß von den Hellenen selber erfunden, und der Mann ist gewiß so umgekommen, wie ich's vorher erzählt habe. 77

So oder so ähnlich ist es also diesem ergangen, wegen der fremden Bräuche und seines Umgangs mit Hellenen.

Sehr viele Jahre später aber ging es Skyles, dem Sohn des Ariapeithes, ganz ähnlich. Ariapeithes nämlich, König der Skythen, bekommt neben andern Söhnen auch Skyles, und dessen Mutter ist eine Frau aus Istria und keineswegs eine Eingeborene. Den unterwies die Mutter selber in hellenischer Sprache und Schrift. Später, einige Zeit danach, kam Ariapeithes um, durch eine List des Spargapeithes, des Königs der Agathyrsen, und Skyles übernahm die Herrschaft und die Frau seines Vaters, die Opoia hieß. Sie war eine Einheimische, und von ihr hatte Ariapeithes den Sohn Orikos. Als aber dieser Skyles über die Skythen herrschte, fand er gar keinen Gefallen an skythischer Lebensart, sondern neigte viel mehr dem Hellenischen zu, der Erziehung, die er gehabt, entsprechend, und so leistete er sich folgendes: Er zog mit dem Heer der Skythen öfters in das Gebiet der Borystheneïten – diese Borystheneïten sagen, sie seien Milesier – sooft also Skyles zu ihnen kam, ließ er das Heer draußen vor der Stadt und ging selber in die befestigte Stadt und ließ die Tore schließen, zog seine 78 skythische Tracht aus und legte hellenische Kleidung an, und mit der ging er auf dem Markt umher und hatte keine Leibgarde hinter sich noch sonst ein Gefolge – bei den Toren aber gaben sie acht, daß kein Skythe ihn in dieser Aufmachung sah – und benahm sich auch sonst wie ein Hellene und opferte den Göttern nach den Bräuchen der Hellenen. Und wenn er sich einen Monat oder noch länger dort aufgehalten hatte, legte er wieder seine skythische Tracht an und zog davon. Das tat er öfters und baute sich auch ein Haus in der Stadt der Borystheneïten und führte eine Frau der Stadt als die Seine in dies Haus.

79 Da nun aber einmal Unglück über ihn kommen sollte, kam es so. Er bekam Verlangen, sich einweihen zu lassen in den Dienst des Dionysos Bakcheios. Als er gerade die Weihe empfangen sollte, geschah ein bedeutendes Zeichen. Er hatte in der Stadt der Borystheneïten ein großes und prächtiges Haus, weit ausgedehnt, das ich ja eben schon erwähnt habe, um das Sphingen und Greifen aus weißem Stein standen; in das schleuderte der Gott sein Geschoß. Und es brannte ganz nieder, Skyles aber ließ sich nicht beirren, sondern vollzog die Weihe trotzdem. Nun halten die Skythen den Hellenen ihr bakchisches Rasen vor; denn das sei doch ungereimt, behaupten sie, einen als Gott ausfindig zu machen, der Menschen zum Rasen bringt. Als Skyles nun die Bakchos-Weihe empfangen hatte, wollte irgendein Borystheneïte den Skythen eins auswischen und sagte: «Ihr verlacht uns doch, liebe Skythen, daß wir bakchisch schwärmen und der Gott uns ergreift. Jetzt hat dieser Geist auch euern König ergriffen, und er schwärmt umher und ist rasend durch den Gott. Wollt ihr mir aber nicht glauben, kommt mit, und ich werd's euch zeigen.» Die führenden Skythen gingen mit, und der Mann aus Borysthenes führte sie heimlich auf einen Turm und ließ sie sich dort setzen. Als nun Skyles mit dem Festschwarm vorüberzog und die Skythen

ihn toben sahen, waren sie traurig und empört; und sie gingen hinaus und berichteten dem ganzen Heer, was sie gesehen.
Als Skyles danach wieder in seine Heimat zog, unterstellten 80
sich die Skythen seinem Bruder Oktamasades, einem Sohn der Tochter des Teres, und empörten sich gegen Skyles. Als der erfuhr, was gegen ihn im Gange war und was man ihm vorwarf, nahm er in Thrakien Zuflucht. Als Oktamasades das erfuhr, zog er gegen Thrakien. Und als er an den Istros kam, traten die Thraker ihm entgegen, und als sie schon aneinander geraten wollten, sandte Sitalkes zu Oktamasades die folgende Botschaft: «Warum sollen wir uns miteinander messen? Du bist der Sohn meiner Schwester, du hast meinen Bruder in deiner Gewalt. Gib du mir diesen heraus und ich gebe dir deinen Skyles. Auf einen Kampf laß du es nicht ankommen und ich auch nicht.» Das ließ ihm Sitalkes durch einen Herold ansagen. Es war nämlich bei dem Oktamasades ein Bruder des Sitalkes, der vor ihm geflohen war. Oktamasades billigte das, lieferte seinen Oheim aus und bekam den Bruder Skyles. Und Sitalkes übernahm seinen Bruder und zog ab, dem Skyles aber schlug Oktamasades gleich dort den Kopf ab.

So genau nehmen es die Skythen mit ihren Bräuchen, und wer fremde Sitten annimmt, dem zahlen sie solchen Lohn.

Die Menge der Skythen genau zu erfahren, war ich nicht im- 81
stande, sondern habe ganz Verschiedenes über ihre Zahl sagen hören, nämlich sie seien sehr viele, oder auch nur wenige, als eigentliche Skythen. Soviel jedoch haben sie mich mit eigenen Augen sehen lassen. Es liegt ein Platz zwischen den Flüssen Borysthenes und Hypanis, der heißt Exampaios; den hab ich schon kurz vorher erwähnt, als ich sagte, an ihm sei eine bittere Quelle, deren Wasser in den Hypanis fließe und ihn untrinkbar mache. An dieser Stelle steht ein ehernes Gefäß, sechsmal so groß wie der Mischkessel an der Mündung des Pontos, den Pausanias Kleombrotos' Sohn geweiht hat. Wer

den aber noch nicht gesehen haben sollte, dem werd ich's so deutlich machen: Sechshundert Amphoren faßt der Kessel bei den Skythen gut und gern, und die Wand dieses skythischen Kessels ist sechs Finger stark. Der ist nun, wie die Einheimischen erzählen, aus Pfeilspitzen entstanden. Ihr König, der Ariantas hieß, habe nämlich den Wunsch gehabt, die Anzahl der Skythen zu wissen, und habe angeordnet, alle Skythen sollten Mann für Mann eine Pfeilspitze bringen; wer sie aber nicht bringe, dem drohte er den Tod an. Da sei nun ein riesiger Haufen Spitzen zusammengekommen, und er habe beschlossen, daraus ein Denkmal zu machen und es zu hinterlassen. Aus diesen also habe er dies eherne Gefäß gemacht und es dort in Exampaios aufgestellt. Das wär's, was ich über die Menge der Skythen gehört habe.

82 Merkwürdigkeiten besitzt dies Land nicht, nur daß es weitaus die größten und meisten Flüsse hat. Was aber noch lohnt, sich darüber zu verwundern, außer den Flüssen und der Weite der Ebene, soll nun gesagt werden. Sie zeigen einen Fußtapfen des Herakles, abgedrückt in einem Felsen, und der sieht aus wie die Sohle eines Mannes, ist aber zwei Ellen lang, neben dem Fluß Tyras.

So steht es nun damit, ich aber will weiterschreiten in der Geschichte, die zu erzählen ich mich anfangs aufgemacht hatte.

83 Als Dareios rüstete gegen die Skythen und Boten umhersandte, daß sie den einen auferlegten, ein Fußheer, den anderen, Schiffe zu stellen, wieder anderen, den Thrakischen Bosporus zu überbrücken, da wünschte Artabanos, Hystaspes' Sohn und Dareios' Bruder, er solle ja nicht einen Zug gegen die Skythen unternehmen, und er zählte alles auf, was es so schwierig machte, die Skythen zu überwinden. Jedoch überredete er ihn nicht, so Gutes er riet, und gab es also auf, jener aber brach, als alles fertig und bereit war, mit dem Heer auf von Susa.

Da bat Oiobazos, einer der Perser, Dareios, von seinen drei 84
Söhnen, die er hatte und die alle mitzogen, einen bei ihm daheimzulassen. Der aber sagte, weil er ihm lieb und seine Bitte so gemäßigt sei, so werde er ihm alle seine Kinder dalassen. Oiobazos nun war sehr froh, in der Erwartung, seine Söhne seien vom Kriegszug befreit, er aber befiehlt denen, die zu solchen Diensten bestellt waren, alle diese Kinder des Oiobazos zu töten. Und die blieben, mit durchschnittener Kehle, dort in der Heimat zurück.

Dareios aber, als er auf seinem Marsch von Susa bei Kal- 85
chedon an den Bosporus kam, dort wo die Brücke geschlagen war, stieg auf ein Schiff und fuhr zu den sogenannten Kyaneïschen Felsen, die früher die Irrfelsen gewesen sein sollen, nach der Sage der Griechen, und nahm Platz auf einem Vorsprung und beschaute den Pontos, und der ist das Betrachten wert. Denn von allen Meeren ist er am erstaunlichsten gestaltet. Seine Länge ist elftausend und einhundert Stadien, seine Breite, da wo er seine breiteste Stelle hat, dreitausend und dreihundert Stadien; so ist seine Fläche, seine Mündung aber hat eine Breite von vier Stadien, und die Länge der Mündung, der Hals, der Bosporus (Rinderfurt) genannt wird, über den nun also die Brücke geschlagen war, beträgt gegen hundert und zwanzig Stadien. Es erstreckt sich der Bosporus bis an die Propontis (Marmarameer). Und die Propontis, fünfhundert Stadien breit, eintausend und vierhundert lang, läuft aus in den Hellespont, der mißt nur sieben Stadien in seiner Enge, ist aber vierhundert lang. Der Hellespont aber läuft aus in die Weite des Meeres, welches das Ägäische heißt.

Diese Maße sind wie folgt gewonnen. Ein Segelschiff macht 86
im Schnitt an langen Tagen etwa siebzigtausend Faden, nachts sechzigtausend. Nun dauert die Fahrt von der Einmündung bis zum Phasis – das ist die längste Strecke des Pontos – neun Tage und acht Nächte. Das macht einhundertelf-

mal zehntausend Faden oder elftausend einhundert Stadien. Von dem Sindischen Land aber bis Themiskyra am Fluß Thermodon – denn hier ist die breiteste Stelle des Pontos – sind es drei Tage und zwei Nächte Fahrt. Das sind dreiunddreißigmal zehntausend Faden oder dreitausend dreihundert Stadien. So habe ich die Maße dieses Pontos und auch des Bosporus und Hellespont bestimmt, und ihre Form ist, wie ich sagte; und dann gehört zum Pontos noch eine See, die in ihn ausfließt, nicht viel kleiner als er selber, die heißt Maiotis und Mutter des Pontos.

87 Als Dareios nun den Pontos betrachtet hatte, fuhr er zurück zur Brücke, deren Erbauer Mandrokles aus Samos war. Und als er sich auch den Bosporus angeschaut hatte, ließ er an ihm zwei Tafeln errichten aus weißem Stein und ließ auf der einen in assyrischer Schrift, auf der andern in griechischer einmeißeln alle Völker, die er mitführte. Er führte aber alle mit, über die er herrschte. Von diesen wurden gezählt, ohne die Flotte, siebzigmal zehntausend, mit den Reitern, und Schiffe waren sechshundert zusammengebracht. Diese Tafeln nun holten die Leute von Byzanz später in ihre Stadt und verwendeten sie zum Altar der Artemis Orthosia, außer einem Stein; der blieb liegen bei dem Tempel des Dionysos in Byzanz, bedeckt mit assyrischen Zeichen. Die Stelle aber, wo König Dareios den Bosporus überbrückte, wird nach meinem Überschlag liegen halbwegs zwischen Byzanz und dem Heiligtum an der Mündung.

88 Danach beschenkte Dareios, hocherfreut über die Brücke, ihren Architekten Mandrokles von Samos mit fürstlichen Gaben. Davon nahm Mandrokles den Erstlingsteil und ließ davon ein Bild malen, darauf war abgebildet das ganze Überbrücken des Bosporus und König Dareios sitzend auf erhöhtem Sessel und sein Heer beim Überschreiten, das ließ er malen und weihte es ins Heraheiligtum, mit dieser Aufschrift:

«Über den Bosporus schlug, den fischreichen, hier diese Brücke
Mandroklees und hat Hera dies Denkmal geweiht,
Kränzte sich selbst sein Haupt und gewann den Samiern Ehre,
Da das vollendete Werk König Dareios gefiel.»

Das war also das Denkmal, das der Erbauer der Brücke hinterließ.

Dareios aber ging, als er Mandrokles belohnt hatte, hinüber 89
nach Europa und gebot den Joniern, in den Pontos zu fahren bis zum Fluß Istros, und wenn sie in den Istros hineingefahren seien, sollten sie eine Brücke schlagen über den Fluß und ihn dort erwarten. Denn die Flotte stellten die Jonier und Aioler und Hellespontier. Das Schiffsheer fuhr also durch die Kyaneïsche Enge und segelte gerade auf den Istros zu und fuhr dann zwei Tage Fahrt den Fluß aufwärts vom Meer und überbrückte des Flusses Nacken, da wo der Istros sich in seine Mündungen spaltet. Dareios aber zog, als er den Bosporus auf der Schiffsbrücke überschritten hatte, durch Thrakien, und als er an die Quellen des Tearos gekommen war, ließ er das Heer drei Tage lagern.

Von dem Tearos sagen die Umwohner, er sei von den Flüs- 90
sen der beste, der alle möglichen Heilkräfte besitzt, besonders aber die Krätze bei Menschen und Pferden heilt. Seiner Quellen sind vierzig weniger zwei, und alle fließen aus demselben Berg, einige sind warm, andere kalt. Der Weg zu ihnen ist gleich weit von der Stadt Heraion bei Perinthos und von Apollonia am Pontos Euxeinos, jeder zwei Tage. Es fließt dieser Tearos in den Fluß Kontadesdos, der Kontadesdos in den Agrianes, der Agrianes in den Hebros (Maritza), der aber ins Meer bei der Stadt Ainos.

Als also Dareios zu diesem Fluß kam und dort lagerte, hatte 91
er sein Wohlgefallen an dem Fluß und errichtete auch dort eine Tafel und setzte eine Inschrift darauf, die lautete:

«Des Tearosflusses Quellen geben das beste und schönste

Wasser von allen Flüssen. Und zu ihnen ist auf seinem Zug gegen die Skythen gekommen der beste und schönste aller Menschen, Dareios, Hystaspes' Sohn, der Perser und des ganzen Festlands König.»
Das also wurde dort aufgeschrieben.

92 Dareios aber brach von dort auf und kam zu einem andern Fluß, der den Namen Arteskos trägt und durch das Land der Odrysen fließt. Als er nun zu diesem Fluß gekommen war, tat er folgendes: Er wies seinem Heer einen Ort an und befahl, jeder Mann solle dort vorbeigehen und einen Stein auf den angewiesenen Platz legen. Und als das Heer damit durch war, hinterließ er dort große Steinhügel und zog weiter.

93 Ehe er aber an den Istros kam, unterwirft er sich zuerst die Geten, die die Unsterblichkeit vertreten. Denn die Thraker, welche in der Landschaft Salmydessos sitzen, und die, welche über den Städten Apollonia und Mesambria wohnen und Skyrmiaden und Nipsaier heißen, ergaben sich Dareios kampflos, die Geten aber wollten nicht ohne weiteres nachgeben, wurden aber auf der Stelle unterjocht und sind doch die tapfersten und rechtschaffensten der Thraker.

94 Die Unsterblichkeit aber vertreten sie folgendermaßen. Sie sind des Glaubens, sie stürben nicht und der Verschiedene ginge zum Geist Salmoxis. Den nennen einige von ihnen auch Gebeleïzis, es ist aber derselbe. Alle vier Jahre schicken sie einen von ihnen, der jeweils das Los zieht, als Boten zu Salmoxis und tragen ihm auf, was sie gerade begehren. Das Senden geht so vor sich: Einige von ihnen werden aufgestellt und halten drei Speere, andere fassen den Salmoxis-Boten an Armen und Beinen, schleudern ihn hoch und werfen ihn auf die Spieße. Wenn er nun aufgespießt stirbt, meinen sie, der Gott sei ihnen gnädig; wenn er aber nicht stirbt, geben sie dem Boten die Schuld und sagen, er sei ein schlechter Mann, das wer-

fen sie ihm vor und senden einen andern ab. Den Auftrag aber geben sie ihm allerdings noch, solange er lebt. Diese selben Thraker schießen auch gegen Donner und Blitz mit Pfeilen hoch in den Himmel und bedrohen den Gott, und dazu glauben sie, sonst gebe es keinen Gott, nur den ihren.

Wie ich aber von den Hellenen, die am Hellespont und 95
Pontos wohnen, erfahre, soll dieser Salmoxis ein Mensch ge-
wesen sein und Knecht auf Samos, und habe dem Pythagoras,
dem Sohn des Mnesarchos, gehört und sich dort ein großes
Vermögen erworben, nachdem er freigelassen war, und mit
diesem sei er in seine Heimat zurückgekehrt. Nun führten
aber die Thraker ein ärmliches Leben und waren etwas einfäl-
tig, dieser Salmoxis dagegen war vertraut mit jonischer Le-
bensart und einer höheren Gesittung als der der Thraker, da
er ja mit Hellenen verkehrt hatte und unter den Hellenen mit
Pythagoras, nicht dem Geringsten unter den gescheiten
Leuten. So errichtete er einen Saal, in dem er wie in einer Her-
berge die Ersten der Bürger aufnahm und sie bewirtete. Dabei
lehrte er sie, daß weder er selber noch sie, seine Trinkgenos-
sen, noch auch ihre jeweiligen Nachkommen sterben würden,
sondern sie an einen Ort kämen, wo sie immerdar leben wür-
den in Freude und Fülle. Während der Zeit aber, in der er es
so machte, wie gesagt, und das vortrug, ließ er sich eine Woh-
nung bauen unter der Erde. Und als die Wohnung fertig war,
stieg er hinab in die unterirdische Wohnung und verschwand
aus der Mitte der Thraker und weilte dort drei Jahre. Und die
vermißten und betrauerten ihn als Verstorbenen. Im vierten
Jahr aber erschien er wieder unter den Thrakern, und so
glaubten sie nun an das, was Salmoxis sagte. So habe er's ge-
macht, sagen sie. Was mich betrifft, so mißtraue ich dem über 96
ihn und seine unterirdische Wohnung Erzählten nicht grade,
traue ihm aber auch nicht allzu sehr, meine im übrigen, daß
dieser Salmoxis viele Jahre vor Pythagoras gelebt haben müßte.

Ob es nun einen Menschen Salmoxis gegeben hat oder ob das so eine einheimische Gottheit bei den Geten ist, er lebe wohl.

Diese Leute also verfahren nach solch einem Glauben, als sie aber in die Hände der Perser gekommen waren, folgten auch sie dem Zug.

97 Dareios aber, als er und das Heer mit ihm den Istros erreicht hatten, gab nun, als alle hinüber waren, den Befehl, die Jonier sollten die Schiffsbrücke auflösen und ihm auf dem Lande folgen und so auch die sonstigen Truppen auf den Schiffen. Schon wollten die Jonier die Schiffe lösen und tun, wie befohlen, da sprach Koës, der Sohn des Erxandros, Führer der Leute von Mytilene, folgendes zu Dareios, nachdem er zuerst nachgefragt hatte, ob es ihm lieb sei, eine Meinung zu hören, wenn einer den Wunsch hätte, seine zu sagen: «Herr und König, hast du doch vor, in ein Land zu ziehen, wo nichts Bestelltes zu sehn sein wird und keine Stadt voller Menschen, laß du nun diese Brücke an ihrem Ort bestehen und die als Wächter zurück, die sie gebaut haben. Und wenn wir es schaffen, wie wir annehmen, und finden die Skythen, so gibt es einen Rückweg für uns, und sollten wir's etwa nicht fertigbringen, sie zu finden, der Rückzug wenigstens ist uns sicher. Das befürchte ich nämlich kaum, daß wir den Skythen unterliegen im Kampf, eher schon, daß wir sie nicht finden können und irgendwie Schaden nehmen bei dem Umherirren. Es könnte nun einer behaupten, ich sagte das meinetwegen, um zu bleiben. Aber ich lege dir die Meinung, die ich als die beste für dich fand, offen vor, ich selber jedoch werde dir folgen und möchte nicht zurückgelassen werden.» Und Dareios hatte großes Wohlgefallen an dem Vorschlag und antwortete ihm: «Mein Freund aus Lesbos, bin ich heil wieder in meinem Hause, so zeige dich ja wieder vor mir, daß ich dir deinen vorzüglichen Rat mit
98 vorzüglichen Taten vergelte.» So sprach er und schlang sech-

zig Knoten in seinen Riemen, rief der Jonier Herren zur Besprechung und sagte: «Ihr Männer aus Jonien, den Entschluß über die Brücke, den ich zuerst gefaßt hatte, will ich fahrenlassen, ihr aber behaltet diesen Riemen und tut wie folgt: Sobald ihr mich abrücken seht gegen die Skythen, von der Zeit an beginnt und löst jeden Tag einen Knoten. Wenn ich aber in dieser Zeit nicht da bin und die Tage, die die Knoten anzeigen, um sind, dann fahrt ab in eure Heimat. Bis dahin aber, da dies der neue Beschluß ist, bewacht die Schiffsbrücke, und wendet allen Eifer an ihre Erhaltung und Bewachung! Tut ihr das, werde ich euch großen Dank wissen.» Das sprach Dareios, und vorwärts ging es.

Vor der skythischen Erde liegt seewärts Thrakien. Dies 99
Land bildet erst eine Einbuchtung, dann beginnt Skythien, und der Istros strömt in es hinein und wendet sich dann mit der Mündung nach Südosten. Das Gebiet vom Istros an, den Teil des eigentlichen Skythiens, der zum Meer hin liegt, will ich nun aufzeigen, nach Maß und Form. Gleich am Istros beginnt das alte Skythien, das nach Süden zu liegt, ostwärts bis hin zur Stadt, die Karkinitis heißt. Nach diesem Gebiet bewohnt das Land, das sich zu demselben Meer hinzieht, aber bergig ist und sich vorstreckt in den Pontos, das Volk der Taurer, bis hin zur sogenannten Rauhen Chersonnes (Südzipfel der Krim). Diese erstreckt sich bis zum Meer im Osten. Von Skythien grenzen nämlich zwei Seiten ans Meer, die nach Mittag und die nach Morgen, wie beim Land Attika. Und ähnlich wie dort wohnen auch die Taurer im skythischen Land, wenn man sich vorstellt, ein anderes Volk und nicht die Athener bewohnten den Vorsprung von Sunion, und der rage noch weiter ins Meer, das Stück vom Gau Thorikos bis zum Gau Anaphlystos. Ich sage das mit der Einschränkung, daß hier Kleines mit Großem verglichen wird. Derart ist das Land Taurien. Wer aber diesen Teil Attikas noch nicht um-

fahren hat, dem will ich's noch anders klarmachen. Es ist so, als wenn von Japygien ein anderes Volk als die Japygen sich das Stück vom Hafen Brentesion bis nach Tarent abgeschnitten hätte und bewohnte die Spitze. Indem ich dieses beides anführe, führe ich zugleich vieles andere an, dem Tauriens Lage auch gleicht.

100 Von Taurien an wohnen weiter die Skythen, über den Taurern und bis an das östliche Meer (Maiotis), also an der Westseite des Kimmerischen Bosporus und des Meers Maiotis bis hin zum Fluß Tanaïs (Don), der sich ergießt in den Zipfel dieses Meers. Und nun vom Istros her das darüber, das sich ins Innere erstreckt, da wird Skythien abgegrenzt zuerst von den Agathyrsen, dann von den Neuren, darauf von den Androphagen, schließlich von den Melanchlainen.

101 Es ist also Skythien ein Viereck und stößt an zwei Seiten ans Meer, und überall von gleichem Ausmaß, wo es ins Binnenland geht und wo es am Meer liegt. Vom Istros nämlich bis zum Borysthenes ist ein Weg von zehn Tagen, vom Borysthenes bis zur Maiotischen See weitere zehn. Und vom Meer bis ins Binnenland zu den Melanchlainen, die über den Skythen wohnen, ein Weg von zwanzig Tagen. Einen Tagesweg setze ich mit zweihundert Stadien an. Dann wäre die Längsseite viertausend Stadien und die Hochseite ins Binnenland hinein ebensoviel Stadien. Das ist also die Größe dieses Landes.

102 Die Skythen aber gaben sich Rechenschaft, daß sie nicht imstande sind, das Heer des Dareios in offenem Kampf zurückzuweisen, wenn sie allein sind, und so sandten sie Boten zu den Nachbarn. Deren Könige waren bereits zusammengetreten und berieten, da ein gewaltiges Heer heranzog. Es waren aber die Könige, welche zusammenkamen, die der Taurer, Agathyrsen, Neuren, Androphagen, Melanchlainen, Gelonen, Budinen und Sauromaten.

Von diesen haben die Taurer folgende Sitten und Bräuche. 103
Sie opfern der Jungfrau die Schiffbrüchigen oder die Hellenen, die sie draußen aufbringen und fangen, und zwar auf folgende Art: Haben sie das Opfer geweiht, geben sie ihm mit der Keule einen Schlag aufs Haupt. Einige erzählen nun, daß sie den Leib von einem steilen Felsen hinunterstoßen – denn auf einem steilen Felsen ist das Heiligtum errichtet –, den Kopf aber auf einen Pfahl spießen, andere sagen vom Kopf dasselbe, der Leib aber werde nicht vom Fels gestoßen, sagen sie, sondern in der Erde vergraben. Von dieser Gottheit, der sie opfern, sagen die Taurer selber, sie sei Iphigeneia, Agamemnons Tochter. Mit Feinden, die sie in ihre Hand bekommen, verfahren sie so: Man schneidet den Kopf ab, und ein jeder nimmt ihn mit nach Hause, dann steckt er ihn auf eine lange Stange und stellt sie hoch auf, daß er schön hoch über das Haus hinausragt, besonders gern über dem Rauchfang. Und sie sagen, die schwebten dort in der Luft als Wächter von Haus und Hof. Leben tun sie von Raub und Krieg.

Die Agathyrsen aber lieben sehr das Üppige und gehen für 104
ihr Leben gern in goldenem Schmuck. Den Verkehr mit den Frauen vollziehen sie als gemeinsame Angelegenheit, damit einer des andern Bruder ist und alle miteinander verwandt und sie keinen Neid noch Feindschaft kennen gegeneinander. In den andern Bräuchen haben sie sich an die Thraker angeschlossen.

Die Neuren bedienen sich skythischer Bräuche. Ein Men- 105
schenalter vor Dareios' Feldzug traf sie das Unglück, daß sie ihr ganzes Land räumen mußten vor Schlangen. Ihr Land brachte nämlich auf einmal eine Menge Schlangen hervor, noch mehr aber drangen von oben aus der Einöde herein, bis sie in ihrer Bedrängnis ihr Land verließen und bei den Budinen Wohnung nahmen. Es sieht fast so aus, als ob diese Leute Zauberer sind. Denn Skythen und Hellenen, die im skythi-

schen Land wohnen, wissen zu erzählen, daß einmal in jedem Jahr jeder Neure für einige Tage ein Wolf wird, und dann nimmt er wieder seine alte Gestalt an. Mir können sie das nicht einreden, aber erzählen tun sie's trotzdem, ja sie schwören auf ihre Worte.

106 Die Androphagen (Menschenfresser) haben von allen Menschen die roheste Gesittung und kennen nicht Recht noch Gesetz. Sie schweifen umher, Kleidung tragen sie eine ähnliche wie die Skythen, die Sprache aber ist ihre eigene, und essen Menschen, sie allein von diesen Völkern.

107 Die Melanchlainen (Schwarzröcke) tragen schwarze Kleider alle miteinander, von denen sie auch ihren Namen haben, Sitten aber haben sie skythische.

108 Die Budinen, ein ausgedehntes und zahlreiches Volk, haben durchweg kräftig blaue Augen und eine rötliche Gesichtsfarbe. Bei ihnen ist eine Stadt angelegt ganz aus Holz, und der Name der Stadt ist Gelonos. Die Länge der Mauer beträgt an jeder Flanke dreißig Stadien, sie ist hoch und ganz aus Holz, auch ihre Häuser sind aus Holz und ihre Heiligtümer. Denn es gibt dort Heiligtümer hellenischer Götter, auf hellenische Weise ausgestattet mit Götterbildern und Altären und Gotteshäusern aus Holz, und dem Dionysos feiern sie alle drei Jahre ein Fest und sind in bakchischem Rasen. Diese Gelonen sind nämlich ursprünglich Hellenen, die aus den Handelsstätten auswandern mußten und Wohnung nahmen bei den Budinen. Und ihre Sprache ist teils skythisch, teils hellenisch.

109 Die Budinen sprechen nicht die gleiche Sprache wie die Gelonen, und auch ihre Lebensweise ist nicht die gleiche. Denn die Budinen sind Eingeborene und Nomaden und essen Fichtenzapfen, sie allein von den Völkern dort, die Gelonen aber bestellen den Boden, essen Getreide, legen Gärten an und sehen weder an Gestalt noch Hautfarbe denen ähnlich. Von den

Hellenen jedoch werden auch die Budinen Gelonen genannt, nicht zu Recht. Ihr Land ist überall dicht bestanden mit Wald aller Art, und in dem dichtesten und größten Wald ist ein großer weiter See und Sumpf und Röhricht rings um ihn. In dem werden Fischottern gefangen und Biber und andere Tiere mit viereckigem Gesicht, mit deren Bälgen sie ihre Pelze verbrämen, und ihre Hoden werden dort verwandt bei Erkrankungen der Gebärmutter.

Von den Sauromaten erzählt man folgendes. Als die Hel- 110
lenen mit den Amazonen kämpften – die Skythen nennen die Amazonen Oiorpata, das Wort bedeutet auf hellenisch «androktonoi», «Männertöter», denn «oior» nennen sie den Mann und töten «pata» – damals, so geht die Geschichte, siegten die Hellenen in der Schlacht am Thermodon und fuhren weg, und auf drei Schiffen führten sie alle Amazonen mit, die sie lebend hatten einfangen können; als sie aber auf hoher See waren, fielen die über die Männer her und warfen sie über Bord. Sie kannten sich aber nicht aus mit Schiffen und dem Gebrauch von Steuer, Segel und Ruder, sondern ließen, als sie die Männer beseitigt hatten, sich treiben von Welle und Wind und kommen nach Kremnoi an der Maiotischen See. Dies Kremnoi liegt im Land der Freien Skythen. Dort stiegen die Amazonen von den Schiffen und zogen weiter in bewohntes Land. Als sie aber auf die erste Pferdeherde trafen, raubten sie die, saßen auf und plünderten bei den Skythen.

Die Skythen konnten sich keinen Vers auf die Geschichte 111
machen, denn sie kannten weder Sprache noch Tracht noch das Volk, sondern waren sehr verwundert, woher die wohl kommen könnten, vermuteten aber, sie seien Männer in jugendlichem Alter, und führten einen Kampf mit ihnen herbei. Nach dem Kampf aber konnten sich die Skythen der Gefallenen bemächtigen, und so erkannten sie, daß es Frauen waren. Da berieten sie nun und beschlossen, sie auf keinen Fall mehr

zu töten, vielmehr die jüngsten von ihren Leuten loszuschicken zu jenen, eben so viele, wie nach ihrer Schätzung deren Anzahl war. Die sollten sich in ihrer Nähe lagern und alles tun, was jene täten; wenn die auf sie losgingen, sollten sie nicht kämpfen, sondern fliehn, wenn die aber damit Schluß machten, sollten sie kommen und sich in der Nähe lagern. Das beschlossen die Skythen, weil sie wünschten, von ihnen Kinder zu erhalten.

112 Die abgesandten jungen Männer handelten nun nach ihrem Auftrag. Und als die Amazonen merkten, daß sie nicht gekommen waren, ihnen zu schaden, ließen sie sie gewähren. Die rückten aber mit ihrem Lager von Tag zu Tag näher an das andere heran. Es hatten aber die jungen Männer nichts bei sich, wie auch die Amazonen nicht, nur ihre Waffen und Pferde, führten jedoch das gleiche Leben wie jene und lebten von
113 Jagd und Raub. Nun taten die Amazonen immer um die Mittagszeit das Folgende: Sie verstreuten sich, allein oder zu zweien, gingen ein Stück weg und erleichterten sich, entfernt voneinander. Die Skythen bemerkten das und taten desgleichen. Und einer machte sich an eine, die ganz allein war, heran, und die Amazone wies ihn nicht ab, sondern ließ es sich gefallen. Sprechen konnte sie nicht, denn sie verstanden einander nicht, aber mit der Hand bedeutete sie ihm, am nächsten Tag an den gleichen Ort zu kommen und noch einen mitzubringen, und dabei zeigte sie ihm zwei Finger, und sie werde auch noch eine mitbringen. Als der junge Mann zurückkam, erzählte er es den andern. Am nächsten Tag kam er selber an den Platz und brachte noch einen mit und fand die Amazone mit einer andern schon warten. Als nun die übrigen jungen Männer das erfuhren, machten auch sie die übrigen Amazonen zahm.

114 Danach vereinigten sie ihre Lager und wohnten beisammen, und jeder hatte die zum Weib, mit der er zuerst verkehrt

hatte. Bei der Sprache aber, da konnten die Männer die der Frauen nicht lernen, die Frauen aber begriffen die der Männer. Als sie aber einander verstanden, sprachen die Männer zu den Amazonen folgendes: «Wir haben unsre Eltern, wir haben auch Besitz. Nun brauchen wir also nicht länger so bescheiden zu leben, sondern können zu den andern gehn und dort unsern Unterhalt haben. Und ihr sollt unsere Frauen sein und keine anderen.» Sie aber sagten darauf dies: «Wir würden mit euern Frauen nicht zusammenleben können; denn unsere Art ist anders als ihre. Wir schießen Bogen und werfen Speer und sitzen zu Pferd, Frauenarbeiten aber haben wir nicht gelernt. Eure Frauen aber tun nichts von dem, was wir aufzählten, sondern bleiben auf den Wagen und sind mit Frauenarbeiten beschäftigt und gehen weder auf Jagd noch sonst wohin. Wir würden uns also mit ihnen nicht vertragen können. Aber wenn ihr wirklich wünscht, uns zu Frauen zu haben und als rechtschaffene, brave Leute zu gelten, so geht zu euern Eltern und laßt euch euern Anteil am Besitz geben und dann kommt
her, damit wir für uns leben können.» Die jungen Männer folg- 115
ten und taten das. Und als sie, was sie beanspruchen konnten vom Besitz, empfangen hatten und zurückkamen zu den Amazonen, sprachen die Frauen so zu ihnen: «Wir sind ständig in Furcht und Angst, wenn wir in diesem Land wohnen müssen, wo wir einmal euch eure Väter genommen und zum andern euerm Land viel Schaden zugefügt haben. Aber da ihr nun verlangt, uns als Frauen zu haben, handelt so, mit uns zusammen: Laßt uns aufbrechen und aus diesem Lande weggehen, den Ta-
naïs überschreiten und da wohnen!» Auch darin folgten die 116
jungen Männer. Sie gingen über den Tanaïs und zogen an einen Ort, der drei Tage Wegs vom Tanaïs nach Osten zu liegt und drei von der See Maiotis nach Norden. Und als sie dorthin gekommen waren, wo sie jetzt noch wohnen, ließen sie sich dort nieder.

Und seit der Zeit verfahren die Frauen der Sauromaten nach ihrer alten Lebensweise und gehen zu Pferd auf Jagd, mit ihren Männern oder ohne sie, und gehen mit in den Kampf
117 und tragen die gleichen Kleider wie die Männer. Die Sprache der Sauromaten ist skythisch, aber fehlerhaft, schon von alters her, weil die Amazonen sie nicht ordentlich gelernt haben. Bei der Ehe gibt es folgenden Brauch. Kein Mädchen darf heiraten, bevor es einen Feind getötet hat. Einige von ihnen werden alte Frauen und sterben, ohne zu heiraten, da sie das Gesetz nicht erfüllen können.

118 Von diesen aufgezählten Völkern also waren die Könige zusammengetreten, und zu ihnen kamen die Boten der Skythen und unterrichteten sie und sagten, daß der Perser, nachdem er alles auf dem Festland drüben unterworfen, eine Brücke gebaut habe am Hals des Bosporus und auf dies Festland hinübergekommen sei, nach seinem Übergang aber die Thraker unterworfen und dann den Istrosstrom überbrückt habe und nun beabsichtige, auch hier alles in seine Gewalt zu bringen. «Steht nun nicht beiseite und laßt doch ja nicht zu, daß wir verderben, sondern wir wollen eines Sinnes sein und so dem Angreifer begegnen. Solltet ihr das nicht tun? Wir nämlich, kommen wir in Not, werden entweder das Land verlassen, oder wir bleiben und treffen mit dem Feind ein Übereinkommen. Denn was bleibt uns anders übrig, wenn ihr uns nicht helfen wollt? Für euch aber wird's dann bestimmt nicht leichter sein. Denn es geht beim Zug des Persers genauso gegen euch wie gegen uns, und er wird sich nicht zufriedengeben, nur uns zu unterwerfen, und von euch die Finger lassen. Für diese Behauptung werden wir euch ein gewichtiges Zeugnis geben. Wenn der Perser nämlich nur gegen uns ausgezogen wäre, nur mit dem Wunsch, an uns Rache zu nehmen für die frühere Knechtschaft, dann hätte er alle andern lassen und auf die Art gegen unser Land ziehen müssen, und er hätte wohl

allen angesagt, daß er nur gegen die Skythen zieht und sonst niemand. Jetzt aber, kaum hat er den Hellespont überschritten, zähmt er alle, die ihm in den Weg kommen. So hat er schon die andern Thraker unterworfen und dann auch die Geten, unsere Nachbarn.»

Als die Skythen das vorgebracht hatten, berieten die Kö- 119
nige, die für ihre Völker zugegen waren, und ihre Meinungen waren geteilt. Der Gelone und Budine und Sauromate hatten die gleiche Ansicht und versprachen, den Skythen zu helfen, der Agathyrse und Neure und Androphage aber und die Könige der Melanchlainen und Taurer gaben den Skythen das zur Antwort: «Hättet ihr nicht zuerst den Persern etwas angetan und angefangen mit dem Kampf, so gäbe es für uns keinen Zweifel, daß ihr, wenn ihr bittet, worum ihr bittet, richtig sprecht, und wir würden darauf hören und handeln wie ihr. Nun aber seid ihr in deren Land eingefallen, ohne uns, und hattet Gewalt über die Perser, solange der Gott es euch gewährt hat, und jene, da sie derselbe Gott erweckt, vergelten nun Gleiches mit Gleichem. Wir aber haben weder damals diesen Leuten etwas zuleide getan, noch werden wir jetzt zuerst versuchen, ihnen etwas zuleide zu tun. Geht er jedoch auf unser Land los und macht den Anfang mit der Gewalttat, dann werden auch wir's nicht hinnehmen. Bis wir das aber wirklich sehen, wollen wir zu Hause bleiben. Denn wir sind der Ansicht, die Perser kommen nicht zu uns, sondern zu denen, die sich Gewalttat haben zuschulden kommen lassen.»

Als die Skythen diesen Bescheid vernahmen, beschlossen 120
sie, jede Begegnung in offenem Kampf zu meiden, weil die sich ihnen ja nicht anschlossen als Verbündete, vielmehr immer auszuweichen und vor jenen herzuziehen und dabei alle Brunnen und Quellen, an denen sie vorbeikamen, zu verschütten und zu verstopfen und das Gras auf der Erde zu vertilgen. Sie wollten sich in zwei Teile aufteilen, und zu dem einen, dessen

König Skopasis war, sollten die Sauromaten stoßen. Dieser Teil sollte, wenn der Perser sich dorthin wende, vor ihm her eilen und ihn immer am Maiotischen Meer entlang grad auf den Tanaïs hinführen, wenn der Perser aber umkehre, ihm zusetzen und auf den Fersen bleiben. Das war der eine Teil ihrer Macht, abgeordnet zu dem Weg, den ich nannte. Die andern zwei Stämme, der große, über den Idanthyrsos herrschte, und der dritte, dessen König Taxakis war, sollten sich an einem Platz vereinen, und zu denen sollten die Gelonen und Budinen stoßen, und auch sie sollten sich einen Tagesweg vor den Persern halten und sich ihnen knapp entziehen, indem sie stets auswichen und das taten, was beschlossen war: Zuerst sollten sie den Feind geradewegs in die Länder hineinführen, die ihre Hilfe versagt hatten, damit sie auch die in den Kampf verwickelten. Wollten sie nämlich nicht freiwillig den Kampf gegen die Perser auf sich nehmen, so sollten sie eben gegen ihren Willen mit in den Krieg. Danach sollten sie wieder in ihr Land umbiegen und angreifen, wenn ihnen das geraten schiene.

121 Das war der Plan der Skythen, und so traten sie Dareios' Heer hinhaltend entgegen, sandten aber einen Vortrab aus, ihre besten Reiter. Die Wagen aber, auf denen all ihre Kinder und Frauen lebten, dazu alles Vieh, außer dem, das sie zurückbehielten, gerade genug für ihre eigne Verpflegung – sonst aber alles schickten sie mit den Wagen weg und trugen ihnen
122 auf, immer nach Norden zu ziehen. Das wurde also alles fortgeschafft, der Vortrab der Skythen aber machte die Perser ausfindig etwa drei Tage Wegs vom Istros weg, und sie lagerten sich, als sie die gefunden hatten, einen Tagesmarsch vor ihnen und verwüsteten ringsum alles, was auf der Erde wuchs. Die Perser aber rückten, als sie die Reiterei der Skythen auftauchen sahen, gegen sie vor, immer auf ihrer Fährte, als die sich ihnen entzogen. Und allmählich – denn sie zogen geradewegs auf den einen Teil los – kamen die Perser auf ihrer Ver-

folgung nach Osten und an den Tanaïs. Jene aber gingen über den Fluß Tanaïs, und die Perser gingen auch hinüber und verfolgten sie weiter, bis sie das Land der Sauromaten durchquert und das der Budinen erreicht hatten. Die ganze Zeit 123
über, in der die Perser durch das skythische und sauromatische Land zogen, hatten sie nichts zu verwüsten, weil das Land unbebaut war. Als sie aber in der Budinen Land eindrangen, da trafen sie nun auf die hölzerne feste Stadt – die Budinen hatten sie verlassen, und die Stadt war völlig ausgeräumt – und brannten sie nieder. Als sie das getan, folgten sie der Fährte immer weiter vorwärts, bis sie auch durch dies Land und bei der Einöde waren. Diese Einöde wird von keinerlei Menschen bewohnt und liegt über der Budinen Land, sieben Tage Wegs. Über der Einöde wohnen die Thyssageten, und vier große Flüsse fließen von ihnen durch das Land der Maioten und münden in die See, die die Maiotische heißt; die haben diese Namen: Lykos, Oaros, Tanaïs, Syrgis.

Als nun Dareios in die Einöde kam, machte er Schluß mit 124
dem Rennen und ließ sein Heer am Fluß Oaros lagern. Das tat er und baute acht große Kastelle, in gleichem Abstand voneinander, etwa sechzig Stadien; von denen waren Reste noch bis auf meine Tage erhalten. Während er noch damit beschäftigt war, schlugen die verfolgten Skythen einen Bogen nach oben und gingen nach Skythien zurück. Als sie nun völlig verschwunden waren und sich gar nicht mehr vor ihnen zeigten, da ließ Dareios jene Kastelle halbfertig liegen, kehrte selber auch um und zog nach Westen, in der Annahme, das seien alle Skythen und sie flüchteten nun westwärts.

Er zog nun in Eilmärschen mit dem Heer dahin, und als er 125
nach Skythien kam, stieß er auf jene andern beiden Teile der Skythen, und kaum hatte er sie vor sich, so verfolgte er sie, sie aber entzogen sich ihm immer um einen Tagesweg. Und die Skythen – denn Dareios ließ nicht locker und drängte

nach – entwichen wie geplant ins Land derer, die ihre Hilfe verweigert hatten, zuerst ins Land der Melanchlainen. Da fielen nun Skythen wie Perser dort ein und setzten sie in Schrecken, dann führten die Skythen sie in die Gegenden der Androphagen, und als auch die in Schrecken versetzt waren, lockten sie sie zu den Neuren, und als auch die in Schrecken versetzt waren, gingen die Skythen, immer ein wenig vor jenen dahineilend, auf die Agathyrsen los. Als aber die Agathyrsen sahen, wie auch ihre Nachbarn in Not und Schrecken vor den Skythen flohen, sandten sie, noch ehe die Skythen bei ihnen eindrangen, einen Herold und verboten den Skythen, ihre Grenzen zu betreten, und sagten ihnen an, wenn sie versuchen würden einzufallen, hätten sie es zuerst mit ihnen zu tun. Nach dieser Ansage eilten die Agathyrsen zur Verteidigung an ihre Grenze, fest entschlossen, jedes Eindringen abzuwehren. Die Melanchlainen aber und Androphagen und Neuren hatten, als mit den Skythen zugleich die Perser eindrangen, kein Herz sich zu wehren und dachten nicht mehr an ihre Drohung und flohen voller Schrecken immer weiter nach Norden bis ins Ödland. Die Skythen aber kamen nicht mehr bis zu den Agathyrsen, die es untersagt hatten, vielmehr leiteten sie die Perser vom Land der Neuren in ihr Land.

126 Als das nun immer so fort ging und gar kein Ende nahm, sandte Dareios einen Reiter zu dem Skythenkönig Idanthyrsos und sprach: «Du seltsamer Mensch, warum fliehst du in einem fort, wo es dir doch freisteht, eins oder das andere von dem Folgenden zu tun? Wenn du dir nämlich zutraust, meiner Macht entgegenzutreten, dann mach halt, hör auf mit dem Herumirren und kämpfe. Wenn du aber eingestehst, unterlegen zu sein, dann mach auch so dem Rennen ein Ende, bring deinem Herrn als Gabe Erde und Wasser und verhandle.»

127 Auf das gab der Skythen König Idanthyrsos die Antwort: «Mit mir steht es so, Perser. Ich hab noch vor keinem Men-

schen Angst gehabt und bin vor keinem geflohen, früher nicht, und auch jetzt fliehe ich gar nicht vor dir. Und was ich jetzt tue, ist nichts anderes, als was ich auch im Frieden zu tun pflege. Daß ich aber nicht sofort mit dir kämpfe, auch das will ich dir erklären. Wir haben weder Städte noch bebautes Land, für die wir zu fürchten hätten, daß sie genommen oder verwüstet werden, und so haben wir keine Eile, uns mit euch im Kampf zu treffen. Wenn es aber durchaus nötig sein sollte, daß wir rasch zum Kampf kommen: Eins haben wir, die Gräber unserer Väter. Wohlan, findet die und versucht sie zu zerstören, dann werdet ihr schon merken, ob wir mit euch kämpfen werden um diese Gräber oder nicht. Vorher werden wir uns nicht mit dir treffen, es sei denn, es paßt in unsere Berechnung. Doch genug von der Schlacht. Für meine Herren aber halte ich Zeus, meinen Vorfahrn, und Histia, der Skythen Königin, und sonst niemand. Dir aber werde ich statt Erde und Wasser Gaben senden, wie sie dir zukommen, dafür aber, daß du gesagt hast, du seist mein Herr, sollst du noch klagen, sage ich.»

Der Herold ging, Dareios das zu melden, die Könige der 128
Skythen aber wurden von Zorn erfüllt, als sie das Wort Knechtschaft hörten. Nun schickten sie den Teil, dem sie die Sauromaten zugeordnet hatten und den Skopasis führte, zu den Joniern und trugen ihm auf, mit denen zu unterhandeln, die an der Brücke über den Istros Wache hielten. Alle übrigen aber blieben da und beschlossen, die Perser nicht mehr nur an der Nase herumzuführen, sondern sie jedesmal, wenn sie nach Verpflegung suchten, anzufallen. Sie hielten also Ausschau, wann Dareios' Leute dazu ausschwärmten, und taten wie beschlossen. Die skythische Reiterei nun brachte die Reiterei immer zum Weichen, die flüchtenden Perser aber fielen aufs Fußvolk zurück, und das kam ihnen dann zur Hilfe. Hatten die Skythen aber die Reiter dahin getrieben, schwenkten sie

um, denn das Fußvolk scheuten sie. Auch nachts machten die Skythen ähnliche Überfälle.

129 Was aber den Persern hilfreich und den Skythen feindlich war, wenn sie das lagernde Heer des Dareios angriffen, das will ich sagen, denn es ist höchst seltsam, nämlich die Stimme der Esel und das Aussehen der Maultiere. Denn weder Esel noch Maultier bringt das Skythenland hervor, wie ich's vorher schon dargetan habe, ja es gibt auf der ganzen skythischen Erde überhaupt keinen Esel und kein Maultier, wegen der Kälte. Wenn die Esel nun ihr brünstiges Schreien ertönen ließen, brachten sie die Reiterei der Skythen in Verwirrung. Häufig scheuten ihre Pferde mitten beim Ansprengen gegen die Perser und machten kehrt, wenn sie die Stimme der Esel hörten, und stutzten gespannt und stellten die Ohren hoch, da sie vorher noch nie ein solches Schreien gehört hatten noch solche Gestalten gesehen. Das konnten sie nun als Kampferfolg buchen, zwar wenig, aber immerhin.

130 Wenn nun die Skythen sahen, daß sich Unruhe und Verwirrung bei den Persern ausbreiteten, taten sie etwas anderes, damit sie noch länger in Skythien blieben und so zu leiden hätten durch den Mangel an allem. Sie ließen ab und zu etwas Vieh zurück samt den Hirten und ritten selber ein Stück weg, an einen andern Ort. Die Perser liefen hinzu und griffen das Vieh, und dann hob sich wegen des Erfolgs wieder ihre Stimmung.

131 Das ging nun eine Weile so fort, bis schließlich Dareios in großen Nöten war, und als die Skythenhäuptlinge das merkten, sandten sie einen Herold, der Dareios Gaben brachte, einen Vogel, eine Maus, einen Frosch und fünf Pfeile. Die Perser fragten den Überbringer nach dem Sinn der Gaben. Der aber sagte, es sei ihm sonst nichts aufgetragen, als das zu übergeben und sich dann eilends zu entfernen. Was die Gaben besagten, sollten die Perser selber herausfinden, sagte er, wenn sie Verstand hätten.

Als die Perser das hörten, hielten sie Rat. Dareios' Meinung 132
war nun, die Skythen übergäben ihm sich selbst und Erde und Wasser, indem er so vermutete: Die Maus lebt in der Erde und ißt die gleiche Frucht wie der Mensch, der Frosch im Wasser, der Vogel gleicht am ehesten dem Pferd, und die Pfeile, damit übergeben sie ihre Wehrkraft. Diese Meinung legte Dareios vor, es trat ihr aber entgegen die Meinung des Gobryas, der einer von den Sieben war, die den Mager gestürzt hatten. Er vermutete anders, die Gaben meinten: «Wenn ihr nicht Vögel werdet und auffliegt zum Himmel oder Mäuse und euch in der Erde verkriecht, ihr Perser, oder Frösche und hineinspringt in die Seen, werdet ihr nicht wieder heimkehren, von diesen Geschossen getroffen.»

Die Perser rätselten also über die Gaben, der eine Teil der 133
Skythen aber, der zuerst beordert war, an der Maiotischen See Wache zu halten, nun aber, am Istros mit den Joniern zu verhandeln, sprach, als er an die Brücke gekommen war, so: «Männer aus Jonien, wir kommen, euch die Freiheit zu bringen, jedenfalls wenn ihr auf uns hören wollt. Wir erfahren nämlich, daß Dareios euch aufgetragen hat, nur sechzig Tage die Brücke zu bewachen, kommt er aber in dieser Zeit nicht wieder her, abzufahren in euer Land. Handelt nun so, und dann wird er euch nichts vorzuwerfen haben und wir auch nicht. Wartet die bestimmten Tage lang und dann zieht ab.»

Diese eilten, als die Jonier versprachen, so zu verfahren, 134
schnellstens zurück, die zurückgebliebenen Skythen aber stellten sich, als die Gaben zu Dareios gekommen waren, den Persern gegenüber auf, zu Fuß und zu Pferd, bereit zum Treffen. Wie die Skythen nun dastanden, lief ein Hase durch ihre Reihen hinaus ins Vorfeld, und wie sie ihn sahen, rannte alles hinter ihm her. Als nun die Skythen ein großes Getümmel und Geschrei machten, erkundigte sich Dareios, was das für ein Lärm sei bei den Gegnern, und als er erfuhr, sie jagten den

Hasen, da sprach er zu denen, denen er sich auch sonst mitzuteilen pflegte: «Diese Leute nehmen uns gar nicht ernst, und jetzt ist mir klar, daß Gobryas recht gehabt hat mit den Gaben der Skythen. Da auch ich sie nun so verstehe, tut guter Rat not, wie wir ohne zu straucheln wieder herauskommen.» Daraufhin sprach Gobryas: «Mein König, ich hatte schon vom Hörensagen eine ungefähre Vorstellung, wie schwer diese Leute zu fassen sind, und jetzt, wo ich hier bin, hab ich's noch gründlicher gelernt, zumal ich sehe, wie sie ihr Spiel mit uns treiben. Darum ist dies mein Rat. Sobald es Nacht wird, zünden wir Feuer an, wie wir's auch sonst zu machen pflegen, und hintergehen die schwächsten Leute aus dem Heer, die Strapazen nicht gewachsen sind, binden alle Esel an und ziehen ab, bevor die Skythen auch noch nach dem Istros eilen und die Brücke abbrechen oder die Jonier etwas beschließen, was
135 uns vernichten könnte.» Das war der Rat des Gobryas, dann wurde es Nacht, und Dareios handelte nach diesem Vorschlag.

Die Erschöpften und die Leute, deren Verlust am wenigsten ins Gewicht fiel, und alle Esel, die man anband, ließ er dort im Lager zurück. Die Esel und die Schwachen seines Heers ließ er deswegen zurück, damit die Esel ihr Geschrei hören ließen, die Leute aber wurden wegen ihrer Schwäche zurückgelassen, jedoch unter dem Vorwand, daß er selber mit dem schlagkräftigen Teil des Heeres die Skythen angreifen wolle, die aber sollten unterdes das Lager beschützen. Das trug Dareios den Zurückbleibenden auf, zündete Feuer an, und dann ging's eilends los auf den Istros. Die Esel, verlassen und ohne das gewohnte Getümmel, ließen ihre Stimme um so mehr ertönen, die Skythen aber hörten die Esel schreien und waren der festen Erwartung, die Perser seien noch an ihrem Platz.

136 Als es aber Tag wurde, erkannten die Zurückgelassenen, daß sie von Dareios verraten waren, und streckten ihre Hände

aus vor den Skythen und sagten, was man dann so sagt. Als diese das hörten, zogen sie schleunigst alles zusammen, die zwei Teile der Skythen und den mit den Sauromaten und die Budinen und Gelonen, und setzten den Persern nach, geradewegs auf den Istros zu. Und weil das persische Heer ja zum größten Teil Fußvolk war und die Wege nicht kannte, denn Straßen waren keine gebahnt, das skythische Heer aber beritten war und die kürzesten Wege kannte, verfehlten sie einander, und die Skythen kamen weit eher an die Brücke als die Perser. Als sie nun merkten, daß die Perser noch nicht angekommen waren, sprachen sie zu den Joniern, die auf den Schiffen waren: «Jonier, die Zahl eurer Tage ist herum, und ihr handelt nicht rechtschaffen, daß ihr noch dableibt. Gewiß habt ihr euch vorher gefürchtet und seid deshalb geblieben, aber nun löst den Übergang auf und fahrt schnellstens nach Hause und freut euch eurer Freiheit und wisset den Göttern und den Skythen Dank. Den aber, der zuvor euer Herr war, werden wir so zurichten, daß er gegen keinen Menschen je wieder in den Krieg ziehen soll.»

Darüber hielten die Jonier Rat. Miltiades von Athen, der 137
Feldherr und Regent der Bewohner der Halbinsel am Hellespont, war der Meinung, man solle den Skythen folgen und Jonien frei machen, Histiaios der Milesier aber war dagegen. Er sagte, jetzt sei ein jeder durch Dareios Herr über seine Stadt, werde aber Dareios' Macht vernichtet, so werde weder er seine Herrschaft gegenüber den Milesiern behaupten können noch sonst einer von ihnen gegenüber seinen Bürgern. Denn eine jede Stadt werde lieber eine Herrschaft des Volks haben wollen als die eines einzelnen Mannes. Und als Histiaios diese Meinung darlegte, schwenkten sofort alle zu dieser Meinung um, vorher aber hatten sie die des Miltiades gewählt.

Und das sind jene Männer, die damals ihre Stimme abgaben 138
und beim König etwas galten: Die Herren in den Städten des

Hellespont, Daphnis von Abydos, Hippoklos von Lampsakos, Herophantos von Parion, Metrodoros von Prokonnesos, Aristagoras von Kyzikos, Ariston von Byzantion. Das waren die vom Hellespont, von Jonien aber Strattis von Chios, Aiakes von Samos, Laodamas von Phokaia und Histiaios von Milet, er, der mit seiner Meinung der des Miltiades entgegentrat. Von den Aiolern war von gewichtigen Männern allein Aristagoras von Kyme zugegen.

139 Als diese nun die Meinung des Histiaios gewählt hatten, hielten sie es für richtig, dazu noch dies zu tun und zu sagen, nämlich den Teil der Brücke, der zu den Skythen hin lag, aufzulösen, einen Pfeilschuß weit, damit es aussähe, als täten sie etwas, wo sie doch nichts taten, und damit die Skythen nicht den Versuch machten, den Übergang über den Istros auf der Brücke zu erzwingen; und indem sie von der Brücke das Stück nach Skythien zu auflösten, zu sagen, sie würden all das tun, woran die Skythen ihre Freude hätten. So packten sie ihre Entscheidung ein, und dann antwortete Histiaios für alle das Folgende: «Skythen, gut ist, daß ihr kommt und was ihr bringt, und ihr drängt zur rechten Zeit. Und wie ihr uns auf den rechten Weg bringt, so werdet ihr von uns entsprechend bedient werden. Denn wie ihr seht, brechen wir den Übergang ab und wollen unser Bestes tun, denn wir möchten gern frei sein. Während wir aber das hier auflösen, ist für euch Gelegenheit, jene zu suchen, und habt ihr sie gefunden, dann nehmt Rache für euch und für uns, so wie sie es verdienen.»

140 Die Skythen trauten den Joniern zum zweitenmal und glaubten, sie sprächen die Wahrheit; so kehrten sie um, die Perser zu suchen, und verfehlten deren Weg ganz und gar. Daran waren aber die Skythen selber schuld, weil sie dort die Pferdeweiden unbrauchbar gemacht und die Brunnen zugeschüttet hatten. Hätten sie das nämlich nicht getan, wäre es ihnen ein leichtes gewesen, die Perser ausfindig zu machen,

wenn sie es wünschten. Nun aber scheiterten sie gerade daran, was sie recht klug ausgedacht zu haben glaubten. Die Skythen zogen also durch die Teile des Landes, wo es Futter für die Pferde gab und Wasser, und suchten dort ihre Gegner, in dem Glauben, auch jene würden durch solche Gegenden zu entkommen versuchen. Die Perser aber gaben nur acht auf ihre Spuren, die sie früher hinterlassen, folgten denen und fanden auch so nur mit knapper Mühe den Übergang. Da es aber Nacht war, als sie ankamen, und sie an dieser Stelle die Brücke abgebaut fanden, gerieten sie in Angst und Schrecken, daß die Jonier sie im Stich gelassen. Nun war bei Dareios ein 141
Ägypter, der die gewaltigste Stimme von allen Menschen hatte. Diesen hieß Dareios ans Ufer der Donau treten und Histiaios von Milet rufen. Der tat das, und Histiaios hörte gleich auf den ersten Anruf und brachte alle Schiffe, das Heer überzusetzen, und stellte die Brücke wieder her.

So entkommen die Perser, die Skythen aber, die nach ihnen 142
suchten, verfehlten die Perser zum zweitenmal. Und darum urteilen sie über die Jonier, als Freie betrachtet seien sie die schlechtesten und feigsten von allen Menschen, wenn sie aber von den Joniern als Knechten sprechen, sie seien die Sklaven, die ihren Herren am meisten ergeben seien und am wenigsten geneigt zu entlaufen. Mit solcher Verachtung sprechen die Skythen von den Joniern.

Dareios aber zog durch Thrakien und kam nach Sestos auf 143
der Chersones. Von dort setzte er selber mit Schiffen nach Asien über, in Europa aber läßt er als Befehlshaber des Heeres zurück Megabazos, einen Perser. Dem hat einmal Dareios eine Auszeichnung verliehen vor den Persern, mit folgendem Wort: Dareios wollte eben Granatäpfel essen, und wie er den ersten öffnete, fragte ihn sein Bruder Artabanos, wovon er gerne so viel haben möchte, wie Kerne in dem Apfel seien. Und Dareios sagte, er möchte in solcher Zahl gerne Männer wie

Megabazos haben, lieber noch, als daß Hellas in seine Gewalt komme. Im Kreis der Perser also erwies er ihm mit diesem Wort Ehre, damals aber ließ er ihn als Feldherrn zurück mit achtzigtausend Mann seines Heeres.

144 Dieser Megabazos hat folgendes Wort gesprochen und damit bei den Hellespontiern ein unsterbliches Andenken hinterlassen. Als er nämlich in Byzanz war, erfuhr er, daß die Leute von Kalchedon ihren Ort siebzehn Jahre vor denen von Byzanz gegründet hatten, und als er das erfahren, sagte er, die Kalchedonier müßten zu der Zeit wohl blind gewesen sein; denn sie hätten, wo die bessere Stelle vor ihnen lag zur Ansiedlung, nicht die schlechtere gewählt, wenn sie nicht blind gewesen wären. Dieser Megabazos also, damals als Feldherr zurückgelassen in dem Land der Hellespontier, unterwarf alle, die es noch nicht mit dem Meder hielten.

145 Der war nun also damit beschäftigt, zu der gleichen Zeit aber fand ein anderer großer Heereszug statt, gegen Libyen, aus einem Anlaß, den ich berichten werde, sobald ich noch folgendes zuvor berichtet habe.

Kinder der Kinder der Besatzung der Argo wurden vertrieben von Pelasgern, von denen, die von Brauron die Frauen der Athener geraubt hatten – von denen aus Lemnos vertrieben, segelten sie ab nach Lakedaimon, setzten sich auf den Taÿgetos und zündeten ein Feuer an. Als die Lakedaimonier es sahen, schickten sie einen Boten, um zu fragen, wer und woher sie seien. Die sagten dem Boten auf seine Frage, sie seien Minyer und Nachkommen der Helden, die auf der Argo gefahren, die seien auf Lemnos gelandet und hätten sie gezeugt. Als die Lakedaimonier diese Geschichte von dem Ursprung der Minyer hörten, schickten sie zum zweitenmal und fragten, was sie wollten, daß sie in ihr Land kämen und ein Feuer anzündeten. Und die sagten, da sie von den Pelasgern aus ihrer Heimat vertrieben seien, kämen sie zu ihren Vätern;

denn das sei doch ganz in der Ordnung, und sie bäten um Wohnung bei ihnen, und daß sie ihren Anteil an den Vorrechten bekämen und durchs Los auch an Grund und Boden. Den Lakedaimoniern war es recht, die Minyer aufzunehmen unter den Bedingungen, die jene wünschten; und was sie am meisten zu solchem Handeln bewog, war die Teilnahme der Tyndariden an der Fahrt der Argo. So nahmen sie die Minyer auf und gaben ihnen Anteil am Boden und verteilten sie auf die drei Stammesgruppen. Und die schlossen sogleich Ehen, die Mädchen und Frauen aber, die sie aus Lemnos mitgebracht hatten, gaben sie anderen.

Nicht lange Zeit verging, und schon wurden die Minyer 146
überheblich, verlangten Beteiligung an der Königswürde und nahmen sich auch sonst Ungebührlichkeiten heraus. Die Lakedaimonier hielten es nun für das beste, sie zu töten, ergriffen sie und warfen sie ins Gefängnis. Es töten aber die Lakedaimonier die Leute, die sie töten wollen, nachts, bei Tag aber niemand. Als die Minyer nun eben umgebracht werden sollten, baten ihre Frauen sich aus, die ja Bürgerinnen waren und auch Töchter der angesehensten Spartiaten, daß man sie ins Gefängnis einlasse und jede mit ihrem Mann sprechen dürfe, unter vier Augen. Die gestatteten es ihnen und dachten nicht, daß sie eine List anwenden könnten. Die Frauen aber, als sie drinnen sind, machen folgendes: Ihre Kleider, alles, was sie am Leibe hatten, übergaben sie den Männern und nahmen ihrerseits die der Männer. Die Minyer hüllten sich nun in die Frauenkleidung und gingen als Frauen hinaus, und als sie auf die Art entkamen, gingen sie wieder auf den Taÿgetos und lagerten dort.

Gerade zu dieser Zeit rüstete sich Theras, der Sohn des 147
Autesion, des Sohnes des Teisamenos, des Sohnes des Thersandros, des Sohnes des Polyneikes, zur Gründung einer Tochterstadt von Lakedaimon. Es war nun dieser Theras,

von Herkunft Kadmeier, ein Bruder der Mutter von Eurysthenes und Prokles, der Söhne des Aristodemos. Solange diese Söhne noch klein waren, hatte Theras als ihr Vormund das Königtum in Sparta inne. Als aber die Neffen herangewachsen waren und das Königsamt übernahmen, da fand es Theras unausstehlich, von andern beherrscht zu werden, nachdem er das Herrschen gekostet hatte, und sagte, er wolle nicht in Lakedaimon bleiben, sondern zu Schiff fort zu seinen Verwandten. Nun lebten auf der Insel, die jetzt Thera genannt wird, früher aber Kalliste, Nachkommen des Membliaros, des Sohnes des Poikiles, eines Phöniziers. Kadmos nämlich, der Sohn des Agenor, landete auf der Suche nach Europa auf der jetzt Thera genannten Insel. Als er dort angelegt hatte – ob ihm nun der Platz gefiel oder ob er's sonst gern tun wollte – kurz, er läßt auf dieser Insel sonst noch Phönizier zurück und so denn auch einen seiner Verwandten, Membliaros. Die bewohnten jene Kalliste schon viele Menschenalter, acht bis
148 zur Ankunft des Theras aus Lakedaimon. Zu denen also wollte nun Theras fahren und Leute aus den Phylen mitnehmen, um bei diesen zu siedeln, keineswegs um sie zu vertreiben, vielmehr fühlte er sich mit ihnen durchaus verwandt. Als nun aber die Minyer aus dem Gewahrsam entlaufen waren und auf dem Taÿgetos saßen, berieten die Lakedaimonier über ihre Beseitigung, und da bittet Theras für sie, es solle kein Mord geschehen, und übernahm es selber, sie aus dem Land zu schaffen. Als die Lakedaimonier dem Vorschlag zustimmten, fuhr er mit drei Dreißigruderern ab zu den Nachfahren des Membliaros, führte aber keineswegs alle Minyer mit, sondern nur einige wenige. Denn der größere Teil von ihnen wandte sich gegen die Paroreaten und Kaukonen, die vertrieben sie aus dem Land, teilten sich selber in sechs Abteilungen auf und gründeten dann in ihrem Land diese sechs Städte: Lepreon, Makistos, Phrixai, Pyrgos, Epion, Nudion;

von denen haben die meisten zu meiner Zeit die Eleier zerstört. Die Insel aber bekam den Namen Thera nach ihrem Besiedler.

Sein Sohn aber – er weigerte sich nämlich mitzufahren, und 149
deswegen sagte der Vater, er lasse ihn zurück als Schaf unter Wölfen; und nach diesem Wort bekam der junge Mann den Namen Oiolykos, Schafswolf, und irgendwie setzte dieser Name sich durch. Oiolykos' Sohn aber war Aigeus, nach dem die Aigiden genannt werden, ein großes Geschlecht in Sparta. Aber den Männern aus diesem Geschlecht blieben die Kinder nicht am Leben, deshalb errichteten sie, einem Götterspruch folgend, ein Heiligtum der Erinyen des Laïos und Oidipus. Und danach blieben sie am Leben und ebenso auch die bei den Nachkommen dieser Männer auf Thera.

Bis hierher nun erzählen die Lakedaimonier und die The- 150
raier übereinstimmend, das Weitere aber erzählen allein die Theraier, es sei nämlich so gekommen: Grinnos, Aisanios' Sohn, ein Nachkomme dieses Theras und König über die Insel Thera, kam nach Delphi und brachte eine Hekatombe aus seiner Stadt; in seiner Begleitung waren andere Bürger und so denn auch Battos, Polymnestos' Sohn, aus dem Geschlecht des Euphemos, eines Minyers. Und als Grinnos, der Theraier König, den Gott über andere Dinge befragte, gab ihm die Pythia den Spruch, eine Stadt in Libyen zu gründen. Er aber antwortete: «Ich, Herr, bin schon recht alt und zu schwerfällig, mich aufzumachen; gebiete du doch einem von diesen jüngeren Leuten hier, das zu tun.» Und indem er das sagte, wies er auf Battos. Damals blieb es dabei, und danach, als sie heimkamen, kümmerten sie sich nicht weiter um den Spruch, denn sie kannten Libyen nicht und hatten keine Ahnung, wo es überhaupt liegt, und wagten auch nicht, so ins Blaue eine Kolonie auszusenden.

Danach regnete es sieben Jahre nicht auf Thera, und in der 151
Zeit verdorrten ihnen alle Bäume auf der Insel, bis auf einen

einzigen. Als die Theraier aber beim Orakel nachfragten, hielt ihnen die Pythia die Entsendung einer Kolonie nach Libyen vor. Und da ihnen nun in ihrer Not nichts anderes übrig blieb, schickten sie Boten nach Kreta, nachzuforschen, ob einer der Kreter oder der dort Weilenden nach Libyen gekommen sei. Die zogen kreuz und quer durch Kreta und kamen auch nach der Stadt Itanos, und dort treffen sie einen Purpurfischer, der hieß Korobios. Der sagte, von einem Sturm verschlagen sei er nach Libyen gekommen, und zwar zu der Insel Platea. Den gewannen sie gegen Entlohnung und brachten ihn nach Thera, von Thera aber fuhren zuerst einige wenige Leute auf Erkundung aus. Der Korobios brachte sie auch wirklich zu dieser Insel Platea, und dort lassen sie Korobios zurück und bei ihm Lebensmittel für so und so viele Monate, selber aber fuhren sie eiligst zurück, um den Theraiern über die Insel zu
152 berichten. Als sie aber länger ausblieben als verabredet, ging Korobios alles aus. Dann aber wurde ein samisches Schiff, dessen Eigentümer ein gewisser Kolaios war und das nach Ägypten fuhr, nach diesem Platea verschlagen, und als die Samier von Korobios die ganze Geschichte erfuhren, lassen sie ihm Vorräte für ein Jahr zurück.

Sie selber stachen von der Insel in See und hielten zu auf Ägypten, wurden aber von ihrem Kurs durch einen Ostwind abgetrieben. Und sie fuhren, denn der starke Wind ließ nicht nach, durch die Säulen des Herakles und kamen nach Tartessos, und das war Gottesgeleit. Dieser Handelsplatz war nämlich zu der Zeit noch unberührt, so daß diese Leute bei ihrer Heimkehr aus ihren Waren tatsächlich von allen Hellenen, von denen wir es mit Genauigkeit wissen, den größten Gewinn geschlagen hatten, jedenfalls nach Sostratos, dem Sohn des Laodamas, aus Aigina; denn gegen den kann keiner an. Die Samier aber nahmen den Zehnten von ihrem Gewinn, sechs Talente, und machten ein ehernes Gefäß im Stil eines argolischen Mischkessels – rings um ihn ragen Greifenköpfe empor – und weihten es in das Heraion und stellten drei eherne Riesen darunter, sieben Ellen groß, auf die Knie gestemmt.

Für Kyrenaier und Theraier hat jene Hilfe den Grund dafür
gelegt, daß sie gut Freund geworden sind mit den Samiern. Die 153
Theraier aber kamen, als sie den Korobios auf der Insel zurückgelassen, heim nach Thera und meldeten, daß sie eine Insel bei Libyen besetzt hätten. Die Theraier beschlossen nun, Bruder mit Bruder losen zu lassen, und wen es treffe, den auszusenden, und Leute aus allen Ortschaften zu nehmen, deren es sieben gab, ihr Führer und König aber solle Battos sein. So senden sie also zwei Fünfzigruderer nach Platea.

Das erzählen die Theraier. In dem Weiteren der Geschichte 154
gehen nun die Theraier mit den Kyrenaiern zusammen. Was nämlich Battos angeht, stimmen die Kyrenaier gar nicht mit den Theraiern überein. Sie erzählen nämlich so: Es gibt in Kreta eine Stadt Oaxos, in ihr war Etearchos König. Der hatte eine Tochter, die hieß Phronime und hatte ihre Mutter verloren, und um ihretwillen heiratete er eine neue Frau. Als die aber ins Haus kam, hielt sie es für richtig, auch wirklich eine Stiefmutter für Phronime zu sein, und behandelte sie schlecht und dachte sich alles mögliche aus gegen sie, und am Ende warf sie ihr Unzucht vor und redete ihrem Mann ein, daß es an dem sei. Der ließ sich von seinem Weib beschwatzen und dachte sich etwas recht Böses aus gegen seine Tochter. Es war da nämlich ein Kaufmann in Oaxos, Themison, ein Mann aus Thera; den macht sich der Etearchos zum Gastfreund und läßt ihn schwören, daß er ihm zu Diensten sein wolle in dem, worum er bitte. Als der's nun beschworen hat, holt er und übergibt ihm seine eigene Tochter und trägt ihm auf, die mitzunehmen und im Meer zu versenken. Themison aber war aufgebracht über den Betrug mit dem Schwur, sagte die

Gastfreundschaft auf und handelte so: Er nahm das Mädchen
und fuhr ab, wie er aber auf hoher See war, band er sie, um
dem Schwur gegen Etearchos doch nachzukommen, mit Sei-
len und ließ sie hinab ins Meer, dann zog er sie heraus und
155 kam nach Thera. Hier übernahm Polymnestos, ein angesehe-
ner Mann bei den Leuten in Thera, die Phronime und machte
sie zur Nebenfrau. Einige Zeit verging, und sie gebar ihm
einen Sohn, der stotterte und stammelte, und so wurde ihm
der Name Battos gegeben, wie die Leute von Thera und
Kyrene erzählen, wie ich jedoch meine, irgendein anderer.
Battos aber wurde er erst genannt, als er nach Libyen kam,
nach dem Spruch, den er in Delphi erhalten hatte, und von
der Würde, die er bekleidete, davon nahm er den Beinamen
an. Die Libyer sagen nämlich für König Battos, und deswegen,
glaube ich, redete ihn, als er den Gott befragte, die Pythia auf
libysch mit Battos an, da sie wußte, daß er in Libyen König
sein wird.

Nämlich als er groß geworden war, ging er nach Delphi wegen seines Sprechens, und die Pythia gibt ihm auf seine Anfrage folgenden Spruch:

«Battos, kamst um das Sprechen, der Herr aber, Phoibos Apollon,
Schickt dich nach Libyen hin, dem herdenreichen, als Gründer.»

Das ist in unserer Sprache, hätte sie die verwendet: «König, kamst um das Sprechen.» Und er erwiderte: «Herr, ich bin zu dir gekommen, anzufragen wegen des Sprechens, du aber gibst mir einen anderen Spruch, einen ganz unmöglichen, und heißt mich in Libyen siedeln. Mit welcher Macht? Mit welcher Mannschaft?» Das sagte er, brachte ihn aber nicht dahin, ihm einen andern Spruch zu geben. Als er ihm das gleiche verkündete wie zuvor, ging Battos mitten drin weg und fuhr nach Thera.

Danach ging ihm selber und auch den übrigen Theraiern alles schief. Und da die Theraier nicht wußten, warum sie Mißgeschick auf Mißgeschick traf, schickten sie nach Delphi wegen des ständigen Unglücks. Die Pythia aber gab ihnen den Spruch, wenn sie mit Battos Kyrene in Libyen neu begründeten, würde es ihnen besser gehen. Darauf rüsteten die Theraier Battos mit zwei Fünfzigruderern aus und sandten ihn fort. Die segelten nach Libyen, kehrten aber, denn sie konnten nichts anderes tun, wieder zurück nach Thera. Die Theraier aber beschossen sie, als sie in den Hafen einliefen, und ließen sie nicht an Land, sondern sagten, sie sollten nur wieder zurückfahren. So waren sie gezwungen, fuhren zurück und besiedelten die vor Libyen gelegene Insel, die den Namen Platea trägt, wie schon vorher erzählt ist. Die Insel soll gleich groß sein wie die jetzige Stadt Kyrene. 156

Dort wohnten sie zwei Jahre. Dann ließen sie, denn es ging 157
ihnen gar nicht gut, einen von ihnen dort zurück, alle anderen aber fuhren fort nach Delphi, und als sie beim Orakel eintrafen, fragten sie an und sagten, sie wohnten nun in Libyen, aber besser ginge es ihnen dort auch nicht. Die Pythia gibt ihnen daraufhin diesen Spruch:

«Kennst du besser als ich, der ich dort war, Libyens Fluren,
Du, der du nicht dort warst, so muß ich dein Wissen bestaunen.»

Als Battos und seine Leute das hörten, fuhren sie zurück. Denn der Gott entließ sie doch nicht aus dem Gebot, sich anzusiedeln, bevor sie nach Libyen selbst gekommen waren. Als sie zu der Insel kamen, nahmen sie den Zurückgelassenen an Bord und ließen sich in Libyen selber nieder, an einem Ort der Insel gegenüber, der den Namen Aziris trug, und er ist von sehr schönen Waldgründen an zwei Seiten eingeschlossen,
und auf der andern fließt ein Fluß vorbei. Diesen Ort bewohn- 158
ten sie sechs Jahre. Im siebenten aber boten Libyer ihnen an,

sie an eine bessere Stelle zu führen, und gewannen sie dafür, fortzuziehen. Die Libyer ließen sie also von dort aufbrechen und führten sie nach Abend, und am schönsten Platz, damit die Hellenen ihn nicht zu sehen bekämen bei ihrem Zug, führten sie sie nachts vorbei, nachdem sie vorher die Wegstunden überschlagen hatten. Dieser Platz heißt Irasa. Und sie führten sie an eine Quelle, von der es hieß, sie gehöre Apollon, und sprachen: «Männer aus Hellas, hier ist gut sein, hier nehmt Wohnung. Denn hier hat der Himmel Löcher.»

159 Solange nun Battos, der Gründer, lebte – er regierte vierzig Jahre – und sein Sohn Arkesilaos, der sechzehn Jahre regierte, wohnten die Kyrenaier dort in der gleichen Stärke, wie sie zuerst zur Ansiedlung ausgesandt waren. Unter dem dritten König aber, Battos, welcher der Glückliche genannt wird, ermunterte die Pythia mit ihren Sprüchen alle Griechen, dorthin zu fahren und bei den Kyrenaiern in Libyen zu siedeln. Denn die Leute aus Kyrene luden sie ein zur Landverteilung. Und so lautete ihr Spruch:

«Wer aber später nach Libyen geht, dem gepriesenen Lande,
Sind erst die Felder verteilt, der wird es noch, sag ich, bereuen.»

Als nun viel Volks zusammengeströmt war in Kyrene, wurde den umwohnenden Libyern und ihrem König, der Adikran hieß, viel Land weggeschnitten; und weil man ihnen das Land einfach wegnahm und sie sich von den Leuten aus Kyrene höchst ungerecht behandelt fühlten, sandten sie nach Ägypten und unterstellten sich Apries, dem König Ägyptens. Der sammelte ein ansehnliches ägyptisches Heer und schickte es nach Kyrene. Die Kyrenaier aber rückten aus nach dem Platz Irasa und der Quelle Theste, trafen auf die Ägypter und siegten im Treffen. Denn die Ägypter hatten vorher noch keine Erfahrungen gemacht mit den Hellenen und unterschätzten sie, und deshalb wurden sie so geschlagen, daß nur wenige von ihnen nach Ägypten heimkehrten. Zum Lohn dafür und weil sie Apries die Schuld daran gaben, fielen die Ägypter ab von ihm.

Dieses Battos Sohn war Arkesilaos, der hatte, als er König 160
wurde, zuerst viele Streitigkeiten mit seinen Brüdern, bis sie die Stadt verließen und an einen anderen Ort Libyens gingen und auf eigene Faust die Stadt gründeten, die damals und jetzt noch Barke heißt. Und gleich bei ihrer Gründung bringen sie die Libyer auf gegen die Kyrenaier. Darauf zog Arkesilaos gegen die Libyer, die sie aufgenommen und zugleich damit sich von Kyrene losgesagt hatten, die Libyer aber hatten Furcht vor ihm und zogen eilends zu den Libyern im Osten, und Arkesilaos folgte den Flüchtenden, bis er auf seiner Verfolgung nach Leukon in Libyen kam und die Libyer beschlossen, ihn anzugreifen. Und beim Treffen schlugen sie die Kyrenaier so, daß siebentausend Schwerbewaffnete aus Kyrene dort fielen. Nach dieser Niederlage erkrankte Arkesilaos, und als er eine Arznei getrunken hatte, benutzt das sein Bruder Learchos und erstickt ihn; den aber tötet Arkesilaos' Frau mit List; Eryxo war ihr Name.

Auf Arkesilaos folgte als König sein Sohn Battos; der hinkte 161
und hatte einen verkrüppelten Fuß. Die Kyrenaier aber in all ihrem Elend sandten Boten nach Delphi, die anfragen sollten, wie sie sich einrichten sollten, um möglichst glücklich zu leben. Und die Pythia sagte, sie sollten sich einen Ordner holen aus Mantinea in Arkadien. Die Kyrenaier baten also darum, und die Mantineer gaben ihnen den Angesehensten von den Bürgern, der hieß Demonax. Dieser Mann kam also nach Kyrene, und nachdem er sich von allem unterrichtet, gliederte er zuerst ihr Gemeinwesen in drei Stämme, und so teilte er sie ein: Aus den Leuten von Thera und ihren Hintersassen bildete er einen Teil, einen weiteren aus den Peloponnesiern und Kretern, den dritten aus allem Volk von den Inseln.

Danach behielt er dem König Battos Landgüter vor und Priesterämter, alles übrige aber, was früher den Königen vorbehalten war, übertrug er der Gemeinde.

162 Unter diesem Battos nun hatte das Bestand, unter seinem Sohn Arkesilaos aber entstanden große Wirren wegen der Vorrechte. Denn Arkesilaos, der Sohn des lahmen Battos und der Pheretime, weigerte sich, die Ordnung des Mantineers Demonax anzuerkennen, und verlangte Ehren und Würden seiner Vorfahren zurück. Und als es zu Kämpfen mit den Bürgern kam, unterlag er und nahm Zuflucht in Samos, seine Mutter aber in Salamis auf Zypern. In Salamis hatte zu dieser Zeit Euelthon die Gewalt, der das sehenswürdige Räucherbecken in Delphi gestiftet hat, das in dem Schatzhaus der Korinther steht. Zu ihm kam die Pheretime und bat ihn um ein Heer, das sie beide nach Kyrene zurückführen solle. Euelthon aber gab ihr alles mögliche, nur kein Heer. Und sie nahm, was sie bekam, und sagte, auch das sei ganz gut, besser aber wäre es, ihr auf ihre Bitte ein Heer zu geben. Das sagte sie bei allem, was er gab, und so schickte ihr Euelthon schließlich eine goldene Spindel und einen Rocken und auch Wolle dazu, und als Pheretime wiederum ihren Spruch hersagte, sagte Euelthon, so etwas schenke man Frauen, aber kein Heer.

163 Arkesilaos aber, zu dieser Zeit in Samos, sammelte Leute, einen um den andern, für eine Landverteilung. Und als ein großer Haufe beisammen war, fuhr Arkesilaos nach Delphi, um das Orakel über die Rückkehr zu befragen. Die Pythia gibt ihm diesen Spruch:

«Auf vier Battos und vier Arkesilaos, acht Generationen, gibt euch Loxias das Königtum in Kyrene; doch darüber, ist seine Mahnung, versucht es erst gar nicht. Du geh nur wieder in dein Land, halt dich aber stille, und wenn du den Töpferofen findest voller Krüge, brenne die Krüge nicht, sondern laß sie fahren mit gutem Wind. Wenn du aber Feuer machst im Ofen, betritt nicht die umflossene Stätte, sonst wirst du den Tod finden, du selbst und der schönste Stier.»

Diesen Spruch gibt die Pythia dem Arkesilaos. Er aber nahm 164
seine Leute in Samos und kehrte zurück nach Kyrene und wurde Herr über die Lage, gedachte dann aber nicht des Spruches, sondern forderte von seinen Gegnern Genugtuung für seine Vertreibung. Und von denen gingen die einen ganz außer Landes, andere bekam Arkesilaos in seine Hand und sandte sie nach Zypern, daß man sie dort umbringe. Die retteten die Knidier, als sie zu ihrer Insel verschlagen wurden, und schafften sie nach Thera. Einige andere der Kyrenaier aber flüchten sich in einen großen Turm, der Aglomachos gehörte, und Arkesilaos schichtete Holz darum auf und verbrannte sie. Als das geschehen war, merkte er, dies sei der Spruch, daß die Pythia ihm verboten hatte, wenn er Töpfe im Ofen fände, die zu brennen, und er schloß sich freiwillig aus der Stadt Kyrene aus, aus Furcht vor dem prophezeiten Tod und in dem Glauben, Kyrene sei die umflossene Stätte. Er hatte aber eine Verwandte zur Frau, die Tochter des Königs von Barke, der Alazeir hieß. Zu diesem geht Arkesilaos, und als dann Männer aus Barke und einige der aus Kyrene Flüchtigen ihn auf dem Markt erkennen, töten sie ihn, dazu auch seinen Schwiegervater Alazeir. Arkesilaos also, ob er nun mit oder ohne Absicht den Spruch verfehlte, erfüllte sein Schicksal.

Und nun seine Mutter Pheretime. Solange Arkesilaos in 165
Barke noch am Leben war, seines eigenen Unglücks Schmied, hielt sie in Kyrene Ehren und Würden ihres Sohnes in ihrer Hand, nahm die übrigen Geschäfte wahr und saß auch im Rat. Als sie aber vom Tod ihres Sohnes in Barke Kenntnis bekam, ging sie fort und wandte sich nach Ägypten. Denn sie konnte sich dort auf die guten Dienste berufen, die Arkesilaos Kambyses, Kyros' Sohn, erwiesen hatte. Dieser Arkesilaos

war es nämlich, der Kyrene Kambyses unterstellte und sich eine Abgabe auferlegte. Und als Pheretime nach Ägypten kam, ließ sie sich als Schutzflehende vor Aryandes nieder und verlangte seinen Beistand, wobei sie vorgab, ihr Sohn sei bloß wegen seiner medischen Gesinnung gestorben.

166 Dieser Aryandes war Unterkönig von Ägypten, von Kambyses eingesetzt, später aber kam er um, da er es Dareios gleichtun wollte. Er hörte und sah nämlich, daß Dareios gewillt war, zu seinem Gedächtnis etwas zu hinterlassen, was noch kein König getan hatte, und tat es ihm nach, bis er seinen Lohn empfing. Dareios nämlich läuterte möglichst reines Gold noch weiter, so sehr es ging, und schlug Münzen daraus, Aryandes aber tat als Herrscher Ägyptens mit Silber das gleiche. Noch jetzt ist das Silbergeld des Aryandes das reinste. Als aber Dareios zur Kenntnis kam, was der da tat, warf er ihm ein anderes Vergehen vor, daß er aufrührerisch sei, und tötete ihn.

167 Damals aber hatte dieser Aryandes Mitleid mit Pheretime und gab ihr das ganze Heer von Ägypten, beides, Fußvolk und Flotte, und zum Befehlshaber des Fußvolks machte er Amasis, einen Maraphier, und zu dem der Flotte Badres, aus dem Stamm der Pasargaden. Bevor er aber das Heer absandte, schickte Aryandes einen Herold nach Barke und fragte nach, wer der Mörder des Arkesilaos sei. Die Barkaier aber nahmen es alle auf sich; denn sie hätten viel Schlimmes von ihm erlitten.

Als Aryandes das hörte, sandte er das Heer ab und mit ihm die Pheretime. Diese Anschuldigung war aber nur vorgeschützt, abgesandt aber wurde das Heer, wie ich meine, zur Unterwerfung Libyens. Denn der Libyer Völker sind viele und sehr verschieden, und einige wenige waren dem König untertan, die meisten aber scherten sich nicht um Dareios.

Und das ist die Reihenfolge, in der die Libyer wohnen. 168

Von Ägypten aus angefangen ist das erste das Land der Adyrmachiden. Deren Bräuche sind meist ägyptisch, ihre Tracht aber gleicht der der anderen Libyer. Ihre Weiber tragen um beide Knöchel einen Ring von Bronze und das Haar lang, und wenn sie Läuse suchen, beißt jede ihre eignen wieder, dann erst wirft sie sie weg. Sie sind die einzigen Libyer, die dies Geschäft so betreiben, und auch die einzigen, die die Jungfrauen, die einen Mann haben sollen, dem Häuptling vorstellen, und jede, die des Häuptlings Gefallen findet, wird von ihm entjungfert. Es reichen diese Adyrmachiden von Ägypten bis zu dem Hafen, der den Namen Plynos hat.

An sie stoßen die Giligamen, die das Land westlich bis zur 169
Insel Aphrodisias bewohnen. Dazwischen liegt vor der Küste die Insel Platea, auf der die Kyrenaier sich ansiedelten, und auf dem Festland der Hafen Menelaos und Aziris, das die Kyrenaier eine Zeitlang bewohnten. Dort fängt auch das Silphion an, und es reicht von der Insel Platea bis zum Ausgang der Syrte. Ihre Sitten und Bräuche sind ganz ähnlich wie die der übrigen.

An die Giligamen stoßen westlich die Asbysten. Die woh- 170
nen oberhalb von Kyrene. Ans Meer reichen die Asbysten nicht, denn die Küste haben die Kyrenaier besetzt. Sie fahren mit Viergespannen, und das nicht am wenigsten, sondern am meisten von den Libyern, und überhaupt sind sie bestrebt, die meisten Sitten der Kyrenaier nachzuahmen.

An die Asbysten stoßen westlich die Auschisen. Die woh- 171
nen oberhalb von Barke, und sie reichen ans Meer bei der Stadt Euhesperides. Mitten im Land der Auschisen wohnen die Bakaler, ein kleines Volk, die reichen ans Meer bei Taucheira, einer Stadt im Gebiet von Barke; ihre Sitten sind die gleichen wie die der Leute oberhalb von Kyrene.

172 An diese Auschisen stoßen westlich die Nasamonen, die ein großes Volk sind. Sie lassen im Sommer ihre Herden am Meer und gehen ins Innere, nach der Oase Augila, um die Dattelpalmen abzuernten. Die wachsen dort zahlreich und stattlich, und alle tragen Frucht. Auch machen sie Jagd auf Heuschrekken, trocknen sie an der Sonne, mahlen sie, gießen Milch darauf, und das trinken sie dann. Frauen hat nach ihrem Brauch jeder mehrere, den Verkehr mit ihnen aber machen sie zu einer gemeinsamen Sache, ganz ähnlich wie die Massageten: Sie stellen einen Stock vor die Tür und wohnen bei. Zuerst aber, wenn ein Nasamone eine zur Frau nimmt, ist es Brauch, daß die Braut in der ersten Nacht reihum geht zum Beischlaf bei allen Gästen. Jeder von diesen gibt ihr, nachdem er ihr beigewohnt hat, ein Geschenk, das er von zuhause mitgebracht hat, was er gerade hat. Mit Eiden und Seherkunst verfahren sie so: Sie schwören bei den Männern, die bei ihnen die gerechtesten und besten gewesen sein sollen, indem sie deren Gräber berühren, und ihr Wahrsagen geht so, daß sie zu den Malen ihrer Ahnen gehen, beten und sich auf dem Grab schlafen legen. Und was er im Traum sieht, danach handelt er. Einen Bund schließen sie so: Man gibt aus der Hand zu trinken und trinkt seinerseits aus der des anderen. Haben sie aber gar nichts Flüssiges, dann nehmen sie einfach Staub vom Boden und lecken den.

173 Angrenzer der Nasamonen sind die Psyller. Diese sind untergegangen, und zwar so: Der Südwind blies und trocknete ihre Zisternen aus, und ihr ganzes Land – das auf der inneren Seite der Syrte liegt – hatte kein Wasser. Da faßten sie einen einmütigen Beschluß und zogen zu Feld gegen den Süd – ich erzähle, was die Libyer erzählen –, und als sie mitten im Sand waren, blies der Süd und verschüttete sie. Seit diese untergegangen sind, haben das Land die Nasamonen.

Über denen nach Süden hin im Land der wilden Tiere wohnen die Garamanten, die jeden Menschen fliehen und jeden Verkehr, und besitzen auch keine Kriegswaffen und wissen sich nicht zu wehren. 174

Die wohnen also über den Nasamonen, an der Küste aber schließen westlich die Maken an, die scheren sich einen Kamm, lassen nämlich das Haar in der Mitte wachsen, auf beiden Seiten aber scheren sie's ab bis auf die Haut; und im Kampf tragen sie Straußenhäute, die sie sich zum Schutz vorhalten. Durch ihr Land fließt der Fluß Kinyps, der von einer Höhe, die Charitenhöhe heißt, kommt und ins Meer mündet. Diese Charitenhöhe ist dicht mit Wald bestanden, während das übrige bisher aufgezählte Libyen baumlos ist; vom Meer bis zu ihr sind es zweihundert Stadien. 175

An diese Maken stoßen die Gindanen. Deren Frauen tragen Lederriemen um die Knöchel, jede viele, und die haben, wie man erzählt, folgende Bedeutung: Für jeden Mann, mit dem sie geschlafen hat, bindet sie sich einen Riemen um den Knöchel. Die aber die meisten hat, die gilt für die Beste, da sie von den meisten Männern geliebt worden ist. 176

Die Küste, die bei diesen Gindanen ins Meer vorspringt, bewohnen die Lotophagen. Die essen nichts als die Frucht des Lotos, und davon leben sie. Die Frucht des Lotos ist an Größe gleich der des Mastixbaumes, an Süße aber der Dattel sehr ähnlich. Aus dieser Frucht machen die Lotophagen auch Wein. 177

An die Lotophagen stoßen im Küstenland die Machlyer, die auch Lotos essen, aber doch weniger als die eben Genannten. Sie reichen bis an einen großen Fluß, der hat den Namen Triton. Der ergießt sich in den großen See Tritonis. In ihm liegt eine Insel, die hat den Namen Phla. Auf dieser Insel sollen die Lakedaimonier siedeln, so laute ein Götterspruch an sie, sagt man. 178

179 Es wird aber auch folgende Geschichte erzählt. Als Jason am Fuß des Pelion die Argo fertig gebaut hatte, lud er allerlei Gaben für ein großes Opfer ein und so denn auch einen ehernen Dreifuß, und fuhr um die Peloponnes, denn er wollte nach Delphi. Und als er auf seiner Fahrt bei Kap Malea war, erfaßte ihn ein Nordwind und trug ihn fort nach Libyen. Noch ehe er aber Land sah, geriet er in die Untiefen des Sees Tritonis. Und als er ratlos war, wie herauskommen, da erschien Triton, geht die Sage, und forderte, daß Jason ihm den Dreifuß gab, wofür er versprach, ihnen das Fahrwasser zu zeigen und sie heil auf den Weg zu bringen. Jason habe ihm gehorcht, und so habe denn Triton ihnen die Durchfahrt durch die Untiefen gezeigt wie auch den Dreifuß in seinem eigenen Heiligtum aufgestellt und auf dem Dreifuß geweissagt und den Begleitern des Jason den ganzen Zusammenhang offenbart: Wenn einer der Nachkommen der Argofahrer den Dreifuß hole, dann würden hundert hellenische Städte um den See Tritonis entstehen, so sei es unverrückbar bestimmt. Als aber die umwohnenden Libyer davon hörten, hätten sie den Dreifuß versteckt.

180 An diese Machlyer stoßen die Auseer. Sie und die Machlyer wohnen rings um den See Tritonis, und ihre Grenze ist der Triton in der Mitte. Und die Machlyer lassen ihr Haar wachsen hinten am Haupt, die Auseer aber vorne. Am jährlichen Fest der Athene bilden ihre Jungfrauen zwei Parteien und kämpfen gegeneinander mit Steinen und Knüppeln und sagen, das täten sie nach ihrer Väter Sitte der dort im Land geborenen Göttin zu Ehren, die wir Athene nennen. Und die Jungfrauen, die an den Wunden sterben, nennen sie falsche Jungfrauen. Bevor sie aber die Mädchen loslassen zum Kampf, tun sie das Folgende: Gemeinsam schmücken sie die Jungfrau, die jeweils die Schönste ist, mit einem korinthischen Helm und voller hellenischer Rüstung, lassen sie auf einen Wagen stei-

gen und fahren sie in einem Kreis herum. Womit sie aber in alten Zeiten die Mädchen schmückten, bevor sich Hellenen neben ihnen niederließen, kann ich nicht sagen, vermute aber, sie werden sie mit ägyptischen Waffen geschmückt haben. Denn von Ägypten, behaupte ich, ist sowohl Schild wie Helm zu den Griechen gekommen. Die Athene aber, behaupten sie, sei des Poseidon Tochter und des Sees Tritonis, und als sie ihrem Vater etwas vorzuwerfen hatte, habe sie sich Zeus anvertraut, Zeus aber habe sie zu seiner Tochter gemacht. Das sagen sie. Den Verkehr mit den Frauen aber vollziehen sie ohne Beschränkung und haben keine eigenen Frauen, sondern begatten sich wie das Vieh. Hat aber das Kind eines Weibes ein bestimmtes Alter erreicht, treten die Männer zusammen, im dritten Monat danach, und wem von ihnen das Kind ähnelt, der gilt als sein Vater.

Damit wären die Libyer an der Küste aufgezählt, allesamt 181
Nomaden, über diesen aber ins Binnenland hinein liegt das Libyen der wilden Tiere, und über diesem Tierland erstreckt sich ein Hügelzug aus Sand, der reicht vom ägyptischen Theben bis hin zu den Säulen des Herakles. In diesem Hochland finden sich, in Abständen von ungefähr zehn Tagesreisen, Salzklumpen in großen Haufen auf Hügeln, und auf der Kuppe eines jeden Hügels sprudelt mitten aus dem Salz süßes, kaltes Wasser empor, und drum herum wohnen Menschen, das sind die äußersten nach der Wüste zu und über dem Streifen der wilden Tiere.

Zuerst, von Theben aus zehn Tage Weg, die Ammonier, die haben das Heiligtum, das von dem Zeus aus Theben herkommt. Denn auch im Tempel in Theben, wie ich vorher schon gesagt habe, hat das Bild des Zeus einen Widderkopf. Sie haben auch noch etwas anderes, ein Quellwasser, das ist frühmorgens lau, etwas kühler zur Zeit, wenn der Markt voll ist, es wird Mittag, und nun ist es ganz kalt. Dann wässern sie ihre Gärten. Wenn der Tag sich neigt, läßt die Kälte des Wassers nach, bis die Sonne sinkt und das Wasser schon lau ist. Nun wird es wärmer und wärmer bis Mitternacht, da kocht und sprudelt es richtig. Mitternacht geht vorüber, und es kühlt sich ab bis zum Morgengrauen. Mit Namen nennt man diese Quelle Sonnenquelle.

182 Nach den Ammoniern, wieder zehn Tage Weg, den Höhenzug aus Sand entlang, ist ein Salzhügel wie der ammonische und Wasser, und drum herum wohnen Menschen. Dieser Platz heißt Augila. An diesen Platz gehen die Nasamonen, die Datteln zu ernten.

183 Von Augila weitere zehn Tage Weg wieder ein Salzhügel und Wasser und viele fruchttragende Dattelpalmen, wie bei den andern. Auch da wohnen Menschen, die heißen Garamanten, ein mächtig großes Volk; die tragen Erde auf das Salz und säen dann. Hier kommt der Höhenzug den Lotophagen am nächsten; von denen bis hierher sind es dreißig Tage Weg. Bei ihnen gibt's auch die rückwärts weidenden Rinder. Rückwärts weiden sie deswegen: Ihre Hörner sind nach vorne gebogen, darum gehen sie rückwärts, wenn sie weiden; vorwärts können sie nämlich nicht, denn dann würden sie mit ihren Hörnern in den Boden stoßen. Sonst unterscheiden sie sich gar nicht von andern Rindern, nur hierin und dann dadurch, daß ihre Haut sehr stark und haltbar ist. Diese Garamanten machen Jagd auf die aithiopischen Höhlenbewohner, mit Viergespannen. Die aithiopischen Höhlenbewohner nämlich haben die schnellsten Beine von allen Menschen, von denen uns darüber etwas berichtet wird. Ernähren tun sich die Höhlenbewohner von Schlangen und Eidechsen und anderm solchen Gewürm. Eine Sprache ist bei ihnen in Übung, die ist keiner andern ähnlich, sondern sie kreischen wie Fledermäuse.

184 Von den Garamanten weitere zehn Tage Weg wieder ein Salzhügel und Wasser, und drum herum wohnen Menschen,

die heißen Ataranten. Das sind, soweit wir wissen, die einzigen Menschen, die keine Namen tragen. Insgesamt nämlich haben sie den Namen Ataranten, den einzelnen aber wird kein Name gegeben. Die fluchen der Sonne, wenn sie allzusehr brennt, und schmähen sie dazu mit allen erdenklichen Schimpfnamen, weil sie sie peinigt mit ihrer Glut, beide, die Menschen und ihr Land.

Dann nach weiteren zehn Tagen Weg wieder ein Salzhügel und Wasser, und drum herum wohnen Menschen. An dieses Salz stößt ein Berg, der heißt Atlas. Er ist schmal, kreisrund und soll so hoch sein, daß man seinen Gipfel nicht sehen kann. Denn Wolken gäben ihn nie frei, nicht im Sommer, nicht im Winter. Der sei die Säule des Himmels, sagen die Einheimischen. Von diesem Berg haben die Menschen da ihren Namen bekommen; sie heißen nämlich Atlanten. Von ihnen sagt man, sie äßen nichts Lebendes und hätten keine Träume.

Bis zu diesen Atlanten also kann ich die Namen der Bewoh- 185
ner des Höhenzuges aufzählen, von denen an aber nicht mehr. Nur das noch: es geht der Höhenzug bis zu den Säulen des Herakles und noch über sie hinaus, und zehn Tage Weg weiter gibt es ein Salzbergwerk und Menschen, die dort wohnen. All deren Häuser sind gebaut aus den Salzklumpen; denn diese Gegend Libyens ist regenlos; die Wände könnten auch nicht dauern, wo sie aus Salz sind, wenn es regnete. Das Salz, das sie dort graben, hat teils weiße, teils purpurne Farbe.

Über diesem Hügelzug, nach Süden und dem Inneren Libyens zu, ist das Land verlassen, ohne Wasser, ohne Tiere, ohne Regen, ohne Holz, nicht einmal Tau fällt dort.

Also von Ägypten bis zum Tritonis-See sind die Libyer 186
wandernde Hirten, die Fleisch essen und Milch trinken. Kuhfleisch essen sie nicht, aus dem gleichen Grund wie die Ägypter, und Schweine ziehen sie gar nicht. Fleisch von der Kuh versagen sich auch die Frauen der Kyrenaier, um der ägyp-

tischen Isis willen, ja ihr zu Ehren halten sie auch Fasten ein und feiern Feste. Die Frauen der Barkaier essen außer von der Kuh auch vom Schwein nichts.

187 So steht's also damit, westlich vom See Tritonis aber sind die Libyer keine Nomaden mehr, haben auch nicht die gleichen Sitten und Gebräuche und tun auch mit ihren Kindern nicht so, wie's die Nomaden zu tun pflegen. Die Nomaden nämlich unter den Libyern, ob nun alle, das kann ich nicht mit Bestimmtheit sagen, jedenfalls viele, tun folgendes: Bei ihren Kindern brennen sie, wenn sie vier Jahre alt sind, mit dem fettigen Schmutz der Schafswolle die Adern oben auf dem Kopf weg, einige auch die an den Schläfen, zu dem Zweck, daß ihnen nicht der Schleim, der vom Kopf in den Leib fließt, später dauernd zu schaffen macht. Und deswegen, sagen sie, seien sie auch so gesund. Und in der Tat sind die Libyer die gesündesten Menschen, die wir kennen. Ob gerade deswegen, kann ich nicht bestimmt sagen, die gesündesten jedenfalls sind sie. Tritt beim Brennen der Kinder ein Krampf auf, haben sie ein Mittel dafür ausfindig gemacht. Sie gießen Urin vom Bock drüber, da werden sie gesund. Ich erzähle nur, was die Libyer selber erzählen.

188 Die Opfer bei den Nomaden sind diese: Erst schneiden sie dem Opfertier ein Stück vom Ohr als Erstlingsgabe ab und werfen es über die Behausung, und haben sie das getan, drehen sie ihm den Hals um. Sie opfern bloß der Sonne und dem Mond. Denen opfern alle Libyer, die aber um den Tritonis-See wohnen vor allem der Athene, dann dem Triton und dem Poseidon.

189 Die Gewandung und die Aigis an den Athenebildern aber haben die Hellenen den Libyerinnen nachgemacht. Denn sieht man davon ab, daß die Gewandung der Libyerinnen aus Leder ist und die Troddeln an der Aigis bei ihnen nicht Schlangen sind, sondern Riemen, ist die Ausstattung sonst ganz die glei-

che. Und dann spricht auch der Name dafür, daß die Gewandung der Palladien aus Libyen kommt. Denn die Libyerinnen hängen sich kahle Ziegenfelle über die Kleider, mit Troddeln dran, gefärbt mit Ocker, und nach diesen Ziegenfellen haben die Griechen ihr Wort Aigis gebildet. Ich habe auch die Vermutung, daß das helle Schreien (Ololyge) beim Opfern dort zuerst aufgekommen ist. Denn die libyschen Weiber verwenden es reichlich und verwenden es schön. Auch vier Pferde zusammenzuspannen haben die Hellenen von den Libyern gelernt.

Ihre Toten begraben die Nomaden wie die Hellenen, außer 190
den Nasamonen. Die begraben sie hockend und geben acht, wenn einer das Leben aushaucht, daß sie ihn aufrichten und er nicht auf dem Rücken stirbt. Ihre Wohnungen sind aus Asphodelos-Stengeln gefügt, mit Binsen durchflochten, und sind tragbar. Das sind deren Sitten und Bräuche.

Westlich vom Triton-Fluß stoßen an die Auseer schon Li- 191
byer, die das Land bestellen und richtige feste Häuser haben. Maxyer heißen sie, und sie lassen auf der rechten Seite des Kopfes das Haar wachsen, die linke scheren sie kurz, den Körper reiben sie mit rotem Ocker ein. Sie behaupten, sie gehörten zu den Männern aus Troja.

Dies Land und auch das übrige Libyen nach Westen zu ist viel tierreicher und bewaldeter als das Land der Nomaden. Denn der östliche Teil Libyens, den die Nomaden bewohnen, ist niedrig und sandig, bis zum Fluß Triton, der westliche aber, von diesem Fluß ab, das Land der Pflüger, ist bergig und waldig und tierreich. Denn da gibt es die riesigen Schlangen und die Löwen und die Elefanten, Bären, Aspisschlangen, die Esel, die Hörner tragen, und gibt es die Hundsköpfe und die Ohneköpfe, welche die Augen auf der Brust tragen – so erzählen jedenfalls die Libyer –, und die wilden Männer und wilden Weiber (Gorillas), und sonst noch eine Menge wilder

192 Tiere, die nicht bloß erfunden sind. Bei den Nomaden aber gibt's davon nichts, dafür andere, die Weißsteiße, Gazellen, Antilopen, Esel, nicht die die Hörner tragen, sondern andere, ohne Durst, denn sie trinken wirklich nicht, die Oryen, deren Hörner zu den Armen der phönizischen Leier verwendet werden – dies Tier ist so groß wie ein Rind –, die Füchse, Hyänen, Stachelschweine, wilden Widder, besondere Wölfe, Schakale, Panther, Boryen, Landkrokodile, etwa drei Ellen lang, Eidechsen sehr ähnlich, Strauße und kleine Schlangen, die jede ein Horn haben. Diese Tiere gibt's dort also und solche, die es auch anderswo gibt, nur den Hirsch nicht und das Wildschwein; Hirsch und Wildschwein kommen in ganz Libyen nicht vor. Nager gibt's dort drei Arten: die einen werden Zweifüßer genannt, andere Zegeries – dieser Name ist libysch, er bedeutet auf griechisch soviel wie Hügel –, andere Igel. Es gibt auch Wiesel, die in dem Silphion leben, den tartessischen sehr ähnlich. Das wären alle die Tiere, welche das Land der nomadischen Libyer beherbergt, soweit als wir mit unserer Erkundung nur haben kommen können.

193 An die Maxyer-Libyer stoßen die Zaueken; bei denen len-
194 ken Frauen die Wagen, wenn es in den Kampf geht. An diese stoßen die Gyzanten; bei denen liefern eine Menge Honig die Bienen, viel mehr aber noch, sagt man, stellen Leute her, die ihr Handwerk verstehen. Sie alle reiben sich mit Ocker ein und essen Affen; die gibt's in Mengen in den Bergen.

195 Bei denen liegt irgendwo, erzählen die Karthager, eine Insel, die Kyrauis heißt, zweihundert Stadien lang und ganz schmal, vom Festland zu Fuß zu erreichen, voll von Ölbäumen und Rebstöcken. Auf der sei ein See, aus dem die einheimischen Mädchen mit Vogelfedern, die mit Pech bestrichen sind, Goldstaub aus dem Schlamm herausholen. Ob das wirklich so ist, weiß ich nicht, ich schreibe nur auf, was gesagt wird. Möglich wär's schon, wo ich doch selber gesehen habe,

wie in Zakynthos aus einem Teich, aus dem Wasser also, Pech herausgeholt wurde. Es gibt dort mehrere Teiche, der größte hat siebzig Fuß Durchmesser und eine Tiefe von zwei Klaftern. In den tauchen sie eine Stange, an deren Spitze sie Myrtenzweige angebunden haben, und dann holen sie mit den Myrten Pech hervor, das riecht wie Erdharz, ist aber sonst viel besser als das piërische Pech. Das schütten sie in eine Grube, die dicht beim Teich ausgehoben ist. Und wenn sie genug beisammen haben, füllen sie es von der Grube in Krüge. Und alles was in diesen Teich fällt, geht unter der Erde weg und kommt im Meer wieder zum Vorschein. So kann auch das von der Insel, die vor Libyen liegt, schon stimmen.

Die Karthager erzählen auch noch folgendes: Es gebe in Li- 196
byen eine Gegend, dort wohnten Menschen, außerhalb der Säulen des Herakles, zu denen kämen sie und lüden ihre Waren aus und legten sie dann nebeneinander am Strand aus, dann gingen sie wieder auf die Schiffe und machten tüchtig Rauch. Die Eingeborenen sähen den Rauch und gingen ans Meer, und dann legten sie für die Waren Gold hin und gingen wieder weit fort von den Waren. Die Karthager aber stiegen von den Schiffen und sähen es sich an, und wenn sie meinten, das Gold entspreche in etwa dem Wert der Waren, nähmen sie's und führen ab, entspreche es aber nicht, gingen sie wieder an Bord und blieben dort sitzen, die aber kämen heran und legten nun weiteres Gold dazu, bis sie sie zufriedenstellten. Und keiner betrüge den andern; denn weder rührten sie selber das Gold an, bevor es nach ihrem guten Glauben dem Wert der Waren entspreche, noch rührten jene die Waren an, bevor sie selber das Gold genommen hätten.

Das wären die Libyer, die ich bei Namen nennen kann. Und 197
von ihnen kümmern die meisten sich nicht um den König der Meder, heute nicht und damals nicht.

Eins hab ich über das Land aber noch zu sagen. Vier Völker haben es inne und nicht mehr – soweit wir wissen –, und zwei dieser Völker sind Ureinwohner, zwei aber nicht; die Libyer und Aithiopen sind Ureinwohner, die einen im Norden Libyens, die andern im Süden, Phönizier und Hellenen aber sind Zuwanderer.

198 Ich meine aber, auch in seiner Leistung ist Libyen nicht so bedeutend, daß man es mit Asien oder Europa gleichstellen kann, mit einer Ausnahme allerdings, Kinyps. Der Name dieses Landes ist übrigens der gleiche wie der des Flusses. Dort ist der Boden so gut wie nur einer, Demeters Frucht zu tragen, und das Land hat auch gar keine Ähnlichkeit mit dem übrigen Libyen; denn es ist schwarze Erde und von Quellen wohl bewässert und schert sich nicht um Hitze, noch nimmt es Schaden, wenn es zuviel Regen trinkt; in dieser Gegend Libyens regnet es nämlich stark. Und der Ertrag des Getreides kann sich mit dem der babylonischen Erde messen. Gut ist auch noch das Land, das die Euhesperiten bewohnen; denn es trägt hundertfältig, wenn es sein Allerbestes hergibt, das
199 Land am Kinyps aber dreihundertfältig. Es hat aber auch das Land von Kyrene, das das höchste ist in dem Libyen, das die Hirten bewohnen, drei Ernten zu bieten, die sind schon erstaunlich. Zuerst strotzt nämlich die Frucht an der Küste und drängt zu Schnitt und Lese, und ist diese eingebracht, strotzt die Frucht im Strich oberhalb der Küste, den sogenannten Hügeln, und drängt, daß man sie einbringt; und ist auch diese Frucht in der Mittellage eingebracht, dann ist auch die Frucht im Oberland reif und voll; und so ist die erste Frucht schon ausgetrunken und aufgegessen, und die letzte kommt erst in die Scheuer. So haben die Kyrenaier acht Monate Erntezeit. Doch damit genug davon.

200 Als nun die Perser, die, der Pheretime zu helfen, von Aryandes aus Ägypten abgesandt wurden, nach Barke kamen, be-

lagerten sie die Stadt und sagten durch Boten an, man solle die an dem Mord des Arkesilaos Schuldigen ausliefern. Die aber, war doch die Menge als ganze mitschuldig, nahmen die Forderung nicht an. Da belagerten sie nun Barke neun Monate lang und gruben dabei unterirdische Gänge, die in die Stadt führten, und berannten sie auch mit aller Macht. Die Gänge nun entdeckte ein Schmied durch einen Bronzeschild, mit folgender kluger Beobachtung: Er ging innerhalb der Mauer mit ihm umher und hielt ihn an den Boden. An den andern Stellen nun, wo er ihn hinhielt, blieb er stumm, wo aber gegraben wurde, gab das Erz des Schildes einen Widerhall. Dort legten dann die Barkaier einen Gegenstollen an und töteten die grabenden Perser. So also wurde das entdeckt, die Angriffe aber schlugen die Barkaier ab.

Lange Zeit mühten sie sich schon ab, und auf beiden Seiten 201
waren viele gefallen, bei den Persern nicht weniger, da denkt sich Amasis, der Befehlshaber des Fußvolks, folgendes aus: Da er einsah, daß den Barkaiern mit Gewalt nicht beizukommen war, wohl aber mit List, tat er folgendes: Bei Nacht grub er einen breiten Graben und legte schwache Hölzer darauf, dann trug er Erde herbei und schüttete sie auf die Holzdecke und machte es dem andern Erdboden gleich. Mit Tagesanbruch lud er nun die Barkaier zu Verhandlungen. Die folgten dem mit Freuden, und schließlich waren beide Seiten bereit, eine Vereinbarung einzugehen. Und die Vereinbarung, die sie trafen und über der verborgenen Grube beschworen, lautete etwa so: Solange dieser Grund hier fest bliebe, solle der Vertrag unverrückbar bestehen, und die Barkaier gäben die Zusage, dem König eine angemessene Buße zu zahlen, und die Perser, nichts weiter gegen die Barkaier zu unternehmen. Nach dem Schwur vertrauten die Barkaier ihnen, öffneten alle Tore, kamen selber aus der Stadt und ließen von den Feinden jeden, der da wollte, ein in die befestigte Stadt. Die Perser aber bra-

chen die verborgene Brücke ab und stürzten in die Stadt. Die Brücke, die sie gebaut hatten, rissen sie deswegen ab, damit sie doch bei ihrem Schwur blieben; hatten sie doch den Barkaiern geschworen, der Eid solle solange bestehen bleiben, solange die Erde bleibe, wie sie damals war. Wo sie nun die Decke eingerissen hatten, hatte der Eid keine Geltung mehr.

202 Die Hauptschuldigen der Barkaier ließ nun Pheretime, als sie ihr von den Persern übergeben waren, pfählen rings auf der Mauer, den Frauen aber die Brüste abschneiden und auch mit denen die Mauer bestecken. Die übrigen Barkaier aber gab sie den Persern als Beute preis, ausgenommen das Geschlecht des Battos und die nicht mitschuldig waren am Mord; diesen übertrug Pheretime die Stadt.

203 Die andern Barkaier machten die Perser also zu Sklaven und zogen ab. Und als sie vor der Stadt Kyrene waren, ließen die Kyrenaier sie durch die Stadt ziehen, aus Scheu vor irgendeinem Götterspruch. Und als das Heer durchzog, drängte Badres, der Führer der Flotte, die Stadt zu nehmen, Amasis aber, der Führer des Fußvolks, ließ es nicht zu; denn sie seien nur gegen *eine* hellenische Stadt, Barke, ausgesandt. Wie sie aber durch waren und sich lagerten auf dem Hügel des Zeus Lykaios, reute es sie, daß sie Kyrene nicht eingenommen. Und sie versuchten zum zweitenmal in die Stadt einzuziehen, die Kyrenaier aber ließen es nicht zu. Die Perser aber befiel, ohne daß einer gegen sie kämpfte, eine Panik, und sie liefen fort, wohl sechzig Stadien weit, bevor sie sich niederließen. Als das Lager dort aufgeschlagen war, kam ein Bote von Aryandes, sie zurückzurufen. Die Perser baten nun die Kyrenaier um Proviant und hatten damit Erfolg, und als sie ihn bekommen hatten, zogen sie ab nach Ägypten. Nun aber nahmen die Libyer sie in Empfang, die es auf ihre Kleider und ihr Gepäck abgesehen hatten, und töteten alle, die zurückblieben und hinterherzogen, bis sie endlich nach Ägypten kamen.

Der entfernteste Ort, bis zu dem dieses Perserheer vorgedrungen ist, war Euhesperides. Die Barkaier aber, die sie zu Sklaven gemacht hatten, schleppten sie aus Ägypten weg zum König. König Dareios aber gab ihnen im baktrischen Land einen Flecken zum Wohnsitz. Und sie gaben diesem Flecken den Namen Barke; der war noch zu meiner Zeit bewohnt, auf baktrischer Erde. 204

Aber auch Pheretime nahm kein gutes Ende. Denn kaum hatte sie an den Barkaiern Rache genommen und war aus Libyen zurück in Ägypten, starb sie einen gräßlichen Tod. Denn in ihrem lebenden Leib wimmelte es von Maden. So leiden die Götter allzu heftige Rache der Menschen nicht. 205

Das war der Frau des Battos Pheretime Rache an den Barkaiern, gräßlich und groß.

INHALTSVERZEICHNIS